Dagmar Kumbier, Friedemann Schulz von Thun (Hg.)

INTERKULTURELLE KOMMUNIKATION: METHODEN, MODELLE, BEISPIELE

Rowohlt Taschenbuch Verlag

MITEINANDER REDEN: Praxis

Herausgegeben von Friedemann Schulz von Thun

Redaktion Wolfgang Müller
Zeichnungen Christian Hannig

5. Auflage 2011

Originalausgabe
Veröffentlicht im Rowohlt Taschenbuch Verlag,
Reinbek bei Hamburg, April 2006

Umschlaggestaltung any.way, Walter Hellmann
Satz Minion PostScript, QuarkXPress 4.11
bei KCS GmbH, Buchholz bei Hamburg
Druck und Bindung CPI – Clausen & Bosse, Leck
Printed in Germany
ISBN 978 3 499 62096 6

FSC www.fsc.org
MIX
Papier aus verantwortungsvollen Quellen
FSC® C083411

Das für dieses Buch verwendete FSC®-zertifizierte Papier
Lux Cream liefert Stora Enso, Finnland.

INHALT

KULTUREN UNTER EINER HAUT

BRENNPUNKTE

MEDIATION UND BERATUNG

Dagmar Kumbier, Friedemann Schulz von Thun

Interkulturelle Kommunikation aus kommunikationspsychologischer Perspektive

Wenn Menschen miteinander in Kontakt treten, prallen Welten aufeinander. Das ist schon innerhalb einer Kultur der Fall, weil jeder mit einem persönlichen mentalen System ausgestattet ist, das ihn zu einem einmaligen und einsamen Inselbewohner macht. Unsere ganze Kommunikationspsychologie legt es darauf an, für diesen Prozess der Begegnung von «Welten» ein Bewusstsein zu schaffen und auf dieser Grundlage kompetente Umgangsformen aufzubauen.

«Kultur» und «Kommunalität»

Immerhin, *innerhalb* einer Kultur ist die menschliche Kommunikation erleichtert, weil sie ähnliche Verhältnisse auf den Inseln unterstellen und bereits eingespurte Brückenverbindungen nutzen kann. Man weiß, wie es gemeint ist, und fühlt sich irgendwie zu Hause. Bei der freiwilligen Feuerwehr in Kleinkleckersrade hat sich ein bestimmter Stil des Umgangs «eingebürgert», es herrscht eine hohe *Kommunalität*, also ein hohes Maß an kultureller Gemeinsamkeit. Wenn zwei deutsche Firmen fusionieren, ist diese Kommunalität vermutlich schon geringer: Hier prallen zwei «Firmenkulturen» aufeinander, die wechselseitig Irritationen und Befremden hervorbringen können. Man spricht vom «Stallgeruch», der beim Fusionspartner anders ist. Immerhin, es handelt sich bei beiden Partnern um deutsche Wirtschaftsunternehmen, sodass ebenfalls noch beachtliche Gemeinsamkeiten gegeben sind. Wenn die alte BRD und die alte DDR zusammenwachsen sollen und wollen, dann ist die Kommunalität noch erheblich niedriger, obwohl beides deutsche Staaten mit gemeinsamer Vorvergangenheit sind: Fast fünfzig Jahre lang in unterschiedlichen Systemen aufgewachsen, sind Ossi und Wessi einander (teilweise «tiefgreifend») kulturfremd geworden. Wechselseitige Irritationen und Befremden schaffen jene viel beklagte «Mauer in den Köpfen», die abzubauen mehr Zeit braucht als die alte Mauer aus Stein und Beton.

Bevor wir in der Kommunalitätsskala weiter abwärts schreiten, ist es jetzt an der Zeit, den Begriff «Kultur» für die Zwecke dieses Buches zu definieren. Geert Hofstede, eine der großen Autoritäten der interkulturellen Kooperation, spricht von einer «kollektiven Programmierung des Geistes, die Mitglieder einer Gruppe oder Kategorie von Menschen von einer anderen unterscheidet» (zitiert nach Buhl-Böhnert, 2004). Auf Grund dieser «Programmierung», die nicht genetisch, sondern kulturell vererbt wird, entsteht ein ganzes System von Bedeutungen, Gepflogenheiten und Bewertungen, das innerhalb einer Gruppe gültig ist. Es hat sich historisch herausgebildet als eine menschliche Errungenschaft und kann (fälschlich) als naturgegeben, normal oder selbstverständlich empfunden werden – oder von außen (fälschlich) als widernatürlich, aus der Art geschlagen oder falsch.

Kulturelle Muster sind also nicht naturgegeben, sondern beruhen auf Übereinkunft und Tradition. Aber sie gehen uns derart in Fleisch und Blut über, dass wir sie erst dann als kulturelle Eigenheiten wahrnehmen, die auch anders sein könnten, wenn jemand sich nicht daran hält. Angenommen, Ihnen kommt ein «Geisterfahrer» auf Ihrer Fahrbahn entgegen. Der darauf folgende Zusammenstoß kann als Urbild für interkulturelle Begegnungen herhalten. In manchen Ländern fährt man auf der linken Seite und hat das Steuer rechts. Gut zu wissen! Dass das Rechts-Fahren eine reine Konvention ist, die auch anders sein könnte, wird erst im Augenblick der Begegnung und des Zusammenstoßes deutlich. Typisch für solche Konventionen ist es aber, dass sie vom Kulturinhaber nicht als bloße Konvention empfunden wird, sondern als «richtig», als «natürlich» und vielleicht sogar als «gottgegeben». Stellen Sie sich vor, das Rechts-Fahren wäre bei den Angehörigen der Kultur A mental mit «*Recht*mäßigkeit», mit *Recht* haben, mit *Recht* und Ordnung verbunden. Stellen Sie sich weiter vor, das «*Links*-Fahren» wäre bei den Angehörigen der Kultur B mit

«*Links* ist, wo das Herz schlägt» verbunden. Dann ahnen Sie, dass kulturelle Gepflogenheiten werteverankerte Herzensangelegenheiten sind, tief eingeprägt und eine stolze Identität begründend.

Dieser «Stolz» auf kulturelle Eigenheiten besteht dabei durchaus zu Recht – denn diese sind immer auch kulturelle Leistungen (colere = bebauen, pflegen)! Wenn eine Schule oder ein Unternehmen eine «Streitkultur» entwickelt hat, dann liegen dieser Errungenschaft Anstrengungen und ein Wille zum Guten zu Grunde. Und sehr wahrscheinlich hat sie erfolgreich zum Überleben in schweren Zeiten beigetragen. Problematisch wird dieser Stolz erst dann, wenn daraus ein Überlegenheitsgefühl gegenüber anderen Kulturen erwächst.

Interkulturelle Kommunikation: Thema unserer Zeit

Zurück zu unserer Kommunalitäts-Skala, dem Maß für kulturelle Gemeinsamkeit und Unterschiedlichkeit! Wenn schon bei einer deutsch-deutschen Staaten-Fusion eine erhebliche interkulturelle Brisanz gegeben war und immer noch ist, um wie viel mehr müssen wir damit rechnen, wenn Kulturen aus unterschiedlichen Ländern und Erdteilen aufeinander stoßen! Aber genau darin besteht die Herausforderung unserer Zeit.

Durch die Globalisierung der Wirtschaft, durch Ein- und Auswanderung und einen erdumspannenden Tourismus sind wir sehr viel stärker als früher mit anderen Kulturen und fremden Umgangsformen konfrontiert – mit allen Chancen, aller Faszination und allen Schwierigkeiten, die das mit sich bringt. Aus beruflichen und privaten Gründen sind wir sehr viel mehr in fremden Ländern unterwegs und treffen mit immer größerer Selbstverständlichkeit auch in unserem heimischen Alltag Menschen mit einem anderen kulturellen Hintergrund. Und nicht immer kommen diese aus dem Ausland – Deutschland ist faktisch seit langen Jahren ein Einwanderungsland, und allmählich kommen wir nicht mehr umhin, uns dieser Tatsache zu stellen.

Nicht nur für uns als Einzelne, sondern auch für uns als Gesellschaft ist also der Umgang mit Menschen aus anderen Kulturen, die andere Wertvorstellungen und andere Verhaltensweisen haben, Teil unseres Alltags geworden. Es ist daher nicht verwunderlich, dass der Bereich der interkulturellen Kommunikation ein lebhaftes und gut beackertes Forschungs- und Praxisfeld ist (eine gute Übersicht gibt Buhl-Böhnert, 2004).

Der kommunikationspsychologische Werkzeugkoffer

Warum bringen wir auf diesem Feld einen weiteren Beitrag ein? Für uns stehen nicht Erkenntnisse über Eigenheiten fremder Kulturen im Mittelpunkt, sondern die Fähigkeit, mit kulturell bedingten Irritationen und Störungen reflexiv und selbstreflexiv fertig zu werden. Und dafür scheinen uns die kommunikationspsychologischen Modelle (Schulz von Thun: Miteinander Reden 1–3 im Folgenden als MR 1, 2, 3 zitiert) sehr aussichtsreich. Jedenfalls hatten wir diesen ‹Anfangsverdacht›, und nach Durchsicht der Beiträge in diesem Buch halten wir ihn für erhärtet. Diesen Anfangsverdacht möchten wir noch etwas ausführen und bei dieser Gelegenheit die Modelle für den Leser einführen oder auffrischen.

Das Kommunikationsquadrat

In dem schönen Beispiel von Wang (S. 190f.) antwortet eine Chinesin auf die Frage ihrer deutschen Gastgeberin, ob sie Tee haben wolle, mit einem freundlichen «Nein danke». Sie bekommt also keinen Tee, und es kommt zu einer eigentümlichen Verstimmung. Die Chinesin ist gekränkt, und die Gastgeberin (die dies spürt, ohne es zu verstehen) ist verwirrt. Diese Verwirrung lässt sich auflösen, wenn man die Äußerung unter der Lupe des Kommunikationsquadrates (MR 1) betrachtet. Dieses gliedert die gesagten und die ungesagten Botschaften, die in einer Äußerung enthalten sind, in vier Felder:

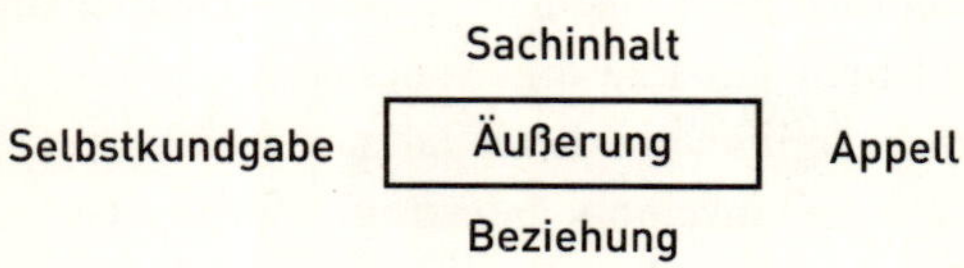

Die vier Seiten einer Nachricht

Jederzeit, auch innerhalb einer Kultur, kann es vorkommen, dass die vier Botschaften, die der Sender gemeint hat, und die vier Botschaften, die beim Empfänger ankommen, unterschiedlich sind, auch wenn die Verständigung akustisch einwandfrei ist. In der interkulturellen Kommunikation kommt die Schwierigkeit hinzu, dass verschiedene Kulturen die vier Seiten höchst unterschiedlich gestalten.

So meint der Gast, der die angebotene Tasse Tee ablehnt, vermutlich etwas vollkommen anderes, je nachdem, ob er (oder sie) Chinese oder Deutscher ist. Für die Chinesin ist es ein Gebot der Höflichkeit, den Tee zunächst abzulehnen. Sie erwartet jedoch, dass das Angebot wiederholt wird, wenn die Gastgeberin es ernst gemeint hat und sie als Gast wirklich willkommen ist. Für Deutsche dagegen bedeutet eine solche Ablehnung schlicht eine Ablehnung. Daher wird die deutsche Gastgeberin das Angebot keineswegs wiederholen – schon, um nicht aufdringlich zu sein!

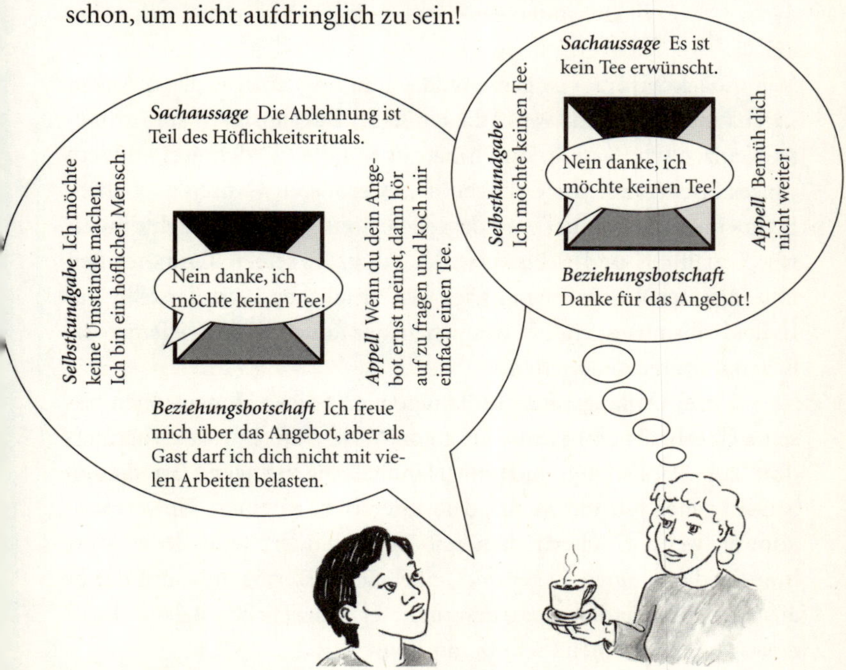

Ein interkulturelles Missverständnis im Kommunikationsquadrat betrachtet (nach Wang, S. 191)

Fazit: Das komplizierte Verhältnis von Gesagtem und Gemeintem, von dem, was der Sender (bewusst oder unbewusst) in eine Äußerung hineinlegt, und dem, was beim Empfänger ankommt, kann interkulturell noch fraglicher werden. Wer ein Gefühl für die Klärungsbedürftigkeit aller vier Seiten der Kommunikation entwickelt hat, kann manches Missverständnis aufklären. In den nachfolgenden Artikeln wird Ihnen daher dieses Modell immer wieder begegnen.

Das Werte- und Entwicklungsquadrat

Forschungen zur interkulturellen Kommunikation (z. B. Hofstede, 1989) haben bestimmte Dimensionen zutage gefördert, auf denen sich Kulturen unterscheiden. Eine dieser Dimensionen lautet beispielsweise

Kollektivismus ———— Individualismus.

Mit «Kollektivismus» ist gemeint, dass ein Angehöriger dieser Kultur sich hauptsächlich und wesentlich in seiner Zugehörigkeit zum größeren Ganzen (zur Nation, zur Firma, zur Familie …) definiert und sein ganzes Streben auf das Gelingen dieses größeren Ganzen ausrichtet. Beim «Individualismus» wird dagegen betont, dass der Einzelne in seiner Entfaltung und Selbstverwirklichung, in seinen Grundrechten und in seiner Würde einen hohen unverletzlichen Wert darstellt. Der Individualismus ist eher in westlichen, der Kollektivismus eher in östlichen Kulturen anzutreffen.

Unser ‹Anfangsverdacht› lautete hier: Solche Dimensionen lassen sich sehr fruchtbar mit unserem Werte- und Entwicklungsquadrat zur Darstellung und zur Handhabung bringen. Bei diesem Modell gehen wir davon aus, dass jeder Wert zu einem Unwert verkommt, wenn er übertrieben und verabsolutiert wird. Jeder Wert braucht daher einen Gegenwert, eine «Schwestertugend», mit der er ausbalanciert werden muss. Erst in dieser dialektischen Balance kann etwas Gutes entstehen (Schulz von Thun: MR 2, S. 38 ff.).

Wenn wir die Individualismus/Kollektivismus-Dimension (und überhaupt Kulturdimensionen) aus der Perspektive des Wertequadrates betrachten, dann gewinnen wir wichtige Erkenntnisse:

1. Die beiden Werte schließen sich gegenseitig nicht aus, sondern stehen ganz im Gegenteil (als «Schwestertugenden») in einem fruchtbaren Ergänzungsverhältnis.
2. Jeder Wert ist ohne den anderen in Gefahr, zu vereinseitigen und zu entgleisen. So droht ein reiner Kollektivismus, der die Würde des Einzelnen preisgibt, im Totalitären zu landen: «Du bist nichts – dein Volk ist alles!» Umgekehrt kann ein überbetonter Individualismus, der die Belange der Gemeinschaft vergisst, zu einem verantwortungslosen Egozentrismus entarten.

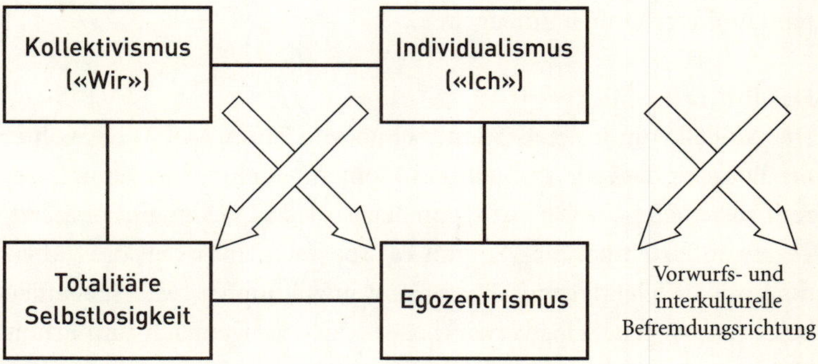

Kulturelle Dimensionen im Wertequadrat

3. Die Gefahr der interkulturellen Befremdung liegt nun darin, sich selbst im Wertehimmel der oberen Etage des Wertequadrates zu sonnen und den anderen in der unteren Etage, gewissermaßen im «Keller der Entartung», zu verorten. Was in der zwischenmenschlichen Kommunikation als Vorwurf zutage tritt, ergibt sich aus den *Vorwurfsrichtungen* im Wertequadrat. Diese können wir im interkulturellen Zusammenhang auch als *Befremdungsrichtungen* interpretieren.
4. Wir können aber auch umgekehrt Werte der Gegenkultur entdecken, würdigen und darin etwas finden, was für die Entwick-

lung der eigenen Kultur ein gutes und verheißungsvolles Ergänzungsprinzip sein könnte: Für die «individuumslastigen» Kulturen gibt es (auch) die Gemeinschaftsorientierung zu entdecken, für die kollektivistischen Kulturen (auch) den Wert und die Würde des Einzelnen. Diese Perspektive wird in verschiedenen Beiträgen deutlich (z. B. bei Kumbier und Oske sowie bei Barrios).

Fazit: Nicht nur einzelne Menschen, sondern auch Kulturen (und Subkulturen) sind dadurch gekennzeichnet, dass sie bestimmte Werte besonders hoch und heilig halten. Das Wertequadrat als «Kulturquadrat» (Rez, Kraemer und Kobayashi-Weinsziehr, S. 47) bietet eine gute Möglichkeit, mit interkulturellen Unterschieden erkenntnisstiftend und versöhnlich umzugehen.

Das Innere Team

Das Modell vom Inneren Team (Schulz von Thun: MR 3) beleuchtet die Tatsache, dass wir alle in jedem Moment «mehrere Seelen in unserer Brust» haben, welche wir (potenziell) als Mitglieder eines Inneren Teams auffassen können. So gibt es, um noch einmal an die Individualismus/Kollektivismus-Dimension anzuknüpfen, wahrscheinlich beide in uns: den ‹Selbstverwirklicher›, der das eigene Ich zum Erblühen bringen möchte, und gleichzeitig auch den ‹Gemeinschaftsmenschen›, der sich dem großen Ganzen verpflichtet fühlt und ihm voller Hingabe dienen möchte. Diese «innere Pluralität» ist menschentypisch und mehr oder minder eine anthropologische Konstante. Wer jedoch im Inneren Team zum Spielführer wird und wer eher besorgt oder schamhaft versteckt und zurückgehalten wird: Das könnte nicht nur individuell, sondern auch kulturell ein großer Unterschied sein.

Denn es ist sehr wahrscheinlich, dass das Aufwachsen in einem gesellschaftlichen System zu einer typischen «inneren Mannschaftsaufstellung» führt, die in dieser Kultur adäquat und überlebensdienlich ist. Diese Aufstellung entscheidet darüber, wie man sich (nach außen hin) gibt und (nach innen hin) fühlt. «Gibt es innere Teammitglieder, die für eine Ostseele typisch sind?», fragt in einem Brief Ellen

Martin, eine Teilnehmerin unserer Kommunikationsfortbildung, die (aus der ehemaligen DDR stammend) viel zwischen Ost und West gependelt ist. Ihr eindeutiges Ergebnis: Ja, 40 Jahre systemtypische Sozialisation haben in Ost und West unterschiedliche «Stammspieler» begünstigt und andere Persönlichkeitsanteile zu inneren Außenseitern gemacht. Und vermutlich kann so manche Irritation zwischen Ossis und Wessis mit diesen Unterschieden in der inneren Mannschaftsaufstellung in Verbindung gebracht werden. Was für Teammitglieder wurden besonders gefördert in einer Gesellschaft, in der es wenig gewünscht war und auch wenig Möglichkeiten gab, sich durch Leistung oder Wohlstand besonders hervorzuheben, und in welcher die Solidarität und der Zusammenhalt im Freundeskreis als Gegengewicht zur öffentlichen Spitzelatmosphäre von enormer Bedeutung waren? Angeregt durch Ellen Martin sind wir beispielsweise auf folgende gekommen:

Der ‹Bescheidene Sozialist›, mit der unausgesprochenen oder ausgesprochenen Botschaft: «Wir sind alle gleich, und keiner sollte sich auf Kosten der anderen hervortun wollen!»

Der ‹Stolze Proletarier›: «Was zählt, sind innere Werte! Äußerlicher Glanz und die Gier nach Status sind bürgerlich, dekadent und hohl!»

Der ‹Solidarische Mitmensch›: «Einer für alle, alle für einen! Letztlich sind wir aufeinander angewiesen und sollten füreinander einstehen und zusammenarbeiten!»

Nach der Lehre des Inneren Teams sind die gegensätzlich ausgerichteten Antipoden tendenziell verdammt, hinter eine «innere Schandmauer» abgedrängt und zu inneren Außenseitern zu werden (Schulz von Thun: MR 3, S. 184 ff.). Dies trifft sie umso stärker, je mehr der Teamchef, das Oberhaupt, mit seiner systemkompatiblen Vordermannschaft überidentifiziert und verschmolzen ist. Welche mutmaßlichen Antipoden können wir in der Ossi-Seele hinter diesen Stammspielern vermuten? Auch hier wieder nur beispielhaft:

Der ‹Stolze Narzisst›: «Ich bin echt gut, wenn nicht sogar hervorragend! Und das soll auch sichtbar werden!»

Der ‹Ehrgeizige Erfolgsmensch›: «Ich will im Leben vorankommen, ordentliches Geld verdienen und etwas zu sagen haben!»

Der ‹Egoist›: «Jeder ist sich selbst der nächste und für sich selber verantwortlich! Ich sorge zunächst einmal für meine eigenen Interesse – und wenn andere das nicht tun, dann ist das nicht meine Sache! Schließlich bin ich nicht Mutter Theresa!»

Kommen Ihnen diese drei irgendwie bekannt vor? Sind das nicht typische Errungenschaften einer Wessi-Seele, welche für den harten Wettbewerb zwischen Ich-AGs tauglich machen und der (Teil-)

Einige mutmaßliche Stammspieler im Inneren Team von Ossis

Wahrheit folgen, dass jeder Einzelne seines Glückes Schmied ist? Wenn genau diejenigen Anteile, die in der Ossi-Seele verpönt sind und hinter der inneren Schandmauer lauern, beim Wessi frohlockend und gut gelaunt in der kontaktzugewandten Vordermannschaft aufmarschieren, dann können wir uns unschwer ausmalen, dass die Begegnung nicht gerade auf eine «prästabilierte Harmonie» rechnen darf!

Der Wessi, in seiner gut geübten Selbstbehauptung und im Bewusstsein, sein Licht nicht unter den Scheffel stellen zu sollen, kann vom Empfangskomitee der Ossi-Vordermannschaft leicht als angeberisch, arrogant, egoistisch und oberflächlich empfunden werden. Und vielleicht neigt er hin und wieder wirklich dazu, sein Selbstmarketing ein wenig zu übertreiben!? Umgekehrt könnte die Ossi-Vordermannschaft vom Empfangskomitee des Wessi als graumäusig, langweilig und initiativlos wahrgenommen werden. Und vielleicht neigt er hin und wieder wirklich dazu, defensiv und unbeweglich zu «mauern», denn so verhalten sich typischerweise Mannschaften bei Auswärtsspielen (vgl. dazu auch Kumbier, 2006).

Keine Liebe auf den ersten Blick also, besonders dann nicht, wenn auch umgekehrt zutreffen sollte, dass Mitglieder der ostdeutschen Vordermannschaft in der westdeutschen Seele der Verbannung anheim gefallen sind, weil man mit ihnen in einer kapitalistischen Wettbewerbsgesellschaft nicht «groß herauskommen» kann: das bescheidene ‹Stille Wasser› und der ‹Solidarische Mitmensch› beispielsweise – oder der ‹Humanist›, der (ähnlich wie der ostdeutsche ‹Proletarier›) innere Werte für viel wichtiger hält als Status und materiellen Wohlstand.

Bevor Ossi und Wessi entdecken, dass in der kommunikativen Ausstattung des jeweils anderen auch etwas Gutes steckt, dort geradezu die «Schwestertugenden» der eigenen Qualitäten darauf warten, dass man sich von ihnen eine Scheibe abschneiden möge – bevor Ossi und Wessi sich als Ergänzungspartner entdecken, werden sie die im Wertequadrat dargestellten *Befremdungsrichtungen* durchwandern. Gut, wenn sie den Hintergrund dieser Antipathie durchschauen lernen,

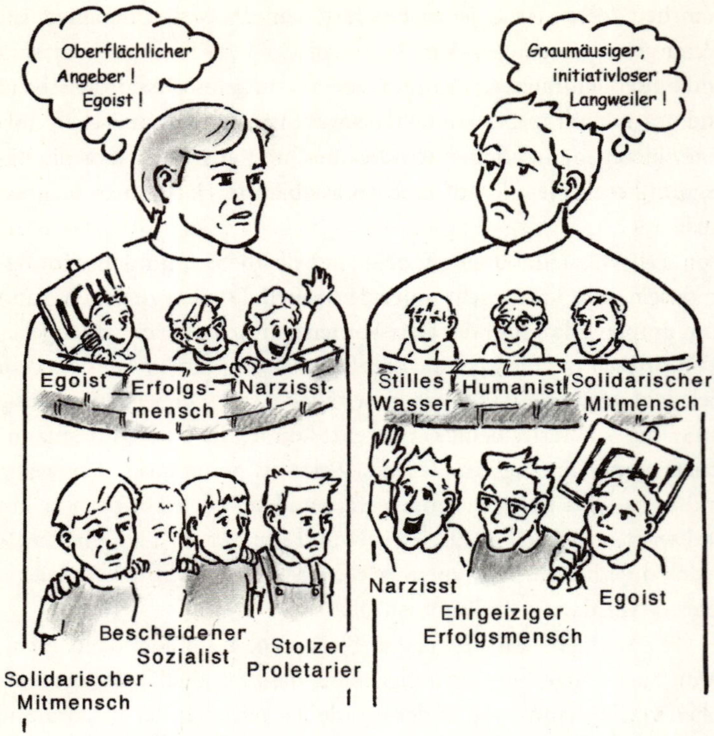

Gegenseitiges Befremden zwischen Ossis und Wessis und die Ursache in den inneren Mannschaftsaufstellungen

dann wird diese «Mauer in den Köpfen» vielleicht überwindbar. Manche gute Ehe ist erst aus einer Liebe auf den zweiten Blick entstanden.

Mögen diese Andeutungen ausreichen, um das Potenzial des Modells vom Inneren Team für interkulturelle Phänomene und Fragestellungen erahnen zu lassen. Tatsächlich machen die meisten unserer Autoren davon Gebrauch.

Das Riemann-Thomann-Modell

Innere Pluralität ist also ein allgemeinmenschliches Phänomen, die sich aber je nach Kultur höchst unterschiedlich ausprägt und zeigt.

Das bedeutet: Menschen aus unterschiedlichen Kulturen sind zugleich sehr ähnlich und sehr unterschiedlich.

Diese Gleichzeitigkeit lässt sich auch im Koordinatenkreuz des Riemann-Thomann-Modells (Thomann und Schulz von Thun, 2003, S. 176 ff.) abbilden und verstehen. Vermutlich können wir die vier menschlichen Grundstrebungen, von denen das Modell ausgeht, bei allen Menschen als gegeben voraussetzen. Unabhängig von seiner kulturellen Zugehörigkeit dürfte jeder Mensch einerseits ein Bedürfnis nach Nähe und Zugehörigkeit haben – und andererseits auch ein

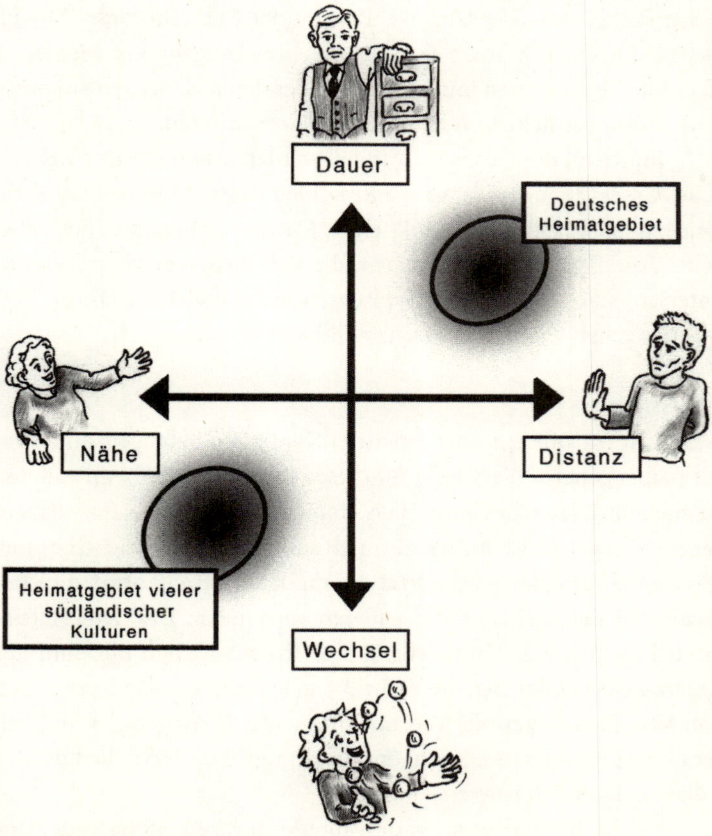

Kulturen im Riemann-Thomann-Modell

Bedürfnis nach Abgrenzung, Eigenständigkeit und Distanz. Und egal wo Menschen leben, sie suchen auf der einen Seite nach Sicherheit, Verlässlichkeit und Beständigkeit – und brauchen auf der anderen Seite auch Abwechslung, Entwicklung, Innovation und Lebendigkeit.

Was sich dagegen vermutlich sehr stark unterscheidet, ist die *Ausprägung* dieser verschiedenen Bedürfnisse. So scheinen wir Deutschen uns im Verhältnis zu vielen anderen (beispielsweise südländischen) Kulturen eher im Dauer-Distanz-Quadranten wiederzufinden – was uns manche Wertschätzung («zuverlässig», «nüchtern», «sachorientiert», «gründlich»), aber auch einige Vorbehalte einbringt («rigide», «kalt», «brüsk»). Umgekehrt kann der Blick auf dieses Modell plausibel machen, warum sich Deutsche im Umgang mit Menschen aus südlichen Kulturen immer wieder über deren «Unzuverlässigkeit» oder «Distanzlosigkeit» verwundern und beschweren.

Im Riemann-Thomann-Modell werden also nicht nur wesentliche Unterschiede zwischen unterschiedlichen Kulturen deutlich, sondern auch zentrale Konfliktfelder. Das Modell kann daher dabei helfen, die Dynamik zu verstehen, die sich zwischen Menschen aus unterschiedlichen Kulturen typischerweise entwickelt. Dieser Perspektive gehen vor allem Porschke und Hoppe nach.

Teufelskreise

Wenn wir in (offenen oder latenten) Konflikten befangen sind, sind wir häufig geneigt, die Schuld für diesen Konflikt allein beim anderen zu suchen: Dieser benimmt sich einfach unmöglich – und darum kann ich ja gar nicht anders, als mich so zu verhalten, wie ich es tue! Das eigene Verhalten wird also als zwangsläufige und notwendige Reaktion auf das Verhalten des anderen verstanden. Das Teufelskreismodell (Schulz von Thun: MR 2, S. 28 ff.) richtet den Blick auf das *Zusammenspiel* der Beteiligten und macht deutlich, wie jeder durch sein Verhalten ungewollt und unbewusst das Verhalten des anderen geradezu provoziert – obwohl er doch mit größter Sicherheit glaubt, lediglich darauf zu *reagieren*.

Der Verdacht liegt nahe, dass interkulturelle Unterschiede häufig zum Ausgangspunkt und zum Motor von Teufelskreisen werden –

und dass diese Teufelskreise womöglich besonders schwer zu durchschauen sind, weil das Verhalten von Menschen aus einer anderen Kultur besonders fremd und unverständlich erscheint. Ein plastisches Beispiel findet sich bei Martinez Hernandez. Je mehr die (deutsche) Frau darunter leidet, dass ihr «unzuverlässiger» (mexikanischer) Ehemann immer wieder Vereinbarungen platzen lässt, desto mehr beharrt sie auf Planung, Verlässlichkeit und der Einhaltung von Verabredungen. Und je mehr sich dieser von seiner «rigiden» Ehefrau bevormundet fühlt, desto mehr beharrt er auf seiner Flexibilität und seiner Freiheit, Pläne jederzeit spontan zu ändern, wenn sie für ihn nicht mehr zur Situation passen.

Im Zuge dieses Teufelskreises wird also die Frau immer «deutscher» und der Mann immer «mexikanischer» – und beide sich gegenseitig immer fremder.

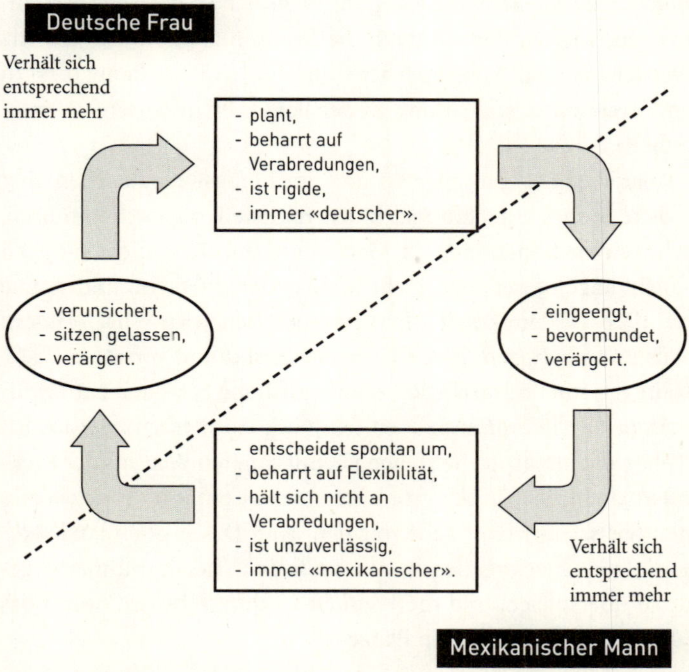

Ein interkultureller Teufelskreis (nach Martinez Hernandez, S. 141)

Im interkulturellen Bereich ist die Verständnishilfe, welche das Teufelskreismodell anbietet, von besonderer Bedeutung, weil es die Dynamik von Kommunikationsstörungen durchsichtig macht und damit auch Auswege aufzeigen kann. Nicht umsonst werden Sie daher diesem Modell in den folgenden Artikeln immer wieder begegnen – unter anderem bei Rez, Kraemer und Kobayashi-Weinsziehr und Martinez Hernandez, die in ihren Beiträgen Besonderheiten interkultureller Teufelskreise herausarbeiten.

Explizite Metakommunikation und implizite Meta-Sensibilität

Diese fünf Modelle mögen Ihnen dabei helfen, zu durchschauen, was interkulturell-zwischenmenschlich abläuft, wenn die Verständigung schwierig wird oder ins Stocken gerät. Wenn man sich darauf einen Reim machen kann, ist häufig gezielte Abhilfe möglich. Manchmal durch *explizite Metakommunikation:* Wenn ich in der Lage bin, anzusprechen, wie ich den Kontakt, die Kommunikation und die Art des Verstehens und Missverstehens empfinde, dann kann dies zu einem klärenden Gespräch und in der Folge einem besseren Verstehen führen.

Aber Vorsicht! Zuweilen ist dies ein Königsweg, zuweilen aber kann diese Strategie auch direkt in das nächste Fettnäpfchen führen. Denn in vielen Situationen ist Metakommunikation nicht möglich oder nicht angemessen, und nicht wenige Menschen empfinden eine solche offensive Direktheit nicht nur als «sehr deutsch», sondern auch als unhöflich, befremdend, verunsichernd und verstörend. Daher sollte das interkulturelle Repertoire auch die Fähigkeit zur *impliziten Meta-Sensibilität* enthalten: feinfühlig zu merken, was los ist, und (ohne das anzusprechen) einen behutsameren Weg aus der Sackgasse einzuschlagen. In Abwandlung eines bekannten Sprichwortes können wir sagen: «Gott gebe mir den *Mut*, Dinge offen anzusprechen, die zwischen uns liegen, das *Taktgefühl*, heikle Momente gekonnt zu überspielen, und die *Weisheit* zu unterscheiden, wann das eine und wann das andere am Platze ist!»

Zum Inhalt dieses Bandes

Bevor Sie mit Ihrer Lektüre beginnen und vielleicht gezielt auswählen wollen, ein kurzer Überblick über das, was Sie erwartet.

Die ersten drei Beiträge stellen den Umgang mit den Missverständnissen, Fremdheitsgefühlen und Irritationen in den Mittelpunkt, die in der interkulturellen Kommunikation unumgänglich sind. Helmut Rez, Monika Kraemer und Reiko Kobayashi-Weinsziehr haben kommunikationspsychologische Modelle für die interkulturellen Praxis weiterentwickelt und zeigen in ihrem Beitrag nicht nur die Chancen dieser Modelle für dieses Praxisfeld auf, sondern bieten auch einen höchst aufschlussreichen Einblick in die deutsch-japanische Kommunikation. Nicole Kollermann geht der Frage nach typischen inneren Reaktionen auf interkulturelle Irritationen nach. Sie stellt einige «Kulturschockvertreter» im Inneren Team vor und macht Wege deutlich, wie diese in den Dienst der interkulturellen Kompetenz gestellt werden können. Einen konkreten «Kulturschock» beschreibt Alexander Porschke am Beispiel eines Deutschen in Peru. Er beschreibt Ursachen und Folgen desselben mit Blick auf die Dynamik im Inneren Team und die Kommunikation mit anderen und skizziert Wege zur Bewältigung dieses Zusammenpralls zweiter Kulturen.

Nirgends ist man sich näher als in der Familie – und entsprechend können hier interkulturelle Unterschiede besonders deutlich und daraus resultierende Konflikte besonders belastend werden. Dagmar Kumbier und Ingrid Oske beschreiben in ihrer Fallstudie die inneren und äußeren Herausforderungen, die damit verbunden sind, wenn Kinder aus einer anderen Kultur (hier: aus Vietnam) in eine Familie aufgenommen werden. Und Natalie Martinez Hernandez zeigt am Beispiel eines deutsch-mexikanischen Paares Chancen und Voraussetzungen einer interkulturellen Paarberatung auf.

Interkulturelle Spannungen kann es nicht nur zwischen unterschiedlichen Personen geben, sondern auch innerhalb einer einzigen Person. Multikulturelle Vielfalt kann eine große Bereicherung sein – wenn es gelingt, sie in das eigene Selbstkonzept zu integrieren. Larissa Stierlin Doctor beschreibt, wie «multikulturelle Identität» gelingen kann und welche Hilfe dabei das Innere Team anbietet. Anschließend stellt Annekatrin Hoppe die Wirkung von Kulturwechseln auf das eigene Selbstkonzept dar – denn wer in eine andere Kultur geht, wird nicht nur mit anderen Gebräuchen konfrontiert, sondern auch mit vollkommen anderen Rückmeldungen über sich selber. Und Lei Wang beschreibt ihre sehr persönliche Lesart der kommunikationspsychologischen Lehre, die sie als Chinesin vor dem Hintergrund der konfuzianischen Kultur und der politischen Situation in China erlebt und reflektiert.

Die nächsten beiden Beiträge führen in Praxisfelder, die mittelbar oder unmittelbar mit Gewalt, Verletzungen und Tod konfrontieren und die daher besondere Herausforderungen an die Kommunikation stellen. Peer Kaeding und Faruk Süren geben einen Einblick in ihre Arbeit mit gewalttätigen Jugendlichen aus anderen Kulturen. Eindrucksvoll beschreiben sie, wie es hier gelingen kann, Wertschätzung mit klaren Grenzsetzungen zu verbinden – und liefern damit einen Beitrag zu einer höchst aktuellen Diskussion. Christian Hannig stellt dar, warum in rettungsdienstlichen Notfallssituationen, in denen es um körperliche Verletzungen und häufig auch um Leben und Tod geht, kulturelle Unterschiede besonders deutlich und brisant werden, und leitet daraus Schlussfolgerungen für die Aus- und Fortbildung professioneller Helfer ab.

Interkulturelle Arbeitsfelder erfordern angepasste Beratungs- und Mediationskonzepte. Nicht nur, dass die Unterschiede zwischen verschiedenen Kulturen Konflikte schaffen können – auch das Verständnis davon, was überhaupt ein Konflikt ist und wie man angemessen damit umgeht, kann sich je nach Kultur sehr unterscheiden. Catarina Barrios beschreibt, welche Folgen dies für die Konfliktmoderation hat. Am Beispiel einer deutsch-kolumbianischen Konfliktmediation zeigt sie auf, in welcher Weise unser Mediationsverständnis kulturell geprägt ist und welche Anpassungen für interkulturelle Kontexte notwendig und sinnvoll sind. Im Anschluss daran stellt Gesche Keding dar, wie das Innere Team als Coaching-Konzept für die besondere Situation mitausreisender Partnerinnen und Partner fruchtbar gemacht werden kann.

Die letzten beiden Beiträge schließlich beschäftigen sich mit den Gefahren, die drohen, wenn die interkulturelle Perspektive verabsolutiert und falsch verstanden wird. Denn so wichtig es auch ist, die interkulturelle Brille zur Verfügung zu haben – man muss sie auch wieder absetzen können und darf darüber andere Perspektiven nicht vergessen. Andernfalls droht die Gefahr, die konkreten Personen und die Beziehungsdynamik zwischen ihnen aus dem Blick zu verlieren und damit Beziehungsstörungen zu verewigen – darauf weist Sarah Wiechelmann in ihrem Beitrag hin. Und Gesche Keding betont abschließend, dass sich Stereotype bilden und verfestigen können, wenn interkulturelle Unterschiede mit strukturellen Unterschieden vermischt und verwechselt werden.

Wir wünschen Ihnen als Leserin oder Leser bei der Lektüre ebenso viel Erkenntnisgewinn und Vergnügen, wie wir als Herausgeber bei der Vorbereitung hatten!

Literatur

Buhl-Böhnert, T. (2004): *Interkulturelle Kompetenz.* In: Agogik, Nr. 3–9/2004, 27. Jg (2004). S. 3–40

Hofstede, G. (1989): *Culture's consequences: International differences in work-related values.* Newbury Park, CA

Kumbier, D. (2006): *Sie sagt, er sagt. Kommunikationspsychologie für Partnerschaft, Familie und Beruf.* Reinbek

Thomann, C., Schulz von Thun, F. (2003): *Klärungshilfe 1.* Reinbek

Schulz von Thun, F. (1981): *Miteinander Reden 1. Störungen und Klärungen.* Reinbek

Schulz von Thun, F. (1989): *Miteinander Reden 2. Stile, Werte und Persönlichkeitsentwicklung.* Reinbek

Schulz von Thun, F. (1998): *Miteinander Reden 3. Das «Innere Team» und situationsgerechte Kommunikation.* Reinbek

MISSVERSTÄNDNISSE UND IRRITATIONEN ERGRÜNDEN UND BEWÄLTIGEN

Helmut Rez, Monika Kraemer, Reiko Kobayashi-Weinsziehr

Warum Karl und Keizo sich nerven

Eine Reise zum systematischen Verständnis interkultureller Missverständnisse

Sind Sie Deutscher oder Angehöriger einer anderen westlichen Kultur? Dann versetzen Sie sich bitte in folgende Situation:

Seit drei Jahren sind Sie mit einer Japanerin verheiratet und wohnen in einer Stadt in Deutschland. Ihre Frau ist gerade mit einer schwierigen und für sie wichtigen Arbeit beschäftigt. Zwei befreundete Deutsche besuchen sie, um ihr dabei zu helfen. Während dessen kommen Sie selbst aus dem Büro nach Hause, begrüßen alle und ziehen sich bald zurück, weil Sie nichts beitragen können und nicht weiter stören wollen. Als später die beiden Gäste aufbrechen, kommen Sie wieder hinzu und verabschieden sich kurz und freundlich. Auch Ihre japanische Ehefrau verabschiedet sich von den beiden, verbunden mit einem ausführlichen Dank für die erwiesene Unterstützung.

So weit der erste Teil der Episode. Im Anschluss daran kann Ihre Ehefrau nur schwerlich ihre Verstimmung verbergen. Sie geraten in einen kleinen Streit. Irgendwie scheint es um Ihr Verhalten gegenüber den Gästen zu gehen ...

Vielleicht wäre es Ihnen gelungen, den Grund für die Verstimmung herauszufinden. In der Episode, wie sie sich tatsächlich zugetragen hat, waren dagegen die Versuche nicht sehr ergiebig. Hilflos und voneinander genervt, wechselten die beiden Ehepartner schließlich das Thema. Nur eines schien, wieder einmal, festzustehen: «Undurchschaubare Japaner!» – «Unhöfliche Deutsche!»

Sollten Sie als Leserin oder Leser an einer Aufhellung dieser und weiterer Episoden aus der interkulturellen Kommunikation interessiert sein, dann laden wir Sie zu einer Reise ein: einer Reise zum Verständnis interkultureller Missverständnisse. Als wir selbst diese Reise erstmals antraten, beschäftigten uns zwei Fragen: Wie lassen sich interkulturelle Missverständnisse systematisch verstehen und psychologisch begründen? Und: Wie lassen sie sich einem Kulturfremden auf didaktisch eingängige Weise verständlich machen und dadurch vielleicht überwinden? Anfangs bemerkten wir nicht, dass wir wertvolles Rüstzeug zur Beantwortung dieser Fragen bereits bei uns hatten: Neben ethnologischen und sozialpsychologischen Kenntnissen waren dies vor allem die kommunikationspsychologischen Konzepte und Instrumente, wie sie Schulz von Thun in den drei Bänden von «Miteinander Reden» (MR) vorgestellt hat. Sie auf intrakulturelle Begegnungen anzuwenden, war uns vertraut. Der Weg zu ihrer Übertragung auf interkulturelle Kommunikationssituationen war, wie sich nach und nach herausstellte, manchmal kurz und einfach; zuweilen aber bedurfte es der sorgfältigen Adaption und in bestimmten Bereichen einer Weiterentwicklung dieser Werkzeuge, bevor wir uns am Ziel sahen.

Wer zu einer Reise aufbricht, will wissen, wohin sie führt. Hier ein kleiner Ausblick auf die bevorstehenden Etappen:

- Am Anfang unserer Reise stehen das bekannte Werte- und Entwicklungsquadrat (siehe Schulz von Thun: MR 2) und das Modell des Inneren Teams (siehe Schulz von Thun: MR 3). Beide wollen wir für interkulturelle Begegnungen adaptieren. Die so konstruierten «Kulturquadrate» sollen zusammen mit einem «Inneren Team für interkulturelle Angelegenheiten» den Charakter von interkulturellen Unterschieden und Vorwürfen greifbar und begreifbar machen.
- Als Nächstes werden wir anhand einer Reihe von Kulturquadraten die Struktur der japanisch-deutschen Kommunikation illustrieren. Unter anderem werden dabei auch die Grundlagen zur Analyse der Eingangsepisode gelegt.
- In einer weiteren Reiseetappe wollen wir die Kommunikations-

quadrate (siehe Schulz von Thun: MR 1) zu «dynamischen Kommunikationsquadraten» weiter entwickeln. Sie sollen uns helfen, wechselseitige Missverständnisse im Kommunikationsprozess genau zu lokalisieren.

- Anknüpfend an das Konzept von Interaktionskreisläufen (siehe MR 2) werden abschließend «Stereotypen-Kreisläufe» die Entstehung und Verfestigung interkultureller Stereotypen verdeutlichen – und Ansätze aufzeigen, um sie aufzubrechen.

Die Reise, zu der wir Sie einladen, könnte im Prinzip durch den mehr oder weniger dichten Kommunikationsdschungel *zweier beliebiger* Kulturen führen. Allerdings sollten es konkrete, reale Kulturen sein, denn Kulturen «abstrakt» zu vergleichen, hieße Wein aus leeren Flaschen zu probieren. Aus zwei Gründen haben wir uns für die japanisch-deutsche Kommunikation entschieden: zum einen, weil wir aus diesen Kulturen stammen und das interkulturelle Terrain als Betroffene, Forscher und Trainer einigermaßen zu kennen glauben, zum anderen, weil Japan im Selbstbild wie auch in der Wahrnehmung im Westen als typische Kontrastkultur gilt. Lange Zeit hielten Japaner ihre eigene Kultur, Sprache, Psyche, Wirtschaftsweise usw. für einzigartig und unvergleichlich. Umgekehrt sieht man im Westen bis heute Japan oft als Inbegriff des Andersartigen und Undurchdringlichen. Wechselseitiges Unverständnis, Missverständnis und Befremden scheinen gewissermaßen in der Natur dieser Kulturen zu liegen.

Die japanisch-deutsche Kommunikation, die wir anhand authentischer und zugleich typischer Episoden untersuchen wollen, verspricht also eine besondere Herausforderung und Spannung auf unserer Reise. Wie kann ausgerechnet zwischen derart «fernen» Kulturen ein analytischer und didaktischer Brückenschlag mit Hilfe kommunikationspsychologischer Instrumente gelingen?

Menschen, Kulturen und der «Obelix in uns»

Gibt es einen «Kampf der Kulturen»? Nicht Kulturen begegnen einander, nicht Kulturen missverstehen und bekämpfen oder verstehen und wertschätzen sich. Es sind individuelle Menschen, und diese können sich – unter anderem – in ihrer Kulturzugehörigkeit unterscheiden. So beginnt auch unsere Reise bei Individuen und wird sich auf der ersten Etappe noch innerhalb der eigenen Kulturgrenzen bewegen. Schon dort stoßen wir allerdings auf ein Phänomen, das uns später bei interkulturellen Kontakten noch ausgeprägter begegnen wird: Verzerrungen in Wahrnehmung und Deutung.

Individuen und das Wertequadrat

Ein Beispiel (siehe Schulz von Thun: MR 2, S. 38 f.): Da ist die Person A, die sich in finanziellen Angelegenheiten eher sparsam zeigt, während die Person B ein eher großzügiges Verhalten an den Tag legt. Sobald diese beiden in Situationen aufeinander treffen, in denen es um den Umgang mit Geld geht, werden sie wechselseitig ihr Verhalten mehr oder weniger verzerrt wahrnehmen und deuten – und womöglich in Vorwürfe verfallen: «Du bist verschwenderisch» – «Du bist geizig!»

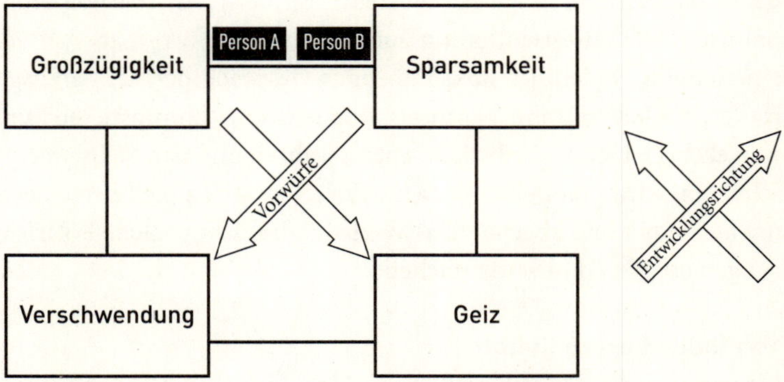

Individuen und das Wertequadrat – ein Beispiel

Die Abbildung veranschaulicht diese Konstellation mit Hilfe des bekannten «Wertequadrats», dessen Grundstruktur wir später als Ausgangspunkt für «Kulturquadrate» in der japanisch-deutschen Kommunikation adaptieren wollen. Die beiden oberen Eckpunkte markieren positive Werte: Großzügigkeit – Sparsamkeit. Im Idealfall besteht zwischen beiden eine Balance, eine positive Spannungs- und Ergänzungsbeziehung. Erst so gelangen die einzelnen Werte zur Entfaltung und «vereinseitigen» nicht. Auf der unteren Horizontale stehen sich Extremwerte oder «Unwerte» gegenüber, entstanden als Resultat von entwertenden Übertreibungen im Sinne eines «Zuviel des Guten». Zum Beispiel verkommt Sparsamkeit ohne den positiven Gegenwert Großzügigkeit leicht zum Geiz. Die Diagonalen bezeichnen konträre Gegensätze zwischen einem Wert und einem Extremwert. Zugleich signalisieren die Pfeile nach unten die Richtung wechselseitiger Vorwürfe. Umgekehrt, mit Pfeilrichtung nach oben, repräsentieren sie die notwendige Entwicklungsrichtung, um einem Extremwert zu entkommen – zum Beispiel von Verschwendung zu mehr Sparsamkeit.

Die genannten wechselseitigen Vorwürfe sind nicht zuletzt eine Folge von Verzerrungen in Wahrnehmung und Interpretation. Und diese wiederum entstehen besonders dann, wenn sich ein Mensch in seiner persönlichen Identität angegriffen fühlt, weil er für sich bedeutsame Werte in Frage gestellt sieht. Wer beispielsweise von seiner politisch rechten Orientierung zutiefst überzeugt ist, mag sich von einem politisch deutlich links stehenden Gesprächspartner herausgefordert fühlen und ihn gleich als «linksextrem» kontrastieren (und umgekehrt). Um das Selbstkonzept zu wahren und den Selbstwert zu schützen, wird graduell Unterschiedliches als prinzipiell Verschiedenes aufgefasst und abgetan. Das Wertequadrat kann solche Polarisierungen erfassen und verdeutlichen.

Von Individuen zu Kulturen

Menschen verstehen sich nicht als isolierte Individuen. Ihr Selbstkonzept umfasst nicht allein eine persönliche Identität (die sich unabhängig von Gruppenzugehörigkeiten definiert), sondern auch eine «soziale Identität» (Tajfel und Turner, 1986; Abrams und Hogg, 1990). Menschen gewinnen soziale Identität und Orientierung, indem sie sich Gruppen zuordnen: einer Berufsgruppe, einem Geschlecht, einer Konfession, einer Partei, einem Fußballverein … und besonders auch einer Kultur. In diesem Sinne ist Kultur ein identitätsstiftendes Orientierungssystem: Es definiert Zugehörigkeit; es reguliert das Verhalten der Kulturmitglieder; und es strukturiert deren Wahrnehmung und Deutung der Umwelt – meist ohne dass es diesen bewusst ist. Ebenso wie Menschen ihre persönliche Identität zu wahren suchen und deshalb zu den selbstwertstützenden Verzerrungen neigen (wie sie das Wertequadrat aufzeigt), tendieren sie als Mitglieder einer Gruppe dazu, eine positive soziale Identität zu entwickeln – nicht zuletzt, indem sie andere Gruppen abwerten.

Sozialpsychologische Forschungen zeigen Gründe und Hintergründe für Entstehung und Etablierung von entsprechenden Stereotypen. Diese Forschungen würden eine eigene Reise lohnen, und so sei an dieser Stelle lediglich auf sie verwiesen.[1] Im Kern ist ihr Ergebnis: Menschen bewerten in der Regel nahe stehende Positionen noch näher und ihre Eigengruppe noch besser, als es der Wirklichkeit entspricht; und umgekehrt: fern stehende Positionen noch ferner und Fremdgruppen noch schlechter (Tajfel, 1982; Quattrone und Jones, 1980). Derartige Polarisierungen treten schon bei kleinsten Unterschieden zwischen den Gruppen auf und sind beispielsweise zwischen den Fans rivalisierender Fußballmannschaften oder den orthodoxen Anhängern unterschiedlicher Glaubensgemeinschaften besonders drastisch.

Und wenn wir den Blick auf andere Kulturen richten, wo andere Kulturstandards und andere historisch gewachsene Stereotype vorherrschen? Die Abbildung auf S. 34 veranschaulicht dazu zwei verschiedene Perspektiven. Nehmen wir zunächst an, es gäbe einen außenstehenden, neutralen Beobachter, der unsere Kultur mit einer anderen vergleicht anhand der Frage: Wie großzügig oder sparsam sind die vielen einzelnen Individuen in den beiden Kulturen? Der obere Teil der Abbildung gibt die Ergebnisse seiner objektiven Erhebung wieder. Demnach neigen WIR insgesamt eher zur Großzügigkeit, DIE ANDEREN insgesamt eher zur Sparsamkeit. Trotz der statistischen Unterschiede zeigen sich indessen große Überlappungen: Zahlreiche Individuen in beiden Kulturen sind auf dem Kontinuum zwischen Großzügigkeit und Sparsamkeit gleich verortet.

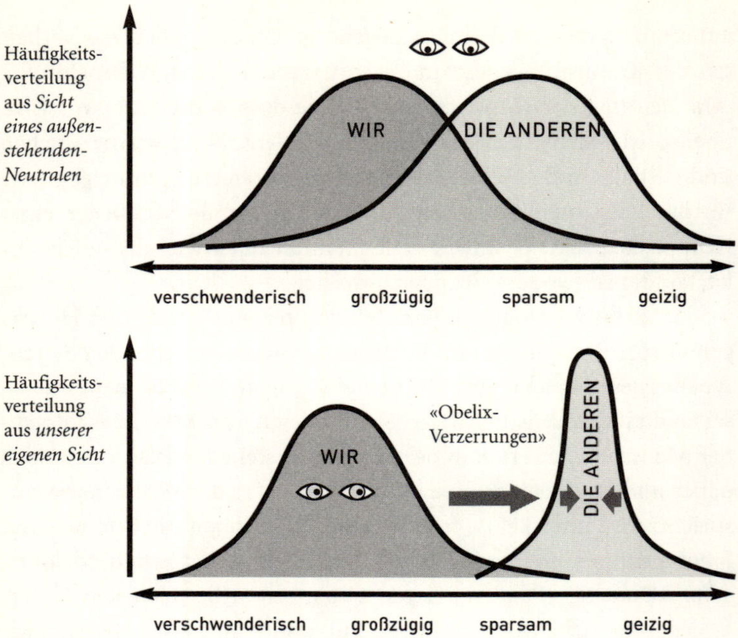

»WIR» und «DIE ANDEREN» – zwei Perspektiven

Welches Bild demgegenüber entsteht, wenn WIR diese Kulturwelten mit den subjektiven Augen unserer eigenen Kultur betrachten, zeigt der untere Teil der Abbildung: WIR sehen uns untereinander durchaus differenziert, wenn auch vornehmlich im positiven Wertebereich. DIE ANDEREN dagegen wirken weiter entfernt, als sie tatsächlich sind, und zwar eher im negativen Spektrum. «Ferne» Kulturen erscheinen also besonders «fern». Für uns sind DIE ANDEREN «ganz anders» und überdies untereinander ziemlich gleich; individuelle Unterschiede verschwimmen. Diese für interkulturelle Wahrnehmungen typischen Effekte wollen wir «Obelix-Verzerrungen» nennen – weshalb wird in Kürze deutlich werden.

Analog zur Diskussion des Wertequadrat-Beispiels lässt sich also zusammenfassend formulieren: Verzerrte und polarisierende Wahrnehmungen und Interpretationen rufen das Bild einer «Geiz-» oder «Verschwendungs-Kultur» hervor; tatsächlich aber sind es Kulturen, die schwerpunktmäßig eher dem Großzügigkeits- oder dem Sparsamkeitspol zuneigen und sich somit innerhalb eines positiven Spannungs- und Ergänzungsverhältnisses unterschiedlich positionieren. Im Vergleich zur eigenen Kultur ist eine andere weder durch das gänzliche Fehlen zentraler Werte gekennzeichnet, noch durch das Vorhandensein völlig unbekannter Werte – und ebenso wenig durch «Unwerte» im Sinne konträrer Extremformen eigener positiver Werte. Was Kulturen voneinander unterscheidet, ist eine je eigene Balance auf der Antipoden-Achse positiver Wertepaare.

Das Innere Team für interkulturelle Angelegenheiten

Den Weg von Individuen zu Kulturen haben wir bereits zurückgelegt und dabei einige theoretische Hintergründe kennen gelernt. Die Leserin oder der Leser war dabei allerdings nicht «allein». Hin und wieder mögen sich in Ihnen bereits bestimmte Mitglieder Ihres Inneren Teams geregt haben (siehe Schulz von Thun: MR 3). Wenn es gleich konkret und praktisch weitergeht zu den Fallstricken und Sickergruben der japanisch-deutschen Kommunikation, wird sich zeigen, dass es ein besonderes Team ist: ein Team für interkulturelle Angelegenheiten. Wollen Sie wissen, mit wem Sie reisen – und wer beim Vertreter der «anderen» Kultur dabei ist? Die Abbildung auf S. 36 eröffnet einen Blick auf die Mitreisenden von Keizo und Karl, einem Japaner und einem Deutschen, die prototypisch für ihre jeweiligen Landsleute stehen sollen.[2]

Es kann gut sein, dass zu Ihrer ganz persönlichen Reisegesellschaft noch das eine oder andere Mitglied hinzukommt. Wir beschränken uns hier auf eine Kerntruppe, die auf Reisen in interkulturelle Gefilde fast immer dabei ist, in dieser oder in einer ähnlichen Variante:

- Da ist zunächst auf deutscher Seite ‹Herr Baedeker› und analog auf japanischer Seite ‹Baedeker-san›. Prinzipiell aufgeschlossen für und neugierig auf fremde Länder und Kulturen, widmet er sich manchmal den Kulturgütern, manchmal nur den Stränden. Und irgendwie will er nicht nur Land, sondern auch die Leute dort kennen lernen – doch da gibt's zuweilen Probleme …

Das Innere Team für interkulturelle Angelegenheiten – auf japanischer und deutscher Seite

- ‹Obelix› kann von solchen Problemen ein Lied singen. In beiden Teams bildet er jeweils den Antipoden zum Kollegen ‹Baedeker›: ‹Obelix› will lieber daheim bleiben, nicht nur um des gewohnten Wildschweinbratens willen, sondern weil er die anderen so seltsam und ganz anders empfindet. Ohne es zu ahnen, leidet er nämlich an der nach ihm benannten «Obelix-Verzerrungen». Wenn ihn Kulturfremde mal wieder irritieren, drängt sich ihm nur eine Erklärung auf: «Die spinnen, die ...!» Deshalb zieht er die eigenen Landsleute vor, besonders seinen Kumpel ‹Japanicus› bzw. ‹Germanicus›.

- ‹Japanicus› bzw. ‹Germanicus› ist mehr der eigenen Kultur verhaftet, als ihm selbst bewusst ist. Die Muster seines Wahrnehmens, Denkens, Wertens und Handelns gelten ihm und anderen seiner Kultur als «selbstverständlich»: «Ich bin so, wie ich bin.» Dass Angehörige anderer Kulturen sie zuweilen als unverständlich oder missverständlich wahrnehmen oder gar ablehnen, weiß er nicht – und will es kaum wissen, ist er doch überzeugt: «Es ist gut so, wie ich bin.» Weil er dem Oberhaupt sehr nahe steht und das Oberhaupt sich allzu leicht mit ihm identifiziert, kommt sein kleiner «Gegenspieler» oft gar nicht zur Geltung.
- Diese Gegenspieler sind der ‹Kleine Japaner› im Deutschen und der ‹Kleine Deutsche› im Japaner. Er macht deutlich, dass das Oberhaupt etwas von der jeweils anderen Kultur in sich birgt. Nicht selten fristet er sein Leben als Außenseiter oder gar im Untergrund. Oft kennt ihn das Oberhaupt kaum, denn ‹Japanicus› bzw. ‹Germanicus› verhindern zusammen mit ihrem jeweiligen ‹Obelix›-Kumpel, dass er im Inneren Team hervortritt.

In der Begegnung mit Angehörigen fremder Kulturen fühlen sich diese Teammitglieder nicht immer gleich auf den Plan gerufen. Meistens geht alles «gut», zumindest scheinbar. Erst bestimmte, «kritische Interaktionssituationen» (siehe z. B. Sugitani, 1996) lassen kulturelle Differenzen mit erhöhter Wahrscheinlichkeit virulent werden: Der Fremde verhält sich plötzlich «befremdlich». Solche Situationen in japanisch-deutschen Kontakten wollen wir im Folgenden gezielt aufsuchen, unsere Teammitglieder damit konfrontieren und analysieren, warum sie sich dabei allzu leicht genervt fühlen.

Kulturquadrate und die Struktur der japanisch-deutschen Kommunikation

Erinnern Sie sich noch an unsere Ausgangsepisode? Kaum waren die beiden deutschen Gäste gegangen, schon machte sich eine Verstimmung zwischen der Japanerin, der sie geholfen hatten, und ihrem deutschen Ehemann breit. Auf beiden Seiten erhob der jeweilige

‹Obelix› seine Stimme und sorgte für eine virulente «Obelix-Verzerrung»: Der jeweils andere wirkte fremd und befremdlich zugleich. Und ohne es zu bemerken, standen ‹Germanicus› bzw. ‹Japanica› einer Erklärung und einer Klärung im Wege. Was war geschehen?

Selbstkonzept: Gemeinschafts-Ich versus Individual-Ich

Den Hintergrund dieser Irritation bildet ein kulturbedingt unterschiedliches Selbstkonzept. Auf japanischer Seite herrscht ein eher «kollektivistisches» Selbstkonzept vor (vgl. z. B. Stephan et al., 1998): Der Einzelne begreift sich weniger als Individuum, sondern sieht sich aufgrund seiner Sozialisation mit den Angehörigen seiner Binnengruppe strukturell verflochten. Dieses so genannte *uchi* (wörtlich: «innen«) war in der geschilderten Episode die Ehegemeinschaft und kann in anderen Zusammenhängen die ganze Familie, die Firma, die Schule, die Universität oder die ganze Nation umfassen. Das eigene Selbst definiert sich in Bezug auf das jeweilige *uchi*, identifiziert sich mit ihm, pflegt in diesem Rahmen intensive Beziehungen, orientiert sich an den Bedürfnissen und Wünschen seiner Angehörigen und passt sich entsprechend an. Gewissermaßen personifiziert wollen wir von einem «Gemeinschafts-Ich» sprechen. Demgegenüber ist bei Deutschen und Angehörigen anderer westlicher Kulturen ein mehr oder weniger ausgeprägtes «Individual-Ich» vorzufinden, wie wir es nennen möchten: Autonom und unabhängig versucht es, Ziele selbst zu bestimmen und zu verfolgen und dabei die eigene Individualität zu betonen und weiter auszuprägen.

Gemeinschafts-Ich und Individual-Ich sind Beispiele für korrespondierende *Interaktionsprinzipien*: idealtypisch zu verstehende Leitbilder für das Selbstkonzept, für Wahrnehmen, Denken, Werten und Handeln der Angehörigen einer Kultur im Vergleich zu einer anderen. Interaktionsprinzipien beschreiben also keine realen Kulturstandards, sondern die Zielpunkte jeweils vorherrschender kultureller Tendenzen und Orientierungen. Damit sind wir endlich bei einem Konzept angelangt, das wir als *Kulturquadrat* bezeichnen wollen. Seine formale Grundstruktur entspricht dem Wertequadrat. Als positive Wertrepräsentanten treten hier jedoch Interaktionsprinzipien in der interkulturellen Kommunikation auf, in diesem Fall: Gemeinschafts-Ich und Individual-Ich. Das Kulturquadrat in der folgenden Abbildung illustriert auf der oberen Etage, welchen Interaktionsprinzipien die japanische bzw. die deutsche Kultur zuneigt.

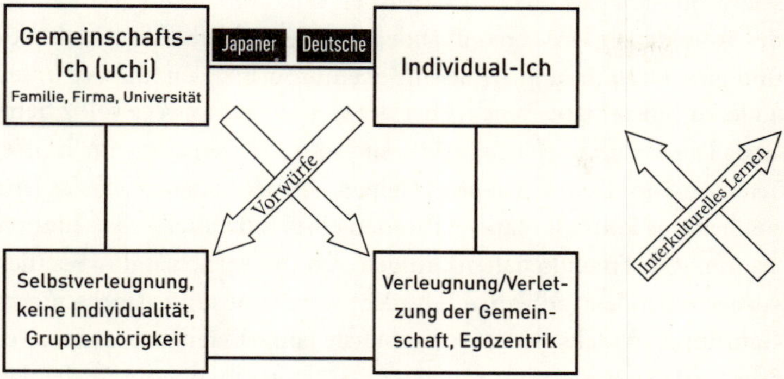

Kulturquadrat zum Selbstkonzept

Die unteren Eckpunkte zeigen die Entwertung der beiden Prinzipien in Extremformen und zugleich die typische Richtung des wechselseitigen Unverständnisses und der wechselseitigen Verächtlichkeit, die sich in Vorwürfen äußern kann. Genau sie werden in der Episode tatsächlich auch virulent. Aus Sicht der Japanerin haben nämlich die Gäste nicht nur ihr als Individuum einen Dienst erwiesen, wofür sie sich angemessen bedankt; das Gemeinschafts-Ich der Japanerin umfasst in dieser Situation auch ihren Ehemann: Es ist, als wäre *ebenso ihm* die Hilfe zugute gekommen. Aus diesem Grund erwartet sie, dass auch ihr Ehemann explizit seinen Dank bekundet, etwa mit den Worten: «Ich danke euch für die Unterstützung meiner Ehefrau.» Dies nicht zu tun bedeutet, ihr eheliches Gemeinschafts-Ich zu missachten und gleichzeitig gegenüber den hilfsbereiten Freunden unhöflich zu sein und sie zu beleidigen. Doch die zwei Deutschen fühlen sich nicht beleidigt – im Gegenteil (so stellte sich in einem Nachinterview heraus). Würde sich der Ehemann tatsächlich in dieser Form bedanken, dann fühlten sie sich eben dadurch irritiert: «Er mag ja sagen, er fände es schön, dass wir seiner Frau helfen, aber ein ausdrücklicher Dank würde wirken wie das Verhalten eines Vaters mit Blick auf seine kleine unselbständige Tochter, als ob seine Frau keine Individualität und Autonomie hätte.»

Der Richtung der Vorwürfe (Konfliktentstehung) entgegengesetzt sind die Pfeile, die den Weg zu einer Konfliktlösung im Rahmen des interkulturellen Lernens andeuten: eine Sensibilisierung für die und eine Orientierung an den Interaktionsprinzipien, die der jeweils anderen Kultur nahe stehen, aber der eigenen keineswegs völlig fremd sind. Die Japanerin hat nämlich eine ‹Kleine Deutsche› im Inneren Team und der Deutsche einen ‹Kleinen Japaner›: Ebenso wie das japanische Selbstkonzept manche Facetten eines Individual-Ichs kennt (etwa in engen Freundschaften), finden sich in Deutschland neben dem vorherrschenden Individual-Ich nicht wenige Ausdrucksformen eines Gemeinschafts-Ichs. Noch vor wenigen Jahrzehnten war es hier verbreitet, die Ehefrau eines promovierten Mannes in der Anrede ebenfalls zu «promovieren»: «Frau Doktor». Ferner ist es in westlichen Kulturen Usus, Einladungen zu den verschiedensten Anlässen nicht individualistisch gegenüber nur einem (Ehe-)Partner auszusprechen, sondern den anderen mit einzuladen; es wäre unüblich, wenn die Partner getrennt voneinander erschienen, dass sie statt eines gemeinsamen jeweils ein eigenes, individuelles Präsent mitbrächten usw. Die beiden Interaktionsprinzipien bilden also in realen Kulturen ein Ergänzungs- und Spannungsverhältnis. Sie stehen an den Endpunkten der sozialen Leitbilder einer Gemeinschafts- bzw. einer Individual-Orientierung, die beide zusammen für jede Kultur notwendig sind und in jeder Kultur eine spezifische gesellschaftliche Balance begründen.

Die Identifikation jedes der beiden Oberhäupter mit ‹Germanicus› oder ‹Japanicus› führte in der Episode dazu, dass das jeweilige kulturelle Selbstverständnis als selbstverständlich wirkte; keiner der Beteiligten vermochte den Hintergrund der Irritationen zu entschlüsseln, sodass ‹Obelix› freie Hand hatte. Tatsächlich schlummert aber im Hintergrund oder Untergrund ein Stück von der anderen Kultur: der ‹Kleine Japaner› und die ‹Kleine Deutsche›, die den Dialog aufnehmen könnten, im Inneren und – vermittelt durch das Oberhaupt – auch im äußeren Team.

Handlungskonzept: Situationsorientierung versus Ausdrucksorientierung

Das Selbstkonzept, unser «Binnenverständnis», ist die eine Seite unserer Persönlichkeits-Medaille. Untrennbar damit verknüpft ist die andere Seite: das Handlungskonzept. Wie Menschen nach außen in unterschiedlichen Situationen und Rollen handeln und was sie dabei für «richtig» oder «falsch» halten, ist unter anderem kulturell geprägt – und damit interkulturell unterschiedlich. Dazu wieder ein Beispiel:

> Eine kleine Gruppe von Freunden und Bekannten beschließt, gemeinsam zum Essen zu gehen. Neben einem Japaner sind überwiegend Deutsche dabei. Als die Frage die Runde macht, welches Restaurant man aufsuchen solle, meint der Japaner dazu, es sei ihm egal, er sei mit jedem einverstanden. Etwas später geht es in dem Restaurant um die Bestellungen. Noch bevor der Kellner sie aufnimmt, fragt man am Tisch unter anderen den Japaner, was er denn gewählt habe. Als er mit der Antwort eine ganze Weile zögert, meint einer seiner deutschen Bekannten leicht genervt: «Nur keine falsche japanische Bescheidenheit. Sag doch einfach, was du gerne essen möchtest.» Der Japaner fühlt sich (wie er später bekundet) bloßgestellt.

Typischerweise regte sich auf beiden Seiten erneut der jeweilige ‹Obelix› und bewirkte eine «Obelix-Verzerrung», wie wir sie eingangs kennen gelernt haben. Wenn der japanische und der deutsche ‹Baedeker› ihr Interesse auf interkulturelle Unterschiede ausdehnten, könnten sie ihrem jeweiligen Kollegen Folgendes entgegenhalten: In Japan ist das Handlungskonzept stark situationsorientiert und hebt etwa auf folgende Fragen ab: Was muss ich in einer bestimmten Situation tun? Was erwarten andere von mir? Wie verhalte ich mich «richtig»? Demgegenüber neigen die meisten Deutschen zur Ausdrucksorientierung: Es geht weniger darum, was andere erwarten, sondern vielmehr was ich will, wie ich mich fühle, was ich meine. Japaner sprechen im ersten Fall von *tatemae* (wörtlich: «Fassade«; diplomatische, offizielle Äußerung), im zweiten von *honne* (wörtlich: «wahrhaftiger Ton«; persönliche, ehrliche Äußerung). Das Kulturquadrat in der folgenden

Abbildung veranschaulicht im oberen Teil die beiden Interaktionsprinzipien:

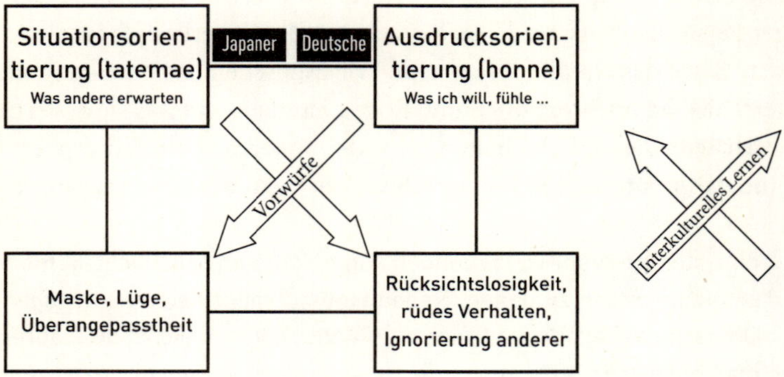

Kulturquadrat zum Handlungskonzept

Die untere Hälfte des Kulturquadrats zeigt die ins Negative «gekippten» Extremformen. Darauf gerichtet sind die typischen Vorwürfe von Seiten der jeweils anderen Kultur: Wenn einem Japaner die Ausdrucksorientierung bei einem Deutschen «zu weit» geht, wird er das Verhalten als «rücksichtslos» und «rüde» einschätzen; umgekehrt erscheint Deutschen die japanische Situationsorientierung oft als «zu viel des Guten», nämlich als «Überangepasstheit», «Maske» oder gar «Lüge». Allerdings gibt es auch in westlichen Kulturen Situationen und Rollen, in denen eine starke Situationsorientierung vorherrscht, insbesondere im professionellen Kontext. Man denke nur an einen Verkäufer oder an die Bedienung in einem Restaurant: Wie auch immer ihnen zumute ist, sollten sie dem Kunden oder Gast möglichst freundlich und jedenfalls höflich gegenübertreten.

Die Situationsorientierung in Japan bedeutet jedoch mehr (vgl. Sugitani 1996, S. 239 ff.): nicht eigene Vorlieben, Wünsche, Bedürfnisse oder Gefühle in den Vordergrund zu rücken, sondern Äußerungen und Verhalten so zu gestalten, dass die Harmonie in der Beziehung zwischen den Interaktionspartnern nicht gestört wird. Orientierungsrahmen ist nicht, was der Einzelne will, wie es die unter Deutschen verbreitete Ausdrucksorientierung nahe legt («Sag doch einfach, was du gerne essen möchtest»); vielmehr gilt es aus japanischer Sicht zu eruieren, was die anderen möchten und (von mir) erwarten. In der geschilderten Episode hat sich dementsprechend der Japaner – nach seinem Verständnis! – gänzlich korrekt verhalten. Für ihn war es ganz und gar keine «falsche japanische Bescheidenheit», sondern ein im Sinne des *tatemae* angemessenes und sogar gebotenes Verhalten.

Über dieses Beispiel hinaus impliziert Situationsorientierung in Japan: Konflikte vermeiden und in Diskussionen nicht auf der eigenen Meinung zu beharren, sondern zu überlegen, wie man eine Angelegenheit mit anderen harmonisch erörtern könnte; unangenehme Gefühle nicht expressiv, sondern indirekt auszudrücken durch Strategien wie Themenwechsel, Schweigen, unklare Ausdrucksweise oder Mehrdeutigkeit; negative Gefühle wie etwa Wut und Trauer nicht zu zeigen, sondern sie hinter einem Lächeln zu verbergen. Was dies konkret bedeuten kann, zeigt ein für ausdrucksorientierte Deutsche oder Amerikaner frappierendes Beispiel (Wahrlich, 1991, S. 16):

> Wenn eine japanische Zugehfrau ihre amerikanische Chefin lächelnd fragt, ob sie zum Begräbnis ihres Mannes gehen könne, zurückkommt und wiederum lächelnd die Urne ihres eingeäscherten Mannes zeigt, dann mag dieses Lächeln uns Westlichen leicht paradox erscheinen. Für Japaner bedeutet es: Ich möchte nicht, dass Sie mich bemitleiden. Ich behalte meinen Schmerz oder meine Scham für mich.

Wenngleich derart extreme Beispiele heute selten sind, ist es allem Wertewandel zum Trotz bei der «Maske des Lächelns» geblieben. Sie dient nicht allein zum Selbstschutz; vor allem gilt es, bedrückende Gefühle wie Trauer und Schmerz für sich zu behalten, um anderen nicht die Last des Mitleids aufzubürden. Auf diese Weise – und nur auf diese – bleibt die «soziale Balance» gewahrt.

Manche Leserinnen und Leser denken an dieser Stelle sicherlich an das Stimmigkeits-Konzept von Schulz von Thun (MR 3). Idealerweise fordert es eine doppelte Übereinstimmung: authentisch sein mit sich selbst *und* sich passend verhalten zur jeweiligen Situation. Sind in diesem Sinne Japaner nicht «überangepasst», weil sie das Authentische auf Kosten des Situationsgemäßen vernachlässigen? Tatsächlich zeigen vor allem jüngere und im Ausland lebende Japaner eine Tendenz zu mehr Authentizität und Individualität. Doch bleibt zwischen diesen beiden Werten aus japanischer Sicht ein Widerspruch bestehen: «Authentisch» fühlt sich ein Japaner weniger mit sich als Individuum als vielmehr in der Orientierung an seinem jeweiligen Gemeinschafts-Ich. Selbstkonzept wie auch Handlungskonzept blenden in Japan den Kontext einer sozialen Situation nicht aus. Sich «authentisch» zu verhalten mag in westlichen Ländern heißen, stimmig zu sich und seinen Gefühlen zu sein und sie daher *nicht* zu verbergen; in Japan hingegen ist man «authentisch», wenn man mit dem *uchi* übereinstimmt und sich auf jeden Fall stimmig zur sozialen Situation verhält – und deshalb (zumindest negative) Gefühle sehr wohl verbirgt. «Das Konzept der Stimmigkeit bietet einen Kompass für adäquates Handeln, jedoch ist das Gefühl für Stimmigkeit interkulturell unterschiedlich», fasst Schulz von Thun zusammen.[3]

Vor diesem Hintergrund wird verständlich, weshalb Japaner vergleichsweise häufig eine «verdeckte Mimik» beim Ausdruck von (negativen) Emotionen zeigen, die zu entschlüsseln ihren eigenen Landsleuten, vor allem aber Nicht-Japanern überwiegend nicht gelingt; sie bleiben «undurchschaubar». Auch dürfte das im Englischen als «white lies» bezeichnete Phänomen in Japan (noch) häufiger als in westlichen Ländern auftreten: unwahrhaftig in einer Aussage zu sein – nicht, um jemandem zu schaden oder sich selber zu nützen, sondern um höflich zu bleiben und zu vermeiden, den anderen zu verletzen.

Wenn es allerdings darum geht, offen zu den *eigenen* Unvollkommenheiten und Missgeschicken zu stehen, sind Japaner auch im westlichen Sinne eher «authentischer» als Deutsche. Diese neigen dazu, persönliche Schwächen und peinliche Gefühle zu verbergen, um keine «Angriffsflächen» zu bieten und sich als möglichst starke, fehlerlose Persönlichkeit darzustellen. Japaner akzeptieren sie als selbstverständlichen Teil der eigenen Person; das Zeigen eigener Schwächen und das Erzählen von selbst verursachten Peinlichkeiten dient dazu, sich wechselseitig als offen, authentisch und natürlich zu erleben und dadurch zwischenmenschliche Wärme herzustellen – zumindest innerhalb des *uchi* und bei informellen Anlässen, wo man sich recht *honne*-orientiert gibt (Moosmüller, 1999).

Differenzierungen und weitere Kulturquadrate

Genügen zwei Kulturquadrate, um die komplexe Struktur japanisch-deutscher Interaktionen zu erfassen? Sicherlich nicht! Tatsächlich zeigt sich etwa die japanische Situationsorientierung vielfältig ausdifferenziert, beispielsweise in Beziehungen zwischen Personen mit unterschiedlichem sozialen Status: Vorgesetzter – Mitarbeiter, Kunde – Verkäufer, Regierender – Bürger, Älterer – Jüngerer und speziell Eltern – Kinder, Dienstälterer – Neuling, Mann – Frau usw. Diese als hierarchisch verstandenen Rollen- und Beziehungskonstellationen finden ihren Niederschlag in einer besonderen Höflichkeitssprache (*keigo*) und einem Verhaltensgestus, der Angehörigen westlicher Kulturen nicht selten als «unterwürfig» erscheint. Umgekehrt herrschen dort reziproke Verhaltensmuster vor: So wie sich beispielsweise der Vorgesetzte in Sprache und Ton ausdrückt, kann auch der Mitarbeiter erwidern. Ein derartiger Ausdruck einer tendenziellen Gleichrangigkeit trägt Angehörigen westlicher Kulturen von japanischer Seite oft den Vorwurf der «Respektlosigkeit» ein.

Was wir mit diesen kurzen Erläuterungen unversehens entwickelt haben, ist ein weiteres, konkretisierendes Kulturquadrat. Darin treten als Interaktionsprinzipien «Hierarchie mit Statusdifferenzierungen» versus «Gleichrangigkeit mit Verhaltensreziprozität» auf. Und «Unterwürfigkeit» bzw. «Respektlosigkeit» markieren die typischen Vorwürfe zwischen den Kulturen. So lässt sich die Struktur der japanisch-deutschen Kommunikation – ebenso wie die anderer Kulturen – mit Hilfe von Kulturquadraten Schritt für Schritt weiter differenzieren und zugleich anschaulich machen.

Genau dies wollen wir nochmals versuchen, bevor wir auf unserer Reise zur Dynamik der japanisch-deutschen Kommunikation gelangen. Denn auf dem Weg dorthin brauchen wir noch eine Brücke;

die Brückenpfeiler werden zwei Kulturquadrate bilden, die das Handlungskonzept weiter ausdifferenzieren und sich beispielhaft aus der folgenden Episode ableiten lassen:

Ein älterer Japaner sendet eine E-Mail an seinen deutschen Geschäftspartner, den er seit einiger Zeit kennt. Nach den ersten Worten der Begrüßung schreibt er, er habe «Streit mit der Ehefrau gehabt», und führt dies kurz aus. Anschließend wendet er sich geschäftlichen Fragen zu und beendet die E-Mail mit höflichen Worten.

Wie würden Sie darauf reagieren?

Im geschilderten Fall fühlt sich der Deutsche von dem «Vertrauen», das ihm der Japaner entgegenbringt, berührt und zugleich verwirrt. Es müsse sich um eine ernste Ehekrise handeln, folgert er, weil «Japaner sonst so zurückhaltend» seien. In seiner Antwort-Mail schreibt er mit ausdrücklichem Bezug auf die «Ehekrise», diese täte ihm «sehr leid». Mit einem «Rat» versucht er, dem Japaner Mitgefühl und eine gewisse Hilfe zu vermitteln.

Hätten Sie ähnlich reagiert? Oder wären Sie diskreterweise auf den «Ehestreit» gar nicht eingegangen? So oder so: Ihr Geschäftspartner wäre vermutlich verstimmt gewesen. Und dabei wollten Sie doch nur freundlich sein, wie wir annehmen. Übrigens: Auch der Japaner in der (authentischen) Episode wollte nur freundlich sein. Und doch haben sich beide, der Japaner und der Deutsche, wechselseitig irritiert oder gar verletzt. Haben Sie jetzt als Deutscher oder als Japaner die Nase endgültig voneinander voll? Oder hat Ihr ‹Baedeker› schon genug interkulturelles Feuer gefangen, um dem ‹Obelix› Einhalt zu gebieten und der Sache auf den Grund zu gehen?

Um der *Sache* auf den Grund zu gehen, muss man – wie so oft – die *Beziehung* betrachten. In Japan kommt in vielen Situationen eine ausgeprägte Beziehungsorientierung zur Geltung, nicht zuletzt in der Begrüßung. Vor allem ältere Japaner legen darauf Wert. Die Begrüßung dient der Beziehungspflege und bedarf meist einer eingehenden Klärung und Anerkennung der wechselseitigen formellen Beziehung. Gleich «auf den Punkt» zu kommen wäre unangemessen und würde dem Gesprächspartner jeglichen Respekt versagen. Demgegenüber zeichnen sich westliche Kulturen durch eine weit stärkere Sachorientierung aus: Geht es nicht beiden Geschäftspartnern eigentlich um die Sache, nämlich um das Geschäft? Warum also sollte man die eigene Zeit und die Zeit des anderen verschwenden, noch dazu mit «leeren Ritualen»? Hieraus ergibt sich das Kulturquadrat in der folgenden Abbildung.

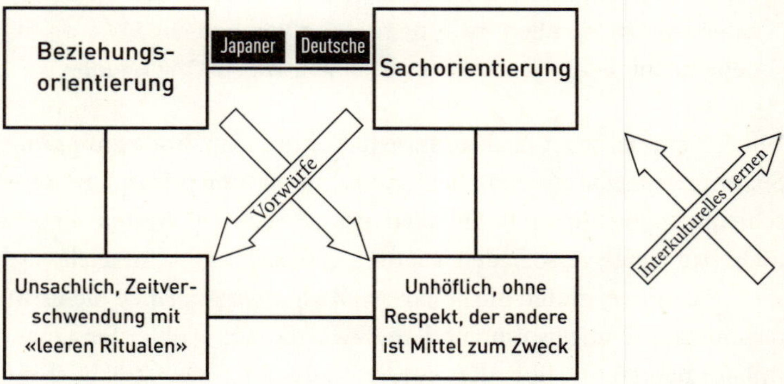

Kulturquadrat zur Beziehungs- versus Sachorientierung

Bei beruflichen und vielen privaten Kontakten sind in beiden Kulturen Beziehungs- und Sachorientierung unterschiedlich gewichtet: In Deutschland und anderen westlichen Kulturen genügt meist ein gemeinsames Sachinteresse, um eine Beziehung einzugehen und fortbestehen zu lassen. Wenn die Interessenübereinstimmung auf der Sachebene entfällt, wird die Beziehung insgesamt häufig obsolet. Umgekehrt in Japan und in anderen östlichen Kulturen: In der Regel ist dort der ausgeprägte Aufbau und das Bestehen einer positiven formellen Beziehung *Voraussetzung* für das Verfolgen gemeinsamer Sachinteressen. Wenn keine derartige Beziehungsübereinstimmung besteht, kommt es zu keinem dauerhaften Austausch auf der Ebene der Sachinhalte. Wenn aber eine bestehende Beziehung eine starke

Störung erfährt oder zerbricht, erlischt damit die verbindende Basis, und es folgt der Rückzug auch aus der Interessenpartnerschaft.

Allerdings sind sich beide Kulturen auch in diesem Punkt nicht fremd. So lebt im Inneren Team von Angehörigen westlicher Kulturen ein ‹Kleiner Japaner›. In der letzten Episode mag er leise fragen:

> «Wäre es nicht auch bei uns unhöflich und barsch, wenn jemand nach einer längeren Kontaktpause einen Bekannten anruft und gleich mit seinem Anliegen ‹ins Haus fällt›? Müsste sich der nicht überrumpelt fühlen? Denn vielleicht hat er ja gerade keine Zeit. Und müsste er sich nicht instrumentalisiert vorkommen? Der Anrufer scheint nämlich nach dem Motto vorzugehen: ‹Wie es dem geht, ist mir egal; Hauptsache, er kann etwas für mich tun.›»

Wieder einmal zeigt sich, dass sich Kulturen im Ergänzungs- und Spannungsverhältnis zwischen zwei Interaktionsprinzipien unterschiedlich positionieren. In allen grundlegenden Werten sind sie nicht prinzipiell verschieden, sondern graduell unterschiedlich.

Allerdings muten die konkreten *Ausprägungsformen* dieser Unterschiede oft ungewohnt und merkwürdig an: Wollte der Japaner mit der Bemerkung über den «Streit mit der Ehefrau» tatsächlich eine ernsthafte «Ehekrise» zum Ausdruck bringen? Was ist mit einem anderen Japaner, der in seiner Begrüßung beiläufig davon spricht, er sei «gerade knapp mit Geld»? Geht es hier wirklich um explizite Botschaften auf der Ebene der Sachinhalte und der Selbstkundgabe? Wenn Sie als Angesprochener auf Ihrem Appell-Ohr einen monetären Hilferuf vernehmen und daraufhin die Brieftasche zücken, würden Sie Ihrem Gegenüber tatsächlich einen Gefallen tun?

Worum es hier geht, ist die Kommunikation hinter der expliziten Kommunikation. Wenn eine Botschaft nicht explizit ausgesprochen oder auf andere Weise eindeutig kommuniziert wird, sondern *implizit* «mitgemeint» ist, also gewissermaßen nur «mitschwingt», kann Kommunikation faszinierend ablaufen (etwa beim Flirten) oder ziemlich verwickelt werden. Weit mehr als westliche Kulturen zeichnet sich die japanische durch implizite Kommunikationsformen aus.

Entsprechend der Situationsorientierung ist in einer solchen «high context culture» aus dem Kontext – den situativen Umständen, der verbalen und der nonverbalen Kommunikation – zu erschließen, was eigentlich gemeint ist und gewünscht wird (Sugitani, 1996). Leider ist dies für westliche Augen und Ohren häufig undurchschaubar oder unhörbar. Umgekehrt greifen westliche «low context cultures» weit weniger auf den Kontext zurück, sondern äußern – ausdrucksorientiert, wie sie sind – relativ explizit, was sie meinen oder möchten. In japanischen Ohren klingt dies nicht selten unhöflich, unkultiviert und unter Umständen gar rücksichtslos. Die folgende Abbildung zeigt das entsprechende Kulturquadrat.

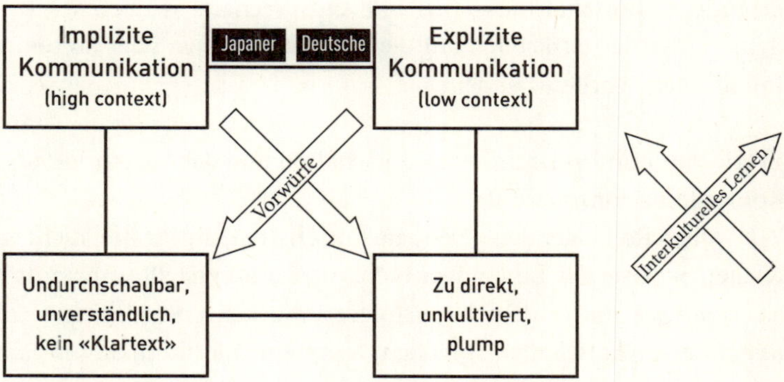

Kulturquadrat zur impliziten versus expliziten Kommunikation

Fast sind wir damit bei der Auflösung der Episode mit der E-Mail angekommen. Nur ein paar Schritte stehen noch aus. Und die führen uns mitten hinein in das Feld der Kommunikationsdynamik. Mit Hilfe «dynamischer Kommunikationsquadrate» werden wir dort die entstandenen Missverständnisse genau lokalisieren können – mit verblüffenden Ergebnissen. Die Kulturquadrate, die wir uns auf der ersten großen Reiseetappe erarbeitet haben, bleiben aber in unserem Reisegepäck; immer wieder werden wir auf sie zurückgreifen.

Kommunikationsquadrate und die Dynamik der japanisch-deutschen Kommunikation

Am Anfang zwischenmenschlicher Irritationen stehen meistens nur Missverständnisse: Verzerrungen und Verluste bei der Übermittlung von Botschaften. In der interkulturellen Kommunikation werfen unterschiedliche Muster des Wahrnehmens, Denkens, Wertens und Handelns mit besonderer Vehemenz die Frage auf: Was von dem Gemeinten und Gemochten kommt beim Empfänger in der anderen Kultur noch an? Und umgekehrt: Was kommt an, das der fremdkulturelle Sender (so) gar nicht übermittelt haben wollte? Der Empfänger nämlich wird, ob richtig oder falsch, von seiner Auffassung der gesendeten Botschaft ausgehen und entsprechend reagieren – und damit entweder tatsächlich auf den Sender eingehen oder an seinen Intentionen «vorbei» handeln.

«Verlorene» und «imaginierte» Botschaften und das «dynamische Kommunikationsquadrat»

Wir wollen im Folgenden gesendete Botschaften, die ihr Ziel nicht erreichen, weil sie der Empfänger nicht oder nur entstellt wahrnimmt, als *verlorene Botschaften* bezeichnen; umgekehrt werden wir von *imaginierten Botschaften* sprechen, wenn ein Kommunikationspartner lediglich wähnt, sie von seinem Gegenüber erhalten zu haben, während sie dieser (so) nicht übermittelt haben will. Daraus ergibt sich eine prägnante Definition für Missverständnisse: *Missverständnisse sind verlorene oder imaginierte Botschaften.* Dabei ist durchaus möglich, dass eine Botschaft verloren geht (z. B. die Selbstkundgabe des Senders) und gleichzeitig eine andere Botschaft vom Empfänger imaginiert wird (z. B. eine Beziehungsbotschaft).

Holen wir nun aus unserem Reisegepäck das bekannte Kommunikationsquadrat mit den vier Botschaften einer Äußerung hervor (siehe Schulz von Thun: MR 1). Um mit seiner Hilfe ganze Interaktionssequenzen zu veranschaulichen und dabei die Quelle von Missverständnissen zu lokalisieren, wollen wir das Werkzeug ein wenig weiterentwickeln: zu «dynamischen Kommunikationsquadraten».

Bevor wir gleich zur Anwendung schreiten, noch eine kurze Vorbemerkung: Jede Äußerung enthält eine Vielfalt und eine Vielzahl von Botschaften. Sie alle in einem dynamischen Kommunikationsquadrat darzustellen wäre unergiebig und zudem unübersichtlich. Meistens aber stehen für den Sender nur ein oder zwei Botschaften im Vordergrund. Auf der anderen Seite reagiert der Empfänger nur auf eine oder zwei Botschaften; an seiner Reaktion lässt sich ablesen, welches Empfangs-Ohr sich primär angesprochen fühlte. Der Kommunikationsverlauf zeigt also, ob empfangendes Ohr und sendender Mund im Wesentlichen auf der gleichen «Wellenlänge» liegen, sodass die zentralen Botschaften ankommen, oder ob diese verloren gehen bzw. andere imaginiert werden. Auf diese wenigen Botschaften werden wir uns im Folgenden konzentrieren, wenn wir das dynamische Kommunikationsquadrat in seiner praktischen Anwendung vorstellen.

Bitte, Absage und Kritik in der japanisch-deutschen Kommunikation

Zum Einstieg ein kleines Beispiel:

> Ein Japaner und ein Deutscher sind Nachbarn in einem Haus. Der Deutsche übt häufig Klavier. Dadurch fühlt sich der Japaner zuweilen gestört. Als ihm sein deutscher Nachbar im Treppenhaus begegnet, begrüßt ihn der Japaner und äußert dabei: «Sie üben fleißig.» Daraufhin entgegnet der Deutsche: «Ja, ich nehme jetzt sogar Klavierstunden bei einem Musiklehrer.»

Zur Analyse dieser Episode sollen zwei einander gegenüberstehende Kommunikationsquadrate die beiden Interaktionspartner repräsentieren (siehe Abbildung S. 52). Wenn eine Botschaft beim Empfänger so ankommt, wie vom Sender intendiert, taucht sie in beiden Quadraten gleichermaßen auf. Demgegenüber werden verlorene Botschaften mit einem Papierkorb-Symbol gekennzeichnet (weil sie quasi darin landen, auch wenn es der Sender nicht wollte); für imaginierte Botschaften steht bildlich eine kleine Wolke.

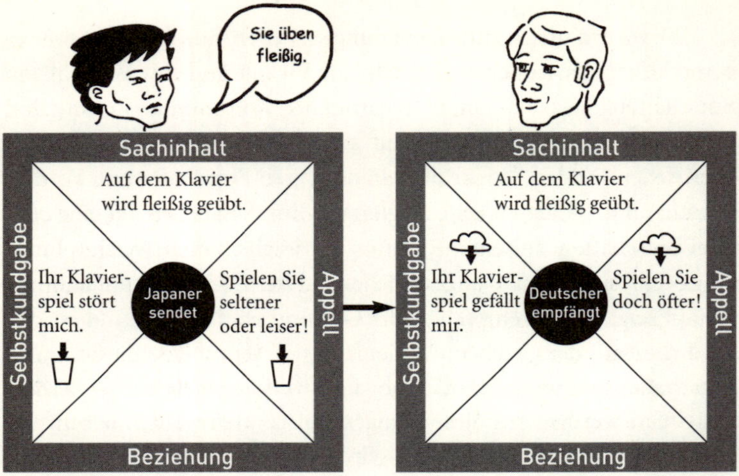

Bitte oder Wunsch in der japanisch-deutschen Kommunikation

In der Episode sendet der Japaner eine Botschaft auf der Ebene der Sachinhalte mit der Feststellung, es werde «fleißig» geübt. Sein Kommunikationsziel aber ist eine Selbstkundgabe und letztlich ein Appell: die Bitte an den anderen, leiser oder seltener Klavier zu spielen. Die Zurückhaltung in der Ausdrucksorientierung und die ausgeprägte Beziehungsorientierung erlauben, wie wir im letzten Abschnitt gesehen haben, einem Japaner kaum die explizite Äußerung eigener, noch dazu negativer Selbstkundgaben («Ihr Klavierspiel stört mich») und ebenso wenig eines expliziten Appells («Spielen Sie bitte seltener oder leiser!»). Für solche Bitten bedienen sich Japaner weit stärker als Deutsche einer impliziten Kommunikation. Während in japanisch-japanischen Interaktionen ein entsprechend impliziter Appell in der Regel «gehört» wird, dringt er – jedenfalls in der skizzierten Episode – nicht ans Appell-Ohr des Deutschen. Nicht nur die implizite Selbstkundgabe, sondern vor allem auch der implizite Appell des Japaners verhallen somit als *verlorene Botschaften*. Dagegen meint der Deutsche, eine implizite Selbstkundgabe vernommen zu haben von der Art: «Ihr Klavierspiel gefällt mir» und womöglich gar den Appell «Spielen Sie doch öfter!» – zwei *imaginierte Botschaften*, die den Japaner im Ergebnis ziemlich frustrieren dürften.

Die besondere Situationsorientierung bzw. die Vermeidung einer direkten Ausdrucksorientierung im Sinne des *tatemae* gilt in Japan nicht nur für die Formulierung einer Bitte, sondern ebenso eines Wunsches, einer Absage, einer Meinung oder von Kritik: Was ich brauche, möchte oder meine, darf nicht ich ausdrücken, sondern sollte der andere erkennen. Dazu bedarf es in einer «high context culture» nicht meiner expliziten Äußerung, sondern der Wahrnehmung meiner impliziten Botschaften, die im Kontext einer bestimmten Situation ausreichende Hinweise in sich bergen.

Anders stellt sich die Lage dar, wenn ein Deutscher derartige Botschaften vorbringt: Formulierungen wie «Ich schaffe es alleine nicht» und «Könnten Sie mir bitte helfen bei …?» – in Deutschland nicht unübliche ziemlich explizite Selbstkundgaben bzw. Appelle – empfände ein Japaner wohl als ungebührliche Bedrängung. Weil ihm nur wenig Raum bliebe für eine gesichtswahrende Zurückweisung, müsste er einer solchen appellativen Bitte quasi «gezwungenermaßen» nachkommen. Gleichzeitig wirkte dies als Störung auf der Beziehungsebene: «Indem mich der andere ungebührlich bedrängt, achtet er mich nicht.» (Für diese negative Beziehungsbotschaft steht in der Abbildung ein Minuszeichen.)

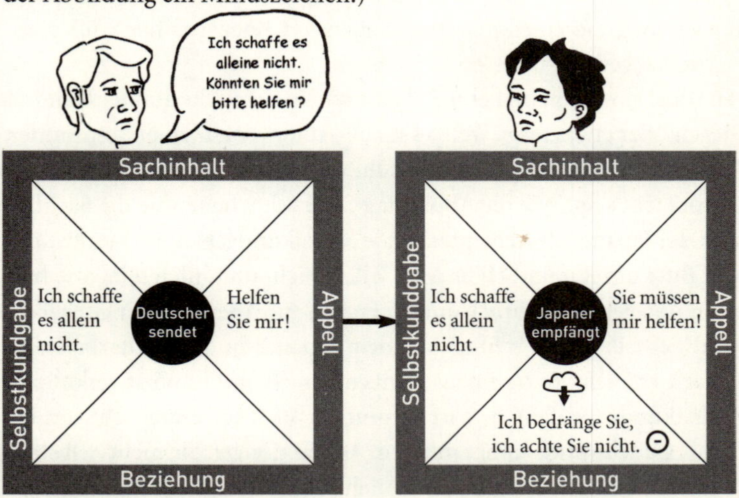

Bitte oder Wunsch in der deutsch-japanischen Kommunikation

«Das ständige Fragen, Danken und Sichentschuldigen der Japaner ...»

Ein zweites Beispiel führt uns zu Missverständnissen, die in der japanisch-deutschen Kommunikation gang und gäbe sind:

> Vom Mutterkonzern in Tokio wird einem deutschen Tochterunternehmen ein «kompetenter» japanischer Mitarbeiter avisiert. In seiner neuen Abteilung sind der Chef und fast alle Kollegen Deutsche. Sie freuen sich auf eine leistungsstarke, eigenständige Ergänzung ihres Teams. Als fast ein Jahr vergangen ist, wendet sich der Japaner unverändert häufig mit Fragen an Chef und Kollegen: «Sollen wir dies so machen?», «Sind Sie einverstanden, Herrn X einzubeziehen?», «Entspricht dies Ihren Vorstellungen?» usw. Oft sind es einfache, elementare Fragen, sodass im Arbeitsumfeld des Japaners zunehmend Zweifel an seiner Eignung aufkommen. Außerdem fühlen sich die Deutschen durch die zeitliche Inanspruchnahme mit diesen «unnötigen» Fragen «belästigt». In einem Mitarbeitergespräch eröffnet ihm sein Chef: «Eigentlich bin ich davon ausgegangen, dass Sie manche Dinge auch alleine bewältigen können und sich nicht ständig an mich und an die Kollegen wenden müssen.» Wenige Monate später nimmt der Japaner die Gelegenheit wahr, sich im Zuge einer Neuorganisation des Konzerns nach Tokio zurückversetzen zu lassen.

Für die Deutschen in dieser Episode schien die Sache auf der Hand zu liegen: Wer etwas fragt, weiß es nicht – und wer auf einer bestimmten Position ständig fragen muss, fühlt sich unsicher und kann nicht kompetent sein. Wie die Abbildung S. 55 zeigt, halten sie die Sachfragen des Japaners für entsprechende Selbstkundgaben, verbunden mit der Bitte um Rat und Hilfe. Man will ja nicht unhöflich sein, also hilft man und geht ausführlich auf die Fragen ein. Aber alles hat Grenzen – und deshalb gilt es schließlich, dem Japaner in dem Mitarbeitergespräch «reinen Wein» einzuschenken.[4] Die damit implizit verknüpfte Selbstkundgabe des Chefs ist vermutlich: «Ich bin enttäuscht von Ihnen»; sie geht wohl einher mit dem Appell «Zeigen Sie mehr Selbständigkeit!» und einer negativen Beziehungskonnotation. Was beim Japaner auf jeden Fall ankommt, ist eine negative Beziehungsbotschaft

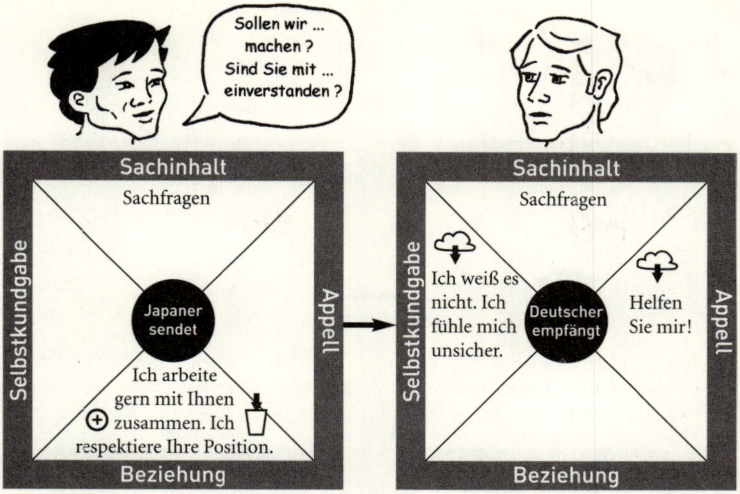

Fragen zur Beziehungspflege – und was zwischen Japanern und Deutschen daraus wird

– und das, obwohl er seinerseits positive Beziehungsbotschaften gesendet hat!

Aus Sicht des Japaners stellt sich nämlich die Situation ganz anders dar. Sein häufiges Fragen ist der kulturtypisch implizite Ausdruck der Beziehungsorientierung und bedeutet erst einmal «Ich möchte Sie nicht übergehen», letztlich aber: «Ich arbeite gerne mit Ihnen zusammen», «Ich erkenne Sie als Chef an», «Ich schätze Sie als Kollegen» usw. Während all diese Botschaften offenbar verloren gehen, imaginieren Chef und Kollegen die fortwährenden Sachfragen als Äußerungen des Unwissens, der Unsicherheit und letztlich der Inkompetenz. Auf den gleichzeitig imaginierten Hilfsappell reagieren sie mit eingehenden Antworten zur Sache. Stattdessen würde es vollauf genügen, wie die folgende Abbildung für eine entsprechende japanisch-japanische Kommunikation illustriert, auf die Fragen und die damit intendierte implizite Wertschätzung umgekehrt mit bestimmten Botschaften Wertschätzung zu vermitteln – beispielsweise indem man dem anderen bestätigt, er liege mit seinen Erwägungen oder seinem

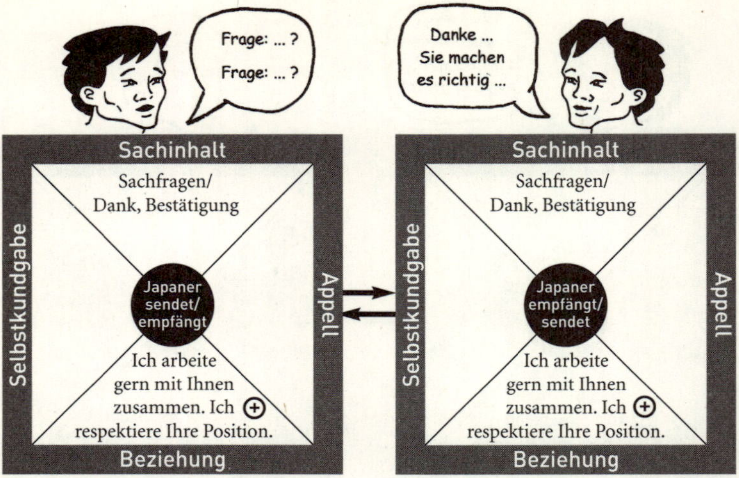

Fragen und Danken zur Beziehungspflege – «symmetrische» Interaktionen zwischen Japanern

Handeln richtig, und ihm versichert, er werde die Details zweifellos gut erledigen; oder indem man selbst vergleichbare Sachfragen stellt; besonders aber, indem man ihm einen Dank ausspricht für die vertrauensvolle Einbeziehung, Information etc. Die Abbildung veranschaulicht die «symmetrische» Form der Interaktionen, die sich daraus ergibt.

Ebenso wie das Fragen haben auch das Danken und Sichentschuldigen für Japaner die Funktion der Beziehungspflege, insbesondere in hierarchischen Konstellationen. Nach deutschem Verständnis setzt ein Dank voraus, dass man etwas Gutes (oder gut Gemeintes) empfangen hat; eine Entschuldigung setzt voraus, dass man einen Fehler gemacht hat. Beides sind Reaktionen auf sachliche Ereignisse. Im Japanischen dagegen steht häufig die Beziehungsorientierung ganz im Vordergrund – ohne «sachlichen Grund». In der Funktion vergleichbar wären im Deutschen Äußerungen wie: «Ich bin gerne bei Ihnen» oder «Ich freue mich, bei Ihnen arbeiten zu dürfen». Weil allerdings in Deutschland solche Worte wie überhaupt positive Rückmeldungen (leider) eher selten sind, vermissen viele hier lebende Japaner in privaten und beruflichen Beziehungen eine vergleichbare Beziehungspflege und damit die Erwiderung sozialer Wertschätzung ihnen gegenüber.

Dynamische Kommunikationsquadrate können die interkulturell vertrackte Konstellation augenfällig machen: Japaner erkennen nicht, dass Fragen, Danken und Sich-Entschuldigen für Deutsche zumeist einen sachlichen Hintergrund haben und zum Teil als Selbstkundgaben wirken («Ich weiß nicht», «Ich habe einen Fehler gemacht»). Umgekehrt erkennen Deutsche nicht, dass sie Japanern (auch) als Mittel und Ausdruck der Beziehungspflege dienen.

Auflösung: Wo die Missverständnisse lagen …

Nach dieser Weiterentwicklung und Einübung der Instrumentarien sind wir endlich gerüstet, um die Episode mit der E-Mail (S. 46) vollständig aufzulösen. Dass in Japan die Beziehungsorientierung eine bedeutende Rolle spielt, nicht zuletzt auch bei einer Begrüßung, ist uns inzwischen hinlänglich bekannt. Die implizite Kommunikation, die dabei zum Tragen kommen kann, mag allerdings für den ‹Germanicus› in uns ungewohnt und irritierend anmuten. Denken wir an die beinahe «intim» wirkenden Aussagen zu Problemen und Unzulänglichkeiten der eigenen Person und des eigenen Umfeldes: «Hatte Streit mit meiner Frau», «Bin gerade knapp mit Geld» usw. Ebenso könnten es Bemerkungen zur Person des Gesprächspartners und seines Umfeldes sein, die überhöht und «zu dick aufgetragen» erscheinen, zum Beispiel: «Ihre Kinder sind so unglaublich schön, intelligent und fleißig.»

Wie wir in der Diskussion zum Handlungskonzept gesehen haben, verbietet die zurückhaltende Ausdrucksorientierung bei Japanern die Kundgabe von intimen oder schwerwiegenden persönlichen Problemen, die ja den anderen belasten würden. In der E-Mail des Japaners steht daher aus dessen Sicht nicht die explizite Botschaft auf der Ebene der Sachinhalte oder der Selbstkundgabe im Vordergrund (obgleich darin zumindest ein «Körnchen Wahrheit» enthalten sein sollte). Wichtig ist allein die implizite Botschaft auf der Beziehungsebene: Durch die (äußerlich-förmliche) Selbsterniedrigung bzw. durch die Erhöhung des anderen soll ihm gegenüber Wertschätzung,

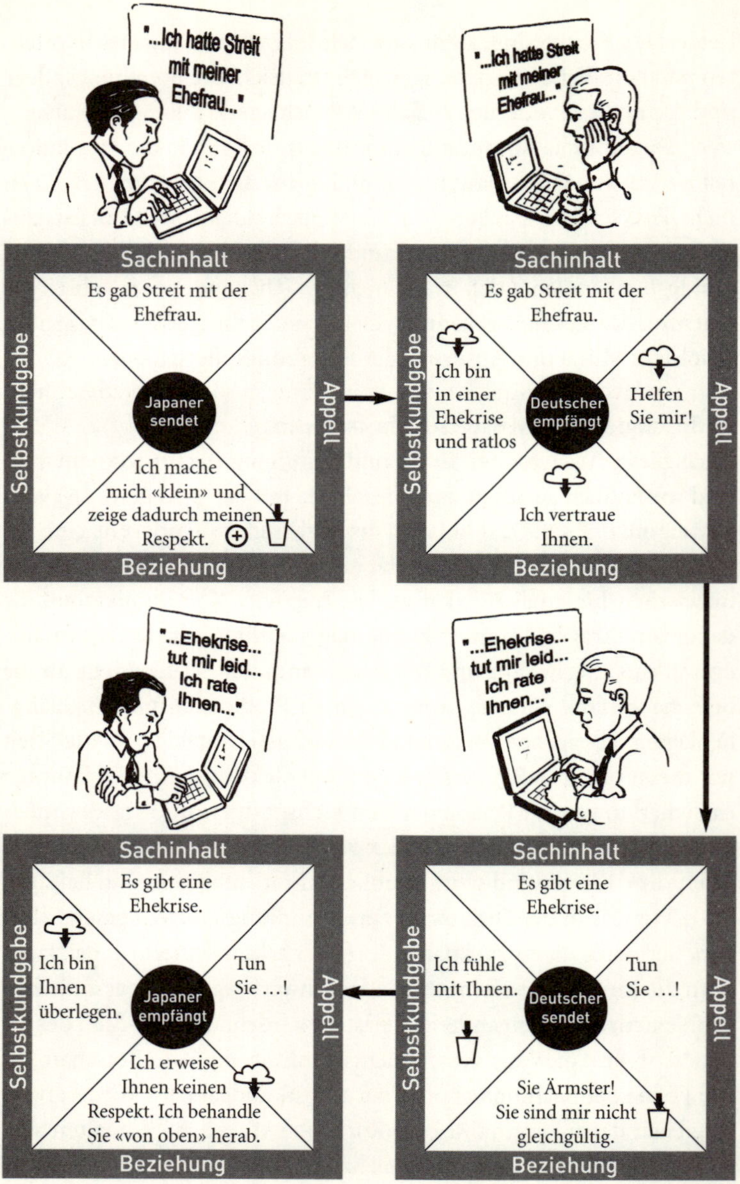

Verunglückte Begrüßung in der japanisch-deutschen Kommunikation

Dankbarkeit oder Sympathie vermittelt werden. Und da im Hintergrund stets ein Gemeinschafts-Ich agiert, kann sich die Selbsterniedrigung auch auf die eigene Frau oder die eigenen Kinder beziehen, während sich umgekehrt die Erhöhung des anderen auch mit Bemerkungen zu dessen Gemeinschafts-Ich ausdrücken lässt.[5]

Die Wendung «Streit mit der Ehefrau gehabt» bedeutet also justament *nicht* die Selbstkundgabe einer «Ehekrise». Genau dies glaubt jedoch der deutsche Geschäftspartner verstanden zu haben: eine imaginierte Selbstkundgabe, verbunden mit einem imaginierten Appell in Form einer Bitte um Hilfe (siehe Abbildung S. 58). Gleichzeitig wird eine positive Beziehungsbotschaft imaginiert: «Ich vertraue Ihnen, sonst würde ich Ihnen dies nicht mitteilen.» Ausgehend von dieser Fehleinschätzung reagiert der Deutsche nun – aus seiner Sicht mitfühlend und in bester Absicht –, indem er eine Selbstkundgabe zurücksendet: «Ich fühle mit Ihnen.» Außerdem ist er bestrebt, einen «Rat» (Appell-Botschaft) zu geben: «Tun Sie …!» Dass er zugleich eine positive Beziehungsbotschaft sendet («Sie Ärmster …»), geht verloren.

Nachdem der Deutsche die gesamte Beziehungsdimension der ursprünglichen Botschaft des Japaners verkannt hat (siehe verlorene Beziehungsbotschaft links oben in Abbildung S. 58), erhält der Japaner die erwartete positive Beziehungsbotschaft nicht retour. Stattdessen dürfte bei ihm die explizite Äußerung von Mitgefühl und gar eines Ratschlages als Überlegenheitsbekundungen des Deutschen ankommen. Ebenso imaginiert wie diese ist nicht zuletzt die negative Beziehungsbotschaft, die der Japaner auf seine ursprünglich positive Beziehungsbotschaft hin empfängt: «Ich erweise Ihnen keinen Respekt. Ich behandle Sie ‹von oben› herab.» Ohne es zu wollen, ja ohne es überhaupt zu wissen, verletzt damit der Deutsche die soziale Balance der wechselseitigen Beziehung.

Übrigens: Ebenso verunglückt wäre es, auf die japanische Äußerung «Ihre Kinder sind unglaublich schön, intelligent und fleißig» zu reagieren mit «Ja, wir sind auch sehr stolz auf sie.» Angemessen wäre eine entsprechende Erhöhung der Kinder des anderen. Und wie verliefe wohl in der geschilderten E-Mail-Episode ein Kontakt zwischen zwei Japanern? Analog zur Anerkennung des ersten Japaners würde

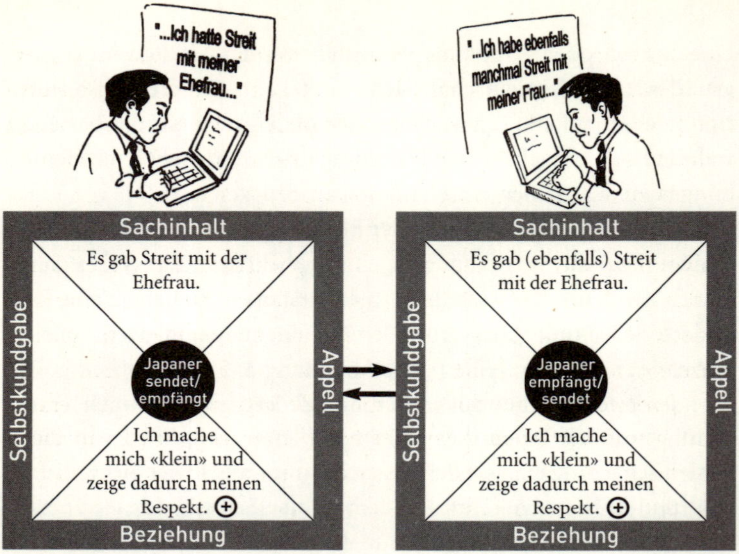

«Symmetrische» Begrüßung in der japanisch-japanischen Kommunikation

in aller Regel eine Rück-Anerkennung durch den anderen Japaner in vergleichbarem Code erfolgen, zum Beispiel: «Ich habe ebenfalls manchmal Streit mit meiner Frau.» Durch eine solche implizite positive Beziehungsbotschaft ist die soziale Ausgewogenheit wieder hergestellt. Die Abbildung oben zeigt die symmetrische Struktur der Botschaften, die sich daraus wieder einmal ergibt.

Erneut zeigt sich eine paradox anmutende interkulturelle Konstellation: Während in geschäftlichen oder ähnlichen Kontexten ein Deutscher kleinere persönliche Probleme kaum erwähnen würde («unerheblich, Privatsphäre, geht den anderen nichts an»), aber bei schwerwiegenden Problemen womöglich durchaus Andeutungen machte (z. B. um Terminprobleme oder seine Niedergeschlagenheit zu erklären), würde umgekehrt sein japanisches Pendant kleinere Probleme als «Aufhänger» für die Bekräftigung ihrer sozialen Beziehung sehr wohl gebrauchen, sich jedoch bei tatsächlich ernsthaften Problemen nichts anmerken lassen. Hier und in zahlreichen weiteren Episoden können dynamische Kommunikationsquadrate die zugrunde liegenden Missverständnisse, die verlorenen oder imaginierten Botschaften, genau lokalisieren und deutlich machen. Eine einzige Zeichnung wirkt überzeugend und macht klar, dass niemand den anderen verletzen wollte – und warum es dennoch geschehen ist.

Dynamische Kommunikationsquadrate erlauben also, die kurzfristige Dynamik innerhalb einer Interaktionsepisode anschaulich zu analysieren (natürlich nicht nur in der interkulturellen, sondern auch in der intrakulturellen Kommunikation). Doch bestehen zwischenmenschliche Beziehungen nur aus einer Aneinanderreihung von Einzelepisoden? Um die langfristige Kommunikationsdynamik abzubilden und mit Blick auf interkulturelle Begegnungen die Herausbildung und Verfestigung von Stereotypen anschaulich zu machen, bedarf es eines weiteren Instruments, das wir auf der letzten Etappe unserer Reise kennen lernen.

Stereotypenkreisläufe und die Langfrist-Dynamik interkultureller Begegnungen

Betrachten Sie irgendeine der japanisch-deutschen Irritationen, die uns im Laufe unserer bisherigen Reise begegnet sind. Nicht unbedingt müssen als Ursache immer gleich (vermeintliche oder tatsächliche) interkulturelle Unterschiede ausgemacht werden; nicht jedes Mal wird etwa der deutsche ‹Obelix› sofort ausrufen: «Die spinnen, die Japaner!», sondern kulturneutral bemerken: «Die Person X spinnt!» Zumindest was die Ursachenzuschreibung, die Attribution, angeht, mag er damit durchaus richtig liegen: Persönlichkeitsmerkmale von Einzelnen müssen nicht kulturell geprägt und kulturtypisch sein. Ebenso falsch wäre es, empirisch festgestellte Kulturstandards bei jedem einzelnen Individuum dieser Kultur in der gleichen Ausprägung zu vermuten; die Unterschiede *innerhalb* einer Kultur sind oft viel größer als *zwischen* den Kulturen, wie wir schon in der Abbildung S. 34 (obere Hälfte) gesehen haben (vgl. dazu auch den Beitrag von Wiechelmann in diesem Band).

Doch ganz gleich, ob sich eine Person in einer bestimmten Situation «typisch» für ihre Kultur verhält oder nicht: Ihre Verhaltensweisen werden häufig mit ihrer Kultur in Verbindung gebracht. Denn wer Angehörigen einer fremden Kultur begegnet, ist mehr oder weniger voreingenommen. Unwillkürlich trägt er so manche stereotypen Vorstellungen von ihnen mit sich, positive und negative, gewonnen aus der eigenen Sozialisation, früheren Erfahrungen und zahlreichen subjektiv gehaltenen Berichten Dritter (vgl. z. B. Lilli, 1982; Abrams und Hogg, 1990). Entsprechend selektiv und verzerrt nimmt er deren Verhaltensweisen wahr – und sieht auf diese Weise die bestehenden Stereotypen «bestätigt». Gleichzeitig bildet er weitere Stereotypen aus, und zwar durch wiederholte, ähnliche Erfahrungsmuster in eigenen Begegnungen mit verschiedenen Angehörigen einer fremden Kultur.

Die Mechanismen der «Bestätigung» vorhandener und der Herausbildung neuer Stereotypen sind interkulturell *wechselseitig* wirksam: wie in einem (positiven oder negativen) Kreislauf. In Anlehnung an Interaktionskreisläufe (siehe Schulz von Thun: MR 2, S. 28 ff.)

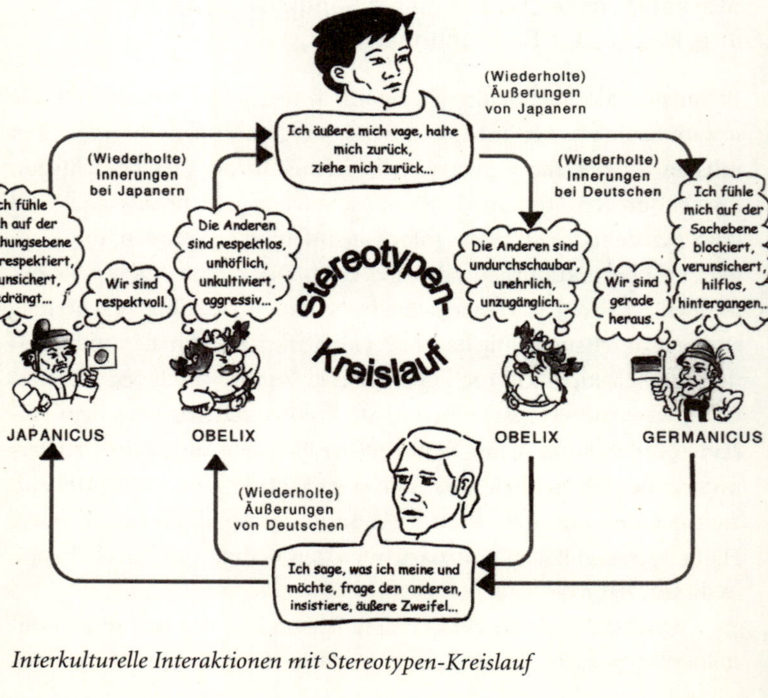

Interkulturelle Interaktionen mit Stereotypen-Kreislauf

wollen wir zu ihrer Analyse *interkulturelle Stereotypen-Kreisläufe* einführen. Mit Blick auf verschiedene Facetten der Situations- versus Ausdrucksorientierung, die wir im Laufe unserer Reise kennen gelernt haben, gibt die Abbildung auf S. 62 ein Beispiel für einen solchen Stereotypen-Kreislauf in japanisch-deutschen Begegnungen:
Aus dieser Abbildung ist ersichtlich, wie fortlaufende Interaktionen einen negativen Regelkreis von wechselseitigen Frustrationen, sich verfestigenden Wahrnehmungsmustern und eskalierenden Verhaltensformen ergeben. Hinter den *Äußerungen* von Japanern und Deutschen stehen dabei jeweils die «*Innerungen*» ihrer Teammitglieder. Der Kreislauf wird dann zum Teufelskreis, wenn in den Inneren Teams die beiden ‹Baedekers› und der ‹Kleine Japaner› bzw. der ‹Kleine Deutsche› praktisch keine Rolle spielen – weshalb sie in der Abbildung ganz fehlen. Auf beiden Seiten dominieren ‹Japanicus› bzw. ‹Germanicus› sowie der jeweilige ‹Obelix›.

Das Selbstkonzept eines Japaners, seine soziokulturelle Identität, wird von ‹Japanicus› ausgedrückt: «Wir sind respektvoll.» Spiegelbildlich dazu ist die Außenwahrnehmung beschaffen: «Die anderen sind respektlos …», so lauten die stereotypen Perzeptionen und die daraus resultierenden Vorwürfe gegenüber Kulturfremden, wie sie der japanische ‹Obelix› vertritt. Wenn sich ‹Japanicus› mit kulturtypischen Äußerungen von Deutschen konfrontiert sieht, fühlt er sich verunsichert und bedrängt. ‹Obelix› aber schützt mit seinen abschätzigen Erklärungen den Selbstwert des Japaners und stellt wieder sein inneres Gleichgewicht her. Ganz analog geht es auf Seiten des Deutschen zu. Auf diese Weise treffen immer wieder unterschiedliche Selbstkonzepte aufeinander, führen wechselseitig zu zunehmenden Irritationen und bestätigen und verfestigen die Erklärungsmuster sowohl des einen als auch des anderen ‹Obelix›. Das Resultat ist ein Stereotypen-Kreislauf – oder «Obelix-Kreislauf», wie wir ihn auch nennen können.

Im Gegensatz zum Interaktionskreislauf, der auf zwei Einzelpersonen fokussiert ist, zeigt der Stereotypen-Kreislauf die stereotypen Verallgemeinerungen, die sich nach und nach aus wiederholten gleichartigen Interaktionen nicht nur mit einem bestimmten, sondern mit *verschiedenen* Angehörigen einer Kultur einstellen. Wenn jemand mit den Personen A, B, C, D, E ... immer wieder besondere gleichartige Erfahrungen macht oder zu machen glaubt und all diese Personen aus ein und derselben fremden Kultur wie etwa der japanischen stammen, dann wird er (genauer: sein ‹Obelix›) bald zu Übergeneralisierungen neigen: «*Die* Japaner sind so.» Manchmal ist dies positiv gemeint (z. B. «höflich», «zuvorkommend» usw.), häufiger aber wird es negativ konnotiert sein (z. B. «unehrlich», «undurchschaubar» usw.). Wie sonst sollte jemand Irritationen mit Kulturfremden beschreiben, erklären und auf sie reagieren, wenn nicht unter mehr oder minder starkem Rückgriff auf die Kategorien der eigenen Kultur? Gemäß dieser Kategorien erscheinen jedoch Merkmale der Fremdkultur häufig als Abwesenheit oder Negation von Merkmalen der Eigenkultur: der scheinbar «fehlende» Respekt als «Respektlosigkeit», die scheinbar «fehlende» Höflichkeit als «Unhöflichkeit», die scheinbar «fehlende» Ehrlichkeit als «Unehrlichkeit» ... und womöglich die andere Kultur insgesamt als «Unkultur».

Kurzum: Von unserer Kultur abweichende Interaktionsprinzipien können sich ausdrücken in für uns ungewohnten oder erwartungswidrigen Äußerungen der Angehörigen dieser Kultur. Die «Innerungen», die diese bei uns auslösen, beziehen sich zunächst vielleicht nur auf Einzelpersonen, nach und nach aber auf *alle* Angehörigen dieser Kultur schlechthin. In unserem ‹Obelix› wachsen und verfestigen sich somit Stereotypen, die den Extremformen und Vorwürfen entsprechen, wie sie auf der unteren Horizontalachse der Kulturquadrate skizziert sind. Sobald sich ein Kulturstereotyp ausgeformt hat, werden unsere Äußerungen wahrscheinlich gegenüber *allen* Mitgliedern dieser Kultur von vornherein etwas anders ausfallen, dadurch gleich ihnen entsprechende «Innerungen» und Äußerungen auf der anderen Seite hervorrufen, was wiederum unsere Stereotype «bestätigen» dürfte usw.

Für die entstehenden Verstimmungen sehen die Akteure *auf beiden Seiten* «die andere Kultur» als ursächlich an; auf beiden Seiten ist man in den eigenkulturellen Wahrnehmungs-, Deutungs- und Verhaltensmustern «gefangen». Diese Stereotypen und Routinen –

die subjektiv bestätigten Erklärungen und die scheinbar erprobten Reaktionsweisen – bieten aber keine Lösung, sondern *sind* das eigentliche Problem. Solange die Akteure wechselseitig nur die Äußerungen wahrnehmen, manövrieren sie sich immer stärker in den interkulturellen Teufelskreis. Erst wenn sie die für die Dynamik bedeutsamen «Innerungen» kennen und interkulturell einzuordnen lernen, können sie ihre Gefangenheit in dem Regelkreis durchschauen und daraus ausbrechen.

In der Abbildung auf S. 62 verlaufen die Äußerungen senkrecht zueinander, während die «Innerungen» auf der waagrechten Ebene, zwischen den Mitgliedern des Inneren Teams, angeordnet sind. Der notwendige Schritt von der «senkrechten» in die «waagrechte» Kommunikation (siehe MR 2, S. 31) ist nicht einfach und bedarf oft einer «Klärungshilfe» von außen, etwa im Rahmen eines «Culture Assimilator» bzw. «Intercultural Sensitizer Trainings» (Thomann und Schulz von Thun, 2003; Albert, 1995; vgl. dazu auch den Artikel von Barrios in diesem Band). Dabei leisten die kommunikationspsychologischen Instrumente, wie wir sie auf dieser Reise vorgestellt haben, überaus gute Dienste. Mit ihrer Hilfe heißt es, eine «Zusammenkunft» zu organisieren, auf der ‹Japanicus› und ‹Germanicus› sowie der japanische ‹Obelix› und der deutsche ‹Obelix› explizit aufeinander treffen und ihre Perspektiven austauschen. Die ‹Herren Baedeker› sowie der ‹Kleine Japaner› bzw. der ‹Kleine Deutsche› werden dabei für Vermittlungsdienste hinzugezogen. Mittels der Stereotypen-Kreisläufe kann die Zirkularität der wechselseitigen Beziehung augenfällig gemacht werden: ohne Anfang und ohne Ursache. Damit wird der sonst üblichen Suche nach «Schuldigen» von vornherein die Grundlage entzogen, was sich analytisch und vor allem didaktisch als bedeutsamer Vorzug der Stereotypen-Kreisläufe wie auch der anderen Instrumente erweist, die wir im Laufe dieser Reise kennen gelernt haben.

Was die Reise gebracht hat: Schlusskonferenz des Inneren Teams

Geschafft! Wir sind am Ende unserer Reise zum Verständnis interkultureller Missverständnisse angekommen. Angesichts all der betrachteten Missverständnisse hoffen die Autoren, dass sich nicht ein gefährlich-abwegiges «Meta-Missverständnis» eingeschlichen hat: dass Begegnungen zwischen Angehörigen unterschiedlicher Kulturen *nur* eine Quelle laufender Missverständnisse, Verunsicherungen, Verärgerungen und Konflikte wären. Wenngleich wir in diesem Beitrag einseitig das Augenmerk auf interkulturelle Unterschiede und Probleme gelegt haben, überwiegen doch die Gemeinsamkeiten und die gelungenen Verständigungs- und Verständniserfahrungen bei weitem.

Bei der vorangegangenen Analyse von Struktur und Dynamik der japanisch-deutschen Kommunikation sind wir indessen immer wieder auf ein merkwürdiges Phänomen gestoßen: Was intrakulturell «selbstverständlich» ist, ist interkulturell oft unverständlich, missverständlich und «befremdlich». Hinter all den Episoden, die wir untersucht haben, stand jedoch niemals dumpfe Gleichgültigkeit oder gar böse Absicht, sondern im Gegenteil eher das «beste Wissen und Gewissen» der Beteiligten – auf beiden Seiten.

Soweit das Wahrnehmen, Deuten und Verhalten eigenkulturell genährt ist, kann es die Fremdartigkeit anderer Verhaltensmuster zwar mehr oder minder irritiert konstatieren, aber nicht unbedingt zutreffend erklären und verstehen. Die Erklärungsversuche, die dennoch unternommen werden, *passen* lediglich zu den Maßstäben und Routinen der eigenen Kultur, müssen aber keineswegs *stimmen*, also die fremdkulturelle Wirklichkeit adäquat abbilden. Genau dies wird indessen vermutet, denn: «Wenn ich nicht weiß, daß ich nicht weiß, glaube ich zu wissen.» (Laing, 1972, S. 61) Der interkulturell «blinde Fleck» bleibt mir verborgen, und so messe ich die fremde Kultur eben nach «bestem Wissen und Gewissen» an der eigenkulturellen «Latte».

Um Missverständnisse und Irritationen rückblickend tatsächlich zu verstehen und vorausblickend zu vermeiden, gilt es, die Eigen- und Fremdwahrnehmung zu schärfen und interkulturell auszuweiten. Anknüpfend an die kommunikationspsychologischen Konzepte aus den einzelnen Bänden von «Miteinander Reden» haben wir dazu in diesem Beitrag analytische Darstellungs- und didaktische Vermittlungsinstrumente vorgestellt, adaptiert, weiter entwickelt und als «Bewährungsbeispiel» auf die komplexe japanisch-deutsche Kommunikationsstruktur und -dynamik angewendet. Nach unserer Erfahrung und Überzeugung lassen sich mit ihrer Hilfe Missverständnisse in der japanisch-deutschen und ebenso in anderen interkulturellen Konstellationen leichter verstehen, leichter verständlich machen – und dadurch auch besser vermeiden.

So etwas lässt sich natürlich leicht behaupten. Wie aber sehen es die Betroffenen: die Mitglieder unseres Inneren Teams für interkulturelle Angelegenheiten? Betrachten wir zum Abschluss ihre Sichtweisen:

- Zunächst zu ‹Obelix›: Durch die vorgestellten Instrumente wird er dort «abgeholt», wo er sich affektiv und kognitiv aufhält: mitten in den Stereotypen-Kreisläufen sowie im «Keller» der Kulturquadrate. Dort befinden sich die abwertenden Extremformen der Interaktionsprinzipien und zugleich die Vorwürfe an die andere Kultur, die ihm auf der Zunge liegen. Die Vorwürfe und Stereotypen von ‹Obelix› werden also nicht verdrängt, sondern explizit in die Betrachtung einbezogen. Damit wird bewusst ein «kulturzentristischer» *Ausgangspunkt* des Lernprozesses ermöglicht, wofür zahlreiche Konzepte des interkulturellen Lernens plädieren (z. B. Hoopes, 1979; Bennet, 1993).
- Der ‹Kleine Japaner› im deutschen und der ‹Kleine Deutsche› im japanischen Inneren Team zeigen, dass Eigenkultur und Fremdkultur jeweils etwas von der «anderen» in sich tragen. Die Interaktionsprinzipien in der oberen Etage des Kulturquadrats verdeutlichen dieses Ergänzungs- und Spannungsverhältnis. Kulturen werden darin «gleichberechtigt» positioniert. Sie erscheinen nicht prinzipiell verschieden, sondern graduell unterschiedlich. Doch auch graduelle Unterschiede können deutlich sein und bedeutsam, wie für Einzelepisoden die dynamischen Kommunikationsquadrate und für die Langfristdynamik die Stereotypen-Kreisläufe anschaulich machen.

- Für den prinzipiell kulturoffenen und neugierigen ‹Herrn Baedeker› wird eine neue Lernebene eröffnet: Die Entwicklungsrichtung nach oben zeigt in den Kulturquadraten, wie sich eigenkulturelle Deutungs- und Reaktionsmuster zielgerichtet erweitern lassen. Wo die Ursprünge der Missverständnisse liegen, machen dynamische Kommunikationsquadrate deutlich, und wie sie sich wechselseitig hochschaukeln können, geht aus den Stereotypen-Kreisläufen hervor. Mit ihrer Hilfe kann ‹Herr Baedeker› nicht nur Äußerungen erkennen, sondern sein Kulturinteresse und -verständnis auf die «Innerungen» des Gegenübers ausweiten. Fremdkulturelle Verhaltensweisen, die bislang ungewöhnlich oder erwartungswidrig schienen und abgelehnt wurden, lassen sich auf diese Weise «durchschauen» – und vielleicht sogar wertschätzen.
- Schließlich erfährt durch die Instrumente und ihre Anwendung die eigene Kultur keine abwertende Negativ-Verortung, die den ‹Germanicus› im Deutschen oder den ‹Japanicus› im Japaner in trotzige Ablehnung versetzte oder einfach hilflos zurückließe. Missverständnisse und Irritationen in interkulturellen Begegnungen werden mit diesen Instrumenten nicht als Ausdruck von Schwächen, Fehlern und Mängeln der Eigenkultur gebrandmarkt, sondern als «des Guten zuviel» identifiziert. Folglich geht es um eine reflektierte «Neujustierung» bestehender Kulturmerkmale und -verhaltensweisen (zumindest für interkulturelle Anforderungssituationen) und nicht um ihre Beseitigung oder Unterdrückung.

Ausgestattet mit den kommunikationspsychologischen Instrumenten lässt sich nun eine Konferenz des Inneren Teams einberufen (siehe Schulz von Thun: MR 3). Dabei mag der ‹Kleine Japaner› bzw. der ‹Kleine Deutsche› nach und nach aus dem Hintergrund oder gar Untergrund hervortreten und – mit Unterstützung von ‹Herrn Baedeker› bzw. ‹Baedeker-san› – die zuweilen vorschnelle Dominanz des jeweiligen ‹Obelix› relativieren. Die «Obelix-Verzerrungen» dürften auf diese Weise nachlassen. In der Folge kann sich die teilweise Verschmelzung des Oberhaupts mit ‹Germanicus› bzw. ‹Japanicus› lösen. Das Oberhaupt gewinnt Abstand zu ihm, kann seinen interkulturell blinden Fleck eindämmen und mit Blick auf ‹Germanicus› bzw. ‹Japanicus› erkennen: «Er ist *nur ein Teil* von mir!» Und: «Ich habe auch etwas Japanisches bzw. Deutsches in mir – und das ist gut so!»

‹Obelix› und ‹Germanicus› bzw. ‹Japanicus› sind also keineswegs die «Verlierer» unserer Reise. Vielmehr gewinnen sie eine neue wichtige Funktion. Sie müssen möglichen Bestrebungen ins andere Extrem entgegenwirken: die eigene kulturelle Authentizität aufgeben

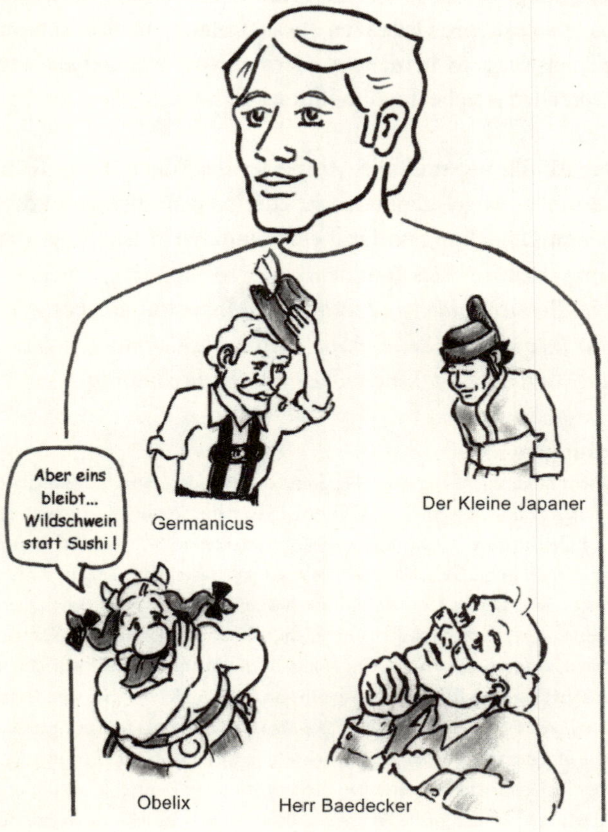

Nach der Schlusskonferenz des Inneren Teams …

zu wollen, um in einer fremden Kultur als besonders «angepasst» und «integriert» zu gelten. Man denke an einen Deutschen, der sich durch ungelenk-bemühte Höflichkeitsbezeugungen als «besonders japanisch» zu geben versucht. Oder an einen Japaner, den übertriebene Anpassungsbestrebungen an das individualistisch-ausdrucksorientierte Modell zu einer ungestümen Direktheit verleiten. Beide gibt es tatsächlich! Analog zur Überkompensation im individuellen Verhalten kann es zu einer Überadaption im interkulturellen Verhalten kommen. Hamlets «To thine own self be true» sollte jedoch auch in der Begegnung mit einer fremden Kultur nicht «verbogen» werden. ‹Obelix› würde diesen Gedanken etwas profaner ausdrücken und damit beispielsweise so manchem ‹Germanicus› nachgerade aus dem Bauch sprechen – siehe die Abbildung auf S. 69.

In dieser Abbildung sind alle Mitglieder des (deutschen) Teams für interkulturelle Angelegenheiten wieder versammelt, allerdings in einer neuen Aufstellung und mit einer anderen Einstellung. Womöglich stimmt es doch: Reisen bildet …

Viel Bereicherndes und wenig(er) Missverständliches wünschen Ihnen für Ihre nächste Reise in interkulturelle Gefilde
die Mitglieder des Inneren Teams und die Autoren

Anmerkungen

1 In diesem Zusammenhang einschlägig sind insbesondere Forschungen zu: soziale Identität, Attributionsverhalten, kognitive Dissonanz, soziale Wahrnehmung, soziale Vergleichsprozesse, Assimilations-Kontrast-Effekte, Selbstwertschutz und Selbstwerterhöhung. Siehe dazu jeweils zusammenfassend bei Frey und Irle, 1993.

2 In dieser und in den anderen Abbildungen werden beide Kulturen von männlichen Figuren repräsentiert. Wir bitten, dies nicht als Diskriminierung von Frauen zu verstehen, sondern als Versuch, den Fokus auf Kulturunterschiede zu richten. In Japan hängt nämlich der Verhaltensgestus oft in besonderer Weise vom Geschlecht des jeweiligen Gegenübers ab. Eine Frau-Mann-Kommunikation erforderte in der Analyse oft eine zusätzliche, geschlechtsspezifische Dimension. Da außerdem Männer im japanischen Berufsalltag (noch mehr als in Deutschland) dominieren, haben wir uns für männliche Figuren als Prototypen beider Kulturen entschieden.

3 In einem Brief an die Autoren.

4 Dynamische Kommunikationsquadrate für die Rück-Botschaften der Deutschen an den Japaner zu konstruieren, möchten die Autor/innen den Leser/innen anheim stellen. – Übrigens: Falls es die Leserin bzw. der Leser nicht bemerkt haben sollte: Der vorangegangene Satz enthält einen impliziten Appell und ist von der Hoffnung getragen, dass es sich dabei nicht um eine verlorene Botschaft handeln möge.

5 Auch hierzu ließe sich ein aufschlussreiches Kulturquadrat konstruieren, das die Kommunikationsstruktur differenzierter auffächert: Die tendenziell japanischen bzw. deutschen Interaktionsprinzipien sind dabei: «Sich als Individuum nicht positiv herausstellen, sondern sich relativ zum Anderen ‹klein› machen» versus «Sich als Individuum positiv darstellen und herausstellen». Die entsprechenden Extremformen und Vorwürfe sind: «Selbstverleugnung des Individuums» versus «Selbstüberhöhung des Individuums».

Literatur

Abrams, D., Hogg, M. A. (1990): *Social identity theory.* London

Albert, R. D. (1995): *The intercultural sensitizer/culture assimilator as a cross-cultural training method.* In: S. M. Fowler, M. G. Mumford (Hg.): Intercultural sourcebook – cross-cultural training methods. Vol. 1. Yarmouth, Me., S. 157–168

Bennett, M. J. (1993): *Towards ethnorelativism: a developmental model of intercultural sensitivity.* In: R. M. Paige (Hg): Education for the intercultural experience. Zweite Auflage. Yarmouth, Me., S. 21–71

Frey, D., Irle, M. (Hg.) (1993): Theorien der Sozialpsychologie. Band I-III. Bern u. a.

Hoopes, D. S. (1979): *Intercultural communication concepts and the psychology of intercultural experience.* In: M. D. Pusch (Hg.): Multicultural education: a crosscultural training approach. La Grange Park, Ill., S. 10–38

Laing, R. D. (1972): *Knoten.* Reinbek

Lilli, W. (1982): *Grundlagen der Stereotypisierung.* Göttingen u. a.

Moosmüller, A. (1999): *Vom Erzählen peinlicher Begebenheiten. Als Ausländer in Japan.* In: Erzählen über Orte und Zeiten. Eine Festschrift für Helge Gerndt und Klaus Roth. In: D. Drascek (Hg.). Münchner Beiträge zur Volkskunde, Bd. 24., Münster u. a., S. 111-128

Quattrone, G. A., Jones, E. E. (1980): *The perception of variability within ingroups and outgroups.* In: Journal of Personality and Social Psychology, 38, S. 141-152

Stephan, C. W., Stephan, W. G., Saito, I., Barnett, S. M. (1998): *Emotional expression in Japan and the United States. The nonmonolithic nature of individualism and collectivism.* In: Journal of Cross-Cultural Psychology, 29, 6, S. 728-748

Sugitani, M. (1996): *Kontextualismus als Verhaltensprinzip: «Kritisch» erlebte Interaktionssituationen in der japanisch-deutschen Begegnung.* In: A. Thomas (Hg.): Psychologie interkulturellen Handelns. Göttingen u. a., S. 227-245

Tajfel, H. (1982): *Gruppenkonflikt und Vorurteil.* Bern

Tajfel, H., Turner, J. C. (1986): *The social identity theory of intergroup behaviour.* In: S. Worchel, W. G. Austin (Hg.): Psychology of intergroup relations. Chicago, S. 7-24

Thomann, Chr., Schulz von Thun, F. (2003): Klärungshilfe. Handbuch für Therapeuten, Gesprächshelfer und Moderatoren in schwierigen Gesprächen. Theorien, Methoden, Beispiele. Reinbek

Wahrlich, H. (1991): *Wortlose Sprache – Verständnis und Mißverständnis im Kulturkontakt.* In: A. Thomas (Hg.): Kulturstandards in der internationalen Begegnung. SSIP-Bulletin, 61. Saarbrücken, Fort Lauderdale, S. 13-39

Nicole Kollermann

Spinn ich oder spinnen die?

Über den konstruktiven Umgang mit interkulturellen Irritationen

Stellen Sie sich vor, Sie sind eine Monopoly-Spielfigur. Sie haben Ihr ganzes Leben in der kapitalistischen Monopoly-Welt verbracht und kennen sich darin bestens aus. Nehmen wir an, aus personalpolitischen Gründen (weil das Schach-Pferd nicht auffindbar ist) würden Sie nun als Pferd im Schach-Spiel eingesetzt. Was würde passieren? Wie würde es Ihnen ergehen?

Nun, wahrscheinlich wären Sie bestürzt über das Fehlen von Banken, Hotels und Wasserwerken und entsetzt über die kriegerischen Auseinandersetzungen in diesem Brettspiel. Hatten Sie doch gerade noch versucht, das Feld A7 von einem Bauern käuflich zu erwerben, als sich Ihnen ein Turm unhöflich und geradezu bedrohlich in den Weg stellte. Und plötzlich werden Sie geschlagen und sind raus aus dem Spiel, obwohl Sie noch gar nicht bankrott waren. Hatte man etwa Ihre Kreditwürdigkeit in Frage gestellt? Oder hatten Sie dem Bauern zu wenig Geld für seinen «Acker» geboten? Unverschämtheit …, es handelte sich hierbei doch nicht um die Schlossallee. «Die spinnen, die Schachfiguren!», würden Sie wahrscheinlich denken.

Das Leben in einer fremden Kultur gestaltet sich oft genauso wie das Spielen eines Spiels, dessen Regeln man nicht kennt. Oft gehen wir unwillkürlich davon aus, dass unsere Verhaltensweisen, Denkstrukturen und Werte universell gültig sind. Doch dem ist natürlich nicht so: Unsere kulturellen «Spielregeln» gelten in Deutschland, aber oft nicht in Asien, Amerika, Afrika und manchmal nicht einmal in sehr ähnlichen europäischen Kulturen.

Die fachliche Expertise eines Kandidaten ist meist das ausschlaggebende Kriterium für eine Auslandsentsendung. Um die gleiche Arbeit im Ausland erfolgreich auszuführen, sind Sachkompetenz und allgemeine Managementfähigkeiten jedoch nicht ausreichend. Untersuchungen zeigen, dass ein Auslandsentsandter ohne vorbereitendes Training seine Aufgabe erst nach drei Jahren in vollem Umfang erfüllen kann (Martin und Thomas, 2002). Eine geringere Leistungsfähigkeit und psychische Probleme in den ersten Jahren bleiben häufig nicht aus (Thomas und Schenk, 2001).

Im Folgenden stelle ich dar, was die kommunikationspsychologischen Modelle von Schulz von Thun im Umgang mit kulturellen Irritationen leisten können und in welcher Weise sie hilfreich sind, um sich einer anderen Kultur anzunähern. Nach Lesen dieses Artikels werden Sie wissen,

- was das Leben in einer neuen Kultur schwierig macht,
- wie das Innere Team und das Wertequadrat uns helfen können, unsere Reaktionen auf fremde Kulturen kennen zu lernen,
- wie wir konstruktiv mit interkulturellen Irritationen umgehen können,
- wie wir mit Hilfe des Kommunikationsquadrates die Bedeutung einer Äußerung in verschiedenen Kulturen analysieren können

Kulturstandards: die ungeschriebenen Spielregeln

Kulturspezifische «Spielregeln», werden von Wissenschaftlern als «Kulturstandards» bezeichnet. Diese legen fest, wie wir miteinander umgehen (Verhaltensweisen), was wir für richtig erachten (Werte und Denkstrukturen), was wir wahrnehmen und was wir von anderen erwarten (Martin und Thomas, 2002). Je nach Kultur gibt es beispielsweise unterschiedliche Auffassungen darüber, wie mit Konflikten umzugehen ist. Während es in Deutschland möglich ist, Konflikte offen anzusprechen, ist dies in manchen asiatischen Kulturkreisen inakzeptabel, weil es dem Gesprächspartner einen Gesichtsverlust zufügen würde. Ein unterschiedliches Empfinden von Zeit oder unterschiedliche Vorstellungen von Unabhängigkeit, Individualität und Familienverbundenheit, sind weitere Beispiele für Kulturstandards.

Wie kommt es aber, dass Kulturstandards in unterschiedlichen Ländern völlig unterschiedlich ausgeprägt sind? Thomas und Schenk (2001) geben hierfür folgende Erklärung: Kulturstandards entstehen im Laufe der Zeit durch die Auseinandersetzung von Individuen mit den besonderen sozialen, politischen und ökonomischen Bedingungen ihres Landes. Ein Beispiel sind die Auswirkungen der verschiedenen Lebensbedingungen in unterschiedlichen Ländern auf den Faktor «Familienverbundenheit». In Deutschland haben wir ein breites System sozialer Absicherung. Ab 65 erhalten wir eine Rente, und wenn wir erkranken, gibt es eine Lohnfortzahlung. Das Kindergeld leistet finanzielle Unterstützung, zum Beispiel für einen Kindergartenplatz. In einem Land wie Guatemala hingegen existiert ein solches System der sozialen Absicherung nicht. Für die Rente ist in den meisten Fällen die Familie zuständig, ebenso wie für die «Lohnfortzahlung im Krankheitsfall». Eine Krankenversicherung hat fast niemand, und für Kinderbetreuung ist die Großfamilie zuständig.

All diese Faktoren haben eine Auswirkung auf die Bedeutung, die der Familie in beiden Ländern zugemessen wird: Die Großfamilie in Guatemala ist unentbehrlich, und die Familienmitglieder sind in großem Maße aufeinander angewiesen und voneinander abhängig. Als Gast einer guatemaltekischen Familie fiel mir die große Familienverbundenheit der Menschen auf. Besonders junge Menschen betonten von sich aus (anders als in Deutschland) immer wieder die Wichtigkeit der Familie in ihrem Leben. Die enge Familienverbundenheit macht Sinn: Im Gegensatz zu Deutschland könnten die meisten Menschen in Guatemala ohne ihre Familie nicht überleben.

Wir selbst halten unsere eigenen Kulturstandards für «selbstverständlich» (Martin und Thomas, 2002), solange wir nicht Personen einer anderen Kultur begegnen. Und selbst dann werden interkulturell eher unerfahrene Menschen ihre Kulturstandards nicht unbedingt erkennen oder reflektieren. Im Gegenteil: Menschen orientieren sich an ihren eigenen Werten, Normen und Beurteilungsmaßstäben. Deshalb werden die Verhaltensweisen von Fremden vor dem Hintergrund der eigenen Kulturstandards leicht fehlinterpretiert. So könnte zum Beispiel die Familienverbundenheit eines Guatemalteken von einem westlichen Touristen leicht als «Anhänglichkeit» oder «Unselbständigkeit» bewertet werden. Umgekehrt wurde ich als alleinreisende Rucksacktouristin in Guatemala von den Menschen häufig gefragt, ob ich keine Familie habe oder mit ihr zerstritten sei. Dass ich auch mit Zustimmung meiner Familie alleine in ein fremdes Land reisen könne, war den meisten unbegreiflich. Meine Unabhängigkeit wurde von den Einheimischen mit Ungläubigkeit kreditiert: Irgendetwas musste doch mit mir nicht in Ordnung sein!

Kulturstandards sind also kulturspezifische «Spielregeln», und wir beurteilen fremde Kulturen zunächst einmal vor dem Hintergrund unserer eigenen Kulturstandards, da es die einzigen Normen sind, auf die wir zurückgreifen können. Bei kurzen Aufenthalten im Ausland, wie zum Beispiel einem Badeurlaub auf Kuba, wird das kein größeres Problem darstellen – man fliegt ja nach zwei Wochen wieder nach Hause. Wie können wir uns aber auf einen längeren Auslandsaufenthalt vorbereiten? Können wir einen Nachmittag lang Bücher über die entsprechende Kultur durchblättern und auf diese Weise deren kulturelle Regeln lernen?

Diese Strategie ist auf keinen Fall falsch und wird oft als «kulturspezifische» Vorbereitung bezeichnet (IFIM Pressebericht, März 2003). Bezogen auf mein Eingangsbeispiel ist es natürlich sinnvoll, die Schachregeln zu lernen, bevor man anfängt zu spielen. Im Gegensatz zu den Spielregeln von Schach oder Monopoly kann man jedoch nicht alle kulturellen Spielregeln nachlesen oder lernen. Kulturstandards sind nämlich größtenteils implizit, das heißt nicht ausgesprochen. Kulturstandards stellen Leitlinien des Lebens, Werte und Beurteilungsmuster dar, die in einer Kultur selbstverständlich sind (Thomas und Schenk, 2001). In Büchern können wir beispielsweise über beobachtbare Verhaltensweisen und Gewohnheiten anderer Kulturen nachlesen und uns sogar dementsprechend verhalten (z. B. uns verbeugen, wenn wir uns bedanken). Tiefer verwurzelte kulturelle Merkmale, wie zum Beispiel Gefühle, können von uns jedoch nicht einfach nachempfunden oder erlernt werden. Selbst wenn Sie als deutscher Manager gelesen haben sollten, dass man in anderen Ländern die Arbeit etwas «lockerer» angeht, können Sie als Auslandsentsandter ihren eigenen Anspruch an Effizienz wahrscheinlich nicht ohne weiteres ablegen (wenn Sie Ihr Leben lang so gearbeitet haben). Auch Werte können nicht einfach verinnerlicht werden. So könnte es zum Beispiel sein, dass die deutsche Ehefrau eines Guatemalteken weiß, dass die Familie in diesem Land eine große Rolle spielt. Und trotzdem wäre es wahrscheinlich schwierig für sie zu akzeptieren, dass die Familie im Leben ihres Mannes so viel Raum einnimmt, stets anwesend ist und sogar bei wichtigen Entscheidungen mitwirkt.

An dieser Stelle möchte ich meine Anfangsidee wieder aufgreifen: Das Leben in einer anderen Kultur ist oft wie das Spielen eines Spiels, dessen Regeln man nicht kennt. Und es ist noch schwieriger, denn die Regeln sind oft nicht eindeutig festgelegt und können auf der Ebene der Gefühle nicht nachempfunden werden. Auch diejenigen, die gut auf eine Auslandsentsendung vorbereitet sind, werden daher unweigerlich mit kulturellen Missverständnissen konfrontiert. Die kommunikationspsychologischen Methoden, die ich in den nächsten Abschnitten vorstellen möchte, können eine Hilfe sein, mit solchen kulturellen Missverständnissen und Irritationen umzugehen.

Ein Beispiel: Einkaufen in Neuseeland

Ich möchte an dieser Stelle anhand eines persönlichen Beispiels darstellen, wie es zu kulturellen Irritationen kommen kann, auch wenn zwei Kulturen westlich geprägt sind.

> Als Studentin verbrachte ich 14 Monate meines Studiums in Neuseeland. Dies war meine erste «große» Auslandserfahrung. Neuseeland ist kein Land, dessen Kultur der unsrigen völlig fremd ist, und trotzdem bemerkte ich gleich am Anfang einige gravierende Unterschiede: Wenn ich beispielsweise im Supermarkt mit meinem vollen Wagen an die Kasse rollte, begrüßten mich die Kassierer in der Regel mit einem freundlichen «Hello, how are you today?». Das erste Mal stutzte ich und dachte, es müsse sich um ein Versehen handeln. Hatte mich der Kassierer da etwa mit jemandem verwechselt, den er gut kannte?

Doch diese freundlichen Supermarkt-Ereignisse wiederholten sich mit den unterschiedlichsten Neuseeländern. Nicht nur der Kassierer, auch der Tankwart und der Hausmeister fragten mich nach meinem Wohlergehen. Mir persönlich erschienen die Fragen, nach fünf Jahren Studium im bekanntlich eher «kühlen» Hamburg, etwas indiskret und unbehaglich. Folglich dachte ich mir die verschiedensten Strategien aus, um den unangenehmen Nachfragen zu entgehen: um das Zimmer des Hausmeisters machte ich zum Beispiel einen großen Bogen.

An einem Tag, an dem ich mich vom Studium und den neuen Eindrücken überfordert fühlte und Heimweh hatte, traf die Frage der Kassiererin bei mir jedoch einen offenen Nerv, und meine Sorgen sprudelten nur so aus mir hinaus: «Not too good today ... I just arrived here in New Zealand and it is not easy!» Nun war die Verwirrung perfekt: Im Gesicht der Kassiererin sah ich, dass so wohl noch nie ein Kunde geantwortet hatte. Gleichzeitig hatte ich an dieser Stelle einen einfühlsamen Kommentar wie zum Beispiel «I can imagine, it is not easy for you!» erwartet. Stattdessen antwortete sie aber nur etwas verwirrt und kurz angebunden: «I am sure it is going to be alright!» Frustriert und verwirrt verließ ich den Markt.

Aber was genau war passiert? Warum war eine so einfache Situation wie «Zahlen an der Kasse» plötzlich so verwirrend?

Möglicherweise sind Sie ein interkulturell erfahrener Leser und wissen aus dem Stegreif eine Antwort darauf. Ich möchte Ihnen die Lösung an dieser Stelle aber noch vorenthalten. Als Auslandsreisender ist es sinnvoll, sich zunächst der eigenen Reaktionen auf irritierende Situationen bewusst zu werden, statt über mögliche Lösungen zu spekulieren oder voreilige Schlussfolgerungen zu ziehen. Aus diesem Grund haben Sie als Leser jetzt die Gelegenheit, selbst aktiv zu werden und ein Inneres Team zu dieser interkulturellen Situation zu erheben. Wenn Sie Lust auf ein praktisches Beispiel haben, legen Sie das Buch jetzt weg, und denken Sie sich in das Beispiel hinein: Was glauben Sie, welche inneren Teammitglieder haben sich in mir gemeldet? Welche inneren Teammitglieder melden sich bei Ihnen?

Das Innere Team der interkulturellen Supermarkt-Situation

Mein Inneres Team in der oben genannten Situation sah folgendermaßen aus:

Der ‹Diskreten Hamburgerin› sind die Fragen der unbekannten Personen unangenehm und zu intim. Sie fühlt sich durch die freundliche Nachfrage der Neuseeländer in Verlegenheit gebracht. «Wie es einem geht, fragt man schließlich nicht jeden», denkt sie, «außerdem kenne

Mein Inneres Team

ich die Kassiererin ja noch nicht einmal.» Dieses Teammitglied bewertet die Neuseeländer als «plump-vertraulich».

Doch wollen die Neuseeländer wirklich wissen, wie's mir geht? Der ‹Verwirrte Neuankömmling› bemerkt, dass die Kassiererin zwar nach dem Wohlergehen fragte, mit einer ehrlichen Antwort aber kaum zu rechnen schien. «Was nun … warum fragt sie denn, wenn sie's gar nicht wissen will? Und wie komm ich dazu, einer wildfremden Kassiererin von meinen eigenen Problemen zu erzählen? In Deutschland würde ich das doch auch nicht jedem auf die Nase binden!»

«Hab' ich's doch gewusst! Was für ein oberflächliches Verhalten!» schaltet sich da die ‹Tiefsinnige Deutsche› ein und mutmaßt: «Ich soll wohl nur auf Friede-Freude-Eierkuchen machen. Was mit mir wirklich los ist, scheint die Leute hier gar nicht zu interessieren! Na dann sollen sie lieber erst gar nicht fragen, als Interesse vorzuheucheln.» Die ‹Tiefsinnige Deutsche› stellt sich an die Seite der ‹Diskreten Hamburgerin›.

Etwas abseits und ungläubig steht der ‹Selbstskeptiker› im Hintergrund des Geschehens. Der Ärger der ‹Tiefsinnigen Deutschen› über das Verhalten der Kassiererin ist ihm fremd. Ihn plagen Selbstzweifel. «Irgendetwas habe ich falsch gemacht! Ich glaube, ich bin einfach vollkommen unfähig, anständig zu kommunizieren.»

Typische Kulturschockvertreter und innere Teamentwicklung

Die Aufstellung des Inneren Teams ist von Person zu Person verschieden, und Ihr eigenes Inneres Team unterscheidet sich mit Sicherheit von meinem. Dennoch gibt es einige typische Reaktionen auf interkulturelle Missverständnisse. Diese typischen Reaktionen lassen sich als innere Teammitglieder darstellen, die jeweils eine Kategorie von ähnlichen Teammitgliedern umfassen. Es sind: der ‹Entwerter der anderen Kultur›, der die andere Kultur entwertet und der ‹Selbstzweifler›, der seine eigenen Werte und Handlungen in Frage stellt. Diese beiden ‹Kulturschockvertreter› werde ich Ihnen nun näher vorstellen. ‹Entwerter der anderen Kultur›: Er tritt in meinem Beispiel in Verkleidung der ‹Diskreten Hamburgerin› und der ‹Tiefsinnigen Deutschen› auf. Verärgert über die vermeintliche Distanzlosigkeit der Neuseeländer, beurteilt die ‹Diskrete Hamburgerin› die Kassiererin als «plump-vertraulich». Die ‹Tiefsinnige Deutsche› fügt noch ein «oberflächlich» hinzu. Kennen Sie diese Reaktion von sich selbst? Zumindest ist diese Reaktion in der Comic-Literatur beschrieben: Der Satz «Die spinnen, die Römer» kommt in fast jedem Band von «Asterix und Obelix» vor. Diese Reaktion ist sehr menschlich, wenn sie auch langfristig nicht hilfreich ist, eine andere Kultur wirklich zu verstehen.

Der ‹Entwerter der anderen Kultur› ist wahrscheinlich eine Art Selbstverteidigungsmechanismus des Menschen. Dadurch, dass Menschen einer anderen Kultur Dinge anders tun und bewerten als wir selbst, werden automatisch unsere eigenen Kulturstandards in Frage gestellt, die wir für selbstverständlich und universell gültig halten. Besonders schwierig ist es, wenn unsere Werte hinterfragt werden, denn sie sind eng mit unserer kulturellen Identität verknüpft. Die Reaktion «Der spinnt» stellt somit eine Verteidigung der eigenen kulturellen Identität dar, die uns in gewisser Weise hilft, unsere eigene Integrität zu bewahren. Diese Reaktion stellt folglich für kurzfristige Begegnungen eine «bequeme» Lösung dar. Langfristig erschwert die Reaktion jedoch, sich in einer neuen Kultur zurechtzufinden, da wir uns nicht darum bemühen, die Kultur wirklich zu verstehen. Im Gegenteil: unsere Vorurteile, die wir zuvor hatten, bestätigen sich auf diese Weise immer wieder.

‹Selbstzweifler›: In meinem Inneren Team machte sich nach einiger Zeit auch ein ‹Selbstskeptiker› breit. «Bin ich etwa unfähig, anständig zu kommunizieren?», fragte er sich. Im Gegensatz zu den USA und anderen englischsprachigen Ländern pflegen wir Deutschen nicht die Kunst des Smalltalks. Vielen Deutschen ist diese Art der Unterhaltung zuwider. Sie reden entweder ausführlich miteinander über die Dinge, die sie bewegen, oder überhaupt nicht. In Neuseeland erlebte ich diese kurzen, freundlichen Smalltalk-Interaktionen dagegen jeden Tag, sodass ich schließlich anfing, meine eigene etwas distanziertere Art infrage zu stellen. Gleichzeitig war mir der Smalltalk aber auch fremd, und meine ersten Versuche könnte man durchaus als tollpatschig bezeichnen.

Der ‹Selbstzweifler› stellt also eine Reaktion auf ein anhaltendes Infragestellen der eigenen Kultur dar. Er ist das Gegenstück zum ‹Entwerter der anderen Kultur›. Menschen sind verschieden: Während die einen, durch fremde Kulturstandards irritiert, zuerst zu Selbstverteidigungsmechanismen greifen, zweifeln andere an sich selbst. Obwohl es möglich ist, dass eine Fraktion in Ihrem Inneren Team stärker vertreten ist als die andere, ist es doch wahrscheinlich, dass Sie Vertreter aus beiden Fraktionen in Ihrem Inneren Team haben.

Was aber würde passieren, wenn die Teammitglieder einer Gruppe so stark werden, dass sie die Teammitglieder der anderen Fraktion von der inneren Bühne verdrängen?

Zunächst zum ‹Selbstzweifler›: Denkbar ist, dass eine Person die Schwierigkeiten in der interkulturellen Kommunikation auf eine persönliche Unfähigkeit zurückführt. So würde sie möglicherweise denken: «Ich war ja noch nie gut im Kommunizieren und habe mich immer schwer damit getan, neue Kontakte beim zwanglosen Plaudern zu knüpfen.» Die Folge eines ausgeprägten ‹Selbstzweiflers› wäre dann ein Gefühl der Unzulänglichkeit gegenüber der anderen Kultur. Eine andere Möglichkeit ist, dass der Auslandsentsandte anfängt, die eigene Kultur abzuwerten («In Deutschland sind alle immer so miesepetrig drauf und kriegen die Zähne nicht einmal zu einem freundlichen Hallo an der Supermarktkasse auseinander. Alle sind so verschlossen, und das Wort Service ist doch ein Fremdwort in meiner Heimat!»). Manche gehen dabei so weit, dass sie versuchen, sich so schnell wie möglich anzupassen, worauf ich später noch ausführlich eingehen werde. Sie würden zum Beispiel alle deutschen Kommunikationsregeln über Bord werfen und ungeachtet der Umstände Smalltalk mit allen und jedem machen.

Wenn auf der anderen Seite der ‹Entwerter der anderen Kultur› die Oberhand gewinnt, kommt es zu einer innerlichen Überheblichkeit hinsichtlich der eigenen Kultur und zur Intoleranz gegenüber anderen. Menschen mit einem starken ‹Entwerter der anderen Kultur› in ihrem Inneren Team würden vermutlich gar nicht erst ins Ausland gehen. Und wenn doch, dann könnten sie die Rückkehr wahrscheinlich gar nicht erwarten, um dann mit ihren Mitbürgern über «diese oberflächlichen Neuseeländer», «diese unorganisierten Italiener» oder «die faulen Mexikaner» herzuziehen.

Wie also können wir diese beiden gegensätzlichen Fallen vermeiden? Wenn Sie zum Beispiel einen lautstarken Entwerter der anderen Kultur in Ihrem Inneren Team gefunden haben, sollten Sie dann versuchen diesen in Zukunft zu unterdrücken und stattdessen immer nett zu sein? Nein, wie Sie als Leser von Schulz von Thun: MR 3 wissen, hat an dieser Stelle die Stunde der inneren Teamentwicklung geschlagen. Es geht also darum die beiden Kulturschockvertreter ins Innere Team zu integrieren und ihre Qualitäten nutzbar zu machen.

Zu diesem Zweck ist es sinnvoll zu überlegen, was die beiden Kulturschockvertreter Positives leisten können. Im ersten Schritt geht es darum zu erkennen, welche Tugenden die beiden Teammitglieder neben den eben schon aufgeführten Untugenden verkörpern. Im zweiten Schritt sollten wir ihnen einen Namen geben, durch die ihre Vorzüge besser zur Geltung kommen.

Der ‹Selbstzweifler› tritt für kulturelle Offenheit ein. Er hinterfragt sich selbst und seine Werte und steht Fremdem mit Toleranz gegenüber. Damit erleichtert er die Interaktion mit einer neuen Kultur und macht die Begegnung mit ihr zu einer Erfahrung, die unseren Horizont erweitert. Der Name ‹Kulturoffener› kann die Vorzüge des ‹Selbstzweiflers› gut beschreiben.

Die Tugend des ‹Entwerters der anderen Kultur›, auf der anderen Seite, ist das eigenkulturelle Selbstbewusstsein. Durch ihn wissen wir die positiven Seiten unserer Kultur zu schätzen. Er verhindert somit, dass wir die positiven Eigenschaften unserer eigenen Kultur außer acht lassen oder sie sogar aufgeben. Den positiven Beitrag dieses Teammitgliedes können wir mit dem Namen ‹Kulturwächter› hervorheben.

Beide sind also von Bedeutung dafür, dass wir uns in einer

fremden Kultur gut zurechtfinden. Gemäß der Philosophie des Wertequadrates benötigen wir nämlich beide Teammitglieder, um ein Gleichgewicht zwischen den beiden Tugenden, nämlich kultureller Offenheit und kulturellem Selbstbewusstsein, zu erhalten. Ohne die Fähigkeit des ‹Kulturoffenen› sich selbst in Frage zu stellen, würden wir neue Erfahrungen pauschal abblocken. Und ohne das Selbstbewusstsein für die eigene Kultur, die der ‹Kulturwächter› vertritt, würden wir dazu neigen, unsere eigene Kultur abzuwerten. Die folgende Abbildung stellt diese Zusammenhänge in einem Wertequadrat dar: Ausgehend von einer Standortbestimmung mit dem Inneren Team

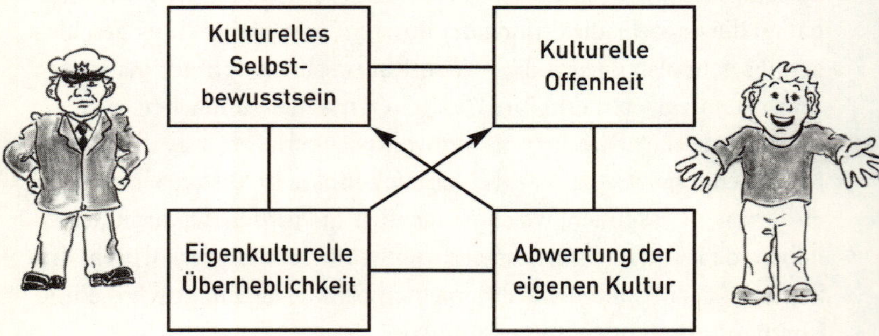

Werte- und Entwicklungsquadrat zu kulturellem Selbstbewusstsein vs. kulturelle Offenheit

können wir mit dem Wertequadrat unsere individuelle «interkulturelle Entwicklungsrichtung» bestimmen. Wo stehen Sie? Neigen Sie eher dazu, Ihre eigene Kultur zu stark in Frage zu stellen? Teamentwicklung in Ihrem eigenen Inneren Team könnte dann für Sie bedeuten, sich der Stärken und Vorzüge der eigenen Kultur bewusst zu werden. Oder reagieren Sie auf Fremdes eher mit Kritik und Abwertung? Dann ginge Ihre Entwicklungsrichtung dahin, Fremdes nicht abzuwerten, sondern zu lernen welche anderen Perspektiven es auf der Welt gibt.

Anpassungsstile

Auch für die Frage «Soll ich mich an die neue Kultur anpassen?» kann uns das Wertequadrat eine Antwort geben. Bezogen auf Zuwanderung ist dieses Thema ja gewissermaßen ein Dauerbrenner. Der Kulturforscher Berry (Berry et al., 1989) hat dieses Thema erforscht und verschiedene Anpassungsstile gefunden.

Unter *Separation* versteht er das Gegenteil von Anpassung: es geht hierbei um Menschen, die ihre Herkunftskultur beibehalten und zur Aufnahmegesellschaft keinen Kontakt suchen. Ein Beispiel hierfür sind Menschen, die in einem fremden Land leben, aber die Sprache nicht lernen (wollen), nur mit Angehörigen der eigenen Kultur Kontakt haben und ihre eigenen kulturellen Umgangsweisen weiter pflegen. Möglich ist dies zum Beispiel in Stadtbezirken wie «Chinatown» oder «Little India».

Der Begriff *Assimilation* bezeichnet einen Anpassungsstil, bei dem ein Individuum seine eigene kulturelle Identität ablegt und sich an die Aufnahmegesellschaft anpasst. Dieser Anpassungsstil war zu meiner Schulzeit bei einzelnen deutschen Austauschschülern zu beobachten, die von ihrem Aufenthalt in den USA als «Amerikaner» zurückkamen: leger, cool, umgänglich und ein bisschen laut. Früher wurde Assimilation als ein unvermeidbarer Prozess angesehen. Thomas und Schenk (2001) weisen jedoch darauf hin, dass interkulturelle Kompetenz mehr bedeutet als die Nachahmung kulturtypischer Verhaltensweisen und die Übernahme neuer Gewohnheiten. Anpassung an eine Kultur bedeutet also nicht, dass man zum «Amerikaner» oder zum «Chinesen» oder «Deutschen» werden muss.

Unter dem Wertequadrat betrachtet stellt sich nämlich heraus, dass diese beiden Anpassungsstile Extremreaktionen darstellen (siehe die folgende Abbildung): sowohl durch Assimilation als auch durch Separation berauben wir uns der Möglichkeit, unsere eigene Identität kreativ weiterzuentwickeln. Wenn wir stur an unseren eigenen Kulturstandards festhalten und uns gegen jede Veränderung sträuben, dann verkommt das Bewahren der eigenen Kultur zur Separation. Umgekehrt laufen wir Gefahr, uns zu assimilieren und unsere eigenen

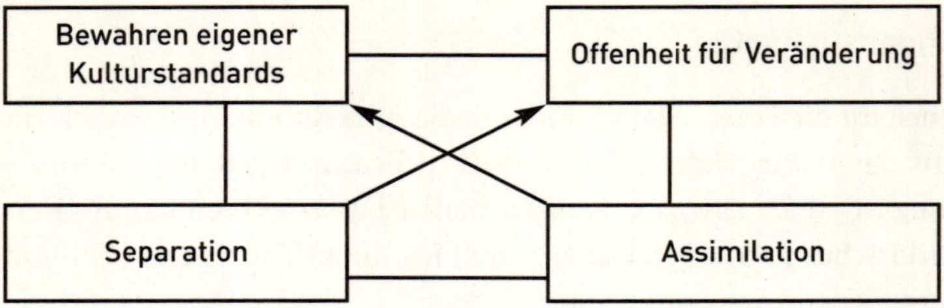

Wertequadrat zu den Anpassungsstilen

Kulturstandards aufzugeben, wenn wir sie nicht wertschätzen und pflegen.

Diese Form der Anpassung, die eine Balance zwischen dem Bewahren eigener Kulturstandards und der Offenheit für Veränderung anstrebt, wurde von Berry et al. (1989) als *Integration* bezeichnet. Das Ziel ist also nicht die chamäleonhafte Anpassung an eine neue Kultur, sondern die Erweiterung unseres eigenen Repertoires um Verhaltensweisen, Eigenschaften und Werte, die uns sinnvoll und nützlich erscheinen.

Der ‹Experte für interkulturelle Kommunikation›

Den ‹Selbstzweifler› und den ‹Entwerter der anderen Kultur› haben Sie nun ausführlich als zwei typische Kulturschockvertreter kennen gelernt. Es gibt aber noch eine weitere typische Reaktion auf interkulturelle Missverständnisse: Irritation. In meinem eigenen Inneren Team ist dieses Gefühl durch den ‹Verwirrten Neuankömmling› repräsentiert. Er bemerkt, dass die Kassiererin zwar nach dem Befinden gefragt hat, mit einer Antwort aber nicht zu rechnen schien. Dadurch fühlt er sich verwirrt und verunsichert.

Anlässe für Irritationen gibt es schon innerhalb der eigenen Kultur zu Genüge: Menschen sind verschieden, kommunizieren auf unterschiedliche Weise und auf unterschiedlichen Ebenen. In der interkulturellen Kommunikation kommt aber noch eine Dimension dazu: unterschiedliche Kulturstandards. Solange unsere kulturellen Spielregeln noch nicht zu denen der Zielkultur passen, wird es daher unweigerlich zu interkulturellen Irritationen kommen. Aufenthalte in einem fremden Land stellen aus diesem Grund eine Herausforderung an unsere Fähigkeit dar, Unsicherheiten auszuhalten. Das ist schwierig, denn es ist eine menschliche Eigenart, das Verhalten unserer Mitmenschen nicht nur wahrzunehmen, sondern gleichzeitig zu interpretieren und einzuordnen (vgl. Martin und Thomas, 2002).

Interkulturelle Trainings können ein Grundverständnis für Kulturen vermitteln und damit Orientierung und Sicherheit geben. Darüber hinaus können sie die Teilnehmer jedoch auch mit dem Gefühl der Orientierungslosigkeit in interkulturellen Situationen vertraut machen. Die Teilnehmer werden hierfür im Training unvorbereitet vor eine interkulturell verzwickte Situation gestellt und erleben dadurch die Irritation und Unsicherheit hautnah. Das Innere Team bietet sich zur Aufarbeitung dieser Erfahrung an (s. o.). Ein ‹Experte für interkulturelle Kommunikation› in unserem Inneren Team kann uns schließlich dabei helfen, Unsicherheiten auszuhalten und somit konstruktiv mit interkulturellen Irritationen umzugehen. Dieser Experte sollte zunächst einmal wissen, dass er im Bezug auf interkulturelle Missverständnisse mit seinen eigenen Kulturstandards (z. B. den Schachregeln) nicht weit kommen kann. Seine Aufgabe besteht darin, die Irritation wahrzunehmen, sich der Begrenztheit seiner eigenen Sichtweise bewusst zu sein und dadurch den ‹Selbstentwerter› und den ‹Entwerter der anderen Kultur› auszubremsen. Stattdessen akzeptiert er die Irritation als wichtigen Hinweis dafür, dass in der Kommunikation etwas falsch gelaufen ist, und macht sich auf die Suche nach alternativen Erklärungen und Bewertungen. Bei dieser Aufgabe kann ihm auch ein Wissen über interkulturelle Kommunikation behilflich sein, das im nächsten Abschnitt beschrieben wird.

Ein Werkzeug zur Analyse kulturspezifischer Äußerungen: das Kommunikationsquadrat

Nun zur Auflösung der von mir geschilderten Situation. Wie kann man die Schwierigkeiten in der Kommunikation zwischen den Neuseeländern und mir erklären?

Eine Äußerung enthält bekanntlich eine Sachinformation, einen Appell, sowie einen Selbstoffenbarungs- und einen Beziehungsaspekt. Auf der Gegenseite, also beim Empfänger, können dagegen die vier Ohren (Sach-, Appell-, Beziehungs- und Selbstoffenbarungsohr) unterschiedlich gut gespitzt sein. Das macht die zwischenmenschliche Kommunikation zur Herausforderung, denn was wir sagen, muss nicht das sein, was unser Gesprächspartner versteht. In der interkulturellen Kommunikation kommt hinzu, dass die Schnäbel und Ohren kulturspezifisch geprägt sind. Um dies zu erläutern, werde ich die kulturspezifische Bedeutung des Satzes «Wie geht es dir?» mit Hilfe des Kommunikationsquadrates beleuchten :

Werkzeug zur Analyse kulturspezifischer Nachrichten: das Kommunikationsquadrat

Zunächst zur deutschen Bedeutung von «Wie geht es dir?». Auf der Selbstoffenbarungsseite bedeutet diese Frage, von einem Deutschen gestellt, «Ich bin an dir interessiert!». Meist richten wir in Deutschland die Frage «Wie geht es dir?» an Freunde. Auf der Beziehungsseite bedeutet die Frage dementsprechend «Du bist mir wichtig!». Aber auch wenn die Frage nicht an einen Freund gerichtet ist, haben Deutsche im Gegensatz zu vielen anderen Kulturen ein offenes Ohr für kleinere Verstimmungen ihrer Mitmenschen. Auf die Frage «Wie geht es dir?» erwartet ein Deutscher also eine ehrliche Antwort. «Sei offen und ehrlich, und sag, wie es wirklich ist!» lautet der Appell, der mitschwingt.

In Neuseeland dagegen bedeutet der Satz «How are you?» etwas ganz anderes. Der Sender offenbart von sich lediglich «Ich will freundlich zu dir sein!». Die Beziehungsbotschaft ist aus diesem Grund nicht freundschaftlich gemeint, sondern höflich. Sie lautet: «Du bist es wert, dass ich höflich zu dir bin.» Ein Neuseeländer erwartet entsprechend auch keine ausführliche ehrliche Antwort, sondern lediglich ein «Fine!» oder ein «Fine, how are you?» Vor allem ist mit dem neuseeländischen «How are you?» keine Einladung verbunden, ehrlich zu sein oder gar Unbehagen kund zu tun. Der Sender appelliert, «Ich bin nett zu dir, sei du auch nett zu mir!» Ein großer Unterschied, den Deutsche nicht selten übersehen. Der «Xenophobische Fremdenführer über die Deutschen» schreibt an einer Stelle sarkastisch: «Das höfliche englische ‹How are you?› wird von Deutschen häufig mit einer eingehenden Kopf-bis-Fuß-Exploration des eigenen Körpers beantwortet, die alle körperlichen Systeme berücksichtigt und keines der Hauptorgane auslässt.» (Zeidenitz und Barkow, 2003)

Nicht, dass Neuseeländer nie daran interessiert wären, wie es ihren Mitmenschen wirklich geht. Ich selbst habe die Erfahrung gemacht, dass die Frage «How are you?» innerhalb eines Gesprächs in Neuseeland oft noch ein zweites Mal gestellt wird und dann «Ich bin daran interessiert, wie es dir wirklich geht!» bedeutet. Die anfängliche Vermutung meiner ‹Tiefsinnigen Deutschen› («Ich soll also nur auf Friede-Freude-Eierkuchen machen›») war also nicht zutreffend, und es wäre falsch, das Verhalten der Neuseeländer als «oberflächlich» abzuwerten. Ich hatte mit meinen vier deutschen Ohren einfach etwas ganz anderes verstanden, als die Neuseeländer mit ihren vier Schnäbeln gemeint hatten. Kurz: ich hatte die Spielregeln noch nicht verstanden.

Zusammenfassend

Das Leben in einer fremden Kultur bleibt wie das Spielen eines Spiels, dessen Regeln man nicht oder nur teilweise kennt. Wichtig ist, dass wir uns dessen bewusst sind und nicht vergeblich dennoch versuchen, mit Monopolyregeln Schach zu spielen. Die beschriebenen kommunikationspsychologischen Methoden stellen ein leicht erlernbares Handwerkszeug dar, das man im Ausland zur Analyse von interkulturell-verzwickten Situationen anwenden kann. Dies eröffnet uns die Chance, Vorurteile abzubauen, ein tieferes Verständnis für fremde Kulturen zu entwickeln und nicht zuletzt uns selbst zu entwickeln, indem wir unser eigenes Repertoire um Verhaltensweisen, Eigenschaften und Werte erweitern, die uns sinnvoll und nützlich erscheinen.

Literatur

Berry, J. W. (1989). *Psychology of acculturation.* In: S. Berman (Hg.): Nebraska Symposium on Motivation Vol. 37, S. 201–234, Lincoln

Martin, M., Thomas, A. (2002): *Beruflich in Indonesien. Ein Trainingsprogramm für Manager, Fach- und Führungskräfte.*

Pressebericht 2003 des Instituts für Interkulturelles Management: www.ifim.de

Thomas, A., Schenk, E. (2001): *Beruflich in China. Ein Trainingsprogramm für Manager, Fach- und Führungskräfte.*

Zeidenitz, S., Barkow, B. (2003): *The Xenophobe's Guide to the Germans.* London

Alexander Porschke

Deutsch-peruanische Missverständnisse

Von der Entzauberung des Paradieses

Seit einigen Monaten leben meine Frau und ich in Peru und arbeiten für die deutsch-peruanische Entwicklungszusammenarbeit. Für mich war es ein lang gehegter Wunsch, einmal für längere Zeit in Lateinamerika zu leben. Nichtsdestotrotz wurde die Anfangszeit jedoch zu einer emotionalen Achterbahnfahrt. Zu meinen ersten Herausforderungen gehörte, sich in einer kulturell ungewohnten neuen Umgebung einzurichten und im Alltagsleben zu orientieren. In der Kommunikation mit unseren neuen Nachbarn, mit den Handwerkern, den peruanischen Kolleginnen oder Klienten gab es ständig neue Kommunikationsklippen zu bewältigen. Unter anderem war der Unterschied zwischen dem Gesagten und dem Gemeinten für mich oft nicht verständlich, was zu Missverständnissen führte und mir hin und wieder gründlich die Stimmung verdarb.

Mit Hilfe der kommunikationspsychologischen Lupe entstand vor meinen Augen mit der Zeit ein Bild von der Dynamik möglicher typischer deutsch-peruanischer Missverständnisse. Sie folgen einer inneren Logik. Ihr Verständnis half mir dabei, den Kulturschock zu verstehen, meine neue Lebenssituation zu meistern und mich in Lima wohl zu fühlen. Ich gehe davon aus, dass dies eine unverzichtbare Basis ist, um auch beruflich Wirkung zu entfalten.

Alltagskommunikation in Peru

Otro día – An einem anderen Tag

Bettelnde Menschen prägen das Straßenbild in Lima, der Hauptstadt Perus. Auch die so genannten ambulanten Händler, die jederzeit und offensiv Bonbons, Handtücher, Sonnenbrillen oder Raubkopien von CDs zum Verkauf anbieten, stehen in der 8-Millionen-Stadt fast an jeder Straßenecke. Wer nicht allen Bitten und Angeboten entsprechen will, sucht nach einer angemessenen Form der Ablehnung. Will man damit Erfolg haben, wählt man jedoch nicht das für uns Deutsche nahe liegende klare «No» – also «Nein» – welches oft als unhöflich, plump und kränkend empfunden wird, sondern eine eher freundliche Antwort wie zum Beispiel: «Otro día» oder «más tarde», was genau genommen «an einem anderen Tag» oder «später» bedeutet. Erst dann wenden sich die oft sehr hartnäckigen Verkäufer ab, häufig nicht ohne einem ein fast komplizenhaftes, freundliches Lächeln zu schenken. Eine solche Antwort stößt – trotz Ablehnung – offensichtlich auf Anerkennung und Akzeptanz, folgt sie doch der heimlichen Regel: «Wenn du Erfolg haben willst vermeide jede Konfrontation.»

Möbellieferung

Als wir zu Beginn unseres Aufenthaltes nach wochenlangem Suchen endlich ein Haus gefunden hatten, wollten wir es dann auch schnell mit Möbeln ausstatten. Die Verkäuferin, die mit uns den Kaufvertrag über die nötigen Stühle und Tische abgeschlossen hatte, sagte uns die Lieferung für den 4. des kommenden Monats, einen Montag in einer guten Woche, zu. Als sich der vereinbarte Liefertag dem Abend zuneigte, erfuhren wir bei telefonischer Nachfrage, dass es da wohl ein Missverständnis gegeben hätte und der vierte Tag der Woche, also der Donnerstag, gemeint gewesen sei. Nachdem auch diese Frist verstrichen und unser Ärger entsprechend angestiegen war, wurden wir zunächst mehrmals telefonisch damit vertröstet, dass die Verkäuferin gerade nicht zu sprechen sei, und dann aber darüber informiert, dass das von uns bestellte Holz eventuell noch zu feucht sein könnte.

Schließlich erreichten wir den direkten Kontakt zur Verkäuferin, welche uns zerknirscht eingestand, dass es noch mindestens weitere zehn Tage dauern würde, bis die Möbel fertig seien, und sie die Zusage nur so gemacht hätte, weil wir es doch so eilig gehabt hätten.

No te preocupes – Mach dir keine Sorgen!

«No te preocupes» – Mach dir keine Sorgen!» ist eine der unter Lateinamerikanern häufig gebrauchten Redewendungen, und wer möchte sich schon gerne Sorgen machen. Ein gewisses Konfliktpotenzial liegt aus meiner Sicht in der spezifischen Anwendung dieser Redensart. Sie tritt oft an die Stelle der von uns Deutschen gewünschten klaren Kommunikation bzw. Problemklärung. Beispiel: Im Bürodrucker war die Druckerpatrone leer, sodass die Reservepatrone eingesetzt werden musste. Kurz danach wurde beim Computerbetreuer eine neue Patrone bestellt, die den Vorrat wieder auffüllen und nach Verbrauch der frisch eingesetzten Patrone ebenfalls sofort wieder einsetzbar sein sollte. Der Techniker reagierte auf den Hinweis «Ich brauche eine neue Druckerpatrone» mit dem üblichen schnellen «No te preocupes», besorgte eine neue Patrone und baute sie fürsorglich auch gleich in den Drucker ein. So landete die noch frische Ersatzpatrone im Mülleimer, weil der freundliche Techniker es besonders gut gemeint hatte: «Mach dir keine Sorgen, ich nehme dir die Last schon ab!»

Derartige Episoden lassen sich sowohl im privaten Bereich als auch im öffentlichen Leben nahezu täglich finden.

Interpretation mit Modellen der Kommunikationspsychologie

Für die – hoffentlich mit deutscher Gründlichkeit durchgeführte – Analyse der beschriebenen Situationen habe ich die Modelle «Kommunikationsquadrat», «Riemann-Thomann-Kreuz», «Teufelskreis» und «Inneres Team» verwendet.

Das «Kommunikationsquadrat» (Schulz von Thun: MR 1) hilft bei der Zerlegung der Äußerungen in die Elemente Sachinhalt, Selbstkundgabe, Beziehung und Appell.

«*Zunächst enthält die Nachricht eine Sachinformation.*» (Schulz von Thun: MR 1, S. 25 ff.) Der Blick auf die Sachinhalte der Äußerungen zeigt im Beispiel vor allem die Begrenzung der Reichweite der Sachaussagen: «Otro día» heißt wörtlich «an einem anderen Tag», wird aber in Peru auch dann benutzt, wenn eigentlich «Nein» oder «Nie» gemeint ist. Als Deutscher habe ich auch den Liefertermin unserer Möbel wörtlich verstanden. Leider war er jedoch nicht so gemeint. Um vom «Gesagten» zum «Gemeinten» zu kommen, werden also mehr als die reinen Sachinhalte der Botschaften gebraucht.

«In jeder Nachricht stecken nicht nur Informationen über die mitgeteilten Sachinhalte, sondern auch Informationen über die Person des Senders.» (Schulz von Thun: MR 1, S. 26) Im Falle des «otro día» ist schon mal klar, dass der Sender der Botschaft jetzt nichts kaufen will. Implizit gibt er auch zu erkennen, dass er die peruanischen Verständigungscodes anwendet, also Peruaner ist oder dafür gehalten werden will.

Die Möbelverkäuferin gibt zu verstehen, dass sie eine gute Verkäuferin ist, die sich um die Kunden bemüht und weiß, was sie wollen. Der Techniker macht deutlich, dass er der kompetente Problemlöser sei. Die Selbstkundgaben lassen die «Sender» der Botschaften deshalb erst einmal gut aussehen.

Unsere eigene Selbstkundgabe ging vermutlich noch weit über das von uns Gesagte hinaus: Uns ist an Haut- und Augenfarbe, der Kleidung, dem Auto, der Wohnadresse usw. anzusehen, dass wir zu dem deutlich privilegierten Teil der Bevölkerung gehören, der über Einfluss und Geld verfügt. Es kann sich deshalb besonders lohnen, sich mit uns gut zu stellen. Das führt zur Beziehungsseite der Äußerungen.

«Aus der Nachricht geht ferner hervor, wie der Sender zum Empfänger steht, was er von ihm hält. Oft zeigt sich dies in der gewählten Formulierung, im Tonfall und anderen nicht sprachlichen Begleitsignalen.» (Schulz von Thun: MR 1, S. 27)

Hier wird es jetzt interessanter: In der Formulierung «Otro día» steckt nämlich auch die Botschaft, dass man sich wieder sehen wird und dass der andere die Hoffnung auf eine Geschäftsbeziehung nicht aufgeben muss. Die Antwort reduziert den Zurückweisungsgehalt und macht stattdessen eine Art Beziehungsangebot für die Zukunft.

Ähnliches gilt für die Terminzusage bei den Möbeln. Sie drückt das Bedürfnis der Verkäuferin an einer guten Beziehung zum Kunden aus, indem sie signalisiert, dass sie seine Wünsche kapiert hat. Ein peruanischer Kunde hätte dies sicher besser verstanden als ich. Der Techniker ließ wissen, dass er den Kunden vor Sorgen schützen wolle und seine Probleme verstanden habe. Allen ist also an guten Beziehungen gelegen.

Gut gemeinte Versprechen oder implizite Entlastungsangebote («Mach dir keine Sorgen!») drücken die gute Absicht aus, deren Umsetzbarkeit jedoch oft noch unklar ist. Lässt sich dann das Versprechen zum Beispiel durch externe Zwänge nicht einhalten, folgte häufig der Versuch, den Kontakt zu vermeiden. Bei der Möbellieferung versuchte die Verkäuferin u. a. durch die Verleugnung am Telefon ihr Dilemma zu lösen, dass die Möbel nicht zum angekündigten Zeitpunkt geliefert werden konnten.

Auf der Kundenseite mischte sich aber in den Ärger über die Verzögerung der Lieferung bei mir noch das Gefühl, auf der Beziehungsseite betrogen worden zu sein. War die freundliche und hilfsbereite Verkäuferin in Wirklichkeit nur eine berechnende Gaunerin, auf deren honigsüße Versprechungen ich hereingefallen war? Und war ich womöglich trotz meiner Vorkehrungen (wie schriftliche Vereinbarungen) auf genau die Probleme hereingefallen, vor denen man uns doch so oft gewarnt hatte?

Nach der Analyse mit dem Kommunikationsquadrat lässt sich das Leitbild der beobachteten Kommunikation demnach folgendermaßen skizzieren:

1. Zeige deinen guten Willen und vermeide alles, was die Beziehung belasten kann. Eine gute Beziehung ist die Basis für alles Weitere.
2. Offene Konfrontation ist mit einer guten Beziehung unvereinbar.
3. Wenn sich dein Versprechen nicht einhalten lässt, weiche dem Kontakt aus.

Für die Suche nach den Gründen dieses Leitbildes lohnt sich die Anwendung des Riemann-Thomann-Kreuzes (Thomann und Schulz von Thun, 2003, S. 176 ff.). Dieses Modell geht davon aus, dass sich menschliche Grundorientierungen entlang der Raum-Achse zwischen den Polen Nähe und Distanz und entlang der Zeitachse zwischen den Polen Dauer und Wechsel eingruppieren lassen. Eberhard Stahl (Stahl, 2002, S. 219 ff.) hat das Riemann-Thomann-Kreuz zur Beschreibung von Gruppen eingesetzt. Mit all den notwendigen Einschränkungen, welche die Spannbreite von Individuen innerhalb von Gruppen betreffen, lohnt es sich doch, diese Dimensionen für den Vergleich von Kulturmerkmalen zu nutzen.

Aus deutscher Sicht fällt auf der Raum-Achse zwischen den Polen Nähe und Distanz zuerst die starke am Nähe-Pol gelegene Beziehungsorientiertheit der Mehrheit der peruanischen Bevölkerung auf. Die Familie hat eine deutlich höhere Bedeutung, die gegenseitige Unterstützung im Freundeskreis ist in der Regel selbstverständlicher, die funktionsfähige Beziehung ist auch subjektiv empfunden eine sehr viel wichtigere Voraussetzung für berufliche Zusammenarbeit usw. Demgegenüber haben Gesetze, Vorschriften und Verträge eine deutlich niedrigere Bindungswirkung.

Für diese kollektive Prägung mag es vielfältige, u. a. auch tiefenpsychologische Ursachen (vgl. Riemann, 1998) geben. Es lassen sich jedoch auch offensichtliche äußere Einflüsse sozialer und historischer Natur erkennen: Die hohe Bedeutung der Einbettung in ein Geflecht sozialer Beziehungen ist in einem Land mit nur schwach ausgeprägter Zuverlässigkeit abstrakter Regelungen eine leicht nachzuvollziehende Überlebensnotwendigkeit. So gibt es nur für eine Minderheit der Peruaner formal gesicherte Arbeitsplätze mit einem vertraglich garantierten Einkommen. Informelle Arbeitsverhältnisse als Kleinunternehmer, Straßenhändler oder Tagelöhner stellen selbst in Lima ca. 50 Prozent der Erwerbsmöglichkeiten dar. Die arbeitsrechtliche Absicherung ist – wenn überhaupt vorhanden – weit niedriger als in Deutschland.

Das Realeinkommen wird darüber hinaus immer wieder durch Währungsunsicherheiten bedroht. So hat zum Beispiel der bis 1990 regierende Präsident Alan García, der aller Voraussicht nach auch für die Wahlen im Jahre 2006 kandidieren wird und Chef der ältesten

Partei Perus ist, bei seinem Verlust der Macht an Alberto Fujimori dem Land eine Inflationsrate von über 7000 (ja: siebentausend) Prozent hinterlassen. Wer vertraut bei derartiger Währungsunsicherheit zum Beispiel auf eine Rentenversicherung?

In der Ära Fujimori hat die peruanische Bevölkerung zudem erleben müssen, dass auch staatliche Organe die Gesetze in ihrem Kampf gegen die Terrororganisation «Leuchtender Pfad» nicht ernst genommen haben. Vor der Flucht des Ex-Präsidenten nach Japan erfuhr die peruanische Bevölkerung, dass das Fujimori-Regime unter anderem mit massenhaften Bestechungen von Funktionsträgern gearbeitet hatte. Anscheinend baute auch das Fujimori-System eher auf einer speziellen Art der Beziehungspflege auf, anstatt auf die Gesetze und Verordnungen der eigenen Regierungsmehrheit zu vertrauen.

In diesem Umfeld formaler Unsicherheit stellt die Verankerung in einem tragfähigen Netz verlässlicher und vertrauenswürdiger Beziehungen eine sehr viel stärkere Überlebensnotwendigkeit als zum Beispiel in Deutschland dar. Nur gut gepflegte, stabile und verlässliche Beziehungen helfen offenbar: Sowohl in verschiedenen Notsituationen als auch bei der Arbeitssuche oder Aufträgen aller Art.

Handwerker des Vertrauens

Während unserer Einrichtungsphase mussten in unserem Haus allerlei Handwerksarbeiten verrichtet werden. Eines der ersten Dinge, die wir bei der Suche nach Handwerkern gelernt haben, war, dass man nur Handwerker mit «Confianza», also vertrauenswürdige Handwerker, in die eigene Wohnung kommen lassen sollte. Als zu groß wird das Risiko empfunden, dass unbekannte Personen im Haus etwas wegnehmen könnten, die Arbeit schlecht ausgeführt oder Reklamationen nicht bearbeitet würden. So liegt es nahe, über Empfehlungen zu gehen, was für Neuankömmlinge wie uns natürlich in besonderem Maße galt. Empfehlungen aus dem Freundes- oder Kollegenkreis haben somit eine auch wichtige wirtschaftliche Bedeutung.

Zusätzlich zur Überlebensnotwendigkeit hoher Beziehungsorientierung bietet ein Leben in einem Umfeld vielfältiger gepflegter Beziehungen aber auch eine Lebensqualität, die gerade unter den Bedingungen empfindlicher materieller Knappheit von hoher Wichtigkeit ist.

Auf der einen Seite fördern also starke Kräfte die Beziehungsorientierung im weitgehend informellen Umfeld. Der «Preis» dafür liegt in der schwachen Ausprägung der Distanzseite. Systembezogenes Denken und die Orientierung an abstrakten Regeln, welche gerade von der emotionalen Beziehung abstrahieren müssen, sind deshalb schwächer entwickelt. An ihrer Stelle können sich leicht Freund-Feind-Schemata etablieren: Weil die Distanz fehlt, um Konsequenzen einer Regelung oder die Reaktion eines Systems zu verstehen, erfolgen Schuldzuweisungen an «feindliche» Personen, denen schnell allerlei finstere Motive unterstellt werden.

Mit Blick auf die Zeitachse zwischen den Polen Dauer und Wechsel beobachte ich in Peru zum Beispiel eine deutlich kürzere Reichweite der Entscheidungsorientierung als in Deutschland. Kritische Stimmen behaupten, dass für die peruanische Regierung ein Drei-Monats-Plan schon eine mittelfristige Reichweite habe und bereits ab fünf Monaten die Langfristplanung beginne. Demgegenüber kann es in Deutschland schon mal bis zu zwei Jahren dauern, bis die Planungsphase für einen im Lande dringend benötigten Experten abgeschlossen ist und dieser den geprüften Platz im Partnerland wirklich einnehmen kann. Aus peruanischer Sicht ist das schwer nachzuvollziehen.

Schließlich vergällt vielen Peruanern die hier sehr präsente Währungsunsicherheit die Neigung zu langfristiger Planung.

Schneller Wechsel des Geldwertes

Im Jahr 2004 lag die Inflationsrate in Peru bei einem Niveau von unter 5% im Jahr. Das ist eine für Lateinamerika ungewöhnlich hohe Stabilität. Andererseits konnte man zum Beispiel in Mexiko Mitte der 1990er Jahre und in Argentinien vor kurzem beobachten, wie schnell sich diese Verhältnisse ändern können. Außerdem sind die lateinamerikanischen Volkswirtschaften den Kurs- und Preiswechseln (insbesondere beim Öl) auf dem Weltmarkt sehr viel stärker ausgeliefert, als es zum Beispiel in Europa der Fall ist. Peru verfügt zwar über eine dreieinhalb mal so große Fläche wie Deutschland, erwirtschaftet jedoch ein BIP, welches kleiner ist als das der Stadt Hamburg.

Langfristige Planungen stellen dadurch für die meisten Peruaner eine Mischung aus Fehlinvestition und unerschwinglichem Luxus dar.

Im Ergebnis lassen sich die Gruppenfelder der deutschen und der peruanischen Kulturen im Verhältnis zueinander in verschiedenen Quadranten des Riemann-Thomann-Kreuzes wieder finden.

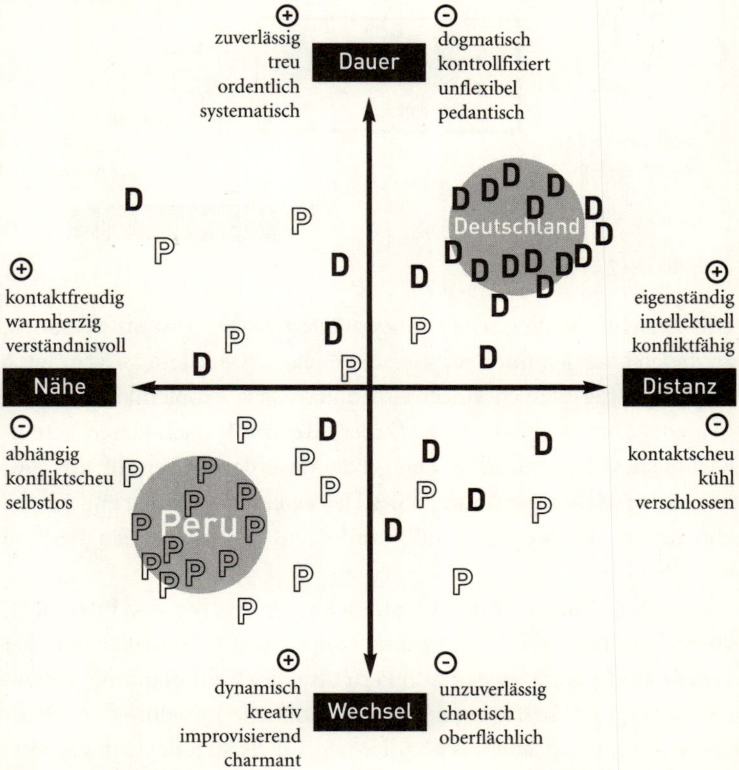

Riemann-Thomann-Kreuz mit deutschem und peruanischem Gruppenfeld

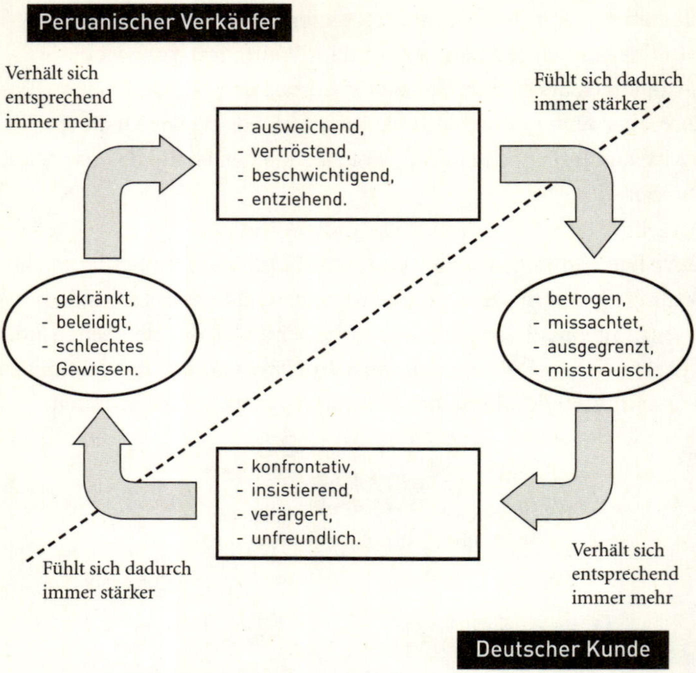

Teufelskreis Lieferzusage

Die Beziehungen zwischen ausgeprägten Dauer-Distanz-Personen, zu denen auch ich mich rechne, und Personen aus dem ausgeprägten Nähe-Wechsel-Bereich lassen einige klassische Problemkonstellationen entstehen. So stößt mein (Dauer-)Bedürfnis nach klaren Vereinbarungen, welche zuverlässig eingehalten werden, in Peru oft auf Haltungen, bei denen ein freundliches «Ja» zu einer Vereinbarung schnell von den Ereignissen überholt wurde und deshalb keinen Bestand mehr hat.

Mein (Distanz-)Konzept zur sachlichen Analyse von Interessenkonstellationen, der Klärung von Meinungsunterschieden und der Freude am Diskurs begegnet in Peru oft einer Grundhaltung, die davon geprägt ist, zuerst einmal eine persönliche Beziehung anzubahnen und zu stabilisieren, bevor diese irgendwelchen Belastungen ausgesetzt wird. Bei mir löst ein derartiges Verhalten eher Misstrauen aus: Will mein Gesprächspartner vielleicht etwas vor mir verbergen und versucht mich jetzt einzuwickeln?

Derartige Unterschiede in den Charakteren führen leicht zu einem Teufelskreis, der auf S. 100 am Beispiel der Lieferzusage für unsere Möbel skizziert wird.

Im Ergebnis erhielten wir wahrscheinlich unsere Möbel noch später, und die Beziehung zur Verkäuferin blieb nachhaltig gestört.

Ein Deutscher in Peru – von innen betrachtet

Die beschriebenen Erlebnisse konfrontierten mich auch mit einer Art Kulturschock, in dem meine Vorstellungen vom Leben in Peru auf die Wirklichkeit im Lande stießen. Die Veränderungen mobilisierten bei mir eine ganze Reihe innerer Stimmen, die mit dem Modell des Inneren Teams (Schulz von Thun: MR 3) anschaulich beschrieben werden können. Um die Veränderungen zu skizzieren, sind hier die gleichen inneren Teammitglieder mit ihren Botschaften *vor* der Ausreise und *nach* der Ankunft am Möbelbeispiel skizziert:

- Der ‹Xenophile› stand im Vordergrund und freute sich: «Wie schön, die Latinos sind immer so locker.»
- Der ‹Bescheidwisser› dachte: «Meine Kenntnisse sind überall wertvoll.»
- Der ‹Entwicklungshelfer› fand: «Da kann ich helfen!»
- Der ‹Kunde› freute sich auf gute Angebote, niedrige Preise und freundliche Bedienung und meinte: «Alles recht günstig.»
- Der ‹Preuße› wollte möglichst viel voraus geregelt haben unter dem Motto: «Alles gut planen.»
- Der ‹Fremde› war kaum wahrnehmbar mit der Sorge: «Wenn das man gut geht …»
- Der ‹Kommunikationspsychologe› war natürlich neugierig: «Das wird interessant!»

Für den interkulturellen Aspekt ist die Polarität zwischen dem ‹Xenophilen› (griech.: fremdenfreundlich) und dem inneren ‹Preußen›

Inneres Team vor der Ausreise

vielleicht am interessantesten. Der innere ‹Xenophile› war wohl der Hauptbefürworter des Umzuges nach Peru. Sehnsüchte, Projektionen und Phantasien über das «Paradies im Anderswo» (Vargas Llosa) stärkten seine Kraft. Insbesondere Vorstellungen vom herzlicheren, lockereren und sinnlicheren Leben in der Sonne Lateinamerikas mochten dazugehören.

Nach Ankunft im peruanischen «Anderswo» war in der Wirklichkeit dann vieles ganz anders: Der Preis für die ersehnte «Lockerheit» in Form anderer Vorstellungen von Verbindlichkeit bei Zusagen wurde erkennbar, die Herzlichkeit blieb erst mal oberflächlich, vom grauen Himmel über Lima ganz zu schweigen. In den Vordergrund trat die Erinnerung an das, was in Deutschland geblieben war. Die vielen neuen Bedingungen produzierten außerdem Verunsicherung und Stress und damit einen Rückfall in tief verankerte Verhaltensmuster.

Der innere ‹Preuße› als alter Bekannter bekam seine große Stunde! Quasi revitalisiert und im Inneren Team rehabilitiert, konnte er seinen Gegenspieler, den ‹Xenophilen›, leicht zurückdrängen und sich in einer Weise ausbreiten, die er nicht einmal in Deutschland gekannt hatte. Ergebnis: So deutsch wie in Peru hatte ich mich schon lange nicht mehr gefühlt (zu dieser Dynamik vergleiche auch den Beitrag von Hoppe in diesem Band).

Inneres Team nach Kulturschock am Möbelbeispiel

- Der ‹Preuße› schimpft über die Unzuverlässigkeit und den Bruch von Terminzusagen und verlangt «Bitte mehr Zuverlässigkeit.»
- Der ‹Kunde› ist verärgert über schlechte Dienstleistungsqualität und denkt: «Ich werde hier hängen gelassen!»
- Der ‹Bescheidwisser› denkt: «Kein Wunder, dass Lateinamerika unterentwickelt ist.»
- Der ‹Entwicklungshelfer› findet jetzt: «Ganz schön schwer, hier zu helfen!»
- Der ‹Xenophile› hält schwach dagegen «Ist doch schön, dass die Latinos so locker sind.»
- Der ‹Fremde› sorgt sich: «Ich bin so anders.»
- Der ‹Kommunikationspsychologe› nickt weise «Ja, ja: hier ging wohl wieder mal Schönheit vor Wahrheit!»

Erst das Verständnis und die Akzeptanz dieser inneren Wirkungen reduzierte meine zu Beginn häufig aufkommenden Gefühle der Enttäuschung. Meine individuelle kulturelle Prägung ist zwar weder besser noch schlechter, aber jedenfalls deutlich anders als die peruanische. Die Integration des ‹Preußen› und des ‹Fremden› hat meinen inneren ‹Entwicklungshelfer› bescheidener werden lassen. Sie hat mir aber auch geholfen, tatsächliche Sonnenseiten und Chancen der peruanischen Realität genauer zu erkennen.

Übertragen auf die kulturspezifischen «Heimatgebiete» im Riemann-Thomann-Kreuz entstehen in dieser Situation besondere Risiken für die interkulturelle Zusammenarbeit:

Nähe-Distanz-Themen, wie zum Beispiel die Voraussetzungen für offene und klare Kommunikation von Meinungsverschiedenheiten und Interessenkonflikten halte ich für besonders schwierig. So ist die allzu offene Thematisierung dieser Kulturdifferenz eben schon Ausdruck einseitiger kultureller Prägung. Sie kann in Peru leicht als Herausforderung oder Konfrontation empfunden werden und Abwehr oder Rückzug auslösen.

Aber auch an Dauer-Wechsel-Themen, zum Beispiel der Verbindlichkeit und dem Detaillierungsgrad von Vereinbarungen, können leicht Teufelskreise entstehen, welche die interkulturelle Zusammenarbeit stören oder gar zerstören können. Wer zum Beispiel die Nichtbeachtung von Vereinbarungen durch eine genauere Ausformulierung und beidseitige Unterschriften lösen möchte, kann damit leicht die notwendige Vertrauensbeziehung unterminieren und das Gegenteil vom Gewollten erreichen.

Was kann man tun, um den Kulturschock zu verarbeiten und nicht in Zynismus oder Frustration zu versinken? Ich habe dafür schon deshalb kein Patentrezept, weil ich glaube, dass verschiedene Personen auch an unterschiedlichen Ausdrucksformen von Interkulturalität Probleme bekommen können. Ich habe hier zum Beispiel Deutsche kennen gelernt, die mir ebenso im «Nähe-Wechsel-Quadranten» beheimatet schienen wie der Durchschnitt der Peruaner. Vielleicht fühlen sie sich gerade deshalb in Peru auf eine eigene Weise endlich verstanden und akzeptiert.

Trotzdem möchte ich ein paar allererste Empfehlungen geben, die zumindest mir geholfen haben: Sie lassen sich in dem Dreiklang «Verstehen, Akzeptieren und Respektieren» zusammenfassen.

Zum «Verstehen» gehört für mich das Verständnis der Situation, verbunden mit dem Versuch, die handelnden Akteure zu verstehen. Das ist natürlich leichter gesagt als getan. Mir haben die Modelle der Kommunikationspsychologie geholfen, mir einen Reim auf Situationen zu machen, die mich befremdet haben, ohne dass ich in die Mobilisierung von Ressentiments abgleiten musste.

Zum «Akzeptieren» gehört für mich nicht nur die Akzeptanz der Unterschiede vom «Gesagten» zum «Gemeinten», die es bekanntlich überall gibt. Meiner Meinung nach gilt es auch zu akzeptieren, dass zu interkultureller Kommunikation immer auch Befremdendes gehört und es ein sehr langer Weg sein kann, wirklich «dazu zu gehören». Im Modell des Inneren Teams geht es dabei vor allem um die Integration der vorhanden, aber unerwünschten Teammitglieder. So musste ich zum Beispiel meinen inneren ‹Preußen› integrieren, dem ich meine Distanzorientierung und eine gewisse Steifheit anlastete, dem aber auch positive Eigenschaften wie Zuverlässigkeit zugeschrieben werden können.

Zum «Respektieren» gehört für mich, kulturelle Unterschiede im eigenen Handeln zu berücksichtigen. Dazu gehören schon Marginalitäten, wie die Planung von häuslichen Feiern. Ich versuche jedenfalls Situationen zu vermeiden, in denen alle Geladenen pünktlich zum Essen erscheinen müssen, da sonst das Menü ungenießbar wird. Im Arbeitsleben ist so etwas natürlich ungleich schwieriger. Eberhard Stahl beschreibt dazu das Ziel, Aufgabenprofile mit Gruppenfeldern in Einklang zu bringen (Stahl, 2002, S. 260 ff.). Darin steckt die Überlegung, dass Aufgaben sich hinsichtlich ihrer Anforderungen ebenfalls im Riemann-Thomann-Kreuz einordnen lassen. Dann kommt es «nur» noch darauf an, die Gruppen dahin zu entwickeln, dass ihr Gruppenfeld zur Aufgabe passt. Oder andersherum: Zu jedem Gruppenfeld passen einige Aufgaben besser als andere. Vielleicht lässt sich damit erklären, dass «Nähe-Wechsel»-Aufgaben wie «Kundenorientierung» mir in Peru so viel besser erfüllt erscheinen als Dauer-Distanz-Aufgaben wie zum Beispiel «Gesetzesvollzug».

Um in diesem Sinne «verstehen, akzeptieren und respektieren» zu können, halte ich Hilfe von außen für unverzichtbar. Ohne die Gelegenheit zur Veränderung des eigenen Blickwinkels ist es bekanntlich sehr viel schwerer, die Tücken der Kommunikation zu durchschauen, in die man selbst mit Haut und Haaren verstrickt ist.

Oftmals mag die qualifizierte Reflexion mit Freunden, Partnern oder Leidensgenossen schon den größten Leidensdruck abfangen. Für komplexere Situationen sollte jedoch auch Supervision oder entsprechend qualifiziertes «Kollegencoaching» in Betracht gezogen werden.

Äußere Unterstützung hilft auch bei der Entwicklung einer gewissen Unsicherheitstoleranz, die stressmindernd und damit flexibilisierend wirkt: Für uns Deutsche auch nicht gerade eine Kerntugend.

Wer dann noch genügend Geduld und Humor mitbringt, hat die Chance, aus seinem interkulturellen Abenteuer ein hohes Maß innerer Bereicherung zu gewinnen.

Literatur

Riemann, F. (1998): *Grundformen der Angst.* Eine tiefenpsychologische Studie. München

Stahl, E. (2002): *Dynamik in Gruppen.* Berlin

Thomann, Ch., Schulz von Thun, F. (2003): *Klärungshilfe 1.* Reinbek

Dagmar Kumbier, Ingrid Oske

Liebe allein genügt nicht

Vietnamesische Pflegekinder in einer deutschen Familie

«Paten-Eltern gesucht»: Unter dieser Überschrift berichtete unsere Lokalzeitung im Juni 1983 über das Schicksal von fünfzig vietnamesischen Kindern und Jugendlichen, die ohne ihre Eltern aus Vietnam geflüchtet waren und die nun nach zum Teil zweijähriger Odyssee als «boat-people» an der norddeutschen Küste gestrandet waren. Gesucht wurden Familien, die bereit waren, diese Kinder aufzunehmen und ihnen nicht nur dabei zu helfen, einen Schulabschluss zu machen, sondern ihnen auch und vor allem einen familiären Rahmen zu bieten.

Unsere Familie hatte bereits erste Erfahrungen mit Pflegekindern gesammelt und dies (bei aller Anstrengung, die damit auch verbunden war) nicht nur als sinnvolle Aufgabe, sondern auch als Bereicherung des Familienlebens erlebt. Kurz, wir bewarben uns, und einige Monate und diverse Vorbereitungskurse später kam der erste vietnamesische Junge in unsere Familie. Insgesamt kamen im Laufe der Jahre drei Jungen und ein Mädchen zu uns. Als sie kamen, waren sie zwischen acht und zwölf Jahre alt, sie blieben unterschiedlich lange und verwurzelten sich unterschiedlich stark in unserer Familie. Zwei zogen nach einigen Monaten oder Jahren zu ihren leiblichen Familien, die im Zuge der Familienzusammenführung nach Deutschland kamen. Einer ging zurück nach Vietnam, weil er in Deutschland psychisch den Boden zu verlieren drohte. Einer blieb bei uns, bis er als Erwachsener auszog. Zu zweien besteht nach wie vor intensiver Kontakt, zu zweien ist der Kontakt abgerissen.

So verschieden diese Beziehungsgeschichten auch waren und sind, gemeinsam ist ihnen, dass sich die Aufgabe als Pflegefamilie trotz gründlicher Vorbereitung als unerwartet schwierig erwies. Es entwickelten sich zwar schnell zum Teil intensive Beziehungen zwischen Eltern, Pflegekindern und den drei leiblichen Kindern, aber die vietnamesischen Kinder reagierten an vielen Stellen völlig anders als deutsche Kinder. Vieles, was sich bei den eigenen Kindern bewährt oder zumindest als praktikabel erwiesen hatte, funktionierte hier überhaupt nicht. Die vietnamesischen Kinder schienen auf eine eigentümliche Weise zu entgleiten – und die Pflegeeltern mussten ohnmächtig zusehen, wie sie sich mit den Kindern immer mehr verstrickten und diese immer mehr in Not gerieten.

In unserem Beitrag möchten wir darstellen, worin die Fallstricke bestanden. Wir, das sind Ingrid Oske als Pflegemutter und Dagmar Kumbier, welche diese Zeit überwiegend aus Sicht der erwachsenen Tochter erlebt hat. Unsere Perspektive ist dabei die Frage nach den Unterschieden zwischen vietnamesischen und deutschen Familien. Wie begegnen vietnamesische Eltern ihren Kindern – und welches Verhalten und welches Beziehungsangebot ist diesen Kindern daher vertraut? Was passiert, wenn sie nun auf deutsche Eltern mit einem völlig anderen Verhalten und einer völlig anderen Aufstellung des Inneren Teams treffen? Welche Schwierigkeiten und Teufelskreise ergeben sich daraus, und welche Wege können hinausführen? Und was bedeutet es für deutsche Eltern, sich auf diese Wege einzulassen?

Uns ist bewusst, dass dies nur eine von mehreren möglichen Perspektiven ist. Natürlich könnte man auch die Frage nach den Traumatisierungen stellen, welche die Kinder mitgebracht haben. Sie haben eine weite und höchst gefährliche Flucht hinter sich, die von Angst, existenzieller Unsicherheit und häufig auch von Gewalterfahrungen geprägt war. Zum Teil hatten sie mehrere Monate in Flüchtlingslagern verbracht. Und sie wurden am Anfang dieser Flucht nicht nur von ihren Eltern getrennt, sondern es waren die Eltern, die sie auf diesen Weg geschickt haben. Es liegt nahe, dass diese Erfahrungen das Verhalten der Kinder ebenso prägen wie ihre Bereitschaft, sich auf Beziehungen einzulassen. Ebenso könnte man nach der Dynamik in unserer Familie fragen: Auf welches Familiensystem trafen die Kinder bei uns, welche heimlichen Regeln und Verstrickungen gab es, welche Rollen waren bereits besetzt, und welche waren den Pflegekindern zugedacht? Auch diese Fragen wären einer Betrachtung wert. Wenn wir uns hier auf die interkulturelle Perspektive konzentrieren, dann deswegen, weil diese Perspektive unserer Familie weitergeholfen hat.

Familienleben in Vietnam: Woher die Kinder kamen[1]

Trotz der enormen gesellschaftlichen Umwälzungen durch die französische Kolonialherrschaft, die Teilung Vietnams und den Krieg gegen die Amerikaner mit dessen traumatischen Folgen ist die vietnamesische Gesellschaft nach wie vor stark durch die Tradition des Konfuzianismus[2] geprägt. Westliche Einflüsse haben daran bislang nichts Wesentliches geändert.

Das bedeutet, dass sich Vietnamesen weniger als autonome Individuuen verstehen denn als Teile einer klar strukturierten Welt und Gemeinschaft. In der konfuzianischen Welt hat alles seine Ordnung und jeder seinen Platz, der durch ein dichtes Gefüge von Rollen definiert ist. Die Aufgaben, Rechte und Pflichten, die mit den Rollen als Vater oder Sohn, als Ehefrau oder Mutter, als Tochter oder Schwiegertochter, als Vorgesetzter oder Untergebener verbunden sind, sind eindeutig, selbstverständlich und unhinterfragbar. Damit sind auch die Beziehungen zu anderen Menschen klar definiert. Diese verschiedenen Rollen und ihre Beziehung zueinander bestimmen nicht nur die Struktur der Gesellschaft, sondern sind auch die Grundbausteine der eigenen Identität. Für Vietnamesen spielt der für westliche Gesellschaften so typische Konflikt zwischen eigenen Bedürfnissen und ‹Selbstverwirklichung› auf der einen und den Anforderungen von Familie und Gesellschaft auf der anderen Seite praktisch keine Rolle – mindestens so lange nicht, wie sie innerhalb ihrer eigenen Gemeinschaft leben. Die Verwirklichung des eigenes Lebens besteht darin, sich in die Harmonie der größeren Ordnung einzufügen.

Wie tief diese konfuzianische Denkweise – die für uns Europäer ausgesprochen fremd und schwer zu verstehen ist – in der vietnamesischen Kultur und im Erleben der Einzelnen verwurzelt ist, zeigt sich daran, dass sie bereits in der Struktur der Sprache zum Ausdruck kommt. Im Deutschen ist aus den Sätzen «Ich werde mit ihm sprechen.» oder «Guten Morgen!» nicht erkennbar, in welchem Verhältnis der Sprecher zu demjenigen steht, von dem die Rede ist oder der angesprochen wird. Im Vietnamesischen dagegen macht es einen grammatikalischen Unterschied, ob derjenige in der Hierarchie höher, niedriger oder auf gleicher Ebene steht. Es ist also unmöglich, jemanden gewissermaßen von Ich zu Ich, von Individuum zu Individuum anzusprechen – schon sprachlich geschieht jede Begegnung innerhalb eines Rollenverhältnisses, und es ist für beide im Gespräch durchgehend präsent, wer hierarchisch höher und wer niedriger steht und welche Rechte und Pflichten jeder dem anderen gegenüber hat.

Vor diesem Hintergrund wird verständlich, warum Vietnamesen für westliche Maßstäbe sehr wenig Gefühle zeigen, warum sie eigene Wünsche selten äußern (und wenn, dann so indirekt, dass westliche Ohren sie meist überhören) und warum sie praktisch niemals offen «Nein» sagen. Denn wenn die Befindlichkeiten des eigenen Ichs offen und unverblümt gezeigt würden, bestünde die Gefahr, den anderen zu verletzen. Ein offenes «Nein» auf eine Bitte des anderen würde diesen brüskieren – er würde das Gesicht verlieren. Offene Ablehnung gilt daher als extrem unhöflich und ist eigentlich undenkbar. Aus eben diesem Grunde ist es auch wichtig, eigene Wünsche so indirekt zu formulieren, dass der andere sie überhören kann. So wird er nicht in die unangenehme Lage gebracht, offen Stellung beziehen zu müssen, und der Fragende selbst erspart sich den Gesichtsverlust.

Die Vorstellung, der Ausdruck eigener Gefühle könne wichtig sein, um sich selber auszudrücken und darüber persönlichen Kontakt zu anderen zu schaffen, existiert im Konfuzianismus nicht. Daher besteht auch gar nicht die Notwendigkeit, sich mit dem eigenen Ich derart zu präsentieren. Im Gegenteil, es wäre befremdlich, denn es geht ja nicht um das eigene Ich, sondern darum, dass die Gemeinschaft harmonisch funktioniert.

Was bedeutet all dies für das Familienleben? Auch hier sind die Rollen sehr klar definiert. Der Familienvater ist die absolute Autorität. Ihm werden unbedingter Gehorsam und Loyalität entgegengebracht – und zwar auch von seiner Frau. Zweiter in der familiären Hierarchie ist nicht etwa die Mutter, sondern der älteste Sohn, und auf ihn folgen ihrem Alter entsprechend die übrigen Söhne. Erst dann kommen die Mutter und anschließend die Töchter, auch sie nach ihrem Alter geordnet. Diese Hierarchie legt klar fest, wer wem Respekt und Gehorsam schuldet.

Die Mutter spielt daher in vietnamesischen Familien eine untergeordnete Rolle – vor allem dann, wenn die Familie vom Land kommt. So haben wir es als Besuch in vietnamesischen Familien mehrfach erlebt, dass die Frau zwar für die Bewirtung der deutschen Gäste zuständig war, dass sie aber ansonsten in der Küche blieb und auch in die offizielle Begrüßung nicht einbezogen wurde. Stirbt der Vater, wird der älteste Sohn zum Familienoberhaupt. Das konnten wir eindrücklich miterleben, als der Vater eines unserer Pflegesöhne in Deutschland starb. Unser Pflegesohn war der älteste Sohn der Familie, und ihm wurde bei der Beerdigung am Grab ein Stab übergeben – gewissermaßen als ‹Zepter› und als Symbol seiner neuen Rolle als Familienoberhaupt. Entsprechend gehorchen die Söhne nur dem Vater, die Mutter hat ihnen gegenüber wenig Autorität.

Dabei wird ‹Familie› immer über die engen Grenzen der Kleinfamilie hinausgedacht, zur Familie gehören auch die Großeltern und ebenso die bereits verstorbenen Ahnen. Vietnamesen bleiben von ihrem Rollenverständnis her ihr Leben lang Kinder ihrer Eltern; sie bleiben in der Loyalität. Auch für die erwachsenen Söhne ist der Vater der Familienvorstand, ebenso haben sich Frauen ihrer Mutter und ihrer Schwiegermutter unterzuordnen. Kommt es im Familienverbund dennoch zu Konflikten zwischen Ehefrau und Schwiegermutter, so wird sich der Mann auf die Seite seiner Mutter stellen – alles andere wäre eine Verletzung der Loyalitätspflicht. Ebenso klar ist es, dass die Eltern bis zu ihrem Tod in der Familie des ältesten Sohnes leben. Die Verpflichtung und die Dankesschuld gegenüber den Eltern sind selbstverständlicher Bestandteil der Familienordnung, und sie sichern den Zusammenhalt der Familie über die Generationen hinweg.

Diese Verpflichtung der eigenen Familie gegenüber prägt auch das, was von den eigenen Kindern erwartet wird. Kinder haben die wichtige Aufgabe, die Familienlinie weiterzuführen – und zwar auf eine Weise, welche der Familie Ehre macht. Dies sind sie nicht nur ihren Eltern, sondern auch den Ahnen schuldig. Daraus erklärt sich auch, warum vietnamesische Eltern ihre Kinder alleine auf die Flucht geschickt haben, obwohl sie wussten oder zumindest ahnten, wie gefährlich diese Flucht war. Sie sahen für ihre Kinder in Vietnam keine Möglichkeit, ein Leben zu führen, das der Familie angemessen wäre, und hofften auf bessere Bedingungen in Europa oder den USA. Und wenn es nicht möglich war, dass die gesamte Familie flieht – dann zumindest die Kinder, als Botschafter der vergangenen, gegenwärtigen und zukünftigen Familie.

Selbstverständlich wird von den Kindern (nach der Kleinkindzeit, in der sie beinahe Narrenfreiheit genießen und sehr verwöhnt werden) unbedingter Gehorsam verlangt. Es wird nicht gebeten oder gar diskutiert, sondern es gibt klare Anordnungen, und wenn diese nicht beachtet werden, folgen unmittelbar Strafen – häufig körperliche. Erweist sich ein Kind als allzu renitent, dann ist auch Liebesentzug eine durchaus übliche Reaktion. Häufig sprechen Eltern nicht mehr mit ihren Kindern, wenn diese gegen ihre Erwartungen handeln, oder brechen sogar den Kontakt ab. Das wurde uns aus vietnamesischen Familien berichtet, und wir haben es auch einige Male miterlebt, wenn sich beispielsweise erwachsene Kinder gegen den ausdrücklichen Wunsch der Eltern scheiden ließen oder sich weigerten, aus Vietnam neu ankommende Verwandte bei sich aufzunehmen. Indem die Kinder sich gegen die ausdrücklichen Wünsche der Eltern wenden, fügen sie diesen nicht nur einen unerträglichen Gesichtsverlust zu, sondern kündigen nach vietnamesischem Verständnis gewissermaßen das Familienverhältnis auf. Sie sprengen ihre Rolle als Kind und stellen damit nicht nur die Verbindung zur Familie, sondern auch das Fundament dieser Familie radikal in Frage. Die Abwendung der Eltern folgt daher einer inneren Logik.

Das Beziehungsangebot vietnamesischer Eltern ist demnach sehr klar. Sie erwarten vom Kind entsprechend seiner Rolle in der Familie unbedingten Gehorsam und Respekt und sind dabei selber eingebunden in die Erwartungen anderer. Sie sehen sich als Eltern auch in der Verantwortung gegenüber den Ahnen und der Gesellschaft – auch diese haben ein legitimes Interesse daran, dass das Kind ‹Ehre macht›. Entsprechend ist das Innere Team, mit dem vietnamesische Eltern ihren Kindern begegnen, von autoritären, strengen Stimmen geprägt.

Das Beziehungsangebot vietnamesischer Eltern

Vietnamesische Kinder erleben also eine sehr stabile und klare Ordnung, die nicht in Zweifel gezogen werden kann und die auch nicht in Zweifel gezogen zu werden braucht. Sie finden einen klar definierten Platz, starke Eltern (vor allem einen sehr starken Vater) und eine sichere Orientierung vor. Aufbegehren und offene Aggressionen gegenüber den Eltern und anderen Autoritätspersonen sind undenkbar; sie würden in der Familie wie in der Schule streng geahndet werden. Schon sprachlich lernen vietnamesische Kinder, sich mit ihrem «Ich» beständig in ein klares Familiengefüge einzuordnen.

Familienleben in Deutschland: Wo die Kinder gelandet sind

Wenn die Kinder nun nach einer langen Flucht in Deutschland ankommen, dann treffen sie auf eine vollkommen andere Welt. Denn das Verhältnis zwischen deutschen Eltern und ihren Kindern folgt völlig anderen Gesetzen.

Deutsche Eltern sehen ihre Kinder weniger als Träger der Familienehre denn als Individuum. Ein Kind wird als Person gesehen und wichtig genommen und soll seinen eigenen Weg finden – und nicht etwa Aufträge seiner Eltern erfüllen oder in das Bild hineingezwungen werden, das seine Eltern von ihm haben. Natürlich entspricht dieses Ideal nicht immer dem, was in der Familie tatsächlich passiert: Auch deutsche Eltern haben mehr oder weniger heimliche, mehr oder weniger unbewusste Bilder davon, wie ihr Kind sein soll, und in Psychotherapien ist es häufig ein wichtiges Ziel, solche Verstrickungen aufzudecken und bearbeitbar zu machen. Aber dies entspricht keineswegs dem, was Eltern wollen und für richtig halten. In aller Regel orientieren sich deutsche Eltern am Leitbild einer Erziehung zu Selbständigkeit und Autonomie – auch wenn dieses Ideal nicht für alle Bildungsschichten und Gruppen gleichermaßen gilt.

Da dieser Beitrag in unserem Kulturkreis erscheint und gelesen wird, verzichten wir darauf, die kulturellen Hintergründe des deutschen Erziehungsverständnisses ausführlich zu beleuchten, und begnügen uns mit einigen Hinweisen. Natürlich ist dieses Ideal eng mit einer demokratischen Gesellschaftsform verbunden. Gerade in Deutschland ist es auch stark geprägt durch die Bewegung der 1968er – und das heißt wesentlich: durch die Auseinandersetzung mit dem Nationalsozialismus. Autoritäre Verhaltens- und Erziehungsmuster waren in höchstem Maße suspekt geworden und taugten nicht mehr als Leitbild. Stattdessen wurden Selbständigkeit und Autonomie zu wichtigen Leitwerten in der Erziehung, und der Respekt vor dem Eigenleben des Kindes bekam einen hohen Wert. Für die Eltern in unserer Familie fielen die 1968er in die Phase der Familiengründung, und die neuen pädagogischen Ideale trafen auf offene Ohren – zumal autoritäre Erziehungsmuster aus der eigenen Kindheit als abschreckendes Beispiel bekannt waren.

Erziehung zur Demokratie also – entsprechend werden Kinder in Deutschland im Allgemeinen keineswegs als bloße Befehlsempfänger gesehen, sondern früh in Gespräche einbezogen. Eltern verhandeln mit ihren Kindern – nicht umsonst spricht man zuweilen von einem ‹partnerschaftlichen› Erziehungsstil. Das Kind wird gefragt, was es will – und seine Wünsche werden ebenso wichtig (und zuweilen sogar wichtiger) genommen wie die Bedürfnisse der Erwachsenen. Wenn Eltern etwas nicht wollen oder verbieten, dann werden diese Wünsche oder Verbote erklärt – das Kind soll sie einsehen können, und wenn es Einwände hat, dann werden diese angehört und ernst genommen. Das Kind soll lernen, sich selbstbewusst zu artikulieren, es soll im Umgang mit den Eltern erfahren, wie man Konflikte löst, und es soll lernen, sich von den Eltern abzugrenzen und nicht alles zu übernehmen, was diese sagen – spätestens in der Pubertät, spätestens als Erwachsener. Eine gelungene Ablösung wird bei uns als Zeichen psychischer Reife betrachtet: Ein Erwachsener, der immer noch den Wünschen seiner Eltern folgt und der die Loyalität den Eltern gegenüber höher stellt als die zu seinem Partner oder seiner Partnerin, hat aus deutscher Sicht den Sprung ins Erwachsenenleben noch nicht wirklich geschafft.

Kurz, deutsche Eltern machen ihren Kindern ein vollkommen anderes Beziehungsangebot als vietnamesische Eltern. Sie wollen nicht der autoritäre Chef ihrer Kinder, sondern eher Partner in einer möglichst gleichwertigen Beziehung sein. Auch zwischen den Eltern gibt es keine klare Hierarchie: Mutter und Vater stehen auf gleicher Ebene. Die Frau ordnet sich keineswegs widerspruchslos dem Mann unter; auch hier wird diskutiert, gestritten und verhandelt, auch hier besteht der Anspruch von Partnerschaftlichkeit. Deutsche Eltern fordern also von ihren Kindern zwar insgesamt wesentlich weniger Respekt und Gehorsam ein, aber der Respekt, den sie beanspruchen, gilt gleichermaßen für beide Eltern, und es werden dabei keine allzu großen Unterschiede zwischen Jungen und Mädchen gemacht.

Vom Zusammenprall der Welten

Aus der konfuzianischen Welt in die Welt der Post-1968er – was bedeutet ein solcher Kulturschock für Kinder, und wie reagieren sie darauf?

Das Beziehungsangebot deutscher Eltern bedeutet für vietnamesische Kinder eine enorme Verunsicherung. Was sie bislang kennen gelernt haben, scheint keinerlei Gültigkeit mehr zu haben. Eltern und überhaupt Erwachsene reagieren vollkommen anders, als sie erwarten – und das Verhalten, das sie selber gelernt haben, passt nicht mehr. Wo sie Autorität erwarten, werden Fragen gestellt oder Vorschläge gemacht, wo sie klare Grenzen erwarten, treffen sie auf Gesprächsangebote. Sie sollen eigene Wünsche anmelden, werden gefragt, wie es ihnen geht und wie sie etwas finden, und sie sollen mit den Erwachsenen darüber sprechen oder gar diskutieren.

Das bedeutet für die Kinder einerseits eine Überforderung. Sie können gar nicht so klar Auskunft geben über ihr Innenleben – sie haben nicht gelernt, sich damit zu beschäftigen, und es ist für sie auch eine befremdliche und beängstigende Vorstellung, die eigenen Wünsche und Gefühle so wichtig zu nehmen. Sie haben Angst, andere zu brüskieren – zumal sie sich natürlich gerade am Anfang in einer noch fremden Familie ohnehin sehr unsicher fühlen. Ein partnerschaftliches Beziehungsangebot von Erwachsenen sprengt alles, was sie bislang gewohnt waren, sprengt geradezu ihr Weltbild. Sie können ein solches Beziehungsangebot kaum anders denn als unbegreifliche Schwäche verstehen. Wie können sich Erwachsene auf gleiche Ebene mit einem Kind stellen?! Aus ihrer Sicht füllen hier Erwachsene ihre Rolle nicht aus, sie kippen gleichsam auf die Ebene des Kindes.

Dies dürfte für vietnamesische Kinder per se eine beängstigende Erfahrung sein, denn ihnen geht damit die selbstverständliche Orientierung an den Erwachsenen als klare Autorität verloren. Die Autorität der Eltern bedeutet für vietnamesische Kinder ja nicht Unterdrückung, sondern vor allem selbstverständlichen Halt und Schutz. Vor dem Hintergrund der oftmals traumatischen Erfahrungen von Flüchtlingskindern bekommt diese Orientierungslosigkeit eine ganz besondere Brisanz. Denn diese Kinder haben in extremer Weise erfahren, dass die Welt ein höchst gefährlicher Ort sein kann. Ihr Vertrauen darauf, dass Eltern und Erwachsene stark genug sind, sie zu schützen, ist in erheblichem Maße erschüttert – und ihr Wunsch nach starken Eltern entsprechend groß. Sie suchen Eltern, die Halt geben und denen sie zutrauen, dass diese sie schützen können. Wie können Eltern für diesen Schutz stehen, wenn sie nicht einmal in der Lage sind, dem Kind selber Grenzen zu setzen? Und wie soll das Kind so ‹schwachen› Eltern Respekt entgegenbringen?

Die Pflegekinder in unserer Familie haben auf diese Verunsicherung mit Rückzug reagiert. Dieser Rückzug hatte mehrere Bedeutungen. Zum einen war er unmittelbarer Ausdruck der Verunsicherung: Die Kinder wussten schlichtweg nicht, wie sie reagieren sollten. Zum anderen mag er auch Ausdruck der Enttäuschung über die Schwäche der Eltern gewesen sein. Drittens lag darin auch der Versuch, die Autorität der Eltern herauszufordern, um endlich auf Grenzen zu stoßen. Dabei forderten die Kinder ihre Pflegeeltern auf spezifisch vietnamesische Weise heraus: nämlich weniger durch offenen Protest und Ausbrüche (das wäre gerade am Anfang praktisch undenkbar gewesen), sondern gewissermaßen durch passiven Widerstand.

Ein häufiges Alltagsproblem bestand darin, dass die Kinder auf Bitten, Aufforderungen oder Fragen schlicht nicht reagierten, sondern unbewegt oder gar lächelnd durch die Erwachsenen hindurchzusehen schienen. So konnte es beispielsweise geschehen, dass ein Kind auf die Aufforderung, bitte Schuhe anzuziehen, weil man auf die winterliche Straße hinaus wolle, auf der Treppe sitzen blieb und nicht reagierte. Oder sie weigerten sich, irgendetwas anderes als Reis zu sich zu nehmen, und ließen alle anderen Mahlzeiten wortlos stehen. Ähnlich verhielten sich die Kinder auch bei Ermahnungen: Indem sie scheinbar regungslos da saßen und es schwer möglich war, zu beurteilen, ob sie das Gesagte überhaupt verstanden hatten und wie sie vor allem innerlich darauf reagierten. Waren sie einsichtig? Empört? Verängstigt? Gekränkt? Aufsässig? Beschämt? Wütend? Diese äußerliche Regungslosigkeit zeigte sich besonders deutlich im Verhalten der Jungen gegenüber der Pflegemutter. Vor allem dann, wenn der Pflegevater nicht zu

Hause war, reagierten die Jungen häufig kaum auf das, was sie von ihnen wollte – und sahen schlicht durch sie hindurch.

Aus unserer Sicht ‹mauerten› die Kinder – sie entzogen sich, gaben keine Reaktion zu erkennen, bezogen keine Stellung und schufen damit eine schwer zu überwindende Distanz. Dieses ‹Mauern› war für die deutschen Pflegeeltern ausgesprochen verunsichernd. Das allgemeine Wissen darum, dass Vietnamesen ihre Gefühle und Wünsche selten offen zeigen, half in der konkreten Situation oft herzlich wenig weiter! Vor allem gab dieses Wissen keinerlei Hinweise auf die drängende Frage: Wie verhält man sich denn in einer solchen Situation?!

Die Pflegeeltern reagierten zunächst so, wie es ihrem Selbstverständnis als Eltern und der Konfliktkultur in unserer Familie entsprach. Sie erklärten ihre Wünsche («In Deutschland ist es kalt, und da muss man Schuhe anziehen!»), notfalls mehrmals und hofften auf Einsicht. Sie boten den Kindern Alternativen an («Möchtest du vielleicht andere Schuhe anziehen?»). Sie stellten verlockende Konsequenzen in Aussicht («Wir wollen doch etwas Schönes für dich einkaufen gehen!»). Sie fragten die Kinder, was denn los sei, und nachdem sie darauf von den Kindern keine Antworten bekamen, fragten sie sich selbst oder sich gegenseitig. Kurz, die Pflegeeltern versuchten, das Kind zu verstehen und gleichzeitig nach Wegen zu suchen, es zur Einsicht zu bringen oder es auf den rechten Weg zu locken.

Aber nichts von all diesem Bemühen hatte eine Veränderung zur Folge – im Gegenteil, die Kinder schienen immer weiter in ihr Schweigen zu versinken. Aus der Distanz betrachtet, ist das kein Wunder: Die deutschen Eltern taten das Gegenteil von dem, was die Kinder zu provozieren versuchten. Statt endlich auf den Tisch zu hauen und die Grenze zu markieren – was vietnamesische Eltern in aller Klarheit und Härte schon von Anfang an getan hätten –, boten sie dem Kind Erklärungen und Verständnis an.

Die Kinder fühlten sich also immer verunsicherter – und das gleiche galt für die Eltern. Immer deutlicher bekamen sie es mit Selbstzweifeln zu tun. Vielleicht erwarten sie einfach zu viel von dem Kind? Womöglich hat es einfach Probleme, sich auf die deutschen Verhältnisse einzustellen – nach all dem, was es mitgemacht hat, und in einer so fremden Welt! Deutsche Winterkleidung ist eben etwas vollkommen Fremdes, es ist ganz andere klimatische Verhältnisse gewohnt. Und in Vietnam ernährt man sich nun einmal vor allem von Reis! Vermutlich ist es also gut, dem Kind so weit wie möglich entgegenzukommen – schon, um ihm seine kulturelle Identität zu lassen und ihm nicht die Wurzeln abzuschneiden. Dann wird eben nur vietnamesisch gekocht, was macht das schon aus! Und der murrende Familienvater («Wenn nicht langsam mal wieder was anderes auf den Tisch kommt, bekomme ich Schlitzaugen!») ist mit sanftem Druck und dem Argument, wie wichtig es für die Kinder sei, in der Fremde zumindest ein wenig Heimat zu behalten und sich nicht zu schnell in allen Dingen umstellen zu müssen, immer wieder zum Einlenken zu bewegen.

Ärger, Erschöpfung und Enttäuschung, die sich – natürlich – innerlich auch immer mehr zu Wort gemeldet haben, wurden sorg-

Inneres Team deutscher Eltern bei Schwierigkeiten

sam unter Verschluss gehalten. Das Kind soll sich schließlich angenommen fühlen in einer immer noch fremden Familie inmitten einer fremden Kultur. Gerade bei diesem Kind, das schon so viel mitgemacht hat, ist es doch wichtig, ihm mit Verständnis zu begegnen! Und vermutlich liegen die ganzen Probleme einfach darin, dass es noch nicht gelingt, dieses Kind in seiner Andersartigkeit genug zu verstehen!

In dem Bemühen, dem Kind entgegenzukommen, um es aus seinem Rückzug herauszulocken, verstärkten die Pflegeeltern also immer mehr genau jenes Verhalten, das zum Rückzug führte: ein Teufelskreis.

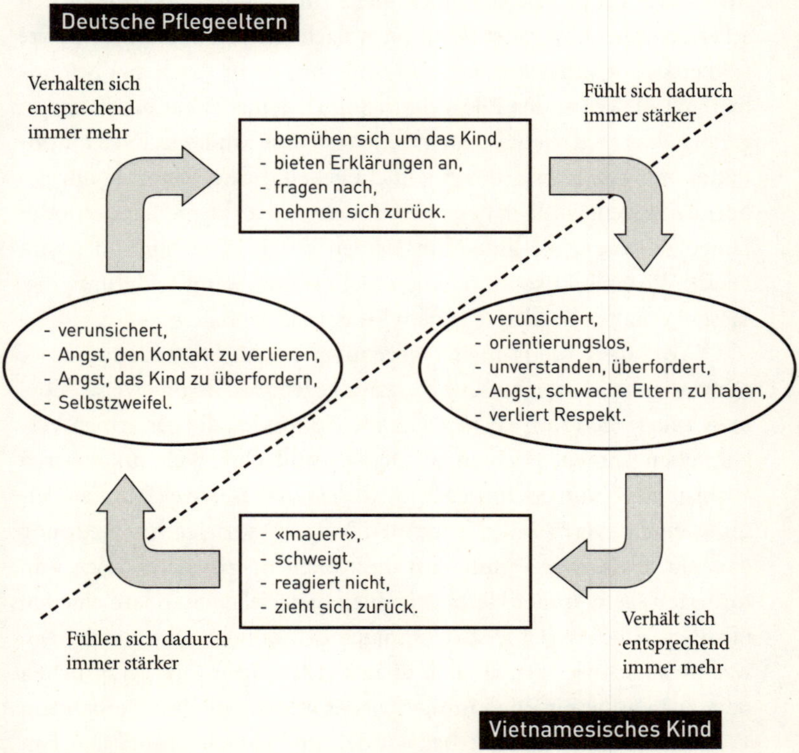

Der Teufelskreis zwischen Pflegeeltern und Kind

Je länger dieser Kreislauf sich drehte, desto unverstandener und verunsicherter fühlten sich die Kinder – und das, obwohl und gerade weil sich die Pflegeeltern nach Kräften besonders darum bemühten, sie zu verstehen! Der Druck stieg also auch für die Kinder – so stark, dass es an manchen Punkten zu heftigen Ausbrüchen kam und die Kinder wütend, verzweifelt und laut reagierten («Ihr versteht überhaupt gar nichts!», «Lasst mich endlich in Ruhe!», «Ihr macht das alles doch nur für das Pflegegeld!»).

Diese Ausbrüche waren für die Eltern kränkend und unverständlich – und die Kinder selbst waren noch sehr viel erschrockener als die Erwachsenen. Eine solche Wut und ‹Undankbarkeit› gegenüber den Eltern war für sie zutiefst beschämend und unverzeihlich. Im Ergebnis zogen sie sich noch mehr zurück – oder bestraften sich selber. So zerschlug einer der Jungen nach einem Streit seine Gitarre (die er sich sehnlichst gewünscht und kurz zuvor geschenkt bekommen hatte), weil er den Pflegeeltern Sorgen gemacht hatte. Wir hatten gehört, dass es in Vietnam nicht selten ist, dass Kinder sich nach Konflikten mit den Eltern (die es ja nicht geben dürfte, wenn sie nur gehorsam wären!), selber bestrafen, indem sie nicht mehr essen oder Dinge zerstören, die ihnen am Herzen liegen. Aber auch hier galt: Dieses Wissen half kaum oder gar nicht weiter, wenn es darum ging, dieses Verhalten bei den ‹eigenen› Kindern auszuhalten.

Vor allem den Jungen gegenüber wurde es zudem immer schwieriger, Grenzen zu setzen – etwa gegenüber den teilweise enormen materiellen Ansprüchen. Gerade die Kinder, die aus armen Verhältnissen kamen, erlebten in Deutschland eine Welt unfassbaren Wohlstands – und erkannten schnell, dass in dieser Welt Markenkleidung einen (vermeintlich) leichten Weg zu sozialer Anerkennung darstellt. Da unsere Familie aus ihrer Sicht unermesslich reich war, forderten sie in großer Heftigkeit einen materiellen Standard ein, den die Pflegeeltern weder leisten konnten noch wollten. Dies abzulehnen war umso schwieriger, als sich diese Forderungen unausgesprochen oder auch ausgesprochen immer wieder mit einem ‹Test› verbanden: «Wenn ihr mich wirklich lieben würdet (und vor allem: ebenso lieben würdet wie eure leiblichen Kinder), dann …»

Der Teufelskreis hatte also, je nach Kind und je nach Phase des Zusammenlebens, unterschiedliche Formen.

Auswege: Von vietnamesischen Eltern lernen

Wie kann man aus diesem Teufelskreis herauskommen? Der Ausweg liegt auf der Hand: Er besteht darin, den vietnamesischen Eltern ähnlicher zu werden und damit den Kindern mindestens ein Stück der Orientierung zu geben, nach der sie suchen und die sie – mit ihren Mitteln – zu provozieren versuchen. Der entscheidende Schritt bestand also darin, sich Autorität anzueignen und in aller Klarheit, Deutlichkeit und notfalls auch Härte Grenzen zu ziehen und Richtungen vorzugeben.

Auch wenn unsere Familie durch die betreuende Institution gut vorbereitet und begleitet wurde, war diese Erkenntnis ein Kampf und alles andere als leicht. Das Wissen darüber, dass und wie sich Deutsche und Vietnamesen unterscheiden, war anfangs schwer mit diesen Problemen in Verbindung zu bringen. Wir erlebten die Kinder im Familienalltag nicht in erster Linie als Vietnamesen, sondern als ganz normale Kinder, die ihren Platz in der Familie suchten, die dabei viel Verständnis und Liebe brauchten und immer wieder sensibel darauf achteten, ob Unterschiede zwischen ihnen und den eigenen Kindern gemacht wurden. Es schien ganz unpassend zu sein, gerade diesen verunsicherten Kindern mit Autorität zu begegnen – noch dazu mit mehr Autorität als den leiblichen Kindern. Und das Wissen um den Kulturunterschied führte an manchen Punkten auch in die Irre, weil es dazu verführte, den Kindern aus Rücksicht auf ihre kulturelle Identität gerade *keine* Grenzen zu setzen. Kurz, es schien aus verschiedenen Gründen nahe zu liegen, auf Schwierigkeiten nicht mit Autorität, sondern mit verstärkter Zuwendung zu reagieren – zumal diese Haltung tief in der eigenen Identität als Mutter und Vater verankert war.

Und so brauchte es lange Gespräche vor allem mit den Vietnamesen unter den Betreuern, um die Pflegeltern davon zu überzeugen, dass der Schlüssel zum Ausweg aus diesen Schwierigkeiten darin bestand, sich Autorität anzueignen. Die Vietnamesen konnten die diesbezüglichen Skrupel der Pflegeeltern auch mit größter Mühe nicht verstehen: «Wie könnt ihr euch von einem Zwölfjährigen auf der Nase herumtanzen lassen?!» Und in Richtung der Pflegemutter: «Wenn du als Frau von den Jungen ernst genommen werden willst – dann setz dich durch, nimm sie dir zur Brust! Anders geht es nicht!»

Konkret hieß dies, die Kinder nicht zu bitten, etwas zu tun, sondern klare Anweisungen zu geben und ohne Wenn und Aber darauf zu bestehen, dass sie diesen Folge leisteten. Und es hieß, Konsequenzen zu ziehen (und zwar möglichst sofort), wenn das nicht klappte – indem Strafen ausgesprochen wurden (z. B. Hausarrest oder Taschengeldentzug) oder auf Verweigerung der Kinder mit eigener Verweigerung reagiert wurde («Wenn du nicht abwäschst, dann fahre ich dich nachher nicht zum Sport.»). Vor allem den Jungen gegenüber bedeutete es auch, in manchen Situationen laut zu werden, die Kinder anzubrüllen und sie notfalls auch am Kragen zu fassen und festzuhalten. Insbesondere die Pflegemutter kam den Jungen gegenüber nicht darum herum, sich auch körperlich Respekt zu verschaffen – und damit in aller Härte deutlich zu machen, dass sie im Gegensatz zur vietnamesischen Mutter nicht gewillt war, sich den Jungen hierarchisch unterzuordnen.

Dieser Weg war nicht leicht, denn dieses Verhalten schien zunächst allem zu widersprechen, was sich die Eltern für die Erziehung vorgenommen hatten. Genau von einem solchen Verhalten Kindern gegenüber hatte man sich doch absetzen wollen! Aber das Ergebnis gab den vietnamesischen Betreuern Recht. Die Probleme nahmen ab, die Kinder kamen zur Ruhe, und es wurde auch leichter, über die Schwierigkeiten zu sprechen. Und je klarer die Grenzen wurden, desto leichter wurde es für die Kinder, sich auf das andere Beziehungsangebot der Pflegeeltern einzulassen. Sie begannen stärker aus sich herauszugehen, erzählten mehr und fingen an, den größeren Freiraum, welchen die deutsche Familie bot, mehr und mehr für sich zu entdecken, zu nutzen und zu schätzen. Die Kinder brauchten die Sicherheit klarer Regeln und den Respekt vor der Autorität der Pflegeeltern – also die Gewissheit, dass das andere Beziehungsangebot der deutschen Eltern nicht gleichbedeutend mit Schwäche war.

Autorität war also von zentraler Bedeutung für den Aufbau einer tragfähigen Beziehung. Und erst Autorität ermöglichte es auch, Regeln des Zusammenlebens einzuführen, welche den Kindern fremd waren – beispielsweise, dass Jungen und Mädchen, Frauen und Männer gleich viel wert sind und gleichen Respekt verdienen. Oder die Regel, dass es in der Familie keinen Unterschied macht, dass der eine Junge aus der Oberschicht und der andere aus einer sehr einfachen Schicht kommt. Pointiert gesagt: Es brauchte vietnamesische Mittel, um Regeln einzuführen, welche der vietnamesischen Gesellschaft geradezu entgegengesetzt sind.

Eine kleine Geschichte mag dies illustrieren. Einer unserer Pflegesöhne war zu Besuch in der Familie eines Freundes. Als er mitbekam, wie dieser Freund seiner Mutter am Mittagstisch eine freche Antwort gab, kommentierte er: «Das hätte meine Mutter nie mit sich machen lassen, die hätte mich fertig gemacht!» Als die Mutter des Freundes irritiert entgegnete, sie kenne seine Mutter doch und könne sich gar nicht vorstellen, dass diese so streng sei, erwiderte er strahlend: «Doch, doch, die ist *ganz* streng, das würde sie mir *nie* durchgehen lassen!» Ein solches Bild entspricht nicht unbedingt dem, wie eine deutsche Mutter gerne gesehen und beschrieben wird. Und gleichwohl: Aus dem Mund eines vietnamesischen Jungen ist dies ein Kompliment, und es war sehr deutlich, wie stolz er auf seine Mutter war. Dies anzunehmen und solche Bemerkungen als Kompliment zu werten war Teil des Entwicklungsweges.

Der entscheidende Schritt aus dem Teufelskreis heraus bestand also in der Integration eines konsequenten, konfrontationsbereiten und autoritären Mitglieds in das Innere Team – gewissermaßen des Gegenspielers und Kontrapunkts zu all den dialogbereiten, verständnisvollen und selbstreflexiven Stimmen.

Der Aufbau dieses Teammitglieds war ein langer Entwicklungsweg, und natürlich gelang diese ‹Idealaufstellung› der inneren Mannschaft nicht von Anfang an und nicht immer. Gerade am Anfang war diese autoritäre und kompromisslose Stimme ein echter Fremdkörper im Inneren Team und alles andere als geliebt!

Teamentwicklung als Schritt aus dem Teufelskreis heraus

Gleichwohl ging es um mehr als bloß darum, sich mit spitzen Fingern eines Werkzeugs zu bedienen, das man selbst eigentlich ablehnt und für höchst fragwürdig hält. Uns scheint, dass wir an dieser Stelle etwas Wichtiges von den Vietnamesen gelernt haben. In der Auseinandersetzung mit den vietnamesischen Kindern und Eltern ist uns sehr deutlich geworden, dass das Ideal einer partnerschaftlichen Erziehung übertrieben werden kann. Wenn alles verhandelbar wird, dann droht eine Beliebigkeit, welche Kindern zu wenig Orientierung und Halt bietet. Zudem lässt der Anspruch auf Partnerschaftlichkeit oft wenig Raum dafür, dass Kinder auch auf ihre Eltern ärgerlich sein und sich an diesen reiben dürfen – nicht nur, dass sie Grenzen und Verbote hinnehmen sollen, sie müssen diese auch noch einsehen … Und wenn Eltern zulassen, dass über ihre eigenen Wünsche hinweggegangen wird, und es hinnehmen, wenn das Kind ihnen auf der Nase herumtanzt oder sie gar abwertet, dann geht der Respekt vor dem Eigenleben des Kindes eindeutig zu weit.

Autorität im positiven Sinne bedeutet also, dem Kind Orientierung zu bieten und ein klares Gegenüber zu sein, das nicht nur dem Kind Respekt entgegen bringt, sondern sich auch selber Respekt verschafft – und es auszuhalten, wenn Kinder ärgerlich und wütend über Grenzen und Verbote sind und ganz und gar keine Lust haben, ‹vernünftig› zu sein.

All dies hat auch im Umgang mit deutschen Kindern Bedeutung. Und wenn wir sehen, welche Bedeutung heute das Thema «Grenzen setzen» in der pädagogischen Diskussion hat, wie viele gut verkaufte Ratgeber sich mit dieser Frage beschäftigen und welchen Erfolg die wachsende Zahl der «Super-Nannys» mit ihren (Eltern und Kindern gegenüber gleichermaßen rigoros durchgesetzten) Erziehungsregeln hat, dann ist dieses Thema offenbar nicht nur für unsere Familie von Bedeutung. Im autoritären Erziehungsstil vietnamesischer Eltern scheint uns also – wenn auch in extremen Übermaß – eine Qualität verborgen zu sein, die deutsche Eltern mittlerweile häufig in zu geringem Maß besitzen. Die unterschiedlichen Werte und Erziehungsstile, welche deutsche und vietnamesische Eltern verkörpern, stehen nicht im Widerspruch, sondern (im Sinne des Wertequadrates) in einem Ergänzungsverhältnis.

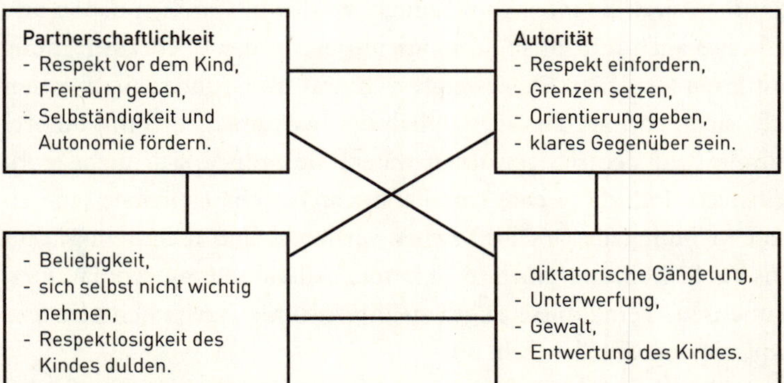

Werte und Erziehungsstile deutscher und vietnamesischer Eltern im Wertequadrat

Leben zwischen zwei Kulturen

Kulturelle Vielfalt ist also eine Bereicherung und eine Erweiterung des Horizontes – so empfinden wir es, und so empfinden es auch die beiden (längst erwachsenen) Pflegekinder, die nach wie vor zu unserer Familie gehören. Sie verstehen sich als Vietnamesen wie als Deutsche und möchten keinen Teil ihrer Identität aufgeben.

Gleichwohl bringt das Leben mit und zwischen zwei Kulturen hohe Anforderungen für alle Beteiligten mit sich. Das enge Zusammenleben stellt auf beiden Seiten die eigene Identität in Frage. Selbstverständlichkeiten gelten auf einmal nicht mehr, und man sieht sich (ob man will oder nicht) gezwungen, Vertrautes aufzugeben und Neues zu lernen, um mit den anderen klarzukommen. Das galt für die Pflegeeltern, für welche die Notwendigkeit einer klaren und harten Autorität einerseits ein wichtiges Lernfeld und andererseits eine schwer zu integrierende Zumutung war. Und noch sehr viel stärker galt dies natürlich für die vietnamesischen Kinder, die vor der Notwendigkeit standen, sich in einer vollkommen anderen Kultur zurechtzufinden und heimisch zu werden.

Unsere ehemaligen Pflegekinder leben in besonderer Weise zwischen den Kulturen, weil ihre Eltern vor inzwischen vielen Jahren im Zuge der Familienzusammenführung ebenfalls nach Deutschland gekommen sind, sie intensiven Kontakt zu diesen Familien haben und teilweise auch mit ihnen zusammenleben. In der Wiederbegegnung mit ihren leiblichen Eltern zeigte sich, was im Grunde schon vorher offensichtlich war: dass sie nämlich im Zusammenleben mit unserer Familie sehr deutsch geworden waren. Sie ordnen sich nicht mehr selbstverständlich in eine Familienhierarchie ein, sie haben eine eigene Meinung, die sie selbstbewusst vertreten. Und auch wenn sie aus unserer Sicht immer noch recht zurückhaltend sein mögen: Für vietnamesische Verhältnisse zeigen sie ihre Gefühle inzwischen geradezu explosiv und überdeutlich.

Natürlich führte all dies zu gravierenden Problemen mit den leiblichen Eltern – gerade für unsere Pflegetochter, welche mit diesem ‹deutschen› Verhalten ihre Rolle in der vietnamesischen Familie in besonderer Weise in Frage stellte. Die Eltern vermissten nicht nur den selbstverständlichen Respekt ihrer Kinder, sondern sie sahen sich zudem mit der Tatsache konfrontiert, von diesen unbotmäßigen Kindern vollkommen abhängig zu sein. Denn im Gegensatz zu ihnen konnten sich ihre Kinder in der fremden Sprache verständigen und in der fremden Welt zurechtfinden.

Die Konfliktfelder, die sich daraus ergaben, sind nicht Thema unseres Beitrags. Gleichwohl finden wir erwähnenswert, dass wir im Laufe der Jahre bei manchen vietnamesischen Eltern einen ähnlichen Lernprozess erlebten wie damals in unserer Familie. In der Auseinandersetzung mit ihren ‹deutschen› Kindern nähern sie sich den Werten an, die in deutschen Familien herrschen – indem sie lernen, ihren Kindern zuzuhören und deren Wünsche ernst zu nehmen, auch wenn sie diese nach wie vor nicht verstehen und immer wieder als Respektlosigkeit empfinden. Wir beobachten diese Entwicklung mit großem Respekt. Unsere ehemaligen Pflegekinder werden so ein zweites Mal zu Mittlern zwischen den Kulturen – eine Rolle, die für sie weiterhin sehr anstrengend ist und die nicht selten zu inneren und äußeren Zerreißproben führt.

Fazit

Kinder, die aus fremden Kulturen als Pflegekinder kommen oder adoptiert werden, haben meist eine schwierige Geschichte hinter sich, denn sonst würden sie gar nicht kommen. Sie sind daher in besonderem Maße auf Sicherheit angewiesen. Und Sicherheit finden sie ganz wesentlich durch Vertrautes. Sie brauchen daher Eltern, die dieses Vertraute (also die Kultur, aus der sie kommen) kennen und die zumindest in Ansätzen lernen, sich auf diese Kultur einzustellen.

Natürlich brauchen gerade diese Kinder vor allem die Erfahrung, willkommen zu sein und geliebt zu werden. Aber Liebe allein reicht nicht – vor allem deswegen nicht, weil Liebe in jeder Kultur ein anderes Gesicht, andere Spielarten und andere Farben hat. Aus deutscher Perspektive wirkt das Verhalten vietnamesischer Eltern oft wenig liebevoll und geradezu herzlos. Wie kann man sechsjährige Kinder alleine halb um die Welt schicken? Wie kann man den Kontakt zu den eigenen Kindern abbrechen, nur weil sie sich (angeblich) gesellschaftlich daneben benehmen – indem sie sich beispielsweise scheiden lassen? Natürlich lieben vietnamesische Eltern ihre Kinder, aber sie lieben sie anders – von uns aus gesehen geradezu in einer Fremdsprache. Da es um eine tief in der eigenen Identität verankerte Gefühlssprache geht, ist es vermutlich nur in Grenzen möglich und wünschenswert, sich diese Sprache wirklich zu eigen zu machen. An vielen Stellen steht sie quer zu unserer eigenen Identität und zu der Vorstellung, wie wir mit Kindern umgehen möchten und können. Aber wenn man ein Kind aus einer anderen Kultur annimmt, dann sollte man diese Sprache kennen. Denn diese kennzeichnet das, was ein Kind braucht und was es auch verdauen kann. Die Art Liebe, die deutsche Eltern anzubieten haben, ist für vietnamesische Kinder am Anfang schwer verdaulich – vor allem dann, wenn sie nicht mit einer klaren, konsequenten und unbezweifelbaren Autorität verbunden ist.

Es braucht also neben Zuneigung und Offenheit für diese Kinder auch (kulturelles und kommunikatives) Wissen und Handwerkszeug – und die Bereitschaft, sich als Eltern auf Entwicklungswege einzulassen, die das eigene Selbstverständnis radikal in Frage stellen können.

Anmerkungen

1 Eine wichtige Hilfe für unser Verständnis vom vietnamesischen Familienleben war ein (unveröffentlichter) Vortrag von Helga Jockenhövel-Schiecke («Familie in Vietnam – Familie in Deutschland»), gehalten im Oktober 1987 in Norddeich. Ansonsten scheint es bis heute kaum Literatur über die Bedeutung kulturell unterschiedlicher Familienstrukturen für Pflege- und Adoptivfamilien zu geben. Wir jedenfalls sind nicht fündig geworden.

2 Zur Unterschiedlichkeit zwischen deutscher und konfuzianischer Kultur vgl. auch den Beitrag von Wang in diesem Band.

Natalie Martinez Hernandez

Sorry, Schatz, aber ich verstehe nur Spanisch!

Beratung von bikulturellen Paaren am Beispiel Deutschland–Mexiko

Im Zuge der Globalisierung hat nicht allein der weltweite Austausch von Waren und Geldmitteln zugenommen: Auch die Menschen bewegen sich mehr denn je über den Globus. Die interkulturelle Begegnung ist heute Alltag geworden. Dort, wo sich Menschen treffen, entstehen aber nicht nur Ablehnung und Misstrauen, wie es häufig in diesem Zusammenhang thematisiert wird, sondern auch Anziehung und Liebe. Im April 2001 waren laut Auskunft des Statistischen Bundesamtes (2002) schon 4,5 Prozent aller im Bundesgebiet lebenden Ehegemeinschaften binational, wobei ein Partner die deutsche Staatsbürgerschaft besaß. Hinzu kommen weitere binationale Ehen, in denen beide Partner Ausländer sind.

Wenn zwei Menschen sehr unterschiedlicher kultureller Herkunft als Paar zusammenfinden, dann geht die erste Anziehung zwischen beiden nicht selten gerade von der Wahrnehmung des Exotischen am anderen aus. «Ich mag die Art, wie er tanzt – er hat einfach Rhythmus im Blut! Er ist so spontan und aufgeschlossen. Man weiß nie, was als Nächstes kommt!»

Sei es der Akzent, der Rhythmus, das Temperament – das Fremde ist faszinierend. Es spricht sowohl unsere Neugier an als auch unseren Entdeckerdrang. Wird aus einer solchen Begegnung eine Dauerbeziehung, kann die kulturelle Differenz allerdings zu Konfrontationen führen, die beide auf Wolke Nummer sieben nicht erahnt hätten. Was bedeutet es zum Beispiel, wenn der andere in vielen Dingen spontan ist – so spontan, dass er beispielsweise selten Termine einhält? Mit etwas umzugehen, das ganz anders und daher unverständlich ist, kann dazu führen, den anderen anhand der eigenen Sichtweise schließlich doch abzuwerten: «Du bist unzuverlässig!» mag dann ein Vorwurf an den aufregend spontanen Menschen sein.

Mitarbeiter eines Unternehmens, die ins Ausland gesandt werden oder die in kulturell diversen Teams arbeiten, erhalten heutzutage häufig Trainings, die auf die Begegnung mit der anderen Kultur vorbereiten. Migranten haben in vorbildlichen Ausnahmefällen Anlaufstellen, die sie unterstützen, sich in der neuen Heimat zurechtzufinden. Für bikulturelle Paare ist das Angebot von Beratung jedoch sehr begrenzt. Selbsthilfenetzwerke bieten zwar unschätzbare Informationen über die Erteilung von Aufenthaltsgenehmigung und Arbeitserlaubnis oder das zweisprachige Aufziehen von Kindern, eine gezielte, kultursensible Paarberatung ist dagegen jedoch die Ausnahme.

Dieser Aufsatz richtet sich sowohl an Paarberater als auch an bikulturelle Paare. Ersteren möchte ich Anregungen geben, wie die Kommunikationspsychologie einen Beitrag zu gelungener Beratung von bikulturellen Paaren leisten kann. Letztere möchte ich einladen, sich vielleicht auf die ein oder andere Weise in meinem Beispiel wiederzufinden und sich so für die Bedeutung der Kultur in der eigenen Beziehung zu sensibilisieren sowie Anregungen zum Umgang mit kulturell bedingten Problemen aus ihm zu ziehen.

Was ist ein bikulturelles Paar?

Was ist überhaupt ein «bikulturelles Paar»? Wenn ein Mexikaner mit einer Deutschen liiert ist? Oder ein Bayer mit einer Hamburgerin? Oder ein Großstädter mit einer Dorfbewohnerin? Da es für den Kulturbegriff keine einheitliche Definition gibt, kann hier keine Linie gezogen werden. Natürlich ist es auf theoretischer Ebene möglich, jedes Paar als ein bikulturelles zu betrachten. Je größer allerdings die kulturellen Unterschiede sind, desto eher bergen sie auch echtes Konfliktpotenzial. Daher beziehe ich mich im Folgenden auf ein binationales Paar. Wenn beide Partner unterschiedliche Nationalitäten besitzen, sind kulturelle Unterschiede meistens so stark, dass sie früher oder später zu Missverständnissen und Konflikten führen.

In Anlehnung an Heimannsberg (2000) sollte eine binationale Beziehung in einer Beratung von drei Seiten beleuchtet werden: Jeder Partner muss als Individuum erkannt werden. So wäre es falsch, aufgrund der unterschiedlichen Nationalität vorschnell Konflikte als kulturell bedingte Probleme zu klassifizieren. Die zweite Perspektive, die die Beraterin berücksichtigen muss, ist die des Paarsystems. Wie agieren die beiden Partner miteinander, welche Umgangsweisen haben sie zusammen entwickelt? Und die dritte Perspektive bezieht sich schließlich auf die kulturelle Zugehörigkeit der einzelnen Partner.

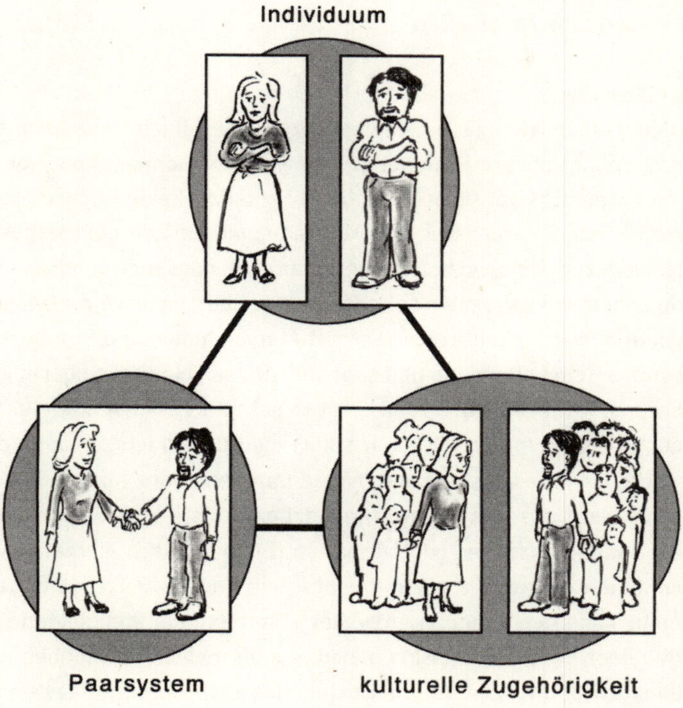

Drei Blickwinkel auf das Paar

Mein Ehemann und ich

Nehmen wir also das Beispiel eines deutsch-mexikanischen Paares, das in Deutschland lebt. Es handelt sich hierbei um meinen Ehemann und mich. Wir haben keine Paarberatung aufgesucht und haben nur mühsam mit der Zeit gelernt, wie sich die unterschiedlichen Kulturen auf unseren Umgang miteinander ausgewirkt haben. Bis heute lernen wir dazu. Ich möchte nun beispielhaft auf ein reales Problem aus unserer Beziehung eingehen, um daran eine Beispielberatung durchzuführen. Denn im Rückblick wird vieles bekanntlich klarer und birgt so die Chance, gute Anregungen für die Zukunft zu liefern.

Hätten mein Ehemann und ich also eine Beratung für einen unserer Dauerkonflikte aufgesucht, hätten wir unser Anliegen in etwa folgendermaßen geschildert:

Ich (Deutsche):

«Mein Mann ist einfach komplett unzuverlässig! Ich frage mich sogar, ob ihm unsere Beziehung denn wirklich wichtig ist oder ob er mich vielleicht gar nicht mehr liebt! Er nimmt keine Rücksicht auf mich! Ständig ändert er unsere Pläne, wie es ihm gerade passt. Neulich zum Beispiel hatten wir verabredet, dass wir abends ins Kino gehen. Ich habe mich sehr darüber gefreut, dass wir mal wieder einen Abend für uns haben. Da ruft er mich eine halbe Stunde, bevor das Kino anfängt, an und sagt mir: ‹Du, ich bin gerade bei einem Freund, wir trinken Bier, und es ist so gemütlich. Willst du vielleicht auch vorbeikommen?› Ich war sofort auf hundertachtzig, denn das war ja nicht das erste Mal. Ich habe ihm dann ganz klar und deutlich gesagt, dass ich aber ins Kino gehen wolle, so wie wir es schon ein paar Tage vorher geplant hatten. Er muss doch einmal etwas einhalten können! Doch er meinte nur, dass er jetzt keine Lust mehr habe. Ich könne ja entweder kommen oder wegbleiben und mit einer Freundin ins Kino gehen. Als ob meine Freundinnen mal eben so spontan Zeit hätten! Die leben ja auch nicht so, dass sie ihre Pläne alle fünf Minuten über den Haufen werfen!

Meine Freunde und meine Familie nehmen Zusagen von uns als Paar für eine Einladung oder ein Treffen mit ihnen schon gar nicht mehr ernst! Die fühlen sich von uns schlecht behandelt, weil es mehr als einmal vorgekommen ist, dass mein Mann sich in letzter Minute entschlossen hat, er wolle lieber etwas anderes tun. Und wenn ich ihn nur frage, was wir denn nächstes Wochenende tun wollen, dann ist der Ärger vorprogrammiert – wie ich ihn denn um Himmels willen jetzt schon fragen könne, was er am Wochenende tun wolle! Es sei doch unmöglich, jetzt schon zu bestimmen, wozu man in ein paar Tagen Lust habe! Wie soll man so etwas bewerkstelligen? Wenn man gar nichts plant, überlässt man doch alles nur dem Zufall!»

Mein Mann (Mexikaner):

«Meine Frau ist eben völlig stur und unflexibel, genau wie ihre Freunde oder wie alle hier! Wenn man nur drei Minuten zu spät zu seinem Job kommt, bekommt man schon Ärger! Zumindest einen strafenden Blick. Und mit meiner Frau ist es eben genau das gleiche! Wieso muss ich ständig Pläne machen? Es ist doch so, dass ich jetzt nicht weiß, wozu ich morgen in der Stimmung bin. Ich entscheide das spontan, aber sie muss ja immer alles im Voraus wissen. Nicht mit mir! Ich wäre neulich mit ihr vielleicht auch ins Kino gegangen, wenn sie unbedingt Lust darauf gehabt hätte. Aber sie hat gleich wieder mit schriller Stimme gesprochen und auf die Einhaltung ihrer blöden Pläne gepocht, als ich vorgeschlagen habe, dass sie stattdessen zu meinem Freund kommt. Als ob es darum ginge, einen Plan einzuhalten! Wir gehen doch ins Kino, weil wir Lust dazu haben, oder etwa nicht? Sie will mir Vorschriften machen! Letztes Wochenende haben wir uns mit meinen mexikanischen Freunden getroffen. Wir haben uns überlegt, was wir machen, und einer schlug vor, zu einem Straßenfest zu gehen. Damit war sie einverstanden. Auf dem Weg dorthin kamen wir an einem Flohmarkt vorbei, und weil es uns gefiel, blieben wir dort. Ich merkte schon, wie sich bei ihr wieder eine schlechte Stimmung anbahnte. Auf dem Flohmarkt trafen wir jemanden, der erzählte, dass es am Strand Musik gebe, also gingen wir zum Strand. Eigentlich mag sie das ja auch, aber sie war mal wieder beleidigt, weil wir doch eigentlich zu dem Straßenfest gehen wollten. Sie ist einfach so engstirnig! Ich habe schon gar keine Lust mehr, mit ihr über solche Dinge zu reden. Sie wirft mir auch vor, dass wir mit ihren deutschen Freunden kaum etwas unternehmen – was kann ich denn dafür, wenn man bei denen immer eine Woche im Voraus einen Termin machen muss? Das ist doch lächerlich!»

So etwa hätten wir unsere Sichtweisen wohl zusammengefasst. Wie könnte eine Beraterin in einem solchen Fall vorgehen? In einer kultursensiblen Beratung wird sie zunächst die Hinweise auf die verschiedenen Gruppen, nämlich meine «deutschen Freunde», die «mexikanischen Freunde» meines Mannes oder «alle hier» ernst nehmen. Besonders mein Mann hat das Problem in diesem Beispiel nicht nur mit mir allein identifiziert, also nicht mit der Ehefrau als Individuum, sondern mit der gesamten Gruppe (nämlich den Deutschen). Er hat nicht allein mein Verhalten kritisiert, sondern im selben Moment das Verhalten meiner deutschen Freunde oder das des Chefs am Arbeitsplatz. Auf der anderen Seite habe ich mich in meiner Kritik an meinem Mann durch meine deutschen Freunde und durch meine Familie bestätigt gefühlt. So wie sich unser Konflikt dargestellt hat, ergibt sich die Frage: «Ist es wirklich den meisten Deutschen gemein, dass sie ihre privaten Aktivitäten strikt planen und diese Planung einhalten wollen? Wie sieht es für die Mexikaner aus? Können die Partner auch andere Beispiele nennen? Gibt es Deutsche, die die Zeitplanung ein wenig anders handhaben?»

Was können wissenschaftliche Untersuchungen zu diesem Thema sagen? Ein Teil der Studien, die sich mit Kulturen befassen, bezieht sich auf universale Kulturdimensionen, anhand derer alle Kulturen unterschieden werden können. So hat beispielsweise Hall (1983) eine Kulturdimension zum Umgang mit der Zeit identifiziert. Einer der beiden Pole dieser Dimension ist die monochrone Zeitauffassung. Kulturen, die diesem Pol zugeordnet werden, erleben Zeit linear und als knappe, planbare Ressource, so wie es in Deutschland der Fall ist. Hier werden Pläne zum Umgang mit Zeit gemacht, und die Einhaltung von Plänen hat einen hohen Stellenwert. Termine werden nacheinander abgearbeitet. Dem gegenüber steht eine polychrone Zeitauffassung. In diesen Kulturen werden üblicherweise gleichzeitig mehrere Ziele verfolgt, und zeitliche Flexibilität ist wichtig. Diesem Pol werden zum Beispiel lateinamerikanische Kulturen zugeordnet (Hall, 1983).

Außerdem zeichnen sich lateinamerikanische Kulturen auch dadurch aus, dass Begegnungen mit Menschen Vorrang vor der Einhaltung eines Termins haben. Anstatt Zeit einzuteilen und die Planung zu befolgen, wird Zeit an die Situationen angepasst (Albert, 1996). Für eine Beraterin, die von dieser Dimension weiß, ergibt sich, dass das Thema Zeit durchaus Potenzial für kulturelle Konflikte birgt, da Zeit und der Umgang mit ihr ganz unterschiedlich erlebt werden können. Sie könnte die unterschiedlichen Konzepte ansprechen, um zu veranschaulichen, wie kulturelle Prägung auf den Umgang mit Zeit Einfluss haben kann. Die Dimensionen können als Ausgangspunkt genommen werden, um mit den Partnern zu diskutieren, inwiefern sie auf ihre Situation zutreffen mögen.

Genauer hinsehen mit dem Kommunikationsquadrat

Gehen wir noch einmal zur fiktiven Anliegensschilderung von meinem Ehemann und mir zurück, und schauen wir sie uns mit Hilfe des Kommunikationsquadrates an (Schulz von Thun: MR 1). Die Anliegensschilderung ist durchaus repräsentativ für viele unserer Auseinandersetzungen über das Thema Zeit. Es wird jetzt deutlich, dass wir beide besonders viele Botschaften auf der Beziehungs- und Appellseite unserer Äußerungen gesendet haben. «Du bist unzuverlässig! Du bist rücksichtslos!» sind (häufig genug) Du-Botschaften von mir gewesen. «Du musst Termine einhalten!» habe ich außerdem an meinen Mann appelliert. Auf der anderen Seite hat er mir folgende Du-Botschaften gesendet: «Du bist stur und unflexibel! Du sprichst mit schriller Stimme, du willst mir etwas vorschreiben!» Außerdem den Appell: «Mach das nicht mit mir!» Als Sachkundgabe werden in der oben dargestellten Anliegensschilderung die Vorfälle, die wir als problematisch empfunden haben, ausgesprochen.

Es hat natürlich auch ein paar Aussagen zur Selbstkundgabe gegeben. So habe ich zum Beispiel gesagt: «Ich war verärgert, als du abgesagt hast» (s. Abbildung S. 138). Eine Beraterin, die eine unbeteiligte Position mit Blick von außen einnimmt, kann in einem solchen Fall gegenseitiger Vorwürfe, auf einfache Weise intervenieren. Sie könnte zum Beispiel beide auffordern, sich auf die Ich-Botschaften zu konzentrieren und *nur* diese auszusprechen, denn dann wird der Konfrontation zunächst einmal die anschuldigende Spannung genommen. Wie haben wir uns gefühlt? Was hat das Verhalten des anderen bei uns ausgelöst?

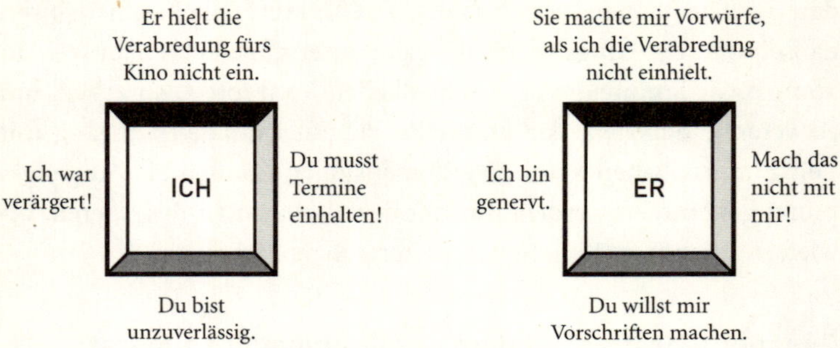

Genau hinsehen mit dem Kommunikationsquadrat

Wenn ich mir die Zeit genommen hätte, genau in mich hinein zu horchen, dann hätte ich meinem Mann zum Beispiel sagen können: «Ich fühle mich manchmal richtig verlassen. Ich habe Angst, dich zu verlieren und dass ich dir nicht wichtig bin. Ich fühle mich verunsichert, wenn sich alles jeden Moment ändern kann. Gegenüber meinen Freunden schäme ich mich, wenn wir wieder einmal eine Verabredung nicht einhalten.» All diese Äußerungen hätten meinem Empfinden entsprochen. Doch statt dies zu kommunizieren, sagte ich meinem Mann meistens, wie er sich zu benehmen hätte und dass er rücksichtslos sei.

Er dagegen hätte sagen können: «Ich fühle mich in diesen Momenten eingeengt, als wenn mir die Luft wegbliebe, weil es sich anfühlt, als solle ich zu etwas gezwungen werden, das unsinnig ist. Das ärgert mich, ich werde dann manchmal richtig wütend. Ich verstehe einfach nicht, warum wir dieses Problem haben.» Die Wut konnte ich ihm das ein oder andere Mal ansehen, allerdings nahm ich sie schon deswegen nicht ernst, da sie mir völlig unverständlich schien.

Eine Beraterin könnte also dafür sorgen, dass gegenseitige Schuldzuweisungen nach einer ersten Aussprache unterbleiben. Dadurch ist es ihr möglich, eine viel entspanntere Atmosphäre zu schaffen. Auf diese Weise kann sie genauere Erkundigungen einholen, die über die Anschuldigungen hinausgehen und das eine oder andere

Eingeständnis der beiden Partner erfordern. Mein Ehemann und ich haben lange gebraucht, um uns darauf zu besinnen, auch das eigene Verhalten in Frage zu stellen. Wir waren immer den Vorwürfen des anderen ausgeliefert, denen wir uns meinten stellen zu müssen. Mit Hilfe einer Beraterin hätte sich viel schneller herausstellen können, dass ich gegenüber meinen deutschen Freunden nicht immer auf strikte Einhaltung meiner Verabredungen poche. Ich hätte ein typisches Beispiel schildern können, wie ich neulich erst mit meiner Schwester doch lieber nur ins Café, anstatt mit ihr shoppen gegangen bin. Denn wir waren beide müde. Hätte meine Schwester allerdings darauf bestanden, wie verabredet gemeinsam nach einem Kleid für sie zu sehen, dann hätte ich dies selbstverständlich getan. Da mein Mann jedoch sehr häufig meine Pläne durcheinander gebracht hat, habe ich bei ihm eigentlich immer mit eiserner Faust auf der Einhaltung einer Abmachung bestanden.

Auf der anderen Seite hätte mein Mann eingestehen können, dass er durchaus hin und wieder Pläne macht und Verabredungen hat, die er einhält. Zum Fußballtraining ist er zum Beispiel aus meiner Sicht mit erstaunlicher Regelmäßigkeit und Pünktlichkeit erschienen. Aber mit mir mochte er schließlich am liebsten gar nichts mehr abmachen mit der Begründung: «Du musst endlich mal lernen, spontan zu sein!» Was wir beide zunächst nicht gesehen haben, war die Tatsache, dass sich bei uns etwas eingeschlichen hatte, das unser Verhalten miteinander beeinflusste.

Eine Beraterin weiß, dass sich eine Dynamik im Paarsystem entwickeln kann. Wenn sie diese Dynamik genauer unter die Lupe nehmen will, eignet sich hierzu das Modell des Teufelskreises (s. Schulz von Thun: MR 2, S. 28 ff.).

Der kulturelle Teufelskreis

Im Laufe des Beratungsgesprächs hätte sich die Situation für mich und meinen Mann folgendermaßen darstellen können: Mein Mann hält des öfteren Termine nicht ein. Ich habe mich dadurch verunsichert und vernachlässigt gefühlt. Ich habe es für selbstverständlich gehalten, dass Verabredungen und Termine eingehalten werden und dies auch von meinem Mann verlangt. Er hat sich dadurch eingeengt und dominiert gefühlt. Um seine Freiräume zu wahren, hat er weniger Termine als zuvor eingehalten. Da ich aber Angst hatte, seine Liebe zu verlieren, und aus Beschämung gegenüber meinen Freunden, war ich umso enttäuschter, wenn er wieder eine Vereinbarung nicht einhielt. Ich habe versucht, ihn noch stärker dazu zu zwingen, meine Pläne zu befolgen. Schließlich hat er fast gar keine Verabredungen mehr mit mir gemacht. Ich dagegen habe ihm gegenüber nicht mehr die geringste Toleranz gezeigt, wenn er sich nicht an einen von mir entworfenen Plan hielt. Es hatte sich also ein Teufelskreis in unserem Paarsystem entwickelt (s. Abbildung S. 141).

Dieser Teufelskreis hat eine Besonderheit: Auch wenn eine Beraterin uns vor Augen geführt hätte, wie sich unser Verhalten zugespitzt hat, so hätte sie zunächst vermutlich nur ein verständnisloses Kopfschütteln geerntet. Der Teufelskreis muss nämlich noch um die kulturelle Perspektive erweitert werden. Dies erklärt sich folgendermaßen:

Das Verhalten von anderen Menschen messen wir an unserem eigenen Kulturstandard. Thomas (2003, S. 25) nennt Kulturstandards «Arten des Wahrnehmens, Denkens, Wertens und Handelns, die von der Mehrzahl der Mitglieder einer bestimmten Kultur für sich und andere als normal, typisch und verbindlich angesehen werden». Wenn die Normalität oder die Norm in beiden Kulturen unterschiedlich ist, dann wird das Verhalten des anderen als seltsam erlebt. Erklärungen müssen her. An dieser Stelle haben mein Mann und ich jeweils auf Erklärungen zurückgegriffen, die mit unserer eigenen Kultur in Einklang zu bringen waren: «Er hält unsere Verabredungen nicht ein – also bin ich ihm nicht so wichtig!» Meine Schlussfolgerung passt zu dem Kulturstandard ‹Zeitplanung›, wie er von Schroll-Machl (2003, S. 77) für die deutsche Kultur beschrieben wird: «Zeit erhält einen enormen Stellenwert, denn sie zeigt die Wichtigkeit einer Sache und einer Person an [...] zeitliche Unzuverlässigkeit bedarf einer gewichtigen Begründung, sonst stellt sie eine deutliche Beleidigung dar.»

Aber auch mein Mann hat seine eigenen Schlüsse aus meinem Verhalten gezogen: «Sie will unbedingt Pläne einhalten, obwohl mir nicht danach ist – also ist sie herrschsüchtig und will mich dominieren.» Eine solche Schlussfolgerung kann man beispielsweise ziehen, wenn man gewöhnt ist, Zeit und Termine an die Situation anzupassen, so wie Albert (1996) es für lateinamerikanische Kulturen beschreibt.

Die Besonderheit in unserem Teufelskreis ist, dass das Verhalten von meinem Mann und mir für unsere jeweilige Kultur zunächst normal war. Beide haben wir das Verhalten des anderen aber durch unsere eigene kulturelle Brille gesehen und es entsprechend interpretiert (s. Abbildung unten).

So, wie sich der Teufelskreis in unserem Falle zugespitzt hat, habe ich mich in der Paarbeziehung schließlich «deutscher als die Deut-

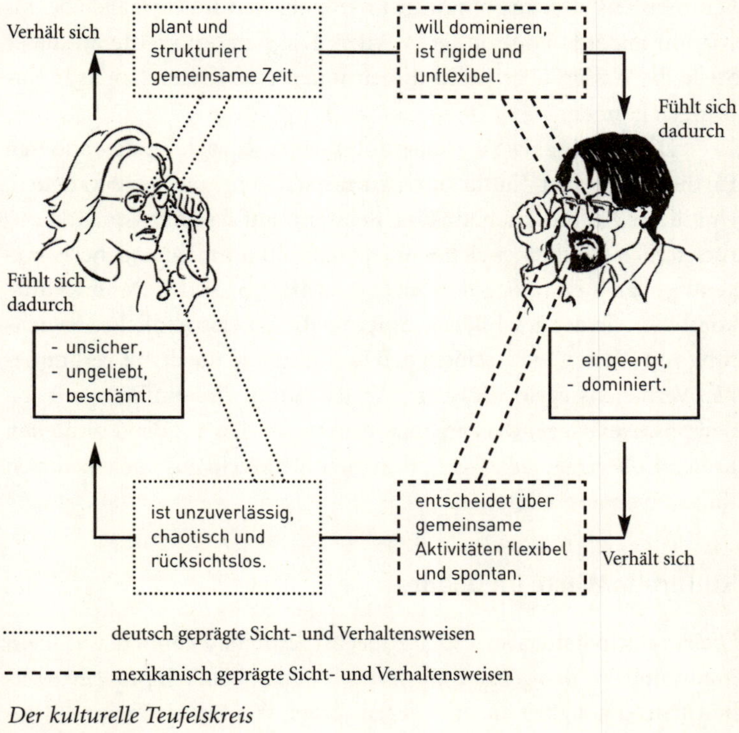

Der kulturelle Teufelskreis

schen» verhalten und mein Mann sich «mexikanischer als die Mexikaner». Der Konflikt in unserem Paarsystem ist also kulturell zumindest mitbedingt gewesen. Eine Beraterin könnte mit dem Teufelskreismodell visuell leicht verständlich darstellen, was vor sich geht und welche Rolle die unterschiedlichen Kulturen in dem Konflikt spielen.

Um einem Teufelskreis zu entkommen, ist es normalerweise schon hilfreich, über die inneren Reaktionen auf das äußere Verhalten zu kommunizieren. Dadurch erhalten die beiden beteiligten Personen die Chance zu erkennen, dass das eigene Verhalten etwas anderes auslöst, als sie jeweils beabsichtigt und geahnt hatten.

Im Beispiel von meinem Mann und mir hätte eine solche Kommunikation allein jedoch nicht gereicht. Es war notwendig, dass wir schließlich unsere kulturellen Brillen erkannt haben. Wir sind nämlich meistens so lange blind für unsere eigenen Kulturmaßstäbe, bis wir mit anderen konfrontiert werden. Die Beraterin hätte an dieser Stelle ihr Wissen über Kulturdimensionen und Kulturstandards einbringen können.

Darüber hinaus ist es allerdings genauso wichtig, den anderen Partner mit seiner Kultur auch zu respektieren und anzuerkennen. Um dieses zu fördern, hätte eine Beraterin auf das Wertequadrat zurückgreifen können, welches in diesem Zusammenhang hervorragend geeignet ist (s. Schulz von Thun: MR 2, S. 38 ff.). Denn Kulturkonflikte, wie der geschilderte, spiegeln die unterschiedliche Gewichtung von Werten in verschiedenen Kulturen und die damit verbundenen Verhaltensregeln wider. Im Wertequadrat wird ein Wert um seinen positiven Gegenwert ergänzt. Wenn man dies auf den kulturellen Kontext überträgt, zeigt sich, dass sich die Werte aus verschiedenen Kulturen ergänzen können.

Kulturelle Werte im Quadrat

Die Beraterin hätte also visuell zunächst festhalten können, was mein Mann und ich uns gegenseitig vorgeworfen haben. Ich prangerte seine Unzuverlässigkeit an, er dagegen sprach von Dominanz und Rigidität. Im Modell des Wertequadrats (s. unten) stellen die Vorwürfe zwei Unwerte dar. Sie repräsentieren Eigenschaften, die negativ bewertet werden.

Eine Beraterin hätte uns nun auffordern können, über die positiven Seiten des Verhaltens des anderen nachzudenken. In diesem Fall hätte ich etwa geantwortet: «Gibt es an dem Verhalten auch etwas Positives? Ja klar. Ich mag seine Spontaneität. Wenn mal etwas anders läuft, als wir uns das vorgestellt hatten, dann ist er nicht den ganzen Tag schlecht gelaunt. Er ist einfach flexibel.» Und mein Mann hätte vielleicht eingestanden: «Ich finde es ja auch ganz gut, dass sie so zuverlässig ist. Ich kann mich jedenfalls in dieser Hinsicht auf sie verlassen. Das gibt mir auch Sicherheit für uns als Paar.»

Das Wertequadrat hätte also von der Beraterin um die beiden Werte, die den Unwerten gegenüber stehen, ergänzt werden können. So lässt sich gut das Dilemma visualisieren, dass wir uns jeweils für den Unwert, also die negative Seite unseres Verhaltens, kritisiert und dabei die geschätzte positive Seite ausgeblendet haben.

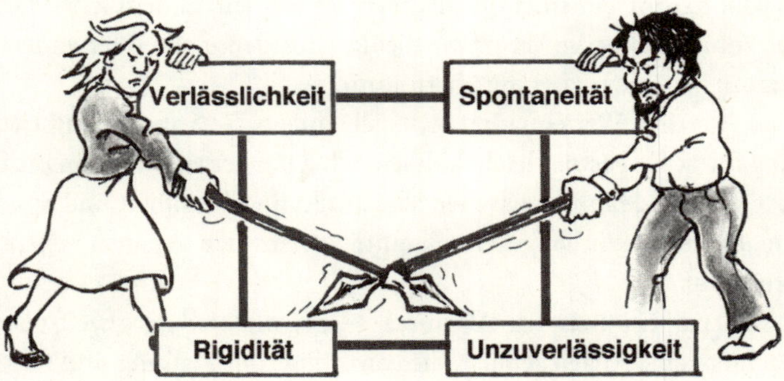

Kulturelle Werte im Quadrat

Das Wertequadrat ist besonders geeignet, da in verschiedenen Kulturen durchaus die gleichen Werte Beachtung finden. Nur sind die Werte bezüglich eines bestimmten Themas (wie z. B. Zeitplanung) von unterschiedlicher Bedeutung. Beide Partner können aber die (universellen) Werte anerkennen und so einsehen, dass das Verhalten des anderen auch etwas für sich hat und nicht rein negativ ist.

Die Einsicht, dass dem anderen der Wert, den man selbst repräsentiert, nicht fremd ist, sondern durchaus ebenfalls geschätzt wird, kann daher sogar von kulturellen Stereotypen befreien. Statt der Annahme «Alle Mexikaner sind etwas chaotisch und spontan und kümmern sich nicht um Sicherheit und Planung» ist mein Urteil nach vielen Erfahrungen differenzierter ausgefallen. «Nun ja, zum Thema Zeitplanung mag das Stereotyp tendenziell passen, obwohl auch Mexikaner gewisse Verabredungen treffen. Außerdem sind sie in anderen Bereichen durchaus auf Sicherheit bedacht.»

Anhand des Wertequadrates können Partner außerdem erkennen, dass das eigentlich als normal und richtig erachtete eigene Verhalten in extremer Ausübung in den Unwert «abrutschen» kann. Die eigene Kultur ist eben nicht per se überlegen. Diese Einsicht fällt häufig schwerer als man denkt, da die eigene Kultur ein natürlicher Bezugsrahmen ist. Wichtig ist, eine Balance zu finden. Beide Partner können ihre kulturellen Neigungen in der Beziehung bei sich als besondere Stärke empfinden und beim anderen als solche anerkennen. Es geht darum, ein eingespieltes Team zu werden, in dem jeder Partner zum Beispiel die Verantwortlichkeit für den einen oder anderen Wert in der Paarbeziehung übernimmt.

Aus dem Wertequadrat lässt sich zudem die Entwicklungsrichtung für beide Partner leicht ablesen: Ich habe sicherlich davon profitiert, meinen Mann inzwischen als Vorbild für Flexibilität und Spontaneität zu sehen. Umgekehrt konnte er natürlich genauso von mir lernen.

Dazu ein Beispiel: Als mein Mann und ich Hochzeitspläne machten, eine Angelegenheit, die ganz bestimmt Planung und Organisation erfordert, graute meinem Mann vor dieser Aufgabe. Hier konnte ich meine Stärke wunderbar ausleben und Anerkennung dafür erlangen. Eine Hochzeitsfeier, bei der in der Regel sehr viele Dinge organisiert werden, läuft aber auch selten genau nach Plan. Hier und da mussten auch wir improvisieren, weil zum Beispiel der Brautstrauß in der Wohnung vergessen wurde und nicht aufs Foto kam. Auch wenn ich hier lediglich die Einstellung meines Mannes als Vorbild nahm, ein solches Erlebnis nicht als fehlgeschlagenen, sondern als veränderten Plan anzusehen, so war sein kulturell geprägtes Verhalten ein Schatz für unsere Beziehung.

Anhand des Wertequadrats kann eine Beraterin außerdem zeigen, dass es bei einer Anpassung an die andere Kultur nicht um Selbstaufgabe geht. Diese Gefahr ist in bikulturellen Beziehungen beispielsweise dann gegeben, wenn ein Partner, zum Beispiel derjenige mit dem ‹Heimspielvorteil›, vehement Anpassung fordert und der andere Partner, etwa aufgrund persönlicher Unsicherheit, dieser Forderung eifrig nachzukommen versucht. Hätte mein Mann plötzlich jeden unserer deutschen Freunde kritisiert, der einmal fünf Minuten zu spät gekommen wäre, so wäre er übers Ziel hinausgeschossen.

Für die Partner gilt es, anhand der erworbenen Einsichten aus einer Beratung mit kommenden Situationen anders umzugehen als bisher. Weitere Möglichkeiten sind im Beispiel von meinem Ehemann und mir, Abmachungen darüber zu treffen, welche Aktivitäten unbedingt im Voraus geplant werden sollen und wie viel Freiraum auch bleiben soll. Mein Mann und ich haben auch Symptome kultureller Missverständnisse identifiziert (z. B. Irritationsgefühle und Unverständnis), die wir inzwischen als Aufforderung verstehen, auf der Metaebene zu kommunizieren, also über unsere Kommunikation zu sprechen (vgl. dazu auch den Beitrag von Nicole Kollermann in diesem Band).

Die Deutsche und der Mexikaner im Inneren Team

Nachdem ich für die Bedeutung der Kultur in unserer Beziehung sensibilisiert war, habe ich einmal mein Inneres Team erhoben (s. Schulz von Thun: MR 3). Ich habe visuell auf Papier festgehalten, welche inneren Stimmen sich meldeten, nachdem sich eine schwierige Situation im Umgang mit unserer gemeinsamen Zeit ergeben hatte. Für verschiedene innere Regungen, die ich verspürte, hielt ich innere Teammitglieder auf Papier fest, die sich auf die Situation hin «meldeten». Dabei ist mir aufgefallen, dass es unter diesen Teammitgliedern in Bezug auf den Umgang mit Zeit in meinem Inneren Team ein beständiges Mitglied gibt, und zwar einen ‹Deutschen sicherheitsbedachten Planer›. Genauso hat vermutlich mein Mann einen Kulturvertreter, nämlich einen ‹Mexikanischen Momentsgenießer› in der Zeit-Mannschaft. Im Grunde galt es für uns, diese Mitglieder, verbunden mit den weiteren Teammitgliedern, miteinander auszusöhnen.

Sobald die Partner in einer Beratung ihre kulturellen Brillen erkannt haben und gegenseitigen Respekt für ihre Kulturen empfinden können, kann eine Beraterin das Innere Team nutzen, um kulturell geprägte Teammitglieder zu identifizieren und auf dieser Basis Lösungen zu erarbeiten.

Mein Ehemann und ich haben unsere Lösungen nicht mit Hilfe des Inneren Teams gefunden. Ich kann sie allerdings gut mit dem Inneren Team darstellen: Bei einem Kinobesuch kann mein ‹Planer› schon einmal zurückstecken, wenn es nicht um einen Film geht, der einem anderen Teammitglied besonders wichtig wäre, oder wenn die Alternative zum Kinobesuch nicht auf heftigen Widerstand eines anderen Teammitgliedes stößt. Der ‹Mexikanische Momentsgenießer› meines Mannes dagegen stellt meistens sicher, dass jede Planung, auf die er sich einlässt, Raum für Veränderungen und Augen für das Hier und Jetzt lässt. Er achtet darauf, dass Planung nicht um der Planung willen gemacht und eingehalten wird. Mein ‹Deutscher Planer› möchte aber in unserem Falle sicher gehen, dass möglichst ein gemeinsamer Abend pro Woche für uns als Paar reserviert bleibt. Der ‹Mexikanische Momentsgenießer› hat bei uns sichergestellt, dass wir spontan entscheiden, was gemacht wird. Auch das Wochenende wird nicht im Voraus geplant, es sei denn, dies ist absolut notwendig (z. B. wenn Tickets für einen Konzertbesuch gekauft werden müssen).

Mein Mann bemüht sich inzwischen darum, mir auf andere Weise als durch Einhaltung von Verabredungen zu zeigen, was ihm an der Beziehung liegt und dass auf ihn als Partner Verlass ist. So geht er auf die Sicherheitsbedürfnisse meines ‹Planers› einfach mit anderen Mitteln ein, als dieser es gewöhnt ist. Unternimmt mein Mann zum Beispiel spontan etwas mit einem Freund, obwohl ich angenommen habe, dass wir den Abend gemeinsam verbringen würden, so ruft er mich im Laufe des Abends noch einmal extra an, um zu hören, wie es geht. Es kommt auch vor, dass er mir in einem solchen Fall eine Aufmerksamkeit mitbringt, wenn er nach Hause kommt, oder dass er mir einfach auf irgendeine zusätzliche Art und Weise seine Zuneigung ausdrückt. Mein ‹Planer› freut sich dann über die Verlässlichkeit, noch einmal von ihm zu hören, wenn er anruft. Er ist beruhigt, wenn er Zeichen bekommt, dass mein Mann an mich denkt, auch wenn er meine Pläne für die gemeinsame Zeit durcheinander bringt.

Im Gegenzug werte ich spontane Änderungen der Pläne (meistens) nicht mehr als grobe Rücksichtslosigkeit, da ich weiß, dass sie einem ‹Momentsgenießer› und nicht etwa einem ‹Rücksichtslosen Chaoten› zuzuschreiben sind. In einer Beratung kann das Innere Team hilfreich sein, um gezielt Lösungen zu erarbeiten, die mein Mann und ich nur anhand zahlreicher und manches Mal zielloser Diskussionen gefunden haben.

Umweltverträgliche Lösungen

Mein Ehemann und ich haben inzwischen einen Weg gefunden, die Zeitplanung gemeinsam so anzugehen, dass wir (meistens) beide unsere Bedürfnisse berücksichtigt finden. Ich kann mich inzwischen mit wesentlich weniger Planung abfinden, als ich es gewöhnt war. Dies traf allerdings nicht automatisch auch auf meine deutschen Freunde und meine Familie zu. Wir mussten feststellen, dass wir über unsere Bedürfnisse hinaus den Blick auch auf das Umfeld erweitern mussten.

Je nachdem, in welchem Land wir uns zusammen aufhielten, war unsere Umgebung durch die Landeskultur geprägt. Bekamen wir in Deutschland familiären Besuch aus Mexiko oder verbrachten wir Zeit mit lateinamerikanischen Freunden, dann bestimmte für diesen Zeitraum die lateinamerikanische Kultur die Situation.

Wenn wir uns heute als Paar mit meiner Familie oder meinen Freunden verabreden, lässt mein Mann sich auf mehr Planung ein, als er es gewöhnt ist. Das bedeutet beispielsweise, dass wir Freunde nicht zwei Stunden warten lassen, wenn wir uns zu einer bestimmten Zeit bei ihnen verabredet haben. Freunden, die wir zu einer Geburtstagsfeier einladen wollen, geben wir mindestens eine Woche im Voraus

Bescheid und nicht erst einen Tag zuvor oder am Geburtstag selbst. Bei der einen oder anderen Gelegenheit, die uns nicht so wichtig erscheint, dass wir beide sie wahrnehmen müssen, kann mein Mann sich ausklinken. Dann treffe ich die Verabredung allein, und er wird eben später zu- oder absagen. Außerdem haben wir auch meiner Familie die unterschiedlichen kulturellen Sichtweisen erklärt, damit sie unsere vermeintliche Unzuverlässigkeit nicht als solche be- und uns abwerten. Auf der anderen Seite erwarte ich nicht, dass ich viel planen kann, wenn wir in Mexiko sind oder auch nur etwas mit lateinamerikanischen Freunden in Deutschland unternehmen.

Risiken und Chancen

Es ist möglich, dass im Verlauf einer Beratung, wie ich sie hier vorgeschlagen habe, einem mexikanischen Partner schon die Abmachungen, die der deutsche Partner vermutlich nur zu gern mit ihm treffen würde, zuwider sind. Die vorgeschlagenen Beratungsansätze sind ebenfalls kulturell geprägt. Da soll analysiert und strukturiert werden, als Beispiel für Lösungen wurden u. a. Abmachungen und Vereinbarungen für die Zukunft getroffen.

«Viel zu viel Planung», sagte mein Mann, als ich ihm zum ersten Mal vorschlug, einen Abend für uns zu reservieren. Es kann sich nur im Verlauf einer Beratung zeigen, was machbar ist und was nicht. Ich konnte mit meinem Mann schließlich den Kompromiss finden, dass wir den gemeinsamen Abend zwar nicht festlegten, aber immerhin uns als erstrebenswertes Ziel vergegenwärtigten. Wir konnten uns darauf einigen, dass wir in der Rückschau auf einen Monat auf solche gemeinsamen Abende zurückblicken wollten. Zwar konnten wir keinen festen Tag bestimmen, wie es mir am liebsten gewesen wäre. Doch mein Mann konnte sich schließlich darauf einlassen, mir die Zusicherung zu machen, dass wir uns bemühten, diese gemeinsamen Abende mit gewisser Regelmäßigkeit (etwa einmal pro Woche) zu verleben.

Es zeigt sich also, dass eine Beraterin für bikulturelle Paare flexibel und kreativ sein muss und sich selbst nicht als neutral betrachten darf. Sie muss ihre eigene Kultur ebenfalls reflektieren und sich selbst klar machen, wie ihre Beratung von ihrer Kultur geprägt ist. Ist ihr Blick dafür offen, kann sie die Ursache manchen Widerstands erkennen und mit dem Paar zusammen neue kreative Lösungen entwickeln. Dabei kann sie auf Ideen der Partner aufbauen, denn manches Paar hat durch längeres «Probieren» bereits gute Ansätze entwickelt. Kämen mein Mann und ich heute wegen einer anderen Angelegenheit in die Beratung, so könnte eine Beraterin auf unsere vorhandenen Ressourcen im Umgang mit der Zeit zurückgreifen und sie als Ausgangspunkt für neue Lösungen in anderen Bereichen verwenden.

Ein binationales Paar mag in seiner Beziehung auf einige Herausforderungen stoßen, denen andere Paare sich niemals stellen müssen. Die Partner haben die Wahl, diesen Umstand als zusätzliches Hindernis oder als zusätzliche Chance zu sehen.

Wenn beide Partner ihre kulturellen Missverständnisse und Missverhältnisse identifizieren und über sie reden, um zu gemeinsamen Regelungen zu finden, dann mögen sie nach einer Weile sogar über besondere Kompetenz im Umgang mit Konflikten verfügen. Diese kann ihnen im allgemeinen Beziehungsalltag, ja auch im allgemeinen Umgang mit anderen Menschen, zugute kommen. Das konstruktive Austragen eines kulturellen Konfliktes, wie es mit den dargestellten Modellen und Methoden gefördert wird, kann die Paarbeziehung daher über den konkreten Anlass hinaus stärken und festigen.

Literatur

Albert, R. (1996): *A framework and model for understanding Latin American and Latino/Hispanic cultural patterns.* In: D. Landis, R. S. Bhagat (Hg.): Handbook of Intercultural Training. 2. Auflage. Thousand Oaks u. a., S. 327–348

Hall, E.T. (1983): *The Dance of Life.* The Other Dimension of Time. New York

Heimannsberg, B. (2000): *Interkulturelle Beratung. Ein Leitfaden für Prozessbegleiter.* In: B. Heimannsberg, C. J. Schmidt-Lellek (Hg.): Interkulturelle Beratung und Mediation. Konzepte, Erfahrungen, Perspektiven. Köln, S. 69-86

Schroll-Machl, S. (2003): *Deutschland. Eine Fallgeschichte.* In A. Thomas, S. Kammhuber, S. Schroll-Machl (Hg.): Handbuch Interkulturelle Kommunikation und Kooperation. Band 2: Länder, Kulturen und interkulturelle Berufstätigkeit. Göttingen, S. 72–89

Statistisches Bundesamt (2002): Pressemitteilung vom 8. Juli 2002. 766000 Deutsche haben einen ausländischen Ehepartner. Verfügbar über http://www.destatis.de/presse/deutsch/pm2002/p2370023.htm [Zugriff: 15.02.2005]

Thomas, A. (2003): *Kultur und Kulturstandards.* In: A. Thomas, E.-U. Kinast, S. Schroll-Machl (Hg.): Handbuch Interkulturelle Kommunikation und Kooperation. Band 1: Grundlagen und Praxisfelder. Göttingen, S. 19–31

Larissa Stierlin Doctor

Zwei Völker wohnen – ach – in meiner Brust!

Wie multikulturelle Identität gelingen kann

Seit Menschengedenken sind Einzelpersonen, und auch ganze Völker, aus verschiedensten Gründen aus ihrer Heimat aufgebrochen, um sich andernorts niederzulassen, manchmal um von dort wieder weiterzuziehen: meist aus der Not und gezwungenermaßen, aber auch aus Neugier und freiwillig. Sie alle sahen sich bewusst oder unbewusst den Fragen ausgesetzt: «Wo gehöre ich hin? Wo ist nun meine Heimat? Wie gehe ich mit den verschiedenen kulturellen Einflüssen um, die mich prägen?» Gerade heutzutage betrifft die Auseinandersetzung mit diesen Fragen immer mehr Menschen, da durch die Globalisierung die beruflichen Mobilitätsansprüche sehr gestiegen sind und unsere Erde in mancher Hinsicht zunehmend einem Dorf gleicht. Gerade in Großstädten ist dies bemerkbar, wo die Zahl von Menschen aus vielerlei Kulturen und Nationalitäten stetig steigt.

Die Idee zu diesem Buchbeitrag liegt in meiner eigenen Biographie begründet: Als Doppelbürgerin mit Schweizer und amerikanischem Pass, die aber in Deutschland lebt, mit Schweizer Mutter und deutschem Vater, mit italienischen Großeltern mütterlicherseits, davon eine jüdischer Herkunft, die zwar in der Schweiz geboren wurde, aber bis zum achten Lebensjahr in den USA gelebt hat, waren für mich immer die Fragen von Bedeutung: «Was ist meine nationale Identität? Wer bin ich in Bezug auf die verschiedenen Kulturen, die mich prägen? Wo ist meine Heimat?» Aber auch: «Wie kann ich die verschiedenen kulturellen Einflüsse und Bedürfnisse in mein Leben integrieren?»

Ausgehend von meinen eigenen Fragen, begann ich mich dafür

zu interessieren, welche Antworten denn andere Menschen mit multinationalem Hintergrund für sich gefunden haben – sei es, dass sie von Eltern verschiedener Kulturen abstammen oder dass sie längere Zeit in unterschiedlichen Ländern gelebt haben.

So führte ich für diesen Aufsatz Gespräche mit einer Anzahl von Personen mit multikulturellem Hintergrund und erörterte mit ihnen die oben genannten Fragen mit Hilfe des Modells vom Inneren Team nach Schulz von Thun (MR 3). Das Modell schien mir geeignet, um Klarheit zu erlangen über die Bedürfnisse, Ambivalenzen und inneren Konfliktherde, die entstehen können, und gegebenenfalls über schon verwirklichte Lösungsansätze. Mit dem Inneren Team hoffte ich aufzeigen zu können, wie die anfangs zum Teil zerstrittenen, gegeneinander arbeitenden inneren Teammitglieder im besten Fall mit der Zeit lernen, ihren Pluralismus zu nutzen und zu einer Kooperation finden, die sich auch im Lebensentwurf der Personen widerspiegelt.

Schließlich habe ich für diesen Beitrag ein Beispiel für eine gelungene Integration der verschiedenen Impulse und Bedürfnisse ausgewählt, bei dem deutlich wird, woran sich eine solche Integration orientieren kann. Im Anschluss an dieses Fallbeispiel werde ich auf weitere Punkte eingehen, die mir in den anderen Gesprächen aufschlussreich erschienen.

Vorangestellt sei, dass sich Individuen sehr unterscheiden, wobei die verschiedensten Faktoren für das nationale Identitätsgefühl eine Rolle spielen können. Um nur einige davon zu nennen: Es spielt eine Rolle, ob beide Eltern einer Nationalität bzw. Kultur angehören oder ob beide aus verschiedenen Kulturen stammen und man als Kind gewissermaßen schon in die Multinationalität hineingeboren wurde. Für den ersteren Fall kann angenommen werden, dass die nationale Identität der betroffenen Person eindeutiger ist, auch wenn sie in mehreren Ländern gelebt hat.

Im Falle des Emigrierens ist es ausschlaggebend, was der Hintergrund des Umsiedelns in ein anderes oder gar mehrere andere Länder war: Ist man beispielsweise als Flüchtling, als Vertriebener, als Asylbewerberin ausgewandert oder um beruflich weiter zu kommen?

Oder weil einem die Beziehungen in der Familie zu eng geworden sind oder man als Diplomatenkind mitgereist ist?

Zudem können die eigene Einstellung zum fremden Land und zum Auswandern an sich sowie die Einstellung der Eltern dazu das kulturelle Identitätsgefühl, wenn nicht das Lebensgefühl an sich, stark beeinflussen. Beispielsweise ist es von Bedeutung, in welchem Maße um die verlorene Heimat getrauert werden konnte, wie der Verlust verkraftet wurde und wie man zur neuen Kultur steht. Weiter kann eine Rolle spielen, ob andere Bezugspersonen Emigranten waren, beispielsweise die Großeltern, der Vater, die Tante, Freunde oder Geschwister, und ob sie als Modelle fungiert haben.

Es gibt also nicht «den» multinationalen Menschen an sich. Dennoch gibt es, wie ich meine, für Schicksalsgenossen Orientierungspunkte, die dienlich sein können auf dem Weg zu einer gelungenen Integration der multikulturellen inneren Strebungen. Das folgende Fallbeispiel kann uns solche aufzeigen.

Der multikulturelle Hintergrund

Die Person, die ich vorstellen möchte, ist Theresa, eine 43-jährige Diplompädagogin*. Schon ihre beiden Eltern sind Kinder von Eltern unterschiedlicher Nationalitäten: Ihr Vater ist Sohn eines baltendeutschen Adligen aus Estland und einer ukrainischen Großgrundbesitzerstochter (und späteren Hofdame der Zarin am Zarenhof in St. Petersburg). Ihre Mutter ist Tochter eines estnischen Geschäftsmanns und einer norddeutschen Fabrikantentochter.

Die adlige Familie ihres Vaters ist nach der Machtübernahme der Kommunisten aufgrund der politischen Verhältnisse in Russland um 1918 zunächst nach England und später nach Venezuela ausgewandert. Die Familie ihrer Mutter ist 1939 aus denselben Gründen von Estland zunächst nach Deutschland (Berlin) ausgewandert, wo Theresas Mutter einige Jahre studiert hat. Später ist auch sie nach Venezuela emigriert.

* Name und persönliche Daten sind der Anonymität halber verändert.

Theresas Eltern sind in Caracas zusammengekommen, wo Theresa bis zu ihrem zwanzigsten Lebensjahr gelebt hat und dreisprachig aufwuchs. Deutsch sprach sie innerhalb der Familie mit ihrer Mutter und ihren Brüdern, spanisch außerhalb der Familie. Die Eltern sprachen untereinander englisch, was Theresa dadurch auch gut zu beherrschen lernte.

Als junge Frau kam Theresa zum Studium nach Deutschland. Seit vielen Jahren lebt sie nun in Lübeck. Sie ist mit einem Lübecker verheiratet und hat zwei Kinder, vier und neun Jahre alt. Sie arbeitet nach einer Erziehungspause jetzt in der Familien- und Erziehungsberatung. Dort leitet sie u. a. Gruppen für junge Mütter und deren Babys. Ihr Traum ist es jedoch, in Zukunft für eine internationale Organisation, wie zum Beispiel die UNESCO, zu arbeiten.

Das innere Team Theresas und dessen potenzielle Konfliktherde

Auf die Fragen «Was ist deine Heimat? Wo fühlst du dich zu Hause?» meldeten sich bei Theresa verschiedene innere Stimmen zu Wort. Dabei zeigte sich schnell, dass sich die meisten zwei verschiedenen Gruppen oder Lagern zuordnen ließen: Zum einen gab es diejenigen, die Theresa in Deutschland halten, zum anderen solche, die es aus Deutschland wegzieht.

Hier zunächst die inneren Wortmelderinnen, die Theresa in Deutschland halten:

> Die ‹Sicherheitsbedürftige› bzw. das ‹Gebrannte Enkelkind›: «Als Kind bin ich in einer politisch und wirtschaftlich stabilen Phase Venezuelas aufgewachsen. Doch in der Zeit meiner Abwesenheit wurde es dort immer instabiler, und heutzutage weiß man nicht, wo das Regime hinsteuert, ob es eine Militärdiktatur wird oder wie sehr der politische Einfluss der Sozialisten noch wachsen wird. Meine Mutter fürchtet schon eine ‹Enteignung›, wenn sie sich zu lange auf Reisen befindet. Ihre Eltern haben ja schon Ähnliches erfahren. Außerdem ist das Gefälle zwischen Arm und Reich in Venezuela

sehr groß, sodass es viel Kriminalität gibt. Und wenn ich all das mitbekomme, kann ich mir gar nicht vorstellen, in Venezuela zu wohnen. Ich bin sehr froh, dass ich in einem Sozial- und Rechtsstaat wie Deutschland lebe.»

Das ‹Mutterherz›: «Hier kann ich meinen Kindern eine normale Kindheit ermöglichen, ohne ständige Konfrontation mit lauernden Gefahren der Kriminalität. Sie müssen nicht in einer von Polizisten bewachten Siedlung aufwachsen und können sogar zu Fuß in die Schule gehen.»

Die ‹Wohlstandsbedachte›: «Hier kann man sich ein Mittelklasseleben finanzieren, dort drüben ist es aufgrund der wirtschaftlichen Instabilität viel schwerer! Viele Leute, die ich in Venezuela kenne und die eine gute Ausbildung haben, krebsen herum und müssen sich mit zwei oder drei Jobs über Wasser halten.»

Die ‹Kultur-Konsumentin›: «Ich schätze sehr die kulturelle Inspiration und Anregung! Das Angebot an deutschen und internationalen Büchern, Zeitungen, Zeitschriften und an Kino, Konzert und Theater ist in Deutschland viel größer und außerdem noch erschwinglich im Vergleich zu Venezuela. Importierte Ware ist dort sehr teuer und das Angebot ist eher einseitig, nämlich an der amerikanischen Kultur orientiert.»

Die ‹Deutsch-Liebhaberin›: «Deutsch sowohl selber zu sprechen als auch zu lesen ist für mich sehr wichtig. Ich genieße das deutsche Kulturgut im positiven Sinne, also Deutschlands Dichter und Denker. Schließlich ist Deutsch auch meine Muttersprache, und ich fühle mich in ihr zu Hause.»

Die ‹Nordisch-Tiefgründige›: «Ich bin vom Wesen her eher verschlossen und habe einen Hang zur Schwermut. Über Dinge, die mich beschäftigen, denke ich lange nach. Insofern fühle ich mich hier in Norddeutschland den Menschen vom Wesen her verbunden. Vielleicht habe ich diesen Wesenszug von meinen estnischen und russischen Vorfahren geerbt. Jedenfalls denke ich, dass ich durch sie geprägt bin hinsichtlich ihrer protestantischen Genügsamkeit bzw. ihrer Fähigkeit, auf ihre schwermütige Art die Dinge so anzunehmen, wie sie sind – gerade wenn das Leben manchmal nicht leicht ist.»

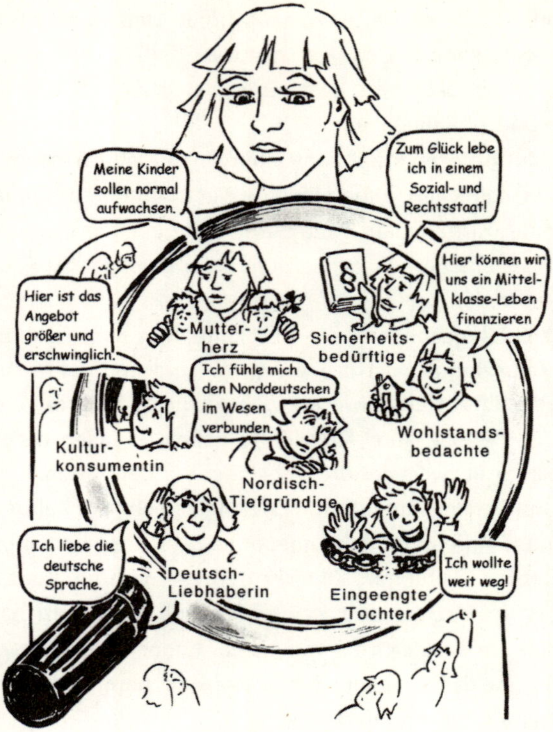

Innere Teammitglieder Theresas, die sie in Deutschland halten

Die ‹Eingeengte Tochter›: «Als junge Erwachsene wollte ich möglichst weit weg! Mein Vater ist gestorben, als ich dreizehn war. Daraufhin haben wir als restliche Familie sehr aufeinander angewiesen gelebt. Meine Mutter ist eine sehr dominante Persönlichkeit, zu der ich keine einfache Beziehung habe. Wir haben uns auch viel gestritten. Insofern hat es mich als junge Frau aus den engen Familienbanden weggezogen, meine Brüder übrigens auch. Es täte mir einfach nicht gut, zu nah an ihr dran zu wohnen.»

Andere innere Stimmen ziehen sie von Deutschland weg:

Die ‹Menschlich Verbundene›: «Ich schätze echte menschliche Anteilnahme sehr und fühle mich dadurch anderen Menschen verbun-

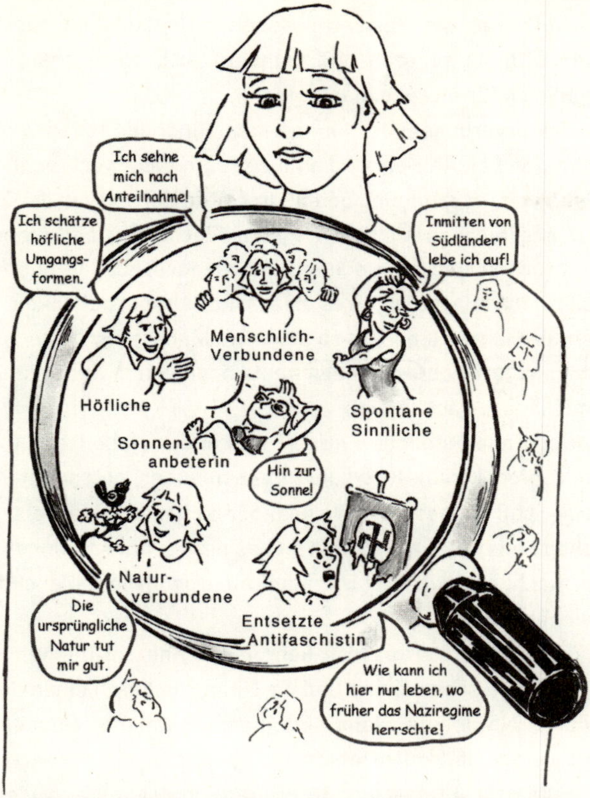

Innere Teammitglieder Theresas, die es von Deutschland wegzieht

den, sowohl wenn ich Anteilnahme erfahre als auch, wenn ich an anderen Menschen Anteil nehme. Vor allem als junge Mutter fühlte ich mich furchtbar alleine hier in Deutschland, ohne meine Familie zur Unterstützung. Die Freunde und Bekannten gaben mir nicht das, wonach ich mich sehnte. Ich bin mir sicher, dass ich von den Menschen in Venezuela auf ganz selbstverständliche Art und Weise Fürsorge, Anteilnahme, Nähe und Unterstützung in schwierigen Zeiten erfahren hätte.»

Die ‹Höfliche›: «In meiner Kindheit spielten Manieren und gute Sitten eine große Rolle. ‹Don't be rude!›, pflegte mein Vater zu sagen. Aber auch die Umgangsformen der Südamerikaner habe ich als sehr höflich erlebt. Das vermisse ich in Deutschland. Hier sind die Leute oftmals so grob und wundern sich sogar manchmal, wenn man sich für etwas bedankt.»

Die ‹Naturverbundene›: «In meiner Kindheit haben wir die monatelangen Schulferien als Familie oft am Meer verbracht. Dort haben wir ganz ursprünglich gelebt, in Zelten, fernab von der Zivilisation. Das ist nicht so wie hier, wo jedes Fleckchen Land schon relativ kultiviert ist und man schon bald wieder Gebäude und Menschen sieht. In Venezuela gab es diese wilde Ursprünglichkeit. Dort scheinen die Bäume lebendig zu sein, wie Menschen. Diese unvergesslichen Naturerlebnisse leben heute noch in mir weiter, und ich sehne mich stark nach ihnen.»

Die ‹Spontane Sinnliche›: «Unter Südländern lebe ich auf! Dort werde ich sofort kontaktfreudiger, lebenslustiger, entspannter, bin mehr auf Spaß eingestellt. Die Männer schauen einen als Frau auch schon anders an. Manchmal ist das nervig, aber auch nett. Jedenfalls macht es etwas mit mir als Frau. Irgendwie fühle ich mich da sinnlicher!»

Die ‹Sonnenanbeterin›: «Ich liebe die Sonne auf meiner Haut. Ich liebe die tropische Wärme und die Hitze, die durch einen durchgeht. Hier in Norddeutschland sind die paar warmen Sonnentage im Jahr an einer Hand abzuzählen. Ich übertreibe nur etwas!»

Die ‹Entsetzte Antifaschistin›: «Gerade in der Auseinandersetzung mit der deutschen Vergangenheit frage ich mich immer wieder: ‹Wie kann ich nur hier leben, wo vor nur 60 Jahren das Naziregime herrschte und für unendliche Grausamkeiten und den Tod von Millionen Juden verantwortlich war?› Ab und zu muss ich an den Spruch denken, den mir meine Mutter früher als Kind gesagt hat: ‹Gott, schütze uns vor Sturm und Wind und Deutschen, die im Ausland sind›.» (In Venezuela waren ausgewanderte Deutsche häufig ehemalige Nazis oder andere für die Familie wenig anziehende Gestalten.)

Weiterhin gibt es Stimmen, die aufgrund ihrer Verwandtschaft eine andere Kategorie bilden, nämlich die der ‹Heimatlosen›:

Die ‹Heimatlosen› in Theresas Innerem Team

Die ‹Entwurzelte›: «Meine Eltern stammen aus drei verschiedenen Nationalitäten und waren zudem gezwungen, aus politischen Gründen mit ihren Familien ihre Heimat zu verlassen. Die Komplexität der Verhältnisse und der schmerzliche Verlust der Heimat, des Hofs und der eigenen Ländereien ist ein schweres Erbe meiner Eltern und Großeltern. Das trage ich irgendwie in mir, und es lässt mir noch keine Ruhe.»

Die ‹Fremde›: «Ich hatte schon als Kind ein Bewusstsein dafür, dass ich nicht eine von den anderen Venezolanern war. Ich war zwar schon in meinem Freundeskreis integriert, aber nie wirklich integriert in der venezolanischen Gesellschaft. In Südamerika fühlte ich mich als Europäerin, in Deutschland fühlte ich mich als Zugereiste. Zeitlebens habe ich mich da, wo ich wohnte und wohne, irgendwie fremd gefühlt. In Deutschland fühle ich mich eigentlich als Fremde ‹inkognito›, weil ich ja erst mal nicht als Ausländerin erkannt werde.»

Diese Stimmen kamen erst ganz zum Schluss zum Vorschein, und Theresa hätte sie von sich aus nicht erwähnt. Erst durch meine Rückmeldung, dass ich während ihrer ganzen Erzählung diese Stimmen «hindurchschimmern» sähe, konnte sie diese benennen. Mein Eindruck ist, dass die ‹Entwurzelte› und die ‹Fremde› in Theresas Innerem Team ein gewisses unterschwelliges, begleitendes Lebensgefühl darstellen, das so präsent ist, dass es kaum noch bewusst wahrgenommen wird: so wie ein Fisch, der im Wasser schwimmt, sich des Wassers nicht bewusst ist. Weil Theresa mit diesen Stimmen identifiziert war, wurde sie ihrer erst einmal nicht gewahr.

Der Weg zur Integration durch innere Teambildung

Den Bedürfnissen dieser drei Gruppen wird in unterschiedlichem Ausmaß Rechnung getragen. Allein durch die Tatsache, dass Theresa in Deutschland wohnt und entschieden hat, bis auf Weiteres dort wohnen zu bleiben, ergibt sich eine Schieflage. Diejenigen, die es in Deutschland hält, können sich glücklich schätzen, während diejenigen, die es von Deutschland weg zieht, weniger auf ihre Kosten kommen und eher ein Schattendasein zu führen scheinen – die ‹Heimatlosen› mit eingeschlossen. Wie geht Theresa mit diesem potenziellen inneren Konflikt um? Vom Inneren Team her gesehen wäre es ideal, wenn *jedes* Teammitglied seinen Lebensraum hätte und nicht nur einige Privilegierte. Nun stellt sich aber die Frage, ob und wie das gehen kann – vor allem für die Gruppe derjenigen, die es aus Deutschland weg zieht?

Der Blick auf Theresas Inneres Team zeigt, dass diese Teammitglieder nicht untätig waren und dass jedes schon einen mehr oder weniger befriedigenden Weg gefunden hat, mit der an sich nicht optimalen Situation umzugehen (und sei es, dass es sich mit seiner Situation in der Warteschleife abgefunden hat):

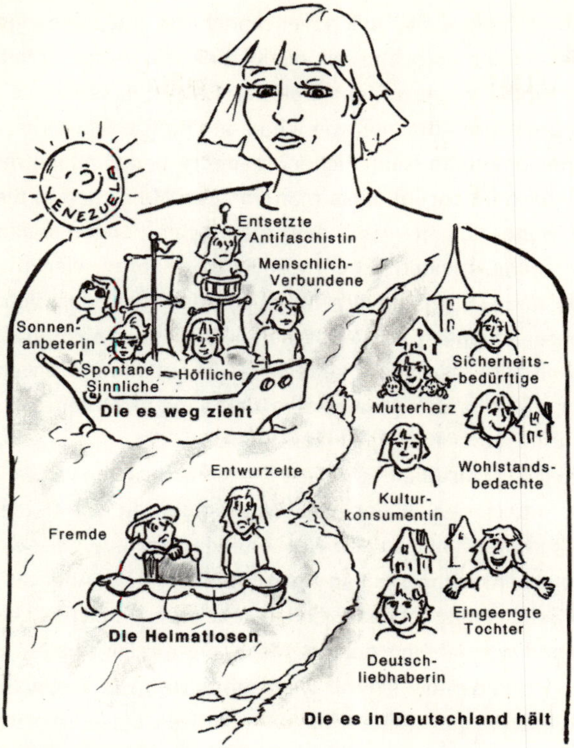

Der potenzielle innere Konflikt in Theresas Innerem Team

Die ‹Menschlich Verbundene›: «Das, was ich hier in Deutschland im Allgemeinen vermisse, nämlich das Füreinander-da-Sein» und die selbstverständliche Anteilnahme aneinander, besonders in schwierigen Zeiten, bekomme ich bzw. kreiere ich in den Gruppen für junge Mütter mit ihren zum Teil wochenalten Babys. Dort kann ich mich ausleben. Ich erlebe dort immer wieder eine Atmosphäre der Verbundenheit, der Nähe und der Unterstützung. Ich bemühe mich als Gruppenleiterin natürlich auch, eine derartige Atmosphäre überhaupt zustande kommen zu lassen. Ich muss sagen, das genieße ich. Wenn ich schon nicht in Venezuela leben kann, dann komme ich wenigstens durch meine berufliche Tätigkeit ein Stück weit auf meine Kosten.»

Die ‹Höfliche›: «Wenn ich hier manchmal gute Umgangsformen vermisse, dann versuche ich wenigstens, sie in der Erziehung an meine Kinder zu vermitteln. Das heißt nicht, dass ich sie auf Benimm dressieren möchte, wie ich es als Kind erlebt habe. Es geht mir eher um einen freundlichen, respektvollen Umgang mit anderen Menschen: darum, dass man anderen Menschen in die Augen blickt, wenn man sie grüßt, dass man sich für Dinge bedankt usw. Ich versuche, meinen Kindern auch zu erklären, warum ich das wichtig finde. Ein Ziel wäre für mich zusätzlich, dass ich sie zur Hilfsbereitschaft erziehe. Außerdem will ich auch nicht, dass meine Kinder in anderen Ländern anecken und auffallen, nur weil sie die dortigen Standards des normalen Umgangs nicht kennen, die hier manchmal außer Kraft gesetzt scheinen.»

Die ‹Naturverbundene›: «Seit Jahren verbringen wir die gesamten Sommerferien in unserem Wohnwagen an der Ostsee. Mein Mann kommt oft nur an den Wochenenden dazu. Auf der einen Seite ist das sehr spießig auf so einem Campingplatz. Aber auf der anderen Seite ermöglicht es auch ein sehr ursprüngliches Leben. Wir sind dann wochenlang nur am Meer, die Kinder spielen nackt im Sand … Und da hole ich mir wenigstens zum Teil das, was ich aus Venezuela und aus meiner Kindheit vermisse: diese ursprünglichen Naturerlebnisse und diese unmittelbare Naturverbundenheit.»

Die ‹Sinnlich Spontane›: «Schon lange war ich in keinem südlichen Land mehr, geschweige denn in Venezuela, wo ich mich irgendwie fröhlicher, sinnlicher und auch lebenslustiger fühle. Das war mir mit den Kindern bisher einfach zu unsicher und zu anstrengend. Aber nächstes Jahr will ich es wieder einmal wagen: Ich werde mit den Kindern das erste Mal nach Venezuela in eine Ferienanlage ans Meer fahren. Meine Mutter und eine Freundin werden uns da besuchen. Darauf freue ich mich sehr. Was mir aber, abgesehen von einer so seltenen Fernreise, vorschwebt, ist vielleicht hin und wieder einmal einen Urlaub im Süden Europas zu verbringen … Ich hoffe und denke, es werden auch wieder Zeiten kommen, in denen mein Leben weniger stark auf die Bedürfnisse der Kinder ausgerichtet sein wird und ich mich wieder freier bewegen kann.»

Die ‹Sonnenanbeterin›: «Ich sehne mich zwar sehr nach Sonne und Wärme, aber ich befinde mich zur Zeit in der Warteschleife. Ich bräuchte eine andere Art der Urlaubsgestaltung, um mehr auf meine Kosten zu kommen, was die Wärme betrifft. Denn an der Ostsee ist es auch nicht gerade beständig warm.»

Die ‹Entsetzte Antifaschistin›: «Mir tun Gespräche mit Freunden gut, für welche die deutsche Vergangenheit überhaupt noch ein Thema ist. Für viele ist es ja gar keins mehr. Mir hilft es, mich immer wieder damit auseinanderzusetzen, durch Literatur, durch Artikel und Aufsätze, die ich lese. Es geht für mich nicht darum, dieses Entsetzen loszuwerden, sondern dran zu bleiben am Thema, um auf diese Weise meinen Teil dazu beizutragen, dass diese Dinge nicht vergessen werden. Den Opfern sind wir das doch schuldig.»

Die Gruppe der ‹Heimatlosen› hat auch Möglichkeiten gefunden, auf ihre Kosten zu kommen:

Die ‹Entwurzelte›: «Nicht umsonst habe ich einen sehr verwurzelten und heimatverbundenen Mann geheiratet. Seine Bodenständigkeit tut mir gut. Sie vermittelt mir Halt und ein Gefühl der Stabilität und Zugehörigkeit zu diesem Land, in dem ich lebe. Sie stellt ein Gegengewicht dar zu meiner eigenen Entwurzelung. Insofern ist mein Leben eigentlich schon stark danach ausgerichtet, meinem Bedürfnis nach Verwurzelung Rechnung zu tragen.»

Die ‹Fremde›: «Wenn man mich fragt, wo ich hingehöre, wo ich mich zugehörig und zuhause fühle, dann ist das unter anderen Fremden und Ausländern. Gerade meinen ausländischen Freunden hier in Deutschland fühle ich mich sehr verbunden und nah. Diese Freundschaften sind für mich ein Stück Heimat. Die Tatsache, dass wir alle ursprünglich nicht von hier sind, zieht uns gegenseitig an. Das ist mein Weg, damit klar zu kommen, dass ich mich eigentlich nicht zugehörig fühle, mich aber danach sehne.»

Im Lauf des Gesprächs ergab sich bei dieser Stimme eine Namensänderung: Im Kontakt mit dieser Stimme, erkannte Theresa in ihr noch ein zweites Gesicht, das mit einem anderen Namen verbunden war, nämlich mit dem der ‹Kosmopolitin› bzw. der ‹Weltoffenen›. Der neue Name schien Theresa schließlich passender.

Diese Namensänderung macht deutlich, dass Theresa dadurch ein positiveres Verhältnis zu dieser Stimme entwickelt hat. Der Name ‹Fremde› lässt mich einen schmerzlichen Unterton heraushören. Vermutlich hat Theresa früher darunter gelitten, fremd zu sein, und wollte lieber dazugehören. Dies würde bedeuten, dass Theresa die ‹Fremde› in sich nicht besonders mochte. Durch die Namensänderung verfliegt diese negative Assoziation. Der neue Name vermittelt etwas Positives, und die ‹Weltoffene› lässt anklingen, dass sie Lust hat, ihren weiten Horizont zu nutzen. Somit hat eine innere Teamentwicklung stattgefunden: Theresa hat Frieden damit geschlossen, nicht dazuzugehören und sieht gerade diesen Aspekt nun auch als Chance. Damit kann sie dieser Stimme, die früher mit schmerzlichen Gefühlen verbunden war, nun etwas abgewinnen. Sie kann diese besser annehmen und in ihre Lebensgestaltung integrieren.

«Als ‹Weltoffene› fühle ich mich nicht in erster Linie fremd, sondern eher mehreren Nationalitäten und Kulturen zugehörig. Das erlebe ich auch als einen Reichtum. Ich fühle mich nicht an einen bestimmten Ort gebunden, sondern könnte in allen möglichen Ländern leben und mit allen möglichen Menschen Kontakte aufbauen. Manchmal verspüre ich den Impuls, einfach von hier wegzuziehen und mich zum Beispiel einem Entwicklungshilfeprojekt in einem fremden Land anzuschließen. Mein Horizont erscheint mir hier so klein ... Aber da überwiegt dann doch das Mutterherz, das den Kindern ein konstantes Zuhause bieten möchte. Ich glaube, wenigstens ein internationales Arbeitsumfeld hier in Deutschland ließe mich noch mehr zum Zuge kommen! Daher auch mein Wunsch, in Zukunft einmal in einer internationalen Organisation zu arbeiten.»

Nachdem wir nun Theresas Inneres Team genauer kennen gelernt haben, wird Folgendes deutlich: Das Grunddilemma der Zerrissenheit zwischen den verschiedenen Gruppierungen wird von Theresa dadurch gelöst, dass die «Zukurzgekommenen» in ihrem Leben Nischen finden, in denen sie sich zumindest teilweise verwirklichen können. Verschiedenste Lebensbereiche werden dabei als Nischen genutzt: Partnerschaft, Freundschaften, Berufswahl, Urlaubsgestaltung und Kindererziehung.

Es zeigt sich demnach, dass das Modell vom Inneren Team bei Theresas kultureller Identitätsfindung im Sinne einer ausbalancierten Lebensgestaltung aufgeht: Es machte für sie Sinn, jede Stimme zu Wort kommen zu lassen und dafür zu sorgen, dass ihren Anliegen Rechnung getragen wird. Aus innerlich gegeneinander agierenden Teilen konnte ein Inneres *Team* werden, das miteinander einen Weg ausgehandelt hat, wie es gemeinsam zur Zufriedenheit in Theresas Leben beitragen kann. Dies scheint ein aussichtsreicher Weg zu sein, um ansonsten vorprogrammierter innerer Zerrissenheit und Lähmung zu entgehen. Dennoch ist davon auszugehen, dass der momentane Stand auch ein veränderlicher sein wird und dass die Suche und das Ausbalancieren in Zeitabständen immer wieder neu vonstatten gehen muss.

Aus Theresas Beispiel können wir schließen, dass das Modell auch für einen beraterischen Kontext geeignet erscheint, bei dem es um ähnliche Fragen der kulturellen Identitätsfindung geht.

Was können wir für das Gelingen multikultureller Identität ableiten?

Theresas Beispiel und alle anderen Gespräche, die ich geführt habe, lassen mich im Wesentlichen eine Schlussfolgerung ziehen, an der sich eine Integration der multikulturellen inneren Strebungen orientieren kann:

Förderlich ist es, wenn den Bedürfnissen aller inneren Teammitglieder Rechnung getragen wird. Einige verdienen dabei besondere Beachtung:

- zum einen diejenigen, die sich am Wohnort nicht heimisch fühlen. Sie kommen zunächst zu kurz und benötigen einen Lebensraum (wie bei Theresa bereits gelungen),

- zum anderen die inneren ‹Heimatlosen›. Sie brauchen Unterstützung auf ihrem positiven Werdegang zu inneren ‹Kosmopoliten›.

Die inneren ‹Kosmopoliten› und wie sie sich verwirklichen können

Einer meiner Gesprächspartner brachte das Dilemma seiner Multinationalität mit einem Spruch für sich auf den Punkt: «Sie ist ein Segen und ein Fluch zugleich. Die Kunst ist es, aus dem Fluch einen Segen zu machen und ihn als Chance begreifen.»

Um diese Kunst soll es nun gehen. Der Gruppe der ‹Heimatlosen› und ihrem Werdegang möchte ich mich im Folgenden widmen, indem ich auf Beispiele aus anderen Gesprächen eingehe. Denn sie machen anschaulich, auf welch vielfältige Art und Weise die inneren ‹Kosmopoliten› ihren positiven Ausdruck im Lebensentwurf finden können und wie der schmerzliche Aspekt der Heimatlosigkeit verarbeitet, vielleicht sogar überwunden werden kann.

Indem eine ‹multinationale› Frau beispielsweise einen ausländischen Partner wählte, kam die ‹Weltoffene› in ihr auf ihre Kosten, und gleichzeitig wurde ihre Sehnsucht nach Zugehörigkeit, Verwurzelung und Anbindung gestillt. Auch andere Möglichkeiten können gewählt werden, um die innere ‹Kosmopolitin› auszuleben: Eine allein stehende ‹multinationale› Rechtsanwältin nutzte selbst kurze Urlaubsperioden von ein paar Tagen, um in die «große weite Welt» zu reisen (Mailand, Madrid, New York ...). Wieder eine andere Frau lernte vier Fremdsprachen fließend zu sprechen und befriedigte ihr Fernweh auf diese Weise zumindest zum Teil.

Ein ‹multinationaler› Musiker konnte in der Auseinandersetzung mit Musikrichtungen aus jeweils unterschiedlichen Ländern seine Verbundenheit mit verschiedenen Kulturen zum Ausdruck bringen. Dennoch begleitete ihn ständig die Frage nach der eigenen musikalischen und kulturellen Identität, bis er sie in seinen eigenen Kompositionen fand, die von verschiedenen Musikrichtungen beeinflusst waren und eine Mischung aus ihnen darstellten. Derselbe Musiker kann den ‹Weltoffenen› auf noch eine Art in seinem Beruf ausleben: auf den Tourneen, die ihn in andere Länder führen.

Viele meiner Gesprächspartner erwähnten noch eine Möglichkeit, ihre Verbindung zu anderen Kulturen zu erfahren: Sie bemerkten in sich ein inneres ‹Sprachchamäleon›, das ihnen eine unmittelbare Brücke zu anderen Kulturen baut. Dieses innere Teammitglied tritt zutage und hat Spaß, wenn die Person das Empfinden hat, in jeder Sprache ein anderes Identitätsgefühl zu entwickeln. Der Gebrauch verschiedener Sprachen impliziert das chamäleonartige Wechseln und Übernehmen der Mentalität und des Lebensgefühls der jeweiligen Kultur. Ein Gesprächspartner betonte, wie sehr er den Humor und die versteckte tragisch-komische Poesie auf Spanisch genießt. Die Freude daran kann er besonders mit seinen argentinischen Freunden teilen, indem sie sich anlässlich feiner Sprachnuancen gemeinsam schier kaputt lachen. In diesem Sinne stellt das innere ‹Sprachchamäleon› einen Partner für den ‹Weltoffenen› dar und kann ihn in seinen Absichten gut unterstützen.

Wieder werden verschiedene Lebensbereiche als Nischen genutzt, um den Bedürfnissen der inneren ‹Internationalen› Rechnung zu tragen: Partnerschaft, Urlaubsgestaltung, Sprachenerwerb und künstlerische Auseinandersetzung.

Im Spannungsfeld von Heimweh und Fernweh

Zusammenfassend lässt sich sagen: All die oben Erwähnten zahlen den Preis der Entwurzelung, bekommen aber dafür den Reichtum der Weltoffenheit. Mir scheint zwischen dem Fremd-Sein, der Weltoffenheit, dem Fernweh auf der einen und der Sehnsucht nach Zugehörigkeit und Verwurzelung auf der anderen Seite ein wesentliches Spannungsfeld zu bestehen, mit dem die so genannten Multikulturellen zu tun haben. Vielleicht spiegelt dieses dialektische Bedürfnis auch ein Grundbedürfnis von uns allen wieder.

Beide Seiten des Wertequadrats wollen in uns verwirklicht und ausbalanciert sein, um nicht in die eine oder andere entwertende Über-

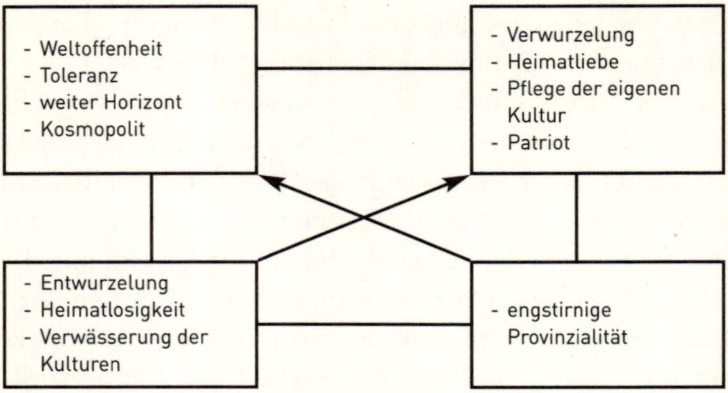

Wertequadrat zwischen Weltoffenheit und Verwurzelung

treibung abzurutschen. Wie dies konkret aussehen kann, sei hier am Beispiel des inneren Sprachbezugs verdeutlicht. Viele meiner Gesprächspartner nannten den inneren Muttersprachler als Teammitglied, das für ihre kulturelle Identität eine wichtige Rolle spielt. Der Gebrauch der Muttersprache sorgt bei diesen Personen für ein Gefühl der Verwurzelung in der jeweiligen Kultur. Dieselben Personen konnten aber auch ein inneres ‹Sprachchamäleon› identifizieren, was gerade beim Gebrauch anderer Sprachen auf seine Kosten kommt. Der innere ‹Muttersprachler› und das ‹Sprachchamäleon› scheinen also ein vielversprechendes Team in Bezug auf das oben genannte Spannungsfeld zu bilden.

Vom Mikrokosmos zum Makrokosmos

Dieses Wertequadrat könnte auch in einem größeren Zusammenhang von Bedeutung sein. Wie anfangs schon erwähnt, ist unsere Welt gerade in Großstädten mit einem zunehmenden Pluralismus konfrontiert. Dies stellt die verschiedenen gesellschaftlichen Gruppierungen vor die Herausforderung, sich günstigerweise in einem ausbalancierten Spannungsfeld zu bewegen. Durch die Vermischung der Kulturen können im positiven Fall eine Weltoffenheit, ein weiterer Horizont und eine Toleranz unter Völkern und Kulturen gefördert werden. Gleichzeitig besteht aber auch die Gefahr des Guten zu viel:

nämlich sowohl der Entwurzelung der einzelnen Personen als auch der Verwässerung der Kulturen bis hin zur Entstehung einer «Einheitskultur». Ansätze davon kann man vielerorts an der Verbreitung der westlichen Konsumgüter, westlicher Musik und auch der westlichen Kleidung bis in die hintersten Winkel der Zivilisation bemerken. Dem kann entgegengesteuert werden durch Suche und Pflege der eigenen kulturellen Wurzeln (sei es durch Sprache, kulturelle Bräuche u. a. mehr). Im Extrem kann dies jedoch wiederum zu einer engstirnigen Provinzialität oder zu einer Scheuklappenmentalität führen, die neben sich nichts gelten lässt und die in unserer Welt immer wieder aufzufinden ist.

Fazit

So wie günstigerweise Vertreter verschiedener Kulturen miteinander leben können, sich respektieren und Kompromisse aushandeln können, geschieht es im befriedigenden Fall auch im Inneren: Die inneren Interessenvertreterinnen verschiedener Kulturen handeln einen Weg aus, bei dem sich jede gewürdigt und vertreten sieht. In beiden Fällen muss mit dem Pluralismus gelebt werden, und wenn idealerweise alle (zumindest zum Teil) auf ihre Kosten kommen, kann sich ‹aus dem Fluch ein Segen› entwickeln.

Annekatrin Hoppe

So war ich nicht, so bin ich nicht!

Vom Einfluss des kulturellen Umfelds auf die eigene Identität

Ein Deutscher in Italien

Herr Pilger ist seit einigen Monaten Leiter eines deutsch-italienischen Kulturinstituts in Italien. Im Institut arbeiten einige Festangestellte sowie eine Vielzahl ehrenamtlicher Mitarbeiter, etwa zu gleichen Teilen Deutsche und Italiener. Der Vorstand des Instituts, das Herr Pilger leitet, setzt sich paritätisch aus Deutschen und Italienern zusammen. Aufgrund finanzieller Engpässe muss eine Zweigstelle aufgelöst werden, und deren Geschäftsräume müssen verkauft werden. Mit der deutschen Trägerschaft wurden in den vergangenen Wochen intensive Verhandlungen geführt, um die drohende Schließung noch abzuwenden. Diese verliefen jedoch ergebnislos, sodass in der letzten Vorstandssitzung schweren Herzens der Verkauf der Geschäftsräume beschlossen wurde. Bei der nächsten Mitgliederversammlung soll dieser Beschluss den Mitgliedern des Kulturinstituts mitgeteilt werden.

In der Vorstandssitzung wird die Tagesordnung für die Mitgliederversammlung besprochen. Herr Pilger stellt den dritten Tagungspunkt «Schließung der Zweigstelle» vor und fragt, wie mit diesem heiklen Thema bei der Mitgliederversammlung umgegangen werden soll. Signor Cambieri, italienisches Mitglied des Vorstands, meldet sich als Erster zu Wort: «Es ist gut, dass Sie diesen Punkt ansprechen. Ich habe das Ganze nochmals überdacht und bin inzwischen etwas anderer Meinung als beim letzten Mal: Ich denke, wir sollten nicht so schnell klein beigeben und erneut verhandeln. Wir sollten in Hinblick auf unsere Mitglieder alles versuchen und keine noch so kleine Chance ungenutzt verstreichen lassen. Wir sollten hier diskutieren, wie wir eine gemeinsame Lösung finden können, die von allen, auch den Mitgliedern, getragen werden kann.» Herr Pilger entgegnet irritiert: «Wir haben über diesen

Punkt in der letzten Sitzung bereits abgestimmt. Jetzt steht an, dieses Ergebnis den Mitgliedern mitzuteilen. Meine Frage zielte darauf ab, wie wir das angehen sollten.» «Herr Pilger», Signor Cambieri wird aufbrausend, «wie können Sie bei einer so entscheidenden Frage so rigide an einem Beschluss festhalten?! Das Vertrauen unserer Mitglieder hängt davon ab! Wir können es uns nicht leisten, uns mit ihnen zu überwerfen!»

Herr Pilger runzelt die Stirn und wundert sich: ‹MIR wird Rigidität vorgeworfen?› Erstaunt entgegnet er Signor Cambieri: «Ich verstehe nicht, warum Sie diesen Punkt wieder auf den Tisch bringen. Wir haben das Thema doch wirklich ausgiebig diskutiert. Es war ein langwieriger Prozess, und alle haben mit abgestimmt. Auch Sie, Signor Cambieri!» Dieser entgegnet: «Wir dürfen uns nicht mit den Mitgliedern überwerfen, sonst verlieren wir ihr Vertrauen. Wir gefährden mit diesem resoluten Vorgehen die gute Stimmung.»

Herr Pilger denkt sich: ‹Allen werden wir es eh nicht recht machen können, und es geht hier nicht um Einzelinteressen. Solche Entscheidungen sind natürlich immer sehr emotional. Wir müssen jedoch eine sachliche Entscheidung treffen.› Er antwortet: «Ich denke, der Punkt ist klar. Notfalls müssen wir in Konfrontation gehen; auch auf die Gefahr hin, dass sich die Stimmung verschlechtert.»

Daraufhin berichtet Signor Cambieri von einem ähnlichen Fall aus seinem Unternehmen und unterstreicht nochmals, wie wichtig es sei, dass der Beschluss von allen getragen wird. Herr Pilger stellt sich auf eine dieser langen, ineffektiven, nicht enden wollenden Sitzungen ein, zu denen er sich von seinen italienischen Mitarbeitern immer wieder gezwungen sieht und die ihm vollkommen zuwider sind.

Nach dieser anstrengenden und turbulenten Sitzung wundert sich Herr Pilger über sich selbst: ‹Komisch, auf welcher Seite ich mich da wiederfinde. In Deutschland werfe meist ich den anderen Rigidität vor, und nun trifft es mich selbst. Und plötzlich bin ich genervt, wenn es nicht voran geht, wenn Beschlüsse verworfen und neu diskutiert werden sollen. So kenne ich mich gar nicht. So bin ich eigentlich nicht.›

Verwundert über sich selbst, erinnert er sich an eine Arbeitssitzung in Deutschland, noch vor seiner Ausreise nach Italien.

Herr Pilger in Deutschland

Bevor Herr Pilger seine Position in Italien antrat, leitete er eine Zweigstelle des Instituts in Deutschland. Ein zentraler Arbeitsschwerpunkt ist dort der Deutschunterricht, der in Abend- und Intensivkursen angeboten wird. Die Interessenten werden nach einem Eingangstest ihren Vorkenntnissen entsprechend den unterschiedlichen Kursen zugeteilt. Herr Pilger plante seit längerem eine Umstrukturierung des Unterrichts, um besser auf die individuellen Lernprozesse der Teilnehmer eingehen zu können. In den letzten Wochen hatte er sein Vorhaben bei Gesprächen mit seinen Mitarbeitern immer wieder dezent einfließen lassen. In einer Arbeitssitzung machte er seinen Reformvorschlag schließlich zum Thema.

Nach einer ausführlichen Beschreibung der neuen Methode, bei der die Teilnehmer anhand einer Lernsoftware ihre Lernprozesse individuell steuern und somit ihr eigenes Lerntempo anpassen können, schließt Herr Pilger seinen Vortrag mit einem Vorschlag: «Unsere französische Partnerorganisation hier in Bremen lehrt bereits erfolgreich nach diesem Konzept. Ich schlage vor, dass wir einen Probedurchlauf starten.» Eine Kollegin, Frau Klamm, äußert sofort ihre Bedenken: «Eine Sprache lebt doch durch die Interaktion, durch das ständige Ausprobieren in der Gruppe oder in Zweiergesprächen. Eine Sprache muss lebendig gelehrt werden! Außerdem wird eine gute Betreuung aufwendiger werden. Wenn jeder alleine am Computer lernt, habe ich keinerlei Einschätzung bezüglich der Fortschritte.» Eine Kollegin stimmt ihr zu: «Wir können bei den Teilnehmern nur schwer Computerkenntnisse voraussetzen. Zudem müssten für alle Computerarbeitsplätze eingerichtet werden. Diese Kapazität haben wir nicht!» Herrn Pilger sind die skeptischen Gesichter während seines Vortrags nicht entgangen. Mit den Einwänden hatte er gerechnet. ‹Veränderungen stoßen anfangs immer auf Abwehr. Das braucht eben seine Zeit›, denkt er sich. Herr Hart, ein weiterer Kollege, steigt in die Diskussion ein und gibt zu bedenken: «Die Einrichtung von Computerarbeitsplätzen wäre in der Tat sehr problematisch. Wir haben bereits jetzt Schwierigkeiten mit dem technischen Personal. Auf die können wir uns nicht verlassen. Auch aufgrund der derzeit begrenzten finanziellen Spielräume sollten wir hier am Bewährten festhalten!» Herr Pilger entgegnet entschieden: «Eine inhaltliche Entscheidung sollten wir nicht vorschnell aufgrund möglicher Schwierigkeiten und Konflikte mit dem technischen Personal kippen. Ich schlage vor, wir laden die französische Kollegin ein und diskutieren die erwähnten Bedenken anhand ihrer Erfahrungen.»

Herrn Pilgers Irritation

Herr Pilger nimmt bei der Vorstandssitzung in Italien eine für ihn ungewohnte Position ein. In Deutschland war er derjenige, der neue Ideen einbrachte, der Beschlüsse nochmals in Frage stellte und bei Problemen neue Lösungswege suchte. In Italien kommt der Gegenwind plötzlich aus einer anderen Richtung, ihm selbst wird nun vorgehalten, rigide zu sein. Diese ungewohnte Rückmeldung und sein so anderes Verhalten irritieren Herrn Pilger.

Die Erfahrungen von Herrn Pilger zeigen sich bei vielen Ausreisenden. Herr Pilger wird bei der Vorstandssitzung in Italien mit der Andersartigkeit der fremden Kultur konfrontiert. Es herrschen andere Spielregeln. So macht er die Erfahrung, dass Beschlüsse weniger bindend sind, dass die Beziehung zu Kollegen und Mitgliedern eine wichtigere Rolle spielt, dass Aussagen mit Beispielen ausgeschmückt und Sachverhalte weitschweifig erklärt werden. Die vertrauten Normen der eigenen Kultur, die direkten Kommunikationsregeln und klaren Entscheidungsstrukturen, gelten nicht mehr. Und so löst dieses neue Umfeld bei ihm auch andere Reaktionen aus; er selbst sucht plötzlich nach Struktur und Verbindlichkeit. Doch nicht nur die Spielregeln sind andere, auch die Rückmeldungen, die er aus seinem neuen Umfeld bekommt, weichen von den altvertrauten ab.

Der Ausreisende wird mit einer Reihe von Fragen konfrontiert:

- Welche Regeln gelten in der fremden Kultur?
- Wie werden eigene Verhaltensweisen und Ansichten wahrgenommen, und wie werden sie bewertet?
- Wie verändert sich in einem fremden kulturellen Umfeld das Bild, das andere von einem haben?
- Und wie kann es schließlich dazu kommen, dass sich auch das Bild, das man von sich selbst hat, verändert?

Diesen Fragen möchte ich in diesem Beitrag nachgehen. Es soll aufgezeigt werden, wie mit Hilfe kommunikationspsychologischer Modelle ein Verständnis für die Prozesse geschaffen werden kann, die bei einem Kulturwechsel auftreten, und inwiefern sie hilfreich sind, um damit einhergehende Irritationen zu bewältigen.

Was ist Kultur?

Kennen wir die Nationalität einer Person, so assoziieren wir schnell Eigenschaften, die Personen aus diesem Kulturkreis zu Eigen sind. Als Deutsche bekommt man in Italien immer wieder vorgehalten, wir seien kühl und distanziert, an uns komme man nicht heran, doch wir seien fleißig und gut organisiert, also die idealen Arbeitspartner. Unser Bild von den Italienern geht in die entgegengesetzte Richtung. Die Italiener sind herzliche und gesellige Menschen, bei denen sich jedoch schnell das Chaos breit macht. Man kann sie lieben, doch arbeiten sollte man lieber nicht mit ihnen.

Jede Kultur hat ihre Besonderheiten und ihre eigenen, für sie typischen Charakteristika. Diese prägen die Angehörigen einer Kultur und formen deren Identität. Nach außen hin sichtbar unterscheiden sich Kulturen in ihren Symbolen, ihren Ritualen und zentralen Verhaltensweisen (Thomas, 2003). Auf einer verdeckteren Ebene zeichnen sich die jeweiligen Kulturen durch allgemein geteilte Normen und Werte aus. Diese machen den Kern einer Kultur aus und wirken wiederum auf die Ausprägung von Einstellungen und Verhaltensweisen (Trompenaars, 1996).

So teilen Mitglieder derselben Kultur in vielen Bereichen die gleichen Einstellungen und Ansichten und nehmen automatisch Verhaltensweisen an, die in ihr gelebt werden. Bewusst oder unbewusst, manchmal auch ungewollt, identifizieren wir uns mit unserem kulturellen Umfeld, und so macht die eigene Kultur einen großen Teil unserer Identität aus.

Wie beeinflusst das kulturelle Umfeld die eigene Identität?

Die Integration in ein neues kulturelles Umfeld erfordert eine hohe Anpassungsleistung an die neue Umgebung. Im Kontakt mit Menschen aus einer fremden Kultur wird man permanent mit deren kulturellen Besonderheiten konfrontiert. Unterschiedliche Wertesysteme und Verhaltensweisen prallen aufeinander. So muss der Deutsche in Italien vielleicht lernen, dass man lockerer mit Strukturen umgeht und dass auch bereits getroffene Entscheidungen einen weniger endgültigen Charakter haben. Als Fremder im Ausland ist einem nicht immer klar, welche Ansichten vorherrschen und welche Verhaltensweisen angemessen sind. Eigene Werte werden in Frage gestellt, und eigenes Verhalten erscheint als unpassend. Die gelernten Verhaltensweisen greifen nicht mehr, eigene Ansichten, die in der Heimat als ‹normal› oder selbstverständlich galten, ecken plötzlich an und rufen Unverständnis hervor. Die gewohnten impliziten Normen und Regeln sind nicht mehr gültig.

Das veränderte Umfeld führt dazu, sich anders zu verhalten; es kann auch weniger vertraute Seiten der eigenen Person zum Vorschein kommen lassen. So zeigt sich Herr Pilger auf der Suche nach Struktur, die er in Deutschland immer vorfand und die ihm in Italien fehlt, unflexibler als zuvor. Ihm wird plötzlich Rigidität vorgeworfen, eine Eigenschaft, die er in Deutschland von sich fernhielt. Im Ausland nimmt man an sich selbst Eigenschaften wahr, die einem im eigenen Land fremd waren. Weil es sie vor Beginn des Auslandsaufenthalts noch nicht gab? Oder weil sie noch nicht so stark hervortraten? Das Eintauchen in eine fremde Kultur führt also nicht nur im zwischenmenschlichen Bereich zu Irritationen und Missverständnissen, sondern geht auch einher mit einer Verunsicherung über die eigene Person.

Das eigene Selbstbild ist aus der Auseinandersetzung mit der eigenen Kultur erwachsen. Es ist entstanden durch die Positionierung in der eigenen Kultur und durch die Rückmeldungen des sozialen Umfeldes. Da die Rückmeldungen im neuen Umfeld von den bisher gewohnten abweichen, wird das bisherige Selbstbild nicht mehr bestätigt. Das Selbstbild stimmt nicht mehr mit dem Bild der anderen überein. Da das Fremdbild jedoch in hohem Maße auch das eigene Selbstbild beeinflusst, können veränderte Rückmeldungen in einem neuen kulturellen Umfeld das eigene Selbstkonzept in Frage stellen und somit zu einer Verunsicherung der eigenen Identität führen (Layes, 2003).

Kulturmodelle zur Klassifikation von Unterschieden

Inwiefern spielen kulturelle Unterschiede in dem oben beschriebenen Beispiel eine Rolle? Zieht man die klassischen Kulturmodelle heran (vgl. z. B. Hofstede, 1989; Hall, 1989; Thomas, 2003; Triandis, 1996), so lässt sich das Verhalten von Herrn Pilger und Signor Cambieri beispielhaft in diese einordnen.

In einer Vielzahl von Modellen werden die Deutschen als ordnungsliebend und sachorientiert beschrieben. Sie halten an aufgestellten Handlungsplänen fest, arbeiten aufgabenbezogen (Hall, 1989) und haben mehr als andere ein Bedürfnis nach Sicherheit (Hofstede, 1980). Sie sprechen Dinge direkt an und wahren im beruflichen Umfeld Distanz zu ihren Gesprächspartnern (Hall, 1989). Die Italiener verwerfen schnell bereits getroffene Entscheidungen und halten weniger an Konzepten fest. Sie messen sozialen Beziehungen eine hohe Bedeutung bei und achten auf soziale Strukturen. Dabei spielen Hierarchien und das respektvolle Verhalten gegenüber Höhergestellten eine wichtige Rolle (Hofstede, 1989). Es wird meist indirekter kommuniziert und vieles nur implizit gesagt. Die Italiener gelten als aufgeschlossen und zeigen bereits bei ersten Begegnungen mehr Körperkontakt (Hall, 1989).

Die Kulturgruppen im Riemann-Thomann-Kreuz

Als ein Modell zur Veranschaulichung kultureller Unterschiede eignet sich das Riemann-Thomann-Kreuz (Thomann und Schulz von Thun, 2003). Dieses beschreibt Unterschiede zwischen Menschen in Hinblick auf zwei Dimensionen, die im Kontakt von großer Bedeutung sind, nämlich Beziehungsgestaltung (Nähe-Distanz-Achse) und Kontinuität (Dauer-Wechsel-Achse).

Orientiert man sich an den Stereotypen der Kulturen, an *der* Deutschen und *dem* Italiener, so lassen sich die Kultur*gruppen* in das Kreuz einordnen. Herr Pilger beschreibt die Deutschen in seiner Organisation als sachorientiert und strukturiert. In Verhandlungen und Gesprächen kommen sie schnell zum Thema, sie beschreiben meist nüchtern den Sachverhalt und formulieren direkt ihr Anliegen. Sie sind eher beherrscht und distanziert. Im Riemann-Thomann-Kreuz befinden sie sich im Dauer-Distanz-Quadranten.

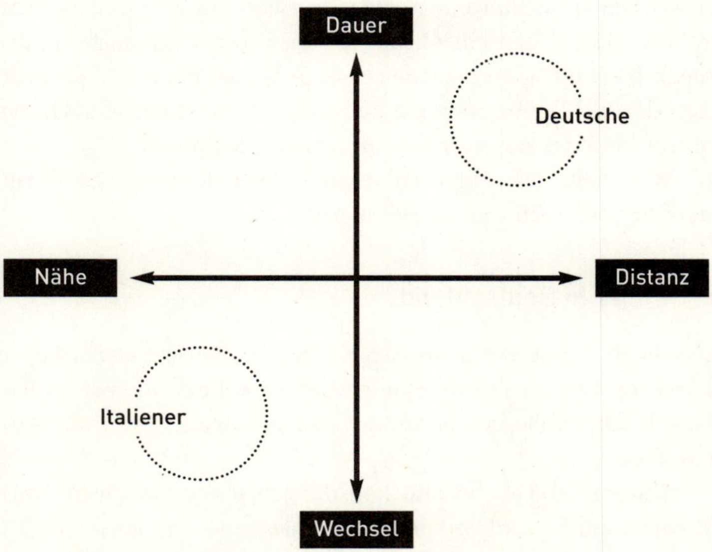

Riemann-Thomann-Kreuz: Einordnung der Kulturgruppen

Die Italiener sind im Allgemeinen herzlicher und geselliger als die Deutschen. Sie stehen öfters bei einem Cappuccino zusammen und nehmen sich auch während der Arbeit mehr Zeit füreinander. In Sitzungen sind sie impulsiver als die Deutschen und emotionaler. Sie sind weniger strukturiert, springen von einem Thema zum anderen, holen oft weit aus, um den Bogen zum eigentlichen Thema zu schlagen. Im Riemann-Thomann-Kreuz befinden sie sich im Nähe-Wechsel-Quadranten.

Das Denken in solchen Stereotypen reduziert zunächst die äußere Komplexität. Durch die Gegenüberstellung von Deutschen und Italienern werden Charakteristika der Kulturen beschrieben, in der eine Person sozialisiert wird, in der sie aufwächst, lernt, mit der sie sich auseinandersetzt, nicht jedoch die Person selbst. Durch diese Vereinfachung wird die Aufmerksamkeit weg vom Persönlichen und hin zum Kulturellen gelenkt. Es wird noch kein Bezug zu den individuellen Werten einer Einzelperson hergestellt. So wird noch nicht klar, welche Werte diese mit den Mitgliedern ihrer Kultur teilt und mit welchen Einstellungen sie möglicherweise auch in der eigenen Kultur aneckt. Unterschiedliche Personen reagieren auch unterschiedlich auf die Besonderheiten einer fremden Kultur. Und so spielt neben den verallgemeinerbaren kulturellen Unterschieden auch die Persönlichkeit des einzelnen eine entscheidende Rolle.

Wie steht Herr Pilger zu seiner eigenen Kultur? Und worin unterscheidet er sich von *den* Italienern?

Herr Pilger in Deutschland

Im Verhältnis zu seinen deutschen Kollegen finden wir Herrn Pilger im Wechsel-Distanz-Quadranten wieder. Er sieht sich selbst als flexibler als seine Kollegen und charakterisiert sich auch als distanzierter als diese.

Entsprechend sind die Rückmeldungen, die er von seinem Umfeld bekommt. Er wird von den anderen als innovativ, aber auch als chaotisch erlebt. In der Arbeitssitzung in Deutschland wird ihm entgegnet: «Herr Pilger, wir sollten hier am Bewährten festhalten.» Die

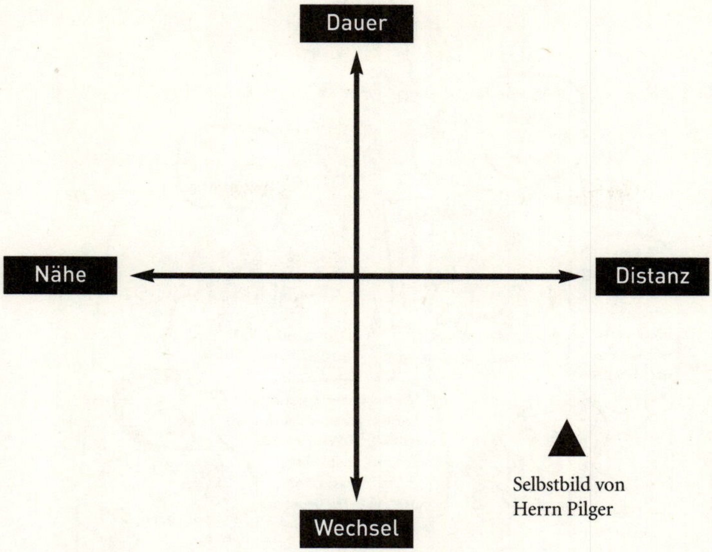

Riemann-Thomann-Kreuz: Herr Pilger in Deutschland

konstanten Rückmeldungen seines Umfelds formen das Selbstbild von Herrn Pilger. Er erlebt sich als flexibel und spontan. Meist ist er derjenige, der neue Impulse gibt und der von den gewohnten Vorgehensweisen abweicht und Bestehendes hinterfragt. Das Fremdbild der anderen stimmt also mit seinem Selbstbild überein. Doch was verbirgt sich hinter diesem Selbstbild?

Der innere Kontext von Herrn Pilger in Deutschland

Das Selbstbild von Herrn Pilger setzt sich aus vielen Komponenten zusammen, die jede für sich einen Teil seiner Person darstellen. Wie sehen diese aus? Wie sieht das Innere Team von Herrn Pilger während der Arbeitssitzung mit seinen deutschen Kollegen aus?

An vorderster Stelle steht bei Herrn Pilger der ‹Flexible›, der gerne von festgefahrenen Strukturen abweicht und neue Wege beschreitet. Er ärgert sich häufig über die Festgefahrenheit seiner Kollegen und findet es gut, «vom Altbewährten abzuweichen und Neues zu

Das Innere Team von Herrn Pilger in Deutschland

wagen». An seiner Seite befindet sich der ‹Innovative Überzeuger›, der ihm bei Kritik von außen zu Hilfe eilt und ihn mit den Worten «Neues stößt anfangs immer auf Skepsis» in seinem Vorhaben unterstützt. Im Hintergrund hält sich der ‹Ordnungsliebende› auf, der nicht oft nach vorne tritt, da sein Feld bereits durch andere besetzt ist. In Deutschland muss er seine Kollegen nur selten davon überzeugen, dass eine gewisse Kontinuität wichtig ist. Dafür setzen sich die anderen bereits hinreichend ein. Ebenfalls im Vordergrund steht der ‹Sachliche›, unterstützt vom ‹Distanzierten›. Beide sorgen dafür, dass Herr Pilger Abstand zu seinen Kollegen wahrt und unabhängig bleibt. Dem ‹Sachlichen› ist der Bezug zur Aufgabe im beruflichen Umfeld wichtig. Er kann es nur schwer aushalten, wenn man immer wieder ins Unsachliche abschweift, wenn die Argumentation emotional wird und sich um Beziehungen dreht. Es geht ihm vor allem um die inhaltliche Entscheidung. Der ‹Distanzierte› bevorzugt die Rolle des Einzelkämpfers. Er sorgt dafür, dass Herr Pilger sich nicht in Streitereien hineinziehen lässt, sondern unabhängig seine Ideen verfolgen und Konflikte konstruktiv angehen kann.

Herr Pilger in Italien

Herr Pilger verlässt sein gewohntes Umfeld in Deutschland und tritt eine neue Stelle in Italien an. Unter seinen neuen Kollegen macht er neue Erfahrungen, und so verlaufen auch die Arbeitssitzungen anders als in Deutschland. Herr Pilger wird in Italien von seinem Umfeld nicht nur anders wahrgenommen, er macht auch die Erfahrung, dass er sich selbst anders verhält als zuvor. Er ist plötzlich nicht mehr der flexible Innovator, sondern erlebt sich als ordnungsliebender als zuvor. Wie es dazu kommen kann, erklärt das Modell des Inneren Teams.

Der innere Kontext von Herrn Pilger in Italien

Was geschieht mit Herrn Pilgers innerer Mannschaftsaufstellung in Italien bei der Diskussion mit Signor Cambieri?

Im Vordergrund steht plötzlich der ‹Ordnungsliebende› mit seiner Forderung «Es ist mir wichtig, eine Struktur zu haben und eine gewisse Kontinuität beim Arbeiten.» In Italien wird Herrn Pilgers Bedürfnis nach Struktur von den anderen nicht mehr erfüllt. Er muss nun selbst dafür kämpfen und schickt den ‹Ordnungsliebenden› nach vorne. Der in Deutschland oftmals frustrierte ‹Flexible› begibt sich glücklich in den Hintergrund. Seine Wünsche erfüllen sich auf einmal wie von selbst. In Italien zeigt sich endlich auch die von ihm er-

Das Innere Team von Herrn Pilger in Italien

sehnte Spontaneität! Neben ihm steht etwas verwirrt und plötzlich ohne Aufgabe der ‹Innovative Überzeuger›. Weiterhin im Vordergrund sind, nun etwas größer als zuvor, der ‹Distanzierte› und der ‹Sachliche›. Sie müssen stärker als zuvor für ihre Bedürfnisse nach Unabhängigkeit und Sachbezogenheit eintreten, um sich nicht in zwischenmenschliche Konflikte verwickeln zu lassen, bei denen der Bezug zur Sache leicht verloren geht.

Der Wechsel in der inneren Mannschaftsaufstellung: Wie bin ich denn nun?

Mit dem Wechsel des kulturellen Umfelds verändert sich die innere Mannschaftsaufstellung von Herrn Pilger. Das aus Deutschland bekannte Team funktioniert nicht mehr so wie früher. Herr Pilger tritt plötzlich nicht mehr als flexibler Innovator auf, sondern muss als Ordnungsliebender die Wechselhaftigkeit seiner Kollegen bremsen. Auf der interpersonellen Ebene zeigt sich im Riemann-Thomann-Kreuz das Bild unten.

Während er unter den Deutschen weiterhin ein Wechsel-Typ ist (s. kleines Kreuz), wird er unter Italienern zum Dauer-Typ (s. großes Kreuz). Denn im Vergleich zu den Italienern ist er strukturierter und handelt aufgabenbezogener. *In Relation* zu den Italienern, die sich im Thomann-Riemann-Kreuz im Nähe-Wechsel-Quadranten befinden, fällt er in das deutsche Stereotyp und wird so, aus Sicht der Italiener,

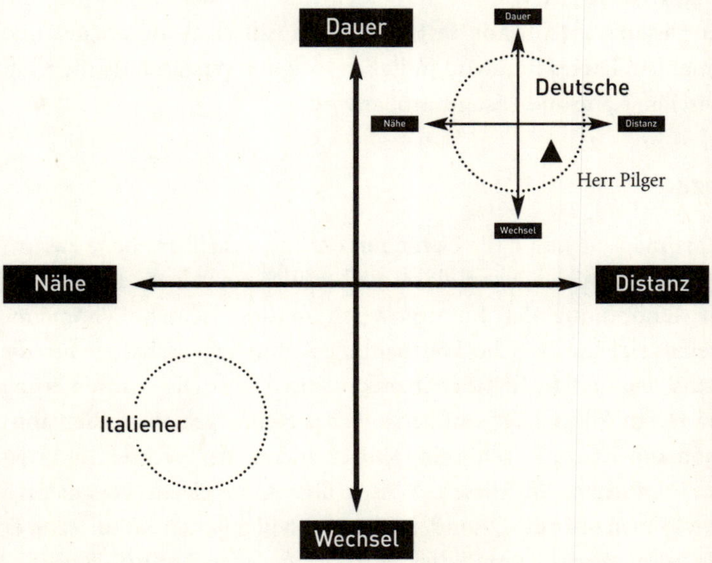

Riemann-Thomann-Kreuz: Herr Pilger in Italien

zum Dauer-Menschen. Somit wird er zum Abbild des ‹typischen Deutschen›, eine für ihn ungewohnte Rolle. Entsprechend sind die Rückmeldungen, die er erfährt: «Herr Pilger, wie können Sie so rigide an einem Beschluss festhalten?» Gewohnt, in seinem eigenen Kulturkreis ein Wechsel-Typ zu sein und von den anderen auch als solcher gesehen zu werden, kann Herr Pilger mit diesem Vorwurf zunächst nichts anfangen: ‹Komisch, auf welcher Seite ich mich da wieder finde. In Deutschland werfe meist ich den anderen Rigidität vor, und nun trifft es mich selbst›, denkt er sich und weist den Vorwurf zunächst von sich: ‹So war ich nicht, und so bin ich nicht!› Die veränderten Rückmeldungen, die ihm sein neues kulturelles Umfeld zukommen lässt, passen nicht in sein Selbstbild, und so stimmen Selbstbild und Fremdbild auf der Dauer-Wechsel-Achse nicht mehr überein. Diese Differenz zwischen Selbst- und Fremdwahrnehmung verunsichert Herrn Pilger und lässt ihn an seiner Identität zweifeln.

Im Gegensatz zur Dauer-Wechsel-Achse ändert sich die *relative* Position von Herrn Pilger zu seiner bzw. der fremden Kultur auf der Nähe-Distanz-Achse nicht. In beiden Kulturen befindet er sich auf der Distanz Seite. Schon in Deutschland galt er als distanziert und unnahbar. Dieses Bild wird in Italien lediglich verstärkt, da die Kluft zwischen Nähe und Distanz größer wird.

Fazit

Führt man die kulturelle Ebene mit der individuellen Ebene zusammen, so zeigt sich ein komplexeres, aber auch ein vollständigeres Bild. Die Einordnung der Kulturgruppen in das Riemann-Thomann-Kreuz zeigt auf, welche Werthaltungen und Eigenschaften für *die* Deutschen und *die* Italiener charakteristisch sind. Die Positionierung von Herrn Pilger zeigt sein persönliches Heimatgebiet im Riemann-Thomann-Kreuz: Er gehört in Deutschland zu den Wechsel- und Distanz-Menschen. Mit diesem Wissen über seine eigene Person und dem Wissen über die Besonderheiten der italienischen Kultur kann er seine persönlichen Konfliktfelder in der fremden Kultur identifizieren. Als Distanzler behält er auch in Italien diese Rolle bei, denn die

Italiener sind – in Relation zu den Deutschen – Nähe-Menschen. Er bewegt sich dort also auf gewohntem Terrain. Gleichzeitig läuft er in Italien jedoch noch mehr als in Deutschland Gefahr, unnahbar zu werden, sich zu isolieren und aus dem Kontakt zu treten. Für ihn wird es wichtig sein, mehr als zuvor auf andere zuzugehen, um sich in der neuen Kultur zurechtzufinden.

Als deutscher Wechsel-Mensch wird sich auf der Dauer-Wechsel-Achse eine kleinere Kluft zwischen Herrn Pilger und den italienischen Kollegen bilden. Doch gerade hier können die für ihn unerwarteten Konflikte liegen. Es sollte ihm daher bewusst sein, dass er – in Relation zu den Italienern – weniger Wechsel-Mensch ist und dass er aus diesem Grund im italienischen Umfeld zum Dauer-Menschen werden wird. Plötzlich trifft er auf Konflikte, die er nicht mit seiner Person in Verbindung bringen kann. Die damit einhergehenden Irritationen gilt es für ihn zu bewältigen. Herr Pilger muss sich also zwei Herausforderungen stellen: dem Schritt vom Wechsel- zum Dauer-Menschen und einer Verschärfung seiner Position als Distanzler.

Eine Antizipation dieser Konflikte bereits *vor* der Ausreise kann die Bedrohung des eigenen Wertesystems und der eigenen Identität als weniger verunsichernd wirken lassen und somit zu einer Verringerung des anfänglichen Kulturschocks führen. Doch auch während des Auslandsaufenthalts können eine Aufdeckung diese inneren und äußeren Konflikte und ihrer Entstehungsursachen hilfreich sein. Versteht man die dahinter liegenden Prozesse, so ist dies bereits ein erster Schritt zum konstruktiven Umgang mit bevorstehenden Herausforderungen oder einer bereits bestehenden inneren Verunsicherung.

«Die Personen, denen die Relativität ihrer Werthaltungen bewusst ist», haben sich nach Stahl (1995) stets als diejenigen erwiesen, die sich am besten im Gastland zurecht finden. Die Modelle zeigen auf, dass sich die Werte der fremden Kultur auch in einem selbst wieder finden und Unterschiede zwischen Personen vor allem in der Ausprägung dieser Werte liegen. Diese Einsicht erleichtert die Identifikation mit den Werten und Normen beider Kulturen und leistet somit einen Beitrag zur interkulturellen Verständigung.

Literatur

Hall, E. (1989): *Understanding cultural differences.* Yarmouth

Hofstede, G. (1989): *Culture's consequences: International differences in work-related values.* Newbury Park, CA

Layes, G. (2003): *Interkulturelles Identitätsmanagement.* In: A. Thomas, E. Kinast und S. Schroll-Machl (Hg.): Handbuch Interkulturelle Kommunikation und Kooperation. Band 1: Grundlagen und Praxisfelder. Göttingen

Stahl, G. (1995): *Die Auswahl von Mitarbeitern für den Auslandseinsatz: Wissenschaftliche Grundlagen.* In : T. Kühlmann (Hg.): Mitarbeiterentsendung ins Ausland: Auswahl, Vorbereitung und Wiedereingliederung. Göttingen

Thomann, C., Schulz von Thun, F. (2003): *Klärungshilfe 1: Handbuch für Therapeuten, Gesprächshelfer und Moderatoren in schwierigen Gesprächen.* Reinbek

Thomas, A., Kinast, E. und Schroll-Machl, S. (Hg.) (2003): *Handbuch Interkulturelle Kommunikation und Kooperation.* Band 1: Grundlagen und Praxisfelder. Göttingen

Triandis, H. C. (1995): *Individualism and Collectivism.* Boulder, Oxford

Trompenaars, F. (1995): *Riding the waves of culture: Understanding cultural diversity in business.* London

Lei Wang

Wenn Konfuzius Schulz von Thun trifft...

Kommunikationspsychologie aus Sicht einer Chinesin

Die Begegnung von Konfuzius und Schulz von Thun in meiner Innenwelt

KONFUZIUS: Ein Mensch zu sein bedeutet moralisch sein! Moral ist die Pflicht aller Menschen!

SCHULZ VON THUN: Ein Mensch ist aufgrund seiner Gefühle, Motive und Impulse real. Lassen Sie uns darüber reden!

KONFUZIUS: Die Menschen müssen die moralischen Regeln lernen und befolgen! Es ist die Voraussetzung für eine harmonische zwischenmenschliche Beziehung und für gesellschaftliche Ordnung!

SCHULZ VON THUN: Die Menschen sind unterschiedlich. Sie sollen zuerst lernen, wie sie sich selber kennen lernen, wie sie mit sich klar kommen können. Das ist die Voraussetzung für eine klare Kommunikation und zwischenmenschliche Beziehung.

KONFUZIUS: Ein Mensch muss treu sein zu seiner Familie und seinem Vaterland!

SCHULZ VON THUN: Ja – aber auch und vor allem soll er sich selber treu sein!

KONFUZIUS: Sie müssen gehorsam sein!

SCHULZ VON THUN: Sie sollen kritisch prüfen, wer Gehorsam verdient, und zuallererst sich selber gehorchen!

...

Ich komme aus China, der Heimat von Konfuzius. Aufgrund meines Studiums in Deutschland lernte ich die Bücher «Miteinander Reden» 1–3 und ihren Autor kennen, ich bin zu einer begeisterten Leserin geworden. Während des Lesens und beim Schreiben dieses Artikels entdeckte ich einen Dialog um Menschlichkeit und zwischenmenschliche Beziehungen in mir. Die traditionelle chinesische Kultur und die Kommunikationspsychologie stoßen in mir zusammen, als ob Konfuzius und Schulz von Thun in meinem Innenleben zusammentreffen.

Konfuzius ist mein ‹Normenberater›, der mir schon seit der Kindheit vertraut ist. Er ist eine Verschmelzung von gesellschaftlichen Normen, chinesischer Tradition, Vorstellungen meiner Eltern, meiner Schulbildung usw. Er lehrt mich mit seiner Erfahrung und Weisheit, eine «harmonische» reibungslose Beziehung mit den Mitmenschen zu haben. Er beschützt mich, aber er schränkt mich auch ein. Das neue und faszinierende Mitglied meines Innenlebens ist der Vertreter von Schulz von Thun. Er zeigt mir die Wahrheit der Menschlichkeit und der zwischenmenschlichen Beziehungen, ermutigt mich, nach der Freiheit zu streben. Beide sprechen mit mir, beide nehmen starken Einfluss auf mich.

Die Begegnung von Konfuzius und Schulz von Thun in meinem Innenleben ist eine große Lernerfahrung meines Studiums in Deutschland. Ich danke Herrn Schulz von Thun, der mir diese Gelegenheit bietet, meine Gefühle und Gedanken mit Ihnen zu teilen.

Erster Eindruck von den Büchern

Zum ersten Mal hörte ich von den Büchern «Miteinander Reden» in einer Vorlesung. Es sind grundlegende Lehrbücher der Soziologie, Psychologie und Pädagogik. Das Kommunikationsquadrat von Schulz von Thun erregte mein Interesse, weil es für mich eine ganz neue wissenschaftliche Dimension zur Betrachtung der zwischenmenschlichen Kommunikation darstellt. Aus diesem Grund begann ich, alle drei Bücher zu lesen. Sie haben mich sehr beeindruckt. Mir fiel auf, dass ihre Sprache im Gegensatz zu manchen anderen deutschen Lehrbüchern sehr verständlich ist. Obwohl meine Muttersprache, das Chinesische, mit dem Deutschen nicht verwandt ist und ich das Deutsche noch nicht vollständig beherrsche, sind die Inhalte leicht zu verstehen. Weiterhin ist der Stil sehr lebensnah. Nach meinen früheren Erfahrungen kann das Lesen eines Lehrbuches eintönig sein, aber nicht in diesem Fall. Die Bücher enthalten zahlreiche Beispiele, die entweder aus dem alltäglichen Leben oder aus den eigenen Erfahrungen des Autors stammen. Auch die Zeichnungen haben mir gefallen. Sie helfen mir, die Theorien und Modelle besser zu verstehen. Wenn ich an die Theorien denke, schweben mir die Zeichnungen vor Augen. Sehr interessant ist für mich, dass die Theorien, die von einem deutschen Professor entwickelt wurden, genauso auf Deutsche wie auf Chinesen zutreffen. Ich kann die Nachricht eines Chinesen quadratisch genauso analysieren wie die eines Deutschen, wir verfügen auch über «vier Ohren», um den andern zu verstehen. Die Kommunikationsstörungen zwischen den Chinesen können auch durch das psychologische Modell nach Schulz von Thun erklärt werden.

Erster Versuch mit dem Kommunikationsquadrat

Mit großer Neugier fing ich sofort an, das Kommunikationsquadrat auszuprobieren. Es hilft mir, eine ankommende Äußerung unter verschiedenen Aspekten zu prüfen, wodurch ich die Mitmenschen und mich selber besser verstehen kann. Mir ist wichtig zu wissen, dass ich mehrere Reaktionsmöglichkeiten zu einer Aussage habe, also nicht nur eine «einzige Möglichkeit» wie früher. Ich versuche, auf vier Ohren zu hören, zu überlegen und mich zu entscheiden, auf welche Seite zu reagieren ist. Mir ist aufgefallen, wenn ich mich verändere, verändert sich mein Partner auch. Wenn ich mich bemühe, mich meinem Partner klar mitzuteilen, zeigt er auch mehr Verständnis. Wenn ich versuche, auf dem Selbstkundgabe-Ohr zu hören, werden Missverständnisse vermieden.

Als ich einmal meine deutsche Freundin besuchte, fragte sie mich, ob ich einen Tee möchte. Ich reagierte typisch chinesisch: «Nein, danke!» Ich bekam keinen Tee und fühlte mich enttäuscht. Da sie schon wusste, dass ich kein direkter Typ bin, wiederholte sie die Frage. Dieses Mal antwortete ich: «Ja, gern!» Sie schaute mich verwirrt an und beschwerte sich, dass sie meine Wünsche immer erraten müsste. Sie verstand nicht, warum ich nicht direkt sagte, was ich wollte. Ich hörte zuerst automatisch mit dem Beziehungs-Ohr ihre Kritik heraus und war gekränkt über den Vorwurf. Dann versuchte ich es mit meinem Selbstkundgabe-Ohr und fand heraus, dass sie aufgrund meines Verhaltens verunsichert war, es ist für sie schwer, mit mir klar zu kommen.

Ich verstand am Anfang auch nicht, warum es für mich so schwer ist, meine Interessen direkt mitzuteilen. Nachdem ich in mich selber hineinschaute, wurde mir klarer, was in mir abgelaufen ist. Mit der Antwort «Nein, danke» zeigte ich meine Höflichkeit, auf die in der chinesischen Kultur viel Wert gelegt wird. Ein chinesischer Gastgeber reagiert nicht auf die Sachseite dieser Botschaften, für ihn bedeutet diese Antwort: «Ja, aber das ist sehr umständlich für dich!» Er bietet trotzdem seinem Gast Tee an, da es seine Pflicht ist. Wenn ein chinesischer Gast direkt «Ja, gerne» antwortet, halten wir ihn für einen schlecht erzogenen Menschen. Einen Tee angeboten zu bekommen bedeutet für einen Gast: «Sie sind herzlich willkommen!» Wenn ihm kein Tee angeboten wird, fühlt er sich unerwünscht. Wir verhalten uns so, ohne nachzudenken, weil wir diese Sitte seit Kindheit an von den Mitmenschen erlernt haben und wir sie für gut halten.

Vier chinesische Schnäbel und vier deutsche Ohren – ein interkultureller Kommunikationsprozess im Licht des Kommunikationsquadrats

Meine Freundin und ich klärten unser Missverständnis mit Hilfe des Kommunikationsquadrats. Sie verstand, dass ich einen Tee von ihr erwartete, obwohl ich «Nein, danke» geantwortet hatte. Und ich verstand, wenn ich einen Tee von ihr bekommen möchte, muss ich ihr das klar mitteilen. Nachdem wir die kulturellen Unterschiede wahrgenommen und erklärt haben, können wir einander besser verstehen.

Jedoch: So einfach ist das nicht!

Kann meine Kommunikation dadurch verbessert werden? Bin ich eine gute Partnerin der Mitmenschen geworden? Mit der Zeit begreife ich langsam, dass es nicht so einfach ist, wie ich mir es vorgestellt habe. Mit meinem neuen Wissen schaffe ich es nicht immer, denn die alltägliche Kommunikation geht sehr schnell. Ich muss aber langsam mit anderen umgehen, denn ich brauche mehr Zeit zum Überlegen, was mit mir los ist und wie ich dies dem anderen klar mitteilen soll. Wenn ich mich nicht konzentrieren kann, kehre ich wieder zu den alten Verhaltensmustern zurück. Ich setze meine Maske auf, die nach den Verhaltensregeln meiner sozialen Rollen erstellt wird. Nicht ich, sondern meine Rolle geht mit anderen Menschen um, als Studentin, als Freundin, als Mitarbeiterin, als Tochter, als Ehefrau … Mein Leben ist mir wie ein ewiges Theaterstück. Ich bin eine Schauspielerin, die sich bemüht, jede Rolle gut zu spielen. Ich nehme mir die Beurteilung meiner Mitmenschen zu Herzen und frage mich, ob ich meinen Aufgaben gewachsen bin. Da die Spielregeln schon vorhanden sind, brauche ich nicht daran zu denken, wie ich sie spiele. Es scheint mir, als ob ich weder Zeit noch Recht habe, um nachzudenken, wer ich bin und was ich eigentlich will.

Wir Chinesen tragen eine höfliche Maske. Es sieht so aus, als ob wir die edelsten, hilfreichsten und freundlichsten Menschen der Welt wären. Es scheint, dass wir eine harmonische Beziehung miteinander haben. In der Tat aber ist diese nicht so herzlich, wie es aussieht, denn ein wichtiger Teil von uns – die inneren Gefühle, Motive und Wünsche – stecken hinter der Maske. Um meine Innenwelt nicht preiszugeben und gleichzeitig meine Rolle gut zu spielen, brauche ich viel seelische Energie. Ich fühle mich ständig überfordert, mit anderen Kontakt aufzunehmen, weil es mir zu anstrengend ist. Ich will lieber allein sein.

In unserer Gesellschaft gibt es bestimmte Verhaltensnormen, wie wir mit einander umgehen sollen. Alle Chinesen kennen sie, sie sind in unserer Kultur verwurzelt, sie sind in uns. Wir lernen sie von unseren Eltern, Mitmenschen, aus der Geschichte, aus Erzählungen und aus den Massenmedien.

Aus diesem Grunde möchte ich den Einfluss von Kultur und Geschichte auf die Chinesen mit Hilfe der kommunikationspsychologischen Modelle analysieren.

Reflexion über Kultur und Geschichte

Als ich «Miteinander Reden 1» las, fühlte ich, dass die Chinesen das Buch dringend brauchen. Es gibt eine kulturelle Falle, die ich mit Hilfe der Bände «Miteinander Reden» erkannt habe, die die Kommunikation besonders erschwert. Sie geht auf den Konfuzianismus zurück und wirkt implizit breit in der Gesellschaft.

Von einer kulturellen Falle spreche ich, weil wir Konfuzius verehren, dessen negative Auswirkungen auf die Menschen und Gesellschaft aber nicht berücksichtigen.

In unserer Gesellschaft spielt der Konfuzianismus eine dominante Rolle. Man sagt, dass die chinesische eine konfuzianische Kultur ist. Konfuzius (Meister Kong) lebte vor ca. 2500 Jahren und war ein großartiger Pädagoge, Denker und politischer Theoretiker. In seinem einschlägigen Werk, dem Buch «Lun-yu», wurden die Vorstellungen von einer idealen gesellschaftlichen Ordnung dargestellt. Nach seinem Tode wurde seine Idee von Schülern und Nachfolgern zum Konfuzianismus entwickelt. Der wurde von den Kaisern der folgenden Dynastien (seit Han) übernommen und in die Tat umgesetzt. Aus diesem Grund hat der Konfuzianismus einen tief greifenden und lang anhaltenden Einfluss auf die chinesische Politik, das Denksystem, die Erziehung und Kultur. Konfuzius wurde als «Heiliger Kong» verehrt.

Um eine ordentliche Gesellschaft zu erreichen, kategorisierte der Konfuzianismus die Menschen nach ihren sozialen Rollen, Alter, Geschlecht und Bildungsniveau. Dies gab moralische ideale Maßstäbe für die zwischenmenschlichen Beziehungen: Der Monarch herrscht über seine Untertanen, der Vater über seinen Sohn und der Mann über seine Frau.

Daraus entwickelte sich eine unerschütterliche gesellschaftliche Ordnung im alten China – ein zwischenmenschliches «Gehorsamsverhältnis», dem jeder Chinese mit allen Kräften bewusst folgte. Es enthält: Frauen gehorchen Männern, die jüngere Generation gehorcht der älteren Generation, eine einzelne Person gehorcht der ganzen Familie, die Bauern gehorchen den Gelehrten, die ganze Gesellschaft gehorcht dem zentralen bürokratischen Block.

Was für eine Rolle spielt die moralische Regel im modernen China? Obwohl während der Kulturrevolution zahlreiche Bücher und Tempel von Konfuzius vernichtet wurden, bleibt der Einfluss seiner Gedanken auf die Menschen stark. Nach der Zeit der Kulturrevolution ist die Verehrung von Konfuzius wieder gewachsen. Das «Gehorsamsverhältnis» wirkt implizit auch zwischen den modernen Chinesen. Dies führt zu einer hierarchischen gesellschaftlichen Beziehung zwischen den Menschen, sie wird als selbstverständlich angesehen. Die Absicht des Konfuzianismus – Moral über alles – entspricht vollkommen dem Gemeinschaftsgeist des Sozialismus. Uneigennützigkeit ist die hohe Tugend, der von den Schulen, Institutionen und Massenmedien große Wertschätzung entgegenbracht wird. Die positive Seite dieser Verbindung sind die relativ stabile gesellschaftliche Ordnung und die harmonischen Sitten, wie zum Beispiel die, Ältere und höher Stehende zu achten, die Jüngeren zu lieben, die Wissenschaft hoch zu achten, den Lehrenden zu respektieren usw. Die negative Seite aber ist das Verdrängen des Individuums und die Unterdrückung der Menschlichkeit. Das Problem liegt darin, dass wir die Geschichte und Kultur nicht kritisch verarbeitet haben, sondern alles einfach akzeptieren.

1. Der verinnerlichte «Normenberater» und seine Auswirkung auf das Innenleben der Chinesen

Kerngedanke des Konfuzianismus ist die Moral. Konfuzius meint, dass die Menschen im Vergleich zu Tieren und Pflanzen eine außergewöhnliche Position in der Natur haben, weil die Menschen Wissen besitzen. Das höchste Wissen ist Moral. Er geht davon aus, dass die Ordnung der Gesellschaft selbstverständlich stabil wäre, wenn alle Menschen moralisch wären. Moral ist Pflicht, ein Befehl, nach dem sich jeder richten soll, unabhängig davon, ob er es will oder nicht.

Ein Mensch zu sein bedeutet, moralisch zu sein. Man kann sagen, dass es für die Chinesen sehr wichtig ist, ein guter Mensch zu sein. Wir haben ein sehr strenges «Über-Ich», nämlich den verinnerlichten ‹Normenberater›. Das «Es», das eigene Bedürfnisse, Motive und Impulse besitzt, betrachtet Konfuzius als Gegensatz der Moral.

Diese Vorstellung verschärft das Verhältnis zwischen dem «Über-Ich» und dem «Es».

Selbstverbergung
Dies führt dazu, die eigene Innenwelt zu verbergen, eigene Bedürfnisse zu unterdrücken.

Konfuzius ist also in uns, er berät uns und beurteilt uns. Wenn wir ihn wieder nach außen, in andere Menschen projizieren, haben wir eine neurotische Angst vor Mitmenschen, weil sie unser Selbstwertgefühl bedrohen können. Dies könnte der Grund sein, warum wir große Selbstkundegabe-Angst haben und warum Höflichkeit unter Chinesen so wichtig ist. Chinesen vermeiden in der Öffentlichkeit jede offene Kritik an anderen, um das Gesicht des anderen und das eigene Gesicht zu bewahren. Wenn gegenseitige Meinungen, persönliche Vorurteile usw., die hinter der scheinbaren Harmonie stecken, nicht geklärt werden, kann das zu Beziehungsstörungen führen.

Diese Angst davor, sich preiszugeben, den anderen die eigenen Gefühle und Schwächen erfahren zu lassen, wurde noch von einigen historischen Ereignissen verstärkt. Für die junge Generation sind zwei Ereignisse besonders wichtig: die Kulturrevolution und die Niederschlagung der Studentendemonstration im Jahr 1989.

Die Kulturrevolution bestand aus vielen verschiedenen politischen Kampagnen. Mao hatte den Wunsch, die Chinesen zu neuen, vollkommenen Menschen umzuformen, die sich kollektiv orientieren, ohne eigene Interessen zu verfolgen. Die Bürger wurden damals zur Zeit der «Hundertblumenbewegung» zuerst ermutigt, ihre eigenen Wünsche, ihre Kritik gegen die Regierung (die kommunistische Partei) direkt in der Öffentlichkeit zu äußern. Die Menschen, die ihre Meinungen gegen die Regierung offenbarten, konnten sich nicht vorstellen, dass sie deswegen später streng bestraft werden sollten, wie es dann geschah. Manche von ihnen wurden umgebracht, manche wurden im Gefängnis umerzogen, manche wurden zu schwerer körperlicher Arbeit gezwungen. Nach diesen leidvollen Erlebnissen verschlossen sie ihre Innenwelt. Eine offene Diskussion über die Kulturrevolution ist bis jetzt nicht erfolgt. Die Angst vor der Selbstkundegabe bleibt, sie wird sich auch in der nächsten Generation weiter verbreiten.

Die Studentendemonstration im Frühjahr 1989, die mehr Demokratie und Meinungsfreiheit von der damaligen Regierung der Kommunistischen Partei forderte, wurde am 4. Juni gewalttätig niedergeschlagen. Die Zahl der Opfer ist bis jetzt unklar. Die chinesische Regierung erklärte dieses Ereignis zu einer politischen Unruhe und sprach implizit zur Bevölkerung: «Mund zu! Ihr habt kein Recht, über Politik zu reden! Schaut mal, was mit denen passiert ist! Seid gehorsam! Nur so geben wir euch ein friedliches Leben. Wir garantieren, dass eure Lebensbedingungen nach und nach verbessert werden. Aber unter einer Bedingung: Kein Wort über Politik!» Es ist eine moderne Aussage in der V.R. China: «Ich interessiere mich nicht für Politik.» In Wahrheit haben alle große Angst, darüber zu reden. Außerdem haben alle auch wenige Informationen, die meisten Bürger haben keine Chance, etwas zu erfahren und sich an der Diskussion zu beteiligen.

Versteckte Innenstimme und Gefühle

Doch wo lasse ich meine Gefühle, Ängste und heimlichen Wünsche, wie soll ich mit ihnen umgehen? Mein ‹Normenberater› gibt keine Antwort. Er zeigt nur, was ich tun soll.

Solange sie unterdrückt werden, bleibt mein Innenleben unruhig. Der Begriff «Innenkonflikt» ist für uns Chinesen zwar kein fremdes Wort, aber in der alltäglichen Kommunikation spricht niemand davon. Deshalb mögen wir Filme, Geschichte und Erzählungen, die sich mit diesem Thema beschäftigen.

«Das Innere Team», der dritte Band von «Miteinander Reden», zeigt mir die Innenwelt der Menschen und die Methode, wie man Innenkonflikte wahrnimmt und bearbeitet: in sich hineinhorchen. Es ist für mich hilfreich, den kleinen inneren Stimmen zuzuhören.

Ich beobachte, dass es in meinem Herzen mehrere Stimmen gibt, die aber von mir rücksichtslos übergangen werden. Wenn ich nur die lauteste Stimme anhöre, gebe ich den anderen keine Chance, ihre Meinungen zu formulieren. Meistens hat der ‹Normenberater›, der verinnerlichte Vertreter von Konfuzius, die lauteste Stimme, die anderen Stimmen sind leiser, wie der ‹Liberale›, die ‹Ängstliche›, der ‹Lebenslustige›, der ‹Gelangweilte›, der ‹Ästhet›, die ‹Wissenschaftlerin› … Aus dem dritten Band von «Miteinander Reden» lernte ich, jeder von ihnen zuzuhören. Ich entdecke meine inneren Gefühle, die sich in den Stimmen verstecken. Wenn sie nicht ausgesprochen werden, werde ich sie nicht wahrnehmen. Meine Innenwelt bleibt unruhig. Nachdem ich sie gehört habe, fühle ich mich leichter als vorher. Doch brauche ich viel Mut, wenn ich meinem gespaltenen Ich gegenüberstehe.

Für mich ist nun schwer vorstellbar, wie ich weiter mit den verschiedenen Stimmen umgehen soll. Ebenso schwer ist zu begreifen, wie mein Oberhaupt alle inneren Mitglieder vernünftig behandeln soll. Das Modell vom Inneren Team ist für mich wie die Einberufung eines Parlaments, bei dem jeder das Recht hat, für sich zu sprechen. Eine demokratische Atmosphäre, die ich bisher nie kennen lernte und erlebte. In der chinesischen Geschichte gab es bisher nur eine autokratische Gesellschaft. Was heißt und warum eigentlich Demokratie, was ist ihr Sinn? Die westlichen Bürger sind schon seit der Antike mit diesem Begriff vertraut, wir dagegen nicht. Ich kann nicht alles nachvollziehen. Ich bin daran gewohnt, nur die Stimme anzuhören, welche die lauteste ist. Jetzt tauchen viele verschiedene Geräusche bei mir auf …

Solange ich kein ausgebildetes Oberhaupt habe, schwanke ich zwischen zwei Stimmen, die in mir kämpfen. Eine ist der ‹Normenberater›, der verinnerlichte Vertreter von Konfuzius, er sagt: «Sei ein guter Mensch! Du musst immer auf deine soziale Rolle und die Umweltbedingungen achten! Denk an deine Pflicht! Und die Normen!» Die andere ist ein ‹Liberaler›, die von den Regeln befreit sein will. Er sagt: «Schluss mit den Regeln und Tabus! Sei du selbst!» Doch wer ist das echte Ich? Mit den beiden bin ich nicht zufrieden, sie sind kein Echt-Ich. Ich wünsche mir einen inneren Teamleiter, der noch stärker, aber auch demokratischer als die beiden ist. Der soll mir helfen, eine vernünftige Lösung zu finden. Nur dann kann ich endlich die innere Ruhe finden.

Während ich diesen Aufsatz schreibe, meldet sich eine neue Stimme bei mir an. Sie ist am Anfang sehr leise, kaum spürbar, mit der Zeit aber immer stärker geworden. «Horch in dich hinein», sagt sie, «alle deine Stimmen sind klug und wichtig für dich! Du sollst jeder von ihnen zuhören! Und schließlich die Klugheit aller Mitglieder nutzen!» Die ist von dem ‹Psychologen› in mir – dem Vertreter von Schulz von Thun …

Gegenüberstellung von Normenberater, Liberalem und Psychologen in meinem Innenleben

2. Auswirkung des Konfuzianismus auf die zwischenmenschliche Beziehung und die Kommunikation der Chinesen

Dominanz von Du-Botschaften

Um die innere Welt zu verbergen, benutzen wir gerne sprachliche Hilfsmittel, vor allem Du-Botschaften.

Während in der Öffentlichkeit Höflichkeit betont wird, sind Du-Botschaften bei Konflikten in der Familie und unter Freunden dominant. Je intimer die Beziehung ist, desto mehr Du-Botschaften werden gesendet. Kinder sind an die expliziten und impliziten Du-Botschaften gewöhnt, die ihre Eltern ständig an sie richten.

Ein Kind wird üblicherweise nicht freundlich auf seine Handlungsfehler hingewiesen, sondern die Eltern machen ihm heftige Vorwürfe, wie zum Beispiel: «Hast du dein Spielzeug kaputt gemacht? Dein Vater wird sich über dich ärgern!» Oder eine Mutter sagt: «Sieh, was du gemacht hast! Denk mal, was werden die anderen über uns sagen? Du bist schuld, dass ich mein Gesicht verloren haben!» Dadurch lernt das Kind, dass es eine wichtige Aufgabe ist, das «Gesicht» der Familie zu bewahren, indem es sich darum bemüht, dass die anderen es nicht schlecht beurteilen. Was für ein kleines Kind schwer nachvollziehbar ist: Das Urteil anderer Menschen hängt nicht wesentlich davon ab, ob es Fehler macht oder nicht. Viel wichtiger ist die Frage, ob sein Verhalten den kulturellen Sitten und den geheimen, vielleicht auch unbewussten Wünschen der Eltern entspricht.

Ich habe die Du-Botschaften gehasst oder, genauer, ich hatte große Angst vor ihnen. Da mein Selbstkundgabe-Ohr damals wenig ausgeprägt war, fühlte ich mich so, als ob sie mein Selbstwertgefühl bedrohten. Ich erinnere mich an eine Du-Botschaft, die mich verwirrte und lange belastete. Als ich die Grundschule besuchte, wollte ich tanzen lernen. Meine Mutter war dagegen und sagte: «Du verstehst gar nicht, was Tanzen bedeutet. Du willst nur auf der Bühne herumlaufen und protzen!» Für eine lange Zeit konnte ich nicht genau unterscheiden, ob ich das Tanzen eigentlich genoss oder nur protzen wollte. Ich vermied es zu tanzen, da ich nicht als «Protz» gesehen werden wollte.

An dieser Stelle möchte ich Herrn Schulz von Thun danken, der mich durch seine Bücher auf den Begriff der Du-Botschaften aufmerksam macht. Ich fühle mich von den bei mir ankommenden Du-Botschaften befreit, die mich früher verletzten. Ich sage mir, ich bin nicht nur das, was die anderen Menschen in mir sehen. Ich fange an, eine neue Definition für mein Selbstbild zu finden.

Und ich beginne, hinter den Du-Botschaften, die bei mir ankommen, auch die Selbstkundgabe zu erkennen. Früher habe ich diese nur mit dem Beziehungsohr gehört, was nicht selten zu einem Streit mit dem Sender führte. Meine chinesische Freundin hat einmal geklagt: «Wenn du so wissenschaftlich mit mir redest, hast du die Menschlichkeit schon verloren!» Früher hätte mich diese Aussage gestört und gekränkt, vielleicht hätte ich gesagt: «Also habe ich mich in ein Tier verwandelt?!» Jetzt höre ich auch ihre Selbstkundgabe: Sie fühlte sich nicht wohl, als ich die neu erlernten Techniken der Kommunikationspsychologie ausprobierte, und hatte das Gefühl, dass ich sie nicht wirklich verstehe und sehr distanziert mit ihr umgehe.

Ich beobachte, dass ich vor allem dann, wenn ich Angst habe oder wütend bin, Du-Botschaften benutze, um meine Gefühle zu verstecken. Jetzt versuche ich, meine Innengefühle wahrzunehmen und sie dem Partner mit Ich-Botschaften zu erklären.

Eine Zeit lang habe ich gedacht, dass Du-Botschaften Gift für die zwischenmenschliche Kommunikation sind, und habe versucht, sie mir abzugewöhnen. Aber jetzt habe ich gemerkt, dass Du-Botschaften auch wichtig sein können. Mir fällt eine Aussage von einem früheren Kollegen ein, über die ich sogar dankbar war. Als ich als Dozentin ein Seminar für neue Angestellte hielt, meldete sich ein Kursteilnehmer: «Du verhältst dich wie eine Grundschullehrerin [ich war früher Mittelschullehrerin!], wir sind aber deine Kollegen!» Durch seine Äußerung wurde mir klar, dass ich die ernste Lehrer-Fassade dringend abnehmen musste. Die danach folgende lockere Atmosphäre zwischen den Erwachsenen war für mich eine schöne Erfahrung. Es kann also auch gut sein, Mitmenschen mit Du-Botschaften zu konfrontieren. Wann und wie es adäquat ist, anderen solche Du-Botschaften mitzuteilen, darüber muss ich noch viel lernen, und das muss ich noch sehr üben.

Ein großes Appell-Ohr

Ein großes Appell-Ohr ist bei uns Chinesen bereits seit der Kindheit ausgebildet. Kinder, die bei solchen Eltern aufwachsen, die ihre Erwartungen nicht direkt aussprechen, werden aufgefordert, jeden

Wunsch von ihren Augen abzulesen und zu erfüllen. Sie werden gelobt, wenn sie den versteckten Appell ihrer Eltern und Großeltern «richtig» wahrnehmen. Mit diesem Ohr besuchen sie die Schule, wo ihre Handlungsweise bestätigt wird und sich weiter entwickelt.

Ein großes Appell-Ohr ist für uns ein wichtiges Rüstzeug im Umgang miteinander. Sich zurückhaltend benehmen, implizit formulieren ist ein wichtiges Merkmal unserer Persönlichkeit. Obwohl der Sender seine Erwartung nicht explizit ausspricht, will er doch auf den Empfänger Einfluss nehmen. Um herauszubekommen, was er wirklich will, muss man sehr aufmerksam sein, um so den leisen Appell wahrzunehmen. Wem dieses Ohr fehlt, der wird als ein uneinsichtiger Mensch angesehen und ist unbeliebt bei den Mitmenschen.

Einen Appell mit einem «Nein» zu beantworten, ist schwer für uns Chinesen, weil die Harmonie der zwischenmenschlichen Beziehung gefährdet würde.

Der Appell-Ohr-Hörer kann den Mitmenschen aber nicht immer gerecht werden. Wenn er dieses Ohr ständig spitzt, wird er seinen Partner nicht einfühlend verstehen. Er nimmt jede Äußerung oder Handlung als eine Andeutung auf, um sie begierig zu erfüllen. Zum Beispiel erzählte ich einmal meiner Freundin von meiner Prüfungsangst. Sie fing sofort an, mich zu ermutigen. Ihre Ermutigung war nett, aber meine Angst blieb bestehen. Später merke ich, dass sie ein großes Appell-Ohr hat, meine Aussage war für sie ein Appell, «Ermutige mich!» Aber in Wirklichkeit brauchte ich nur, dass mir jemand zuhört, der mich verstehen kann.

Wenig ausgebildete Selbstkundgabe-Schnabel und -Ohr

Die Chinesen zeigen weltweit ihre Anpassungsfähigkeit und Solidarität. Sie sind bereit, jeder vorhandenen Ordnung und Bürokratie zu folgen.

Gehorsam ist nach dem Konfuzianismus eine Tugend.

Ein gutes Kind muss den Eltern, den Großeltern gehorchen, es darf ihnen auf keinen Fall widersprechen. Es soll die Aussage seiner Eltern akzeptieren, ohne sie zu analysieren, ohne sich mit ihnen auseinander zu setzen. Das diagnostische Selbstkundegabe-Ohr wird kaum gefördert. Dieser Erziehungsstil führt zur Herausbildung eines starren Selbstkonzepts.

Ein guter Schüler oder eine gute Schülerin soll den Lehrern und den Lehrerinnen gehorchen, die Vorschriften und Regeln der Schule befolgen. In den Schulen lernen sie die meisten Fächer auswendig, wiederholen die Musterantwort bei den Prüfungen. Es wird weder verglichen noch diskutiert. Ihre Meinung interessiert niemanden und wird nie gefragt. Fähigkeiten zum selbstbewussten Denken werden nicht gefördert.

Ein guter Mitarbeiter ... Ein guter Bürger ...

Hören, hören, und hören! Wir brauchen ein großes Ohr, um zu erfahren, was die Gesellschaft und unsere Mitmenschen von uns verlangen.

Schweigen ist Gold! Wozu soll ich meine eigenen Wünsche, Gefühle berichten, wenn sie unwichtig sind und niemand sich dafür interessiert? Die Ganzheit ist wichtig: die ganze Familie, die Gesellschaft, der Staat! Wenn wir sprechen, dann nur das, was wir sprechen «sollen» und dürfen!

Was bringt die Kommunikationspsychologie für uns Chinesen?

Mit der Kommunikationspsychologie sind viele meiner Hoffnungen verbunden, die mir während meines Studiums in Deutschland bewusst geworden sind. Ich wünsche mir, dass ...

- wir uns mit unserer eigenen Kultur und Geschichte konfrontieren und herausfinden, wie sie unser Verhalten negativ beeinflussen,
- sich der autoritäre Erziehungsstil in Familien und Schule verändert,
- wir weniger Besorgnis um Selbstpreisgabe haben und eigene Wünsche, Gefühle, Meinungen durch Ich-Botschaften mitteilen,
- wir unsere Mitmenschen wertschätzen, auch bei Konflikten und harten Auseinandersetzungen,

- statt der oberflächlichen gesellschaftlichen Sitten eine seelische Harmonie zwischen den Menschen, in den Familien, in den Schulen, in Arbeitsfeldern erreicht werden kann.

…

Ich habe aber die Sorge, dass es unter den aktuellen gesellschaftlichen Bedingungen in der Volksrepublik China nicht möglich ist, dass die zwischenmenschliche Kommunikation gründlich verbessert werden kann, dass wir uns frei fühlen, frei miteinander reden, hören und denken können! Gleichzeitig sehe ich auch, dass eine demokratische Gesellschaft unerreichbar ist, wenn das Individuum sie weder kennt noch nach ihr verlangt.

Die Kommunikationspsychologie kann dazu beitragen, eine sensible Selbstwahrnehmung zu schärfen, dadurch eine Selbstverständigung und -akzeptanz zu fördern. Es ist das Wertvollste, was dem Individuum in einer kollektiv orientierten Gesellschaft fehlt. Erst wenn sich das Individuum seinem eigenen Dasein öffnet, ist es bereit, seine Mitmenschen anzuerkennen und zu respektieren. Dann wird es möglich, eine innere Demokratie und eine partnerschaftliche zwischenmenschliche Beziehung zu erreichen.

Der Dialog zwischen Konfuzius und Schulz von Thun geht weiter

Die Diskussion zwischen dem ‹Normenberater› (Vertreter von Konfuzius), dem ‹Psychologen› (Vertreter von Schulz von Thun) und dem ‹Liberalen› in mir geht weiter.

Endlich ist mein Oberhaupt kompetenter geworden und mischt sich in das Gespräch ein. Es sagt: «O. K., jetzt verstehe ich endlich, worüber ihr sprecht. Ich sehe eure Vorstellungen als zwei Dimensionen des menschlichen Daseins, nämlich die gesellschaftliche und die individuelle. Beide sind für einen Menschen relevant.

Du, Normenberater sprichst von einem sozialen Menschenbild. Du gehst davon aus, dass alle Mitglieder der Gesellschaft die Pflicht haben, die gesellschaftliche Ordnung aufrechtzuerhalten. Manche deiner moralischen Ideale halte ich für wertvoll, an denen werde ich mich weiter orientieren. Die meisten deiner Regeln aber sind in diesem Zeitalter überholt, darauf will ich verzichten.

Du, Liberaler, du darfst lauter sprechen! Ich habe früher deine Stimme nicht ernst genommen. Denn du sprichst für meine eigenen Interessen, die zu meinem Ideal-Selbst nicht passen. Jetzt erkenne ich, dass du eigentlich ein sehr wichtiges Mitglied von meinem Team bist. Ohne dich hätte ich keine Leidenschaft zur Freiheit, hätte ich den Psychologen nicht zu uns eingeladen und integrieren lassen. Ich werde dir in Zukunft intensiv zuhören, um meine eigenen Gefühle und Bedürfnisse wahrzunehmen.

Du, Psychologe, sprichst im Gegensatz zu dem Normenberater aus Sicht der humanistischen Psychologie für das Individuum eines Menschen. Du unterstützt die Entwicklung und Entfaltung der potenziellen Fähigkeiten der Einzelnen, forderst eine klare, kongruente Kommunikation mit sich selbst und den Mitmenschen und die Anerkennung der menschlichen Innenwelt durch die Gesellschaft. Das ist genau das, was ich brauche, dass ich nicht nur als eine soziale Rolle, sondern vor allem als ein Mensch mit meinen inneren Motiven, Impulsen und Gefühlen betrachtet und akzeptiert werde, dass ich nicht nur ordentlich und korrekt, sondern auch lebendig sein kann. Deine Kommunikationspsychologie ist ein wunderbares Geschenk für mich und die Chinesen. Solche Diskussionen werde ich in Zukunft ständig einberufen, wenn ich große Entscheidungen treffen werde. Ich danke euch herzlich!»

Ich fühle mich frei!

Ich stehe vor den Türen, die sich in meinem Herzen befinden, die von mir früher eine nach der anderen geschlossen wurden. Ich klopfe an eine Tür, mir wird geöffnet. Ich finde die Mitglieder meiner Innenwelt, eines nach dem anderen.

Wir begrüßen uns, wir umarmen uns, wir reden miteinander, wir einigen uns. Meine Gefühle, die ich schon lange nicht spüren konnte, sind lebendig geworden. Ich kann mich selbst mehr und mehr besser verstehen und akzeptieren. Ich empfinde meine innere Energie und Freude und wirke nach außen gelassen und fröhlich.

Mit meiner alten Maske fühle ich mich nicht mehr wohl. Ich bin entschlossen, sie abzunehmen, um die frische Luft einzuatmen. Mein Körper ist geschmeidig und lebendig geworden, und ich fühle mich frei!

Mein Ziel, von dem ich schon lange träumte – die Freiheit – ist noch weit entfernt. Aber ich bin froh, dass ich unterwegs bin.

Peer Kaeding und Faruk Süren

«Du hast Scheiße gebaut!»

Gespräche mit nichtdeutschen Gewalttätern unter der Lupe der Kommunikationspsychologie

Wir arbeiten beide in der Beratungsstelle Gewaltprävention des Landesinstituts für Lehrerbildung und Schulentwicklung in Hamburg. Neben vielen anderen Aufgaben führen wir regelmäßig Gespräche mit Jugendlichen, die aufgrund von Gewalthandlungen in der Schule oder im schulischen Umfeld auffällig geworden sind. Darunter sind auch viele ausländische Jugendliche. In vielen Fällen droht eine Umschulung, oder es wurde Anzeige bei der Polizei erstattet, oder beides.

Unsere Aufgabe ist es, in Kooperation mit den betroffenen Familien, Schulen und Unterstützungseinrichtungen Maßnahmen zu planen, die «einen Unterschied machen». Wir gehen dabei von der Erkenntnis aus, dass Aggressivität und Gewaltbereitschaft stabile Persönlichkeitseigenschaften sind und sich kriminelles Verhalten im Jugendalter ab einem bestimmten Schweregrad ebenfalls stabilisiert. Die Jugendlichen kommen also in einer Situation zu uns, in der ihr Verhalten bereits verfestigt ist (keine Ersttäter) und bei fortdauerndem Gewaltverhalten die Umschulung oder sogar Gefängnis drohen. Keine leichte Aufgabe also, zumal die meisten der Jugendlichen bereits viele Gespräche mit Eltern, Lehrern und anderen Helfern «erfolgreich» hinter sich gebracht haben.

Eine besondere Herausforderung sind dabei Gespräche mit nichtdeutschen jugendlichen Gewalttätern. Neben den bereits beschriebenen Schwierigkeiten kommen außer Sprachproblemen häufig auch kulturelle Missverständnisse auf beiden Seiten hinzu. In diesem Beitrag haben wir unsere Praxiserfahrungen aus unseren Gesprächen mit Jugendlichen einmal mit der «kommunikationspsychologischen Lupe» untersucht.

1. Der Erstkontakt

Nicht nur zwischen Beratern und Klienten besteht ein Kulturunterschied, auch die Autoren selbst stammen aus völlig unterschiedlichen Hintergründen. Außer dass sie beide männlich und fast im gleichen Alter sind, gibt es so gut wie keine Gemeinsamkeiten:

Peer Kaeding, geboren 1969, aufgewachsen in einem Dorf bei Hamburg, Gymnasium in Hamburg, nach dem Abitur Zivildienst und Studium der Psychologie, während des Studiums Auslandspraktikum, Diplom 1997, seit 1999 in der Beratungsstelle Gewaltprävention angestellt.

Faruk Süren, geboren 1971 in Bursa/Türkei, aufgewachsen in einem Hamburger Arbeiterviertel (Veddel) und dort die Grund- und Hauptschule besucht, erste kleinkriminelle Aktivitäten mit 15 Jahren, diverse Jugendstrafen, erste Inhaftierung wegen diverser Gewaltdelikte mit 18 Jahren (einige Monate U-Haft, dann Freispruch), mit 24 Jahren verurteilt zu sechs Jahren Haft, davon 52 Monate in Niedersachsen und Hamburg (Strafvollzugsanstalt am Hasenberge, «Santa Fu») abgesessen, Gründer des Projekts «Gefangene helfen Jugendlichen», seit 2000 in der Beratungsstelle Gewaltprävention im Landesinstitut für Lehrerbildung und Schulentwicklung angestellt.

Wie auch im Kontakt mit Klienten anderer Kulturen fällt die erste Begegnung der beiden Autoren (und ihrer Inneren Teams) recht verhalten aus. (vgl. Abb. S. 208)

Eine wesentliche Folge dieser inneren Mannschaftsaufstellungen war eine spürbare Distanz zwischen den Autoren. Herkunft, Kultur, Bildungsgrad und Wertesysteme waren zu unterschiedlich, als dass sich die Autoren auf der Stelle Vertrauen entgegenbringen konnten. Im Lauf der Zeit hat aber die Neugierde gesiegt, den anderen besser kennenzulernen: Wie denkt, fühlt und arbeitet eigentlich ein «Schulpsychologe» und wie ein «Ex-Knacki»? Wir hatten beide das große Glück, diese Einsichten auszutauschen, und wir haben beide

Unsere inneren Teamaufstellungen beim Erstkontakt

davon profitiert. Bis es so weit war, mussten wir zunächst einmal uns und unsere unterschiedlichen Arbeitsweisen kennen lernen.

Wenn jugendliche Gewalttäter zum ersten Mal in die Beratungsstelle kommen, scheinen sie häufig mit einer ähnlichen inneren Einstellung und Vorerfahrung ausgestattet wie Faruk Süren («Straßenkampf»), während die deutschen Berater eher die traditionelle akzeptierende Beraterhaltung verinnerlicht haben.

Unsere ersten getrennten Gespräche mit Jugendlichen liefen entsprechend unserer oben dargestellten inneren Teamaufstellung so unterschiedlich, wie wir es zu dem Zeitpunkt waren. Im ersten Beispiel geht es um Murat, einen 14-jährigen Schüler, der seine Mitschüler seit vier Monaten um Zigaretten und kleine Geldbeträge erpresst. Wer nicht zahlt, wird geschlagen. Zuletzt hat er einen Mitschüler krankenhausreif geschlagen. In diesem fiktiven Gespräch kommt er zu

Peer Kaeding

- Schön, dass du kommen konntest. Hast du gut hergefunden. Kann ich ein Glas Wasser oder einen Tee anbieten? (Begrüßung, Akzeptanz signalisieren)
- Ich will zunächst meine Rolle verdeutlichen: Ich habe gehört, es gibt ein Problem an der Schule. Ich möchte versuchen, mit dir eine Lösung zu finden. Dafür höre ich mir deine Sicht der Dinge an, und wir entwickeln die Lösung dann gemeinsam. (Transparenz herstellen)
- Erzähl mir mal, wie die Situation aus deiner Sicht aussieht! (Gespräch strukturieren)
- Du hast also nur so dagestanden, dann hat dich der andere beleidigt, und dann hast du ihn geschubst. (Aktives Zuhören)
- Was ich nicht verstehe, ist, warum hat der andere dann eine Woche im Krankenhaus gelegen? (Präzisieren)
- Ach so, nicht du hast so stark zugeschlagen, sondern dein Freund, der auch dabei war. (Akzeptieren)
- Mhm, aber in der Akte steht, dass dein Freund aussagt, dass du den anderen beleidigt, beschimpft, geschlagen und getreten hast. Was sagst du dazu? (Versuch einer Konfrontation)
- Aha, du sagst, dein Freund lügt. Das glaube ich dir zwar nicht, aber wir können das jetzt hier nicht klären.
- Ja, Murat, was fällt dir denn ein, wie du die Situation in der Schule verbessern kannst? (Offene Frage)
- Aha, nicht mehr schlagen! Ja, das ist eine gute Idee. Hast du auch einen Plan, wie du das schaffen kannst? (Akzeptanz, Bitte um Präzisierung)
- Du willst dich mehr bemühen. Ja, das solltest du in jedem Fall versuchen! (Stiller Zynismus)

— Ich habe noch einen Vorschlag: In Hamburg gibt es einen Träger, der so genannte Coolness-Gruppen anbietet. In einer Gruppe mit anderen gewaltbereiten Jugendlichen wird über die Taten, die eigene Aggression und die Möglichkeit zur Vermeidung gewalttätigen Verhaltens in der Zukunft gesprochen. Was hältst du davon? (Konkretes Hilfeangebot)
— Im Moment hast du da keine Lust zu. Aha. (Aktives Zuhören)
— Also, ich lege schon großen Wert darauf, dass du etwas in deinem Leben änderst, und dieses Projekt ist ein gutes Angebot. (Farbe bekennen)
— Ja, okay? Klasse! Dann haben wir also eine Vereinbarung (Wiederholung der Vereinbarungen).
— Ich möchte dich in zwei Wochen an der neuen Schule wiedersehen. Dann schauen wir gemeinsam, wie du dich eingelebt hast und ob die Maßnahmen ausreichen. Okay? (Vereinbarungen zur Weiterarbeit)
— Dann danke ich für das Gespräch. Tschüs und viel Glück!

Aus der Sicht von Peer Kaeding lief das Gespräch ganz gut. Wichtige beraterische Grundregeln wurden beachtet (Transparenz, Akzeptanz, Gesprächsführung, Konkretisierungen, Ergebnisorientiertheit, Vereinbarungen zur Weiterarbeit). Vielleicht hat Murat nicht in jedem Punkt die volle Wahrheit gesagt, aber wer tut das schon in seiner Lage? Alles in allem war das wohl das Beste, was man aus diesem Gespräch herausholen konnte.

Faruk Süren ist entsetzt, als er von dem Gesprächsverlauf erfährt. Solche weichgespülten Gespräche mit Sozialfuzzis hatte er in seiner Jugend genug. Die haben ihn bestimmt nicht von seiner kriminellen Karriere abgehalten. So kommt man an die Jugendlichen bestimmt nicht heran. Er berichtet von einem Gespräch, wie er es für richtig hält. Bei ihm war Gökan:

Faruk Süren

— Hallo Gökan, ich will mich erst mal vorstellen: Ich bin kein Lehrer, ich bin kein Psychologe, ich bin kein Polizist. Ich bin so wie du. Ich habe in meiner Schulzeit viel Scheiße gebaut. Damals gab es einige Leute, die mir helfen wollten, und ich habe nicht auf sie gehört. Leider, denn sie hatten Recht. Ich erzähl dir mal was aus meinem Leben, und dann kannst du entscheiden, ob du mit mir ernsthaft zusammenarbeiten willst. (Kontakt aufbauen; den anderen ernst nehmen)

— Ich war als Jugendlicher genau wie du. Hab meinen Spaß gehabt, habe Scheiße gebaut und hab dafür im Knast gesessen. Zuerst im Jugendvollzug, dann im Erwachsenenknast. Ich glaube, ich kann deine Situation sehr gut verstehen. Ich hätte mir gewünscht, dass es damals Leute gegeben hätte, die mich ernst genommen hätten, mit denen ich über meine wirklichen Sorgen hätte sprechen können. Ich biete dir an, mit dir ernsthaft nach Lösungen für deine Lage zu suchen. (Kontraktklärung)

— Dafür brauche ich dein Männerehrenwort, dass du ehrlich mit mir bist. Ich mache das nicht, weil ich es muss oder weil das mein Beruf ist. Ich biete dir eine echte Hilfe an. Ich will, dass du mir ehrlich sagst, wenn du nicht mit mir reden willst. Du musst nicht mit mir sprechen. Wenn ich hier meine Zeit mit dir vergeude, dann nur, weil ich dir helfen will, was aus dir zu machen. Nutze die Möglichkeit, oder lass es bleiben. Aber wenn du Ja sagst, musst du es auch ernst meinen. (Männerehrenwort)

— Ich sage dir die Wahrheit direkt ins Gesicht, auch wenn du einige Sachen vielleicht zum ersten Mal so deutlich hörst oder nicht hören willst. Wenn du Scheiße baust, sage ich dir das. Wenn etwas gut war und ich kann es nachvollziehen, sage ich es dir auch. Das ist mein Angebot, und du kannst es ablehnen oder annehmen.

Gökan nimmt das Angebot an und bestreitet seine Beteiligung an der Tat. Früher war er mal derbe drauf, aber jetzt habe er sich im Griff.

— Du glaubst wohl, du bist besonders schlau?! Ich sag dir mal, wie ich dich sehe: Du machst noch ein paar Jahre so weiter, und dann landest du auch im Knast. Das glaubst du nicht?! Glaubst du, du bist der Schlauste von allen? Sag mal, was du so verdienst in der Woche? Ja, das ist ne ganze Menge! Und jetzt erzähl mir mal, was du verlierst in der Woche? Ja, das verstehst du nicht. Du blickst es einfach nicht. Du sitzt schon so tief in der Scheiße, dass du gar nicht mehr merkst, was du verpasst. Wie oft schwänzt du Schule? Kennst du auch Leute, die nicht kriminell sind? Ja, siehst du! Was willst du denn machen mit sechzehn, wenn du in der Woche verdienst, was dein Vater im Monat verdient und ohne Schulabschluss?! Was bleibt dir dann noch! (Ehrliche Konfrontation)

— Weißt du, was du bist? Du bist ein blödes Arschloch! Und soll ich dir auch sagen wieso? Weil ich schon ein blödes Arschloch bin. Ich habe Leute verletzt, habe meine Familie traurig gemacht, habe alle meine Freunde von damals verloren. Und wie bescheuert musst du sein, wenn du jemandem wie mir zuhörst? Wenn ich dein Vater wäre, ich würde mich für dich schämen! (Sehr ehrliche Konfrontation)
— Soll ich dir mal ganz ehrlich was sagen: Ich bin enttäuscht und stinksauer auf dich. Ich habe dir vor fünf Minuten erzählt, dass ich dir meine Freundschaft anbiete. Und ich habe dir Regeln genannt. Und du hast sie akzeptiert. Und was machst du?! Du verarschst mich! (Ärgermitteilung)
— Jetzt mal ganz im Ernst. Ich habe von dir ein Männerehrenwort erhalten, und ich erwarte, dass du das auch ehrlich meinst. Du musst nicht mit mir reden. Ich mache dir ein Angebot, weil ich glaube, dass du Unterstützung von außen brauchst. Wenn du das nicht willst, kannst du jederzeit durch die Tür dort gehen. Wenn ich aber meine Zeit mit dir hier verbringe, dann erwarte ich von dir, dass du dich an die Regeln hältst. (Kontraktklärung)
— Was ist jetzt? Hast du Interesse oder nicht?

Faruk Süren ist zufrieden. Er hat Gökan ordentlich eingeheizt und seine wichtigsten Gesprächsziele umgesetzt: Ein freundschaftliches Beziehungsangebot machen; den Jugendlichen mit der Ausweglosigkeit einer kriminellen Karriere konfrontieren; den Jugendlichen in das Projekt «Gefangene helfen Jugendlichen» einbinden. Und vor allem: sich selbst dabei nicht zu verbiegen. Den Jugendlichen Angebote machen ist ja schön und gut. Aber sie müssen mich dabei auch ernst nehmen. Das war zwar erst der Anfang der Arbeit mit diesem Jugendlichen, aber er wird schon zum Nachdenken kommen, wenn er erst einmal den Strafvollzug von innen gesehen und mit den Inhaftierten gesprochen hat.

Peer Kaeding ist erschrocken. Das geht weit über alle Grenzen der Gesprächsführung hinaus, wie er sie kennt. Konfrontieren ist ja in Ordnung und sinnvoll, aber einen Jugendlichen zu entwerten, ihn «blödes Arschloch» zu nennen, das geht auf keinen Fall!

Hinter diesen beiden Gesprächen stecken nicht nur unterschiedliche individuelle Haltungen, sondern auch Einstellungen und Werte, die unabhängig von bestimmten Personen für Beratungsgespräche gelten können. Das Werte- und Entwicklungsquadrat macht dieses Dilemma anschaulich (vgl. Schulz von Thun: MR 2).

Konfrontative Gespräche mit Jugendlichen – ein Dilemma

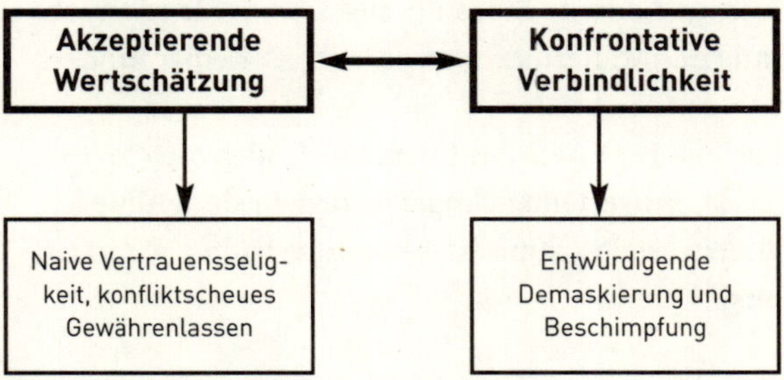

Das Werte- und Entwicklungsquadrat in der Arbeit mit gewaltbereiten Jugendlichen

Die beiden sinnvollen und positiven Werte «Akzeptierende Wertschätzung» und der dazugehörige Partnerwert «Konfrontative Verbindlichkeit» bilden das Fundament guter Beratung. Wichtig ist die Balance zwischen beiden, denn wenn einer der beiden Grundwerte fehlt oder zu schwach zum Tragen kommt, kippt der andere Wert in seine negative Übersteigerung.

Ohne die Fähigkeit zur Konfrontation wird die «Akzeptierende

Wertschätzung» zu «Naiver Vertrauensseligkeit» oder «Konfliktscheuem Gewährenlassen». Im entgegengesetzten Fall, also in einem Gespräch, in dem ohne Wertschätzung Verbindlichkeit eingefordert und konfrontiert wird, mutiert der gut gemeinte Einsatz ebenfalls. Wer nur noch konfrontiert und vom anderen Verbindlichkeit fordert, entwertet und demaskiert den anderen, vielleicht sogar bis hin zu reinem Beschimpfen als egoistischem Selbstzweck.

Dieser Zusammenhang gilt sicherlich für eine Reihe von Beratungsgesprächen. In der Arbeit mit kriminellen und gewaltbereiten Jugendlichen kommt eine weitere Komponente hinzu. Eine zu starke Übertreibung in die eine oder andere Richtung verfehlt das Gesprächsziel nicht nur, weil der andere Wert fehlt, sondern weil die Übertreibung an sich das Ziel konterkariert. In diesem Fall ist die

Folge von starker Übertreibung die Bestätigung, mit dem eigenen kriminellen Verhalten weiterzumachen!

- Weil die Sozialfuzzis nicht merken, welches Spiel gespielt wird und keine echten Konsequenzen durchsetzen, fühle ich mich bestätigt und kann weitermachen wie bisher. «Keiner hindert mich!»
- Weil die «harten» Ex-Knackis erfolgreiche Rollenvorbilder für demaskierende, entwertende Umgangsformen sind, fühle ich mich bestätigt, so weiterzumachen wie diese früher. «Stärke zahlt sich aus!»

Die Gratwanderung zwischen weichgespülter Sozialschallplatte, die weder die Jugendlichen noch die Berater wirklich interessiert auf der einen und knochenharter Konfrontation mit der Rechts- und Lebenswirklichkeit aus teilweise selbstherrlichen Motiven auf der anderen Seite ist also besonders heikel.

Nun mag dieses Dilemma durchaus ganz allgemein für die Arbeit mit vielen, auch deutschen, gewaltbereiten und kriminellen Jugendliche gelten; für uns beide war die damalige Erkenntnis, dass der jeweils andere mit völlig unterschiedlichen Haltungen und Überzeugungen die Jugendlichen anspricht, ein Anlass, mal über den eigenen biographischen, kulturellen und beruflichen Tellerrand zu schauen. Wenn der andere mit seiner entgegengesetzten Grundhaltung auf andere Weise erfolgreich mit den Jugendlichen arbeitet, dann muss das auch etwas mit ihm, mit seiner Andersartigkeit zu tun haben. Unsere Herangehensweise war zunächst also nicht: «Wie gehen wir mit Jugendlichen unterschiedlicher Herkunft um?», sondern: «Wie kommen wir im Team mit unterschiedlichen Herkünften, Kulturen und Umgangsformen zurecht?!»

2. Was wir voneinander gelernt haben

Was haben wir also voneinander gelernt? Der Deutsche vom Türken und der Türke vom Deutschen? Ganz einfach gesagt zwei Dinge: Erstens, eine andere Haltung im Umgang mit Konflikten und Gewalt, und zweitens, eine andere Sichtweise auf unterschiedliche Kulturen.

Die unterschiedliche Haltung im Umgang mit Konflikten und Gewalt haben wir bereits beschrieben. Unsere unterschiedlichen Herkünfte und Ausbildungen haben uns unterschiedliche Zugänge zu gewaltbereiten Jugendlichen ermöglicht, aber uns auch mit unterschiedlichen Scheuklappen und blinden Flecken ausgestattet.

Der eine, Peer Kaeding, hat gelernt, dass

- «Kriminalität» auch eine Art «Beruf» ist. Einige Jugendliche wollen als Kriminelle Karriere machen und den Anführern der Gang oder den Großdealern beweisen, dass sie die «Einstellungsvoraussetzungen» für einen weiteren Karriereschritt erfüllen. Dazu gehört auch, mit den Sozialfuzzis klarzukommen und ihnen zu erzählen, was sie hören wollen.
- Straftäter, die wegen Betrugsdelikten im Strafvollzug sind, sehr häufig die «nettesten» sind. Diese Menschen haben irgendwann gemerkt, dass ihr sympathisches und angenehmes Auftreten bei anderen Vertraulichkeit und ein Gefühl der Sicherheit schaffen. Dieses Auftreten haben sie professionalisiert und damit sogar Berater, Bankangestellte oder Politiker umgarnt. Auch einige Jugendliche sehen keinen Widerspruch darin, andere zu berau-

ben, zu schlagen oder massiv zu bedrohen und bei Gesprächen mit Polizei, Psychologen oder Sozialpädagogen (häufig erfolgreich) um Sympathien zu werben.

- es für Gewalt keine Rechtfertigung gibt. Keine einzige. Der häufig von Jugendlichen herangezogene Notwehrparagraph («Soll ich mich schlagen lassen?!?») ist uns in unserer sechsjährigen Tätigkeit noch nicht untergekommen. Das heißt: In allen Fällen haben Jugendliche aus anderen Motiven als Notwehr geschlagen, geraubt, bedroht.
- «echte» Kriminalität schon in jungen Jahren beginnen kann und (zumindest pädagogisch) genau so konsequent wie Erwachsenendelikte geahndet werden muss – allein schon im Sinne der Jugendlichen, die ansonsten die Bestätigung erhalten, ihr kriminelles Handeln fortzusetzen.

Der andere, Faruk Süren, hat gelernt, dass

- man als Berater nicht alles in einem großen Wurf erreichen kann. Die Probleme der Jugendlichen sind so unterschiedlich wie vielfältig und häufig nicht durch eine Intervention zu lösen. Es kann also sein, dass ein Jugendlicher trotz engagierter Arbeit weiterhin Straftaten begeht. Aber vielleicht bewirken die Gespräche, dass der Junge wieder häufiger in die Schule geht. Das ist sicher nicht das Optimum, aber man muss es aushalten.
- das Schicksal und der Lebensweg der Jugendlichen nicht der eigene ist. Auch wenn man immer wieder an die eigene Jugend erinnert wird und manchmal wegen der Unvernunft der Klienten schier verzweifeln möchte – es ist ihr Leben, nicht das unsere.
- man auch souverän, zielsicher und relaxed auftreten kann, ohne einschlägige Insignien der Jugendkultur (Kette, Armband, Kleidung, Schuhe usw.) zu tragen. Man kann als Berater (mit Hemd, Brille und allem Pipapo) bei den Jugendlichen ebenso ernst genommen werden, wenn man bei sich selbst bleibt. Wichtig ist, nicht so zu wirken, als wolle man souveräner, besser oder umgekehrt relaxter oder cooler sein, als man sich fühlt.

Wir haben vom anderen also einiges im Umgang mit Kriminalität und Beratertätigkeit gelernt. Das ist aber nicht alles. Da ist noch etwas, und das hat sich erst langsam gezeigt. Wir sind auch Türke und Deutscher. Wir haben uns zunächst gar nicht die Frage gestellt, ob diese Tatsache auch etwas mit unserer Arbeit zu tun haben kann. Hat es aber, wie sich bei folgender Szene zeigt:

Peer zu Faruk: «Kannst du nicht einmal einen Termin einhalten!»

Rums. Das hat gesessen. Was Peer sagen wollte (vgl. Schulz v. Thun: MR 1):

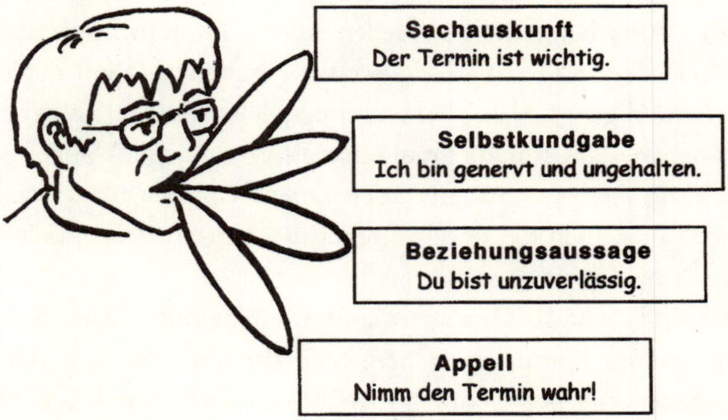

Was bei Faruk angekommen ist:

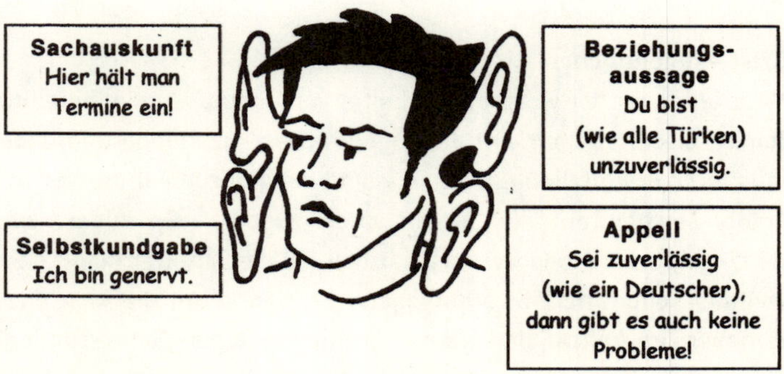

Neben dem durchaus ernst gemeinten Ärger über eine unklare Terminabsprache ist die Äußerung von Peer auch noch mit etwas anderem gefärbt: einer unausgesprochenen Selbstverständlichkeit, dass die (deutsche) Pünktlichkeit und Terminverbindlichkeit unter Kollegen automatisch gelten. Diese unhinterfragte Haltung des «So ist das hier, halte dich dran!» ist nichts anderes als ein Ausdruck der Arroganz der Mehrheitskultur. Gleichzeitig hat auch Faruks starre Haltung im Sinne von «Das lass ich mir von keinem bieten!» vielleicht etwas Trotziges und Halsstarriges, eine Überempfindlichkeit der Minderheitskultur, die auf «normale» Kleinkonflikte mit verbaler Hochrüstung reagiert.

Der darauf folgende Streit war heftig und langwierig – der Weg von kulturellen Vorurteilen zu Verständnis und Respekt ist kein einfacher. Wir hatten beide die kulturellen Anteile an dem Streit unterschätzt bzw. dem anderen in die Schuhe geschoben («Soll der sich doch entschuldigen»). Es hat bei uns einige Zeit gedauert, bis wir verstanden haben, dass es manchmal unsere eigenen Scheuklappen waren, die es uns schwer machten, den anderen besser zu verstehen, manchmal aber auch die festgefahrenen Kommunikationspfade des anderen.

Wir sind nicht die Einzigen, die im Umgang mit anderen Kulturen nicht immer optimal vorgehen. Menschen, die miteinander zu schaffen haben, machen einander manchmal zu schaffen. Das gilt besonders, wenn sie unterschiedlichen Kulturen entstammen und vieles, was für die eine Kultur selbstverständlich ist, für die andere unmöglich erscheint. Hier weitere Beispiele:

Polizist – Jugendlicher

Wir erleben immer wieder Mitarbeiter von Schule, Jugendhilfe und Polizei, die versuchen, auf die Jugendlichen zuzugehen und dabei «aus ihrer Rolle fallen». Beispiele sind der Polizeibeamte, der mit Victory-Zeichen auf die Jugendlichen zugeht, «Ey, Alder, was geht?» sagt und ihnen freundschaftlich auf die Schulter klopft oder (weitaus schlimmer) Strafgefangene (in den USA), die sich dazu hergeben, im Auftrag des Staates kriminelle Jugendliche stundenlang zu beschimpfen, um ihnen die Wertlosigkeit ihres Handelns (oder ihrer Person?) zu vermitteln. Unserer Ansicht nach verfehlen diese Ansätze ihr Ziel allein schon deshalb, weil die Übermittler der Botschaft nicht authentisch sind.

Um es an diesen Beispielen zu verdeutlichen: Wenn ein Polizist einem Jugendlichen etwas zu sagen hat, dann weil er Polizist ist. Das Gesagte wird nicht besser, wenn er versucht, wie ein anderer Jugendlicher zu wirken. Wenn Strafgefangene andere Jugendliche ernsthaft vor einer ähnlichen Karriere bewahren möchten, dann sollte dies unter ernst gemeinten Umständen geschehen. Abgesehen davon, dass das Anschreien in diesem Fall eher wie ein Armutszeugnis wirkt: Es verhindert einen sinnstiftenden Dialog mit den Jugendlichen.

Lehrerin – islamischer Schüler

Viele Lehrerinnen klagen über Autoritätsverluste, insbesondere bei männlichen moslemischen Jugendlichen. Sie werden von den jungen Türken, Afghanen, Iranern, Algeriern usw. nicht ernst genommen, was insbesondere bei Regelübertretungen und Nichtbeachten der Anweisungen der Lehrerinnen zu ernsten Problemen führen kann. Die Lehrerinnen wissen, dass die Frau in diesen traditionell geprägten Familien eine untergeordnete Rolle spielt und die Mutter selbst ihrem elfjährigen Sohn weisungsunterlegen ist.

Daraus leitet sich die nahe liegende, aber fatale Schlussfolgerung ab: «Die jungen Ausländer können die Anweisung der Lehrerin nicht akzeptieren, weil sie es nicht gelernt haben, Frauen zu gehorchen.»

Fatal ist die Schlussfolgerung aus zwei Gründen:

- Zum einen entscheidet sich zunächst einmal die Lehrerin selbst dafür, dass die jungen männlichen Ausländer «gar nicht anders können», als nicht auf Frauen zu hören. Sie können sehr wohl anders: Die «Rangordnung» bezieht sich zunächst allein auf die Familie. In den meisten islamischen Staaten ist die Mehrzahl der Lehrkräfte wie in Deutschland weiblich. Dort gibt es dieses Autoritätsproblem an Schulen in diesem Sinne nicht. Die Lehrerin ist Chefin der Klasse. Ende der Durchsage.

- Zum anderen signalisiert die Lehrerin der Familie durch ein uneindeutiges Verhalten moslemischen Kindern gegenüber, dass sie nicht in der Lage ist, die Chefin der Klasse zu sein. Die dadurch erzeugte Gegenreaktion ist häufig Unverständnis der Eltern («Sie haben Ihre Klasse nicht im Griff ...»), manchmal leider auch Aggression des Vaters gegen die Lehrerin. Derartige Probleme sind dann nicht mehr durch die Lehrerin allein zu lösen. Hier muss die Schulleitung deutlich signalisieren: «In dieser Schule ist die Lehrerin Chefin der Klasse!»

Mit anderen Worten: Wenn moslemische Schüler es nicht gelernt haben, Lehrerinnen zu gehorchen, dann müssen sie es lernen. Wir sehen keine andere Möglichkeit, als dass dies in der Schule durch die Lehrerinnen und Lehrer selbst geschieht.

Sowohl Polizist wie auch Lehrerin versuchen, sich der anderen Kultur zu nähern, indem sie ihre eigenen kulturellen Werte- und Normensysteme verlassen oder zumindest in Frage stellen. Die Deutschen in diesen Beispielen begegnen der anderen Kultur mit Naivität («Die können mich besser verstehen, wenn ich mich so verhalte»), ohne zu überprüfen, ob sie damit bei den anderen auch wirklich besser ankommen. Wird das Verhalten kaum oder selten mit der Realität abgeglichen, kann von einer Ignoranz der Mehrheitskultur gesprochen werden.

3. Konsequenzen für den Umgang mit gewaltbereiten Jugendlichen unterschiedlicher Kulturen (Haltung)

Bei der Arbeit mit gewaltbereiten Jugendlichen ist Respektlosigkeit quasi der Ausgangspunkt der Kommunikation. Gewalt ist die deutlichste, härteste und nachhaltigste Form der Respektlosigkeit. Auch wenn andere, psychische Formen der Gewalt vielleicht noch stärker verletzen können, sobald auch körperliche Gewalt im Spiel ist, ist die Sache klar: Hier kann kein Respekt mehr vorhanden sein.

Die Kombination

Gewalthandeln	**=**	**Respektlosigkeit**
	und	
unterschiedliche Kulturen	**≈**	**gegenseitige Vorbehalte**

macht die Schwierigkeiten deutlich, in der Sozialpädagogen, Lehrkräfte, Erzieher und Psychologen stecken, die mit gewaltbereiten Jugendlichen in einem multikulturellen Kontext zu tun haben.

Im alltäglichen Miteinander haben wir unsere Grundhaltungen nach und nach kennengelernt und das in die eigene Arbeit integriert, was erfolgversprechend schien. Grob gesagt hat sich eine «überkulturelle» Haltung entwickelt, die sich folgendermaßen beschreiben lässt:

- Anlass für unsere Arbeit ist immer die Verhinderung von Gewalt oder die konstruktive Aufarbeitung einer Gewalttat. Kultur oder Nationalität der Jugendlichen stehen dabei im Hintergrund. Deshalb gehen wir auch nicht als Türke oder Deutscher in die Gespräche, sondern als Mitarbeiter der Beratungsstelle Gewaltprävention.
- Egal, aus welcher Kultur oder aus welchem Land der Jugendliche kommt: Er ist gewalttätig geworden, hat andere verletzt. In diesem Punkt gibt es keinen Verhandlungsspielraum, die Tat muss aufgearbeitet werden

Sowohl der Umgang mit Gewalt als auch die Arbeit mit unterschiedlichen Kulturen bergen also die Gefahr, zu hart oder zu weich auf die Jugendlichen zuzugehen (vgl. Abbildung S. 222 oben).

Die Übertreibung zur einen oder zur anderen Seite hin führt beim Umgang mit Jugendlichen aus anderen Kulturen zu einem zusätzlichen Problem: einer «Kulturblindheit», die nicht selten zu ernsthaften Kommunikationsstörungen führt (vgl. Abbildung S. 222 Mitte).

Naive Gutmenschenhaltung
(keine Konsequenzen)
«Der wurde auch ganz schön provoziert!»

Knallharte «Gang-Kultur»
(nur strafen) «Der fliegt von der Schule – egal, was passiert!»

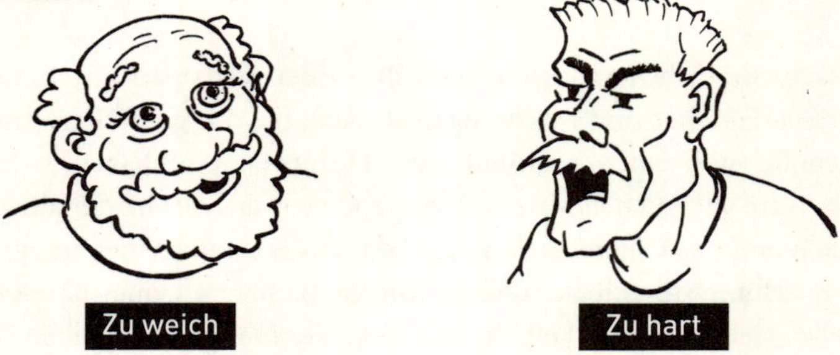

Fehler im Umgang mit gewaltbereiten Jugendlichen

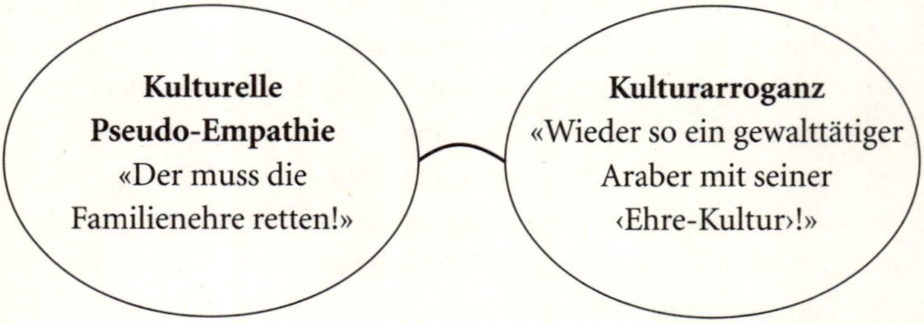

Zusätzliche Fehler beim Umgang mit anderen Kulturen

Die zu harte und die zu weiche Gangart im Umgang mit Gewalttätern, diese beiden Übertreibungsformen sind in Gefahr, sich weiter zu verschärfen und sich interkulturell aufzuladen, wenn der Gewalttäter einer anderen Kultur angehört. Entweder in Richtung entschuldigender Verharmlosung durch *kulturelle Pseudo-Empathie* («Nach seinem Ehrbegriff musste er so handeln!») oder in Richtung *kulturarroganter Anprangerung* («Typisch gewalttätiger Araber mit blutrünstigem Ehre-Wahn!»).

Es gibt nicht «den» gewaltbereiten Deutschen oder «den» aggressiven Türken. Im Gegenteil: Es ist schon ein Vorurteil an sich, wenn angenommen wird, dass ausländische Jugendliche automatisch anders behandelt werden müssen als Deutsche. Das gilt umgekehrt auch für Jugendliche, die gerade aufgrund ihres Ausländerstatus eine Sonderbehandlung wünschen:

> Faruk Süren sagt einigen türkischen Gewalttätern, die sich beschweren, dass sich die Deutschen ausländerfeindlich verhalten: «Du bist kein Ausländer, du bist ein Teil dieser Gesellschaft. Wenn du in dieser Gesellschaft leben möchtest, dann musst du es nach den Gesetzen dieser Gesellschaft tun. Wenn dir die Gesetze nicht passen und du verletzt sie, dann musst du dich nicht wundern, wenn die Gesellschaft dich so nicht haben will. Für dich gelten die gleichen Regeln und Gesetze wie für Deutsche. Wenn du die Gesetze brichst, machst du dich selbst zum Rausländer!»

Generell arbeiten die meisten Mitarbeiter in Schule und Jugendhilfe mit einer vergleichbaren Grundeinstellung. Gewalttaten, Erpressungen, Bedrohungen sind unter keinen Umständen zu dulden. Die jungen Täter selbst benötigen neben klaren Grenzziehungen gleichzeitig Helfer, die ihnen aus ihrer schwierigen Lage heraushelfen möchten. Wir möchten mit diesem Beitrag hervorheben, dass diese Gleichzeitigkeit von Akzeptanz und Konfrontation in jedem Fall beibehalten werden sollte. Selbst im Umgang mit extrem auffälligen Jugendlichen sollte neben aller Konfrontation immer klar sein, dass die Helfer auch wirklich helfen und nicht nur beschimpfen wollen. Und auch bei ausgesprochen akzeptierender Arbeit, zum Beispiel bei jungen oder labilen Personen, muss immer klar sein, dass auf Grenzüberschreitung klare Konsequenzen folgen. Wichtig ist, dass diese Grundeinstellung in der Praxis wirklich gelebt wird.

Diese Haltung lässt sich folgendermaßen veranschaulichen:

- «Dieses gewalttätige Verhalten wird hier nicht geduldet!» (linker Arm nach vorn, Hand nach oben, wie ein «Stopp-Signal»)
- «Ich biete dir Unterstützung an, wie du aus dieser Situation wieder herauskommst.» (dem anderen die helfende, rechte Hand entgegenstrecken)

Haltung im Umgang mit gewaltbereiten Jugendlichen

Diese Abbildung versinnbildlicht noch einmal, wie wir versuchen, die oben beschriebenen beraterischen Grundhaltungen «Akzeptanz» und «Konfrontation» in eine ausgewogene Balance zu bringen. Das gilt für die Arbeit mit jugendlichen Gewalttätern – unabhängig davon, ob sie aus der eigenen oder aus einer fremden Kultur stammen.

Eine Möglichkeit, wie die beiden Haltungen im Sinne von «kompromisslos auf den anderen zugehen» kombiniert werde können, zeigt folgendes Beispiel:

> Ein deutscher Jugendlicher hat einen türkischen Jugendlichen folgendermaßen beschimpft: «Fick dich, du Hurensohn! Du bist weniger wert als ein Stück Scheiße!» Der Türke dreht völlig durch und verletzt den Deutschen schwer. In dem Gespräch sitzt er ruhig und gelassen da und begründet seine Tat damit, dass es für ihn klar ist, dass er die Ehre der Familie und insbesondere die seiner Mutter wahren muss.

Wir sagen ihm:

- «Du willst die Ehre deiner Familie schützen? Warum machst du es dann nicht?!? Durch die Tat bist du doch gerade selbst die größte Belastung für deine Eltern!
- Du hast in jedem Zeugnis stehen, dass du dich nicht an die Regeln halten kannst. Deine Eltern müssen sich auf jedem Elternsprechtag Klagen über dich anhören. Du machst keine Hausaufgaben, deine Noten sind schlecht. Schützt du so die Ehre deiner Familie?!?
- Deine Eltern müssen zu Gesprächen in die Schule laufen, zur Polizei und sich bei Gericht Körperdurchsuchungen gefallen lassen. Meinst du, das gefällt denen?
- Solltest du aufgrund deiner Straftaten möglicherweise in dein Heimatland abgeschoben werden, wirst du dort nicht eigenständig leben und arbeiten können, denn dort sind die Regeln noch härter. Deine Eltern werden dich finanziell unterstützen müssen. Ehrt das deine Eltern?
- Das ist nicht deine erste Tat. Wenn du Pech hast, wird deinen Eltern das Sorgerecht entzogen, sie müssen Anträge stellen, um dich im Heim oder in Haft zu besuchen. Ist es das, was du erreichen wolltest?
- Du hast nicht geschlagen, weil du die Ehre deiner Familie schützen wolltest, du hast die Ehre als Ausrede genommen, dem anderen eine reinzuhauen. Die Ehre deiner Familie wird dadurch, dass irgendjemand irgendetwas Schlechtes zu dir sagt, nicht beschädigt.»

Keine kriminelle Handlung wird durch den Verweis auf die «Ehre» der Familie gerechtfertigt. Diese Art der Abschiebung von Verantwortung für das eigene Handeln auf andere hilft auch dem Gewalttäter nicht. Es ist Aufgabe der Unterstützer in Schule und Jugendhilfe, die Jugendlichen mit den gesellschaftlichen Realitäten vertraut zu machen, und wenn es nicht anders geht, sie mit ihnen zu konfrontieren.

Letztlich gibt es nicht den einen richtigen Hebel für die Arbeit mit ausländischen gewaltbereiten Jugendlichen. Wie oben erwähnt ist bereits die Annahme, dass man mit Ausländern anders umspringen muss als mit Deutschen, ein Teil des Problems. Vielleicht ist es besser zu sagen, dass in der Arbeit mit gewalttätigen Jugendlichen im multikulturellen Kontext neben den allgemeinen Herausforderungen auch kulturelle Fallstricke lauern, die man versuchen sollte, zu umgehen.

4. Was machen wir jetzt anders? (Methoden)

Konfrontative Gespräche

Für die Gespräche mit ausländischen Jugendlichen verwenden wir häufig die folgende Metapher:

> «Ich sehe das so: Du bist auf dem Weg vom Kind zum Erwachsenen. Wie alle in deinem Alter verhältst du dich manchmal wie ein Kind und manchmal wie ein Erwachsener. Nun reden wir hier über massive Probleme, die sehr ernst sind. Du möchtest dein Verhalten ändern und andere nicht mehr verletzen. Das klingt sehr erwachsen. Wenn ich dich frage, wie du das machen möchtest, sagst du: ‹Einfach so. Ich mache das nicht mehr.› Das klingt wie ein kleines Kind, das sich die Probleme einfach wegwünscht oder wartet, bis die Eltern eine Lösung finden.
>
> Von einem Erwachsenen erwarte ich, dass er Probleme sieht und bearbeitet – als Erwachsener warte ich nicht darauf, dass die Probleme von selbst verschwinden. Wenn ich dich als Erwachsenen ansehen soll, erwarte ich also, dass du auch aktiv an deinen Problemen arbeitest und sie nicht wegredest. Willst du das? Dann hätte ich ein Angebot für dich (eine längerfristige Maßnahme, siehe unten).
>
> Oder soll ich dich lieber als Kind ansprechen? Kinder können die Folgen für ihre Handlungen noch nicht ganz überblicken. Die Erwachsenen müssen aufpassen, dass nichts Schlimmes passiert. Wenn du mir signalisierst, dass du als Kind gesehen werden möchtest, ist das in Ordnung. Ich werde dann mit deinen Eltern und deinen Lehrern klären, wie wir dich vor weiteren Problemen schützen.
>
> Was ist dir lieber?»

Wir haben es noch nie erlebt, dass sich Schüler über 12 Jahre (für jüngere passt dieses Modell nicht) für die Variante «Kind» entscheiden. Letztlich geht es darum, Verantwortung für das eigene Handeln zu übernehmen. Einige Jugendliche erkennen den Ernst der Lage und bemühen sich aktiv, eine konstruktivere Haltung gegenüber anderen einzunehmen.

Kulturvermittler

Allerdings gibt es auch Situationen, in denen der Kontaktaufbau Behörde – ausländische Familie schlichtweg scheitert. Vielleicht werden die deutschen Behördenmitarbeiter mit (schlechten) Erfahrungen in den Ausländerbehörden assoziiert. Vielleicht erwarten ausländische Eltern von den deutschen Einrichtungen, Erziehungsprobleme auch ohne die Hilfe der Eltern professionell zu bearbeiten, vielleicht haben einige Eltern auch einfach Vorurteile gegen Deutsche. Möglicherweise haben auch die deutschen Helfer nicht klar gesagt, was sie von der Familie erwarten, oder die «Einladung» hat eher nach einer «Vorladung» geklungen. Oder die Einrichtung zeigt tatsächlich eine kulturelle Blindheit, und ausländische Kinder stehen leicht unter «Generalverdacht».

In diesen Fällen, wenn das Gespräch bereits bei der Kontaktaufnahme beendet ist, ist es Zeit, sich Hilfe zu organisieren.

Die Beratungsstelle Gewaltprävention hat daher für ihre Arbeit Kontakt zu so genannten *Kulturvermittlern* aufgenommen. Das sind häufig nicht-pädagogische ausländische Personen, die sich in der deutschen Kultur und gleichzeitig ihrer Ursprungskultur heimisch fühlen. Sie dienen nicht nur als Übersetzer bei Sprachproblemen, sondern können verängstigten oder verwirrten Eltern die komplexen Wege des deutschen Bildungs- und Rechtssystems auf annehmbare Weise vermitteln. Umgekehrt kann man als deutscher Helfer lernen, welche Fettnäpfchen in der Vergangenheit möglicherweise zu einem Kontaktabbruch geführt haben. Wichtig ist, dass beide Seiten Vertrauen zu den Kulturvermittlern haben.

Es gibt weitere Ansätze der Beratungsstelle Gewaltprävention für die Arbeit mit gewaltbereiten Jugendlichen aus unterschiedlichen

Kulturen, auf die wir an dieser Stelle nicht weiter eingehen können. Bei Interesse finden Sie weitere Informationen unter www.li-hamburg.de

Auch in Bezug auf die «helfende Hand» haben wir einiges voneinander gelernt. Faruk Süren hat deutlich gemacht, dass ein wirkungsvoller Kontakt mit gewaltbereiten Jugendlichen häufig nur dann möglich ist, wenn man ihnen ein ehrliches Beziehungsangebot «von Mann zu Mann» macht. Peer Kaeding ist es wichtig, dass man den Jugendlichen nur dann hilft, wenn man mit ihnen verbindliche, langfristig sinnvolle Perspektiven erarbeitet im Sinne von «Hilfe zur Selbsthilfe».

Neben allen methodischen Überlegungen möchten wir betonen, dass der wichtigste Lerneffekt für uns das gemeinsame Vorgehen ist. Je besser wir uns kennen gelernt haben, desto häufiger haben wir uns gegenseitig bei Gesprächen mit Jugendlichen unterstützt, Jugendliche an den anderen abgegeben, wenn wir glaubten, der andere passt besser zu diesem Jugendlichen, und den anderen verteidigt, wenn Jugendliche versuchen wollten, den anderen hinter seinem Rücken schlecht zu reden.

Dieses Hand-in-Hand-Arbeiten ist ein wichtiger Aspekt unserer gemeinsamen Arbeit. Wir machen damit nach außen deutlich: «Wir kooperieren eng. Türke und Deutscher; Psychologe und Straffälliger. Wir funktionieren. Wir finden beide, dass du ein Problem hast, und wir bieten dir Unterstützung an.»

Diese Gleichzeitigkeit von Kooperation und Konfrontation, von kultureller Selbstbewusstheit und Offenheit erwarten wir auch von den anderen pädagogischen Fachkräften. Im Umgang mit gewaltbereiten Jugendlichen wird es keine einfachen Lösungen geben – egal aus welcher Kultur sie stammen.

Christian Hannig

Interkulturelle Kommunikation im Rettungsdienst

Grundlagen, Beispiele und Folgerungen

Prolog

Stellen Sie sich vor: Ein wohlmeinender Verwandter hat in Ihrem Namen den Coupon eines Preisausschreibens ausgefüllt, und nun haben Sie tatsächlich gewonnen. Erster Preis ist eine Studienreise per Bahn von Moskau nach Peking. Im Arrangement enthalten sind auch Ausflüge zu Sehenswürdigkeiten entlang der Strecke. Sie hatten zwar bislang weder besonderes Interesse an diesen Regionen, noch sprechen Sie Russisch, geschweige denn Chinesisch. Nichtsdestotrotz denken Sie an den schönen Spruch vom «geschenkten Gaul» und machen sich auf den Weg.

Auf einem Ausflug in der südsibirischen Republik Tuwa nehmen Sie plötzlich stechende Schmerzen im Oberbauch wahr. Das hatten Sie auch schon mal zu Hause; der konsultierte Hausarzt erklärte Ihnen die Beschwerden als die Folgen eines «Reizmagens», verschrieb Ihnen säuresenkende Medikamente, und einige Zeit nach deren Einnahme verschwanden die Schmerzen. Getreu diesem Erklärungsschema entschließen Sie sich, den aktuellen Beschwerden zunächst mit Nichtbeachtung und – zurück im Zug – mit einer Magentablette zu begegnen. Dummerweise erreichen Ihre Schmerzen jetzt doch ein bislang nicht gekanntes Ausmaß, und ein einfühlsamer Mitreisender beunruhigt Sie mit dem Hinweis, derlei Beschwerden könnten «gerne auch mal» Zeichen eines Herzinfarktes sein. Nun ist Ihnen doch nach Inanspruchnahme fremder Hilfe zumute, und Sie bitten Ihre Reiseleitung, umgehend fachliche Hilfe für Sie zu organisieren. Da Sie sich unweit der Hauptstadt Kyzyl befinden, setzt die tatkräftige Touristenführerin Sie kurzerhand in ein Auto und fährt Sie in die örtliche Klinik. Dort verlässt sie Sie mit dem entschuldigenden Hinweis auf die zurückgelassene Gruppe, beschreibt allerdings der Dame im Rezeptionszimmerchen noch kurz auf Russisch Ihre Beschwerden und versichert Ihnen noch, Ihr Touristenstatus garantiere Ihnen eine bevorzugte Behandlung durch den Klinikleiter. Sie werden daraufhin gebeten, in einem kargen Raum Platz zu nehmen. Diesen betritt nach kurzer Zeit ein freundlich blickender Herr, der Sie offensichtlich genauer zu Ihren gesundheitlichen Problemen befragen möchte. Leider gelingt dieser Informationsaustausch nach Ihrem Gefühl nur sehr bedingt. Schließlich hält der Herr seine Hände in kurzem Abstand an mehreren Stellen über Ihren Körper, schließt die Augen, atmet tief und beginnt eigentümlich zu summen. Danach legt er ein beeindruckendes Gewand samt Haube an, welches Sie sehr an ein Indianerkostüm im heimischen Fasching erinnert. Mit Hilfe herbeigerufener Assistentinnen wird nun, begleitet von Trommeln und monotonem Gesang, ein Tanz vollführt, in dessen Verlauf der freundliche, jetzt etwas entrückt wirkende Herr Sie mehrmals leicht mit etwas berührt, von dem Sie fürchten, daß es tatsächlich eine echte Hasenpfote ist. Sie müssen wohl einen so verwunderten und hilflosen Eindruck machen, dass Ihnen nach Abschluss der Zeremonie der behandelnde Leiter der Schamanenklinik, eben jener freundliche Herr, seine Diagnose und die – bereits erfolgreich abgeschlossene – Behandlung mittels der klassischen «Hände-und-Füße-Methode» erklärt: Ein Geist aus der Ahnenwelt habe sich Ihrer bemächtigt (gehabt) und sich in Ihrem Bauch eine Heimstatt gesucht. Als Grund für das Eindringen vermutet der Schamane eine Ruhestörung des Geistes Ihrerseits, eventuell durch respektloses Verhalten an heiligen Orten. Er habe Kontakt zu dem Geist aufgenommen und ihn nach längerem Hin und Her zum Verlassen ihres Bauchraumes bewegen können.

Und, fühlen Sie sich jetzt besser?

Einleitung

Wie geht es Menschen, die akut erkranken oder einen Unfall erleiden und entsprechend Angst um ihre Gesundheit oder gar ihr Leben haben? Und wie geht es solchen, die in so einer Situation auf andere treffen, die nicht ihre Sprache sprechen, die Erkrankung womöglich anders verstehen und einen ungewohnten Umgang mit ihr haben? Davon sollte Ihnen diese fiktive Krankengeschichte[1] einen ersten Eindruck geben, und darum soll es in diesem Artikel gehen. Ich möchte einen Einblick in ‹normale› Notfall-Situationen vermitteln und in solche, in denen Menschen aus verschiedenen kulturellen Kontexten miteinander in Kontakt kommen – welche Kommunikations- oder sonstigen Probleme können jeweils entstehen? Und was sollten (zumindest) professionell Helfende wissen und können, um mit diesen Problemen umzugehen oder – noch besser – sie gar nicht erst entstehen zu lassen?

Im Abschnitt 1 beschreibe ich zunächst die «allgemeinen Notfall-Situationen», im Abschnitt 2 geht es dann um interkulturelle Begegnungen in solchen Situationen. Im Abschnitt 3 schließlich erläutere ich mein Fazit aus dem bis dahin Gesagten und lege dabei den Schwerpunkt auf die kulturbezogene Ausbildung von Rettungsdienstpersonal.

1. Die Psychologie der Notfallsituation

Medizinische Notfallsituationen sind für betroffene Menschen immer Ausnahmesituationen. Meist völlig unvorhersehbar finden diese sich in einer bedrohlichen Lage wieder, in der sie selber oder jemand anderes schwer krank oder verletzt ist. Innerhalb von Sekunden können wir alle – sonst so selbstbestimmten und handlungskompetenten Menschen – unfähig sein, unsere Situation zu kontrollieren oder gar aktiv zu verändern (Bengel und Hannich, 2004). Zu diesem Kontrollverlust kommen oft Schmerzen, Sorgen und Ängste, vielleicht sogar Panik hinzu. In solchen Situationen schalten körperliche und seelische Systeme automatisch auf Alarm. Dadurch verändert sich auch die Art, wie Betroffene sich und ihre Umwelt wahrnehmen. Im Sinne eines Tunnelblicks können dann beispielsweise auffällige, aber eigentlich ungefährliche Verletzungen (wie eine blutende Platzwunde am Kopf) die Aufmerksamkeit so sehr binden, dass weit schwerwiegendere und sogar schmerzhaftere Verletzungen völlig ausgeblendet werden. Das kann ebenso passieren, wenn die Gedanken von Betroffenen von der Sorge um andere Menschen beherrscht werden, etwa die eigene Familie im verunglückten Auto. Manchmal gelten aber die Gedanken auch scheinbar trivialen Alltagssorgen («Wer versorgt denn jetzt meine Katze?») (Lasogga und Gasch, 2002).

Es ist leicht nachzuvollziehen, dass Angst das von Notfall-Betroffenen am häufigsten berichtete Gefühl ist. Ebenso können Scham («Alle sehen mich hier so liegen!») oder Schuldgefühle («Ich habe den Unfall verursacht!») auftreten und sowohl direkt in der Situation als auch danach sehr belastend wirken (Lasogga und Frommberger, 2004). Notfall-Situationen sind also für Betroffene emotional extrem aufgeladen. Die empfundene Furcht, die (tatsächlichen oder vermuteten) körperlichen Schäden sowie der Mangel an (Selbst-)Kontrolle können existenziell bedrohliche und zutiefst verstörende Erfahrungen sein.

Umso mehr sind Betroffene darauf angewiesen, dass Helfende – Professionelle ebenso wie sog. Laien – auf diese seelische Extrem- und Ausnahmesituation angemessen reagieren. Leider gibt es immer wieder Berichte von Betroffenen, welche weniger ihre Notlage, als vielmehr ihre darauf folgende Behandlung als äußerst und nachhaltig belastend erlebten, etwa wenn sie diese «ruppig» oder «entmenschlichend» empfanden (Lasogga und Gasch, 2002).

Gleichzeitig können Notfall-Situationen auch für die Helfenden, und zwar auch für erfahrene, mit sehr aufwühlenden, verunsichernden und belastenden Gefühlen verbunden sein. Typische Auslöser dafür sind Kinder-Notfälle, eine große Anzahl Betroffener oder Gefährdung der eigenen körperlichen Unversehrtheit während des Einsatzes.[2] Zusammengefasst bedeutet das: In Notfall-Situationen treffen Menschen aufeinander, die vielfach mit unangenehmen Gefühlen und Gedanken belastet sind sowie unter enormer Anspannung und häufig auch unter großem Zeitdruck stehen. In solchen Notfall-Situationen ist gelingende Kommunikation besonders wichtig – um schnell an wichtige Informationen zu kommen, um die Mitarbeit der Betroffenen und Angehörigen zu gewinnen und auch – nicht zuletzt – um diese in solchen Situationen gut zu begleiten. In der Literatur wird daher zu Recht vom rettungsdienstlichen Einsatz als einer «hoch-komplexen sozialen Situation» gesprochen (Hannich, 2004).

Vor welchen besonderen Herausforderungen steht nun Kommunikation in einer solchen Situation, und was kann zu ihrem Gelingen beitragen?

Ein Beispiel. Stellen Sie sich bitte folgende Situation vor: Ein Rettungswagen wird zu einem Notfall gerufen. Der Patient ist ein älterer Mann, und seine nähere Untersuchung ergibt schnell den Verdacht auf einen Herzinfarkt. Der Rettungsassistent[3] beobachtet bei diesem Patienten eine beschleunigte, eher flache Atmung, und er weiß, dass diese Art zu atmen für einen Herzmuskel mit Sauerstoffmangel ungünstig ist. Daher fordert er den Patienten dazu auf, ruhiger (und damit tiefer) zu atmen. Welche Botschaften sind in dieser Äußerung enthalten? Dazu ein Kommunikations-Quadrat (nach Schulz von Thun: MR 1) zur Veranschaulichung.

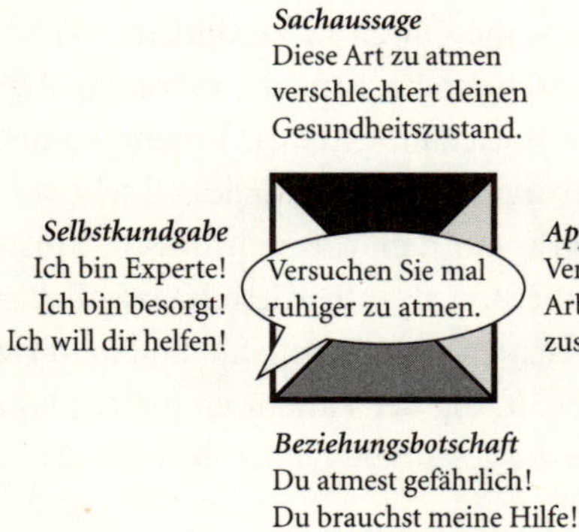

Das Kommunikationsquadrat des Helfers: gesendete Botschaften

Aus den vier Seiten der Botschaft des Rettungsassistenten wird vor allem seine Sorge deutlich, dass der Patient durch diese Atmung seinen Gesundheitszustand womöglich lebensbedrohlich verschlechtert. Er möchte also mit seiner Äußerung den Patienten schützen, indem er ihn beruhigt. Nun ist allerdings gar nicht sicher, dass der Patient diese gute Absicht auch erkennt. Das wäre etwa dann nicht zu erwarten, wenn Gedanken an ein «Worst case-Szenario» (der Patient erleidet einen Herz-Kreislauf-Stillstand) beim Helfer so starke Ängste auslösen, dass die Ruhe und die Sicherheit, von denen er weiß, er sollte sie ausstrahlen, ins Wanken geraten. Diese innere Situation des Helfers kann nämlich die «Begleitmusik» seiner Nachricht entscheidend beeinflussen – etwa in Richtung eines besonders bestimmenden Tonfalls und einer gehobener Tonlage. Dann besteht die Gefahr, dass der Patient sich nicht beruhigt, sondern seine Besorgnis und Unruhe sogar noch weiter zunehmen – bedingt durch die nonverbal[4] vermittelte Anspannung seines «Retters».

Aber auch andere Faktoren können dazu beitragen, dass der Patient eine vollkommen andere Botschaft hört, als diejenige, die der Rettungsassistent eigentlich senden wollte. Erinnern wir uns an den Tunnelblick, der in Notfallsituationen häufig entsteht. Der Patient ist womöglich sehr mit belastenden Gefühlen und Gedanken beschäftigt und daher nur eingeschränkt für eine rein sachliche Ansprache erreichbar. Vermutlich sind seine Ohren in besonderer Weise geeicht, nämlich darauf, weniger Sachinhalte, sondern vorrangig die emotionalen Aspekte der übrigen Botschaftsseiten aufzunehmen und zu verarbeiten. Solche Fokussierungen können individuell sehr verschieden ausfallen und hängen stark von den Vorerfahrungen, Einstellungen und Erwartungen des Patienten ab. Alle diese menschlichen Eigenheiten haben hier einen Nachteil gemeinsam: Sie sind dem Helfer völlig unbekannt! Die Botschaft, die der Patient empfängt, könnte also völlig anders aussehen als die gesendete (vgl. Abb. S. 235):

Aufgrund der übermächtigen negativen Gefühle und Gedanken des Patienten kann es also passieren, dass er aus der Botschaft des Helfers etwas herausfiltert und missdeutet – nämlich dessen emotionale Anspannung. Der Patient hört demnach vor allem Vorwürfe und Appelle, fühlt sich angegriffen und mit seiner inneren Not nicht verstanden. Daraus entsteht nun die Gefahr, dass er auf den Hinweis des Helfers ablehnend reagiert (z. B. «Das sagt sich so leicht – Ihnen tut ja nicht die ganze Brust weh!»). Diese Entwicklung wäre nicht nur kommunikationspsychologisch unerfreulich, sondern auch medizinisch gefährlich. (Mehr Unruhe beschleunigt zusätzlich die Atmung

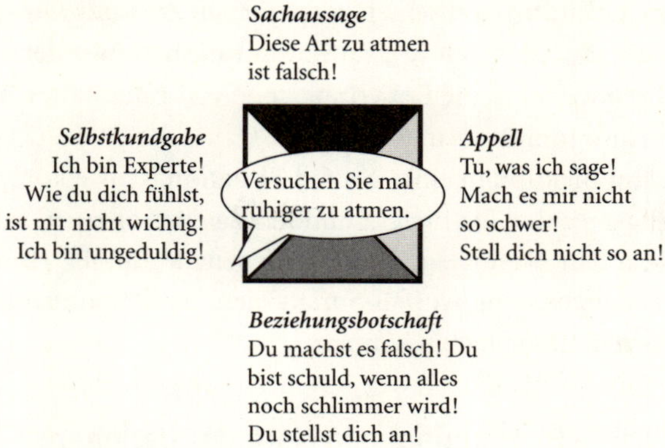

Das Kommunikationsquadrat des Patienten: empfangene Botschaften

des Patienten, wodurch die Sauerstoffversorgung des Herzens weiter abnimmt.) Gelingt es dem Rettungsassistenten nicht spätestens jetzt, das (Kommunikations-)Problem zu erkennen und zu bearbeiten, so wird das Eintreten seines befürchteten «Worst-case-Szenarios» immer wahrscheinlicher. Er muss sich jetzt also bemühen, neben seiner medizinischen Kompetenz auch Verständnis und Akzeptanz gegenüber dem Patienten deutlich zu machen (z. B. «Ich weiß, das ist schwierig – aber Sie werden sehen: Sie atmen dann tiefer, und davon werden auch die Schmerzen weniger.») In dieser Botschaft bekommt der Patient zudem noch eine positive Perspektive als möglichen ‹Lohn› dafür aufgezeigt, dass er versucht mitzuarbeiten – ein weiteres motivierendes und vertrauensbildendes Element in der Patient-Helfer-Kommunikation.

Parallel zu diesen kommunikativen Heilmitteln muss natürlich die Versorgung mit den medizinischen (z. B. Sauerstoff und Medikamenten) erfolgen. Reduzieren diese Arzneimittel körperliche Missempfindungen, wie Atemnot oder Schmerzen, so kommt dies der Beziehung zwischen Patient und Helfer zugute. Umgekehrt erleichtert eine gelungene Kommunikation und positive Beziehung auch den medizinischen Behandlungsprozess erheblich. Mit zunehmendem Vertrauen zum Helfer nimmt die Angst des Patienten ab und folglich auch ihr negativer Einfluss auf seinen körperlichen Zustand. Die Zeit, die der Helfer für das Gelingen von Kommunikation aufwendet – indem er etwa besonders auf die Beziehungsseite von Botschaften achtet – lohnt sich also unmittelbar!

Die Kommunikation in einer Notfall-Situation ist also komplex und ein wichtiger Faktor für die Gesundheit der Betroffenen. Kommen wir nun zu den Einflüssen, die verschiedene kulturelle Hintergründe der Beteiligten auf Notfall-Situationen und besonders die Kommunikation in ihnen haben können.

2. Interkulturelle Begegnungen in Notfallsituationen

Welchen Einfluss können unterschiedliche kulturelle Hintergründe von Menschen auf ihre Begegnung in Notfall-Situationen haben? Für eine Antwort darauf sollten wir zunächst den Zusammenhang von Kultur und Krankheit bzw. Gesundheit etwas näher betrachten.

Die Weltgesundheitsorganisation (WHO) versteht unter «Gesundheit» einen Zustand völligen körperlichen, geistigen, seelischen und sozialen Wohlbefindens. Wie immer wir nun Kultur definieren wollen, wir würden wohl stets annehmen, dass sie einen gewichtigen Einfluss auf unsere geistig-seelischen Eigenheiten und unser soziales Verhalten hat. Solche Merkmale spielen wiederum eine große Rolle dabei, wie wir unseren Körper wahrnehmen und Veränderungen an ihm interpretieren. Unser kultureller Kontext hat damit einen gewichtigen Einfluss darauf, wie wir Gesundheit verstehen oder uns die Entstehung von Krankheiten erklären. Auch darauf, wie wir uns angesichts von Krankheit oder von Tod und Sterben verhalten, wirkt dieser Kontext ein. Wir leiten aus ihm viele Werte und Erwartungen an Behandelnde und ihre Heilmethoden ab. Solche Haltungen teilen wir wiederum mit anderen Menschen unseres kulturellen Kontextes, sie drücken sich beispielsweise in bestimmten Heilungs- oder Trauerritualen aus.

Wie weit der Einfluss der Kultur auf Fragen von Gesundheit und Krankheit gehen kann, zeigt der medizinethnologische Begriff des «kulturspezifischen Syndroms»[5]. Damit gemeint sind «Erkrankungen, die nicht losgelöst von ihrem kulturellen oder subkulturellen Kontext verstanden werden können» (Greifeld, 2003, S.23). Greifeld beschreibt als Beispiel das Syndrom «Susto», welches – in vielfältigen Ausformungen – in Südamerika diagnostiziert wird. Dabei folgt auf ein schweres Erschrecken eine Erkrankung, die sich durch Appetitlosigkeit, Blässe, Unruhe, Erbrechen und Fieber usw. äußert und auch zum Tode führen kann. (Überlegen Sie doch einmal, welche Ideen Sie zur Entstehung dieser Erkrankung hätten, wenn Ihnen der Auslöser und diese Symptome genannt würden.) Im kulturellen Herkunftskontext dieser Erkrankung wird «Seelenverlust» als ihre Ursache angenommen, der von kundigen Heilenden mit speziellen Ritualen behandelt und behoben werden kann (Greifeld, 2003, S. 24 ff.). Wir sehen also, Kultur beeinflusst nicht nur Krankheit, sie kann sogar ganz eigene schaffen!

Einen wichtigen theoretischen Aspekt möchte ich kurz ansprechen: Viele KulturwissenschaftlerInnen sind dazu übergegangen, «Kultur» nicht mehr als eine geschlossene Kategorie zu verstehen, zu der Individuen anhand von ethnischen, religiösen oder politischen Merkmalen zugeordnet werden können. Zu vielfältig sind die Menschen etwa in der Kategorie ‹Staatsangehörigkeit› («die Türken» oder «die Amerikaner»), als dass unter dem Oberbegriff *einer* ‹Kultur› etwas Vernünftiges über sie ausgesagt werden könnte (dazu u. a. Straub, 2003). Solche neueren Ansätze haben bereits Eingang in die professionelle Gesundheitsversorgung gefunden. Aktuelle Theorien zur Krankenpflege fordern eine allgemeine Sensibilität für die kulturellen Einflüsse auf *alle* Beteiligten – also auch auf die Pflegenden selbst (Näheres z. B. bei Domenig, 2001). Und auch neuere Publikationen für den Rettungsdienst betonen die Wichtigkeit eines kritischen Blickes auf das kulturelle «Eigene» (z. B. Payer, 2005). Dieser Ansatz erscheint theoretisch *und* praktisch sinnvoller, als weiter zu versuchen, Aussagen und Prognosen zum Gesundheits- und Krankheitsverhalten zahlreicher Gruppen («die türkische Patientin» oder «das Verständnis der Chinesen von Gesundheit») zu machen.

Für unser Thema folgt daraus, nicht zu versuchen, «kulturspezifische Richtlinien» für die (Notfall-)Behandlung einzelner Patientengruppen zu erstellen. Vielmehr sollte in der Aus- und Fortbildung der MitarbeiterInnen von Rettungsdiensten eine allgemeine Sensibilität und Kompetenz im Umgang mit Menschen aus verschiedenen kulturellen Kontexten angestrebt werden. Im letzten Abschnitt gehe ich näher darauf ein, was an Wissen und Fähigkeiten in solchen Aus- und Fortbildungen vor allem zu vermitteln wäre.

Zurück zu der Frage, was geschehen kann, wenn die Beteiligten von Notfall-Situationen unterschiedlichen kulturellen Hintergründen entstammen. Im deutschen Gesundheitswesen existiert – zumindest theoretisch – die Grundhaltung, dass bei der Versorgung aller Bedürftigen deren individuelle, kulturelle oder sonstige Eigenheiten und Bedürfnisse berücksichtigt werden sollen. Das klingt schlüssig – ist aber häufig gar nicht einfach; vor allem dann nicht, wenn die Werthaltungen des Patienten im Widerspruch zu dem stehen, was nach dem hierzulande maßgeblichen Verständnis von Medizin üblich und notwendig wäre. Dafür ein Beispiel.

> Ein minderjähriges Kind erleidet einen Verkehrsunfall und wird vom Rettungsdienst in eine Notaufnahme gebracht. Das Kind hat Blut verloren, und sein Kreislauf wird immer instabiler. Die behandelnde Ärztin möchte ihm daher eine Blutkonserve transfundieren. Die Eltern des Kindes lehnen dies aber mit dem Hinweis ab, sie und ihr Kind seien Zeugen Jehovas. Die Ärztin versucht nun, den Kreislauf des Kindes allein mit anderen Mitteln (Kochsalz-Infusionen, kreislaufstimulierende Medikamente) zu stützen. Diese reichen jedoch nicht aus – die wiederholte Messung des roten Blutfarbstoffes (Hämoglobin) zeigt kritische und weiter fallende Werte; der Kreislauf des Kindes droht völlig zusammenzubrechen.

Die Ärztin gerät hier in ein ethisches Dilemma, das sich im Wertequadrat (nach Schulz von Thun: MR 2, S. 38 ff.) als Konflikt zwischen verschiedenen Werten darstellen lässt.

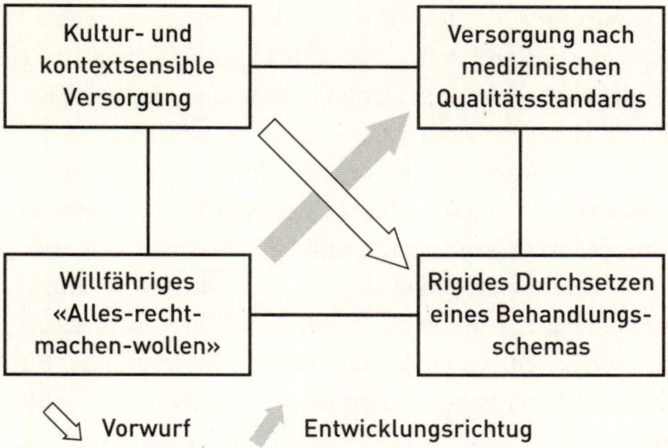

Wertequadrat der Versorgung Kulturfremder im deutschen Rettungsdienst

Wie sollte sich die Ärztin nun also verhalten? Der Wert «kultur- und kontextsensible Versorgung» würde ihr nahelegen, die Ablehnung der Bluttransfusion durch die Eltern zu akzeptieren. Schließlich ist es nicht an ihr, die Wert- und Glaubenshaltungen von Patienten oder Angehörigen zu bewerten. Hingegen gälte es mit Blick auf die gängigen medizinischen Qualitätsstandards, sich dieser Einschränkung zu widersetzen.[6] Vermutlich wird für eine in Deutschland (medizin-)sozialisierte Ärztin das Leben des Kindes schwerer wiegen als der Respekt vor den religiösen Überzeugungen der Eltern. Für die interkulturelle Kompetenz wäre hier allerdings entscheidend, *wie* die Ärztin gegenüber den Eltern auftritt und ihre Entscheidung erklärt. Aus einer kultursensiblen Grundhaltung heraus sowie mit Blick auf den weiteren Behandlungsverlauf und die spätere Beziehung der Eltern zu ihrem Kind wäre es auch hier geboten, die «kulturell Anderen» nicht menschlich zu entwerten, sondern ihnen die sachlich-medizinischen wie *auch* die kulturell-ethischen Hintergründe für das eigene Handeln deutlich zu machen. Das macht für mich den Unterschied zwischen einer menschlich (und interkulturell) kompetenten «Werte-Treue» und einer «entwertenden Übertreibung» eigener Werte aus.

Bleibt also festzuhalten: Bereits hier in Deutschland, mit Menschen der gleichen Staatsangehörigkeit, Ethnie und Sprache können wir in gravierende Wertekonflikte geraten, deren Ursache Unterschiede religiös-weltanschaulicher – also kultureller – Natur sind. Je gravierender diese kulturellen Unterschiede sind, desto größer ist das Potenzial für mögliche Konflikte.

Damit interkulturelle Missverständnisse und Verstimmungen entstehen können, müssen aber keineswegs immer tiefer liegende Werthaltungen miteinander in Konflikt geraten. Schon unterschiedliche Auffassungen vom angemessenen Verhalten in medizinischen Notfall-Situationen können zu Problemen führen – nämlich dann, wenn sie dem jeweiligen Gegenüber fremd sind und in der Situation nicht kommuniziert werden (können). Auch dafür ein Beispiel aus der Praxis.

Ein Rettungsdienstteam wird zu einem Badeunfall gerufen. Ein siebenjähriges aus Ex-Jugoslawien stammendes Mädchen war leblos im Wasser gefunden worden. Der Versuch eines Notarztes, es wiederzubeleben, bleibt erfolglos. Vor der Strandwache, in der diese Reanimation stattfindet, versammeln sich mit der Zeit immer mehr Menschen, von denen das Rettungsteam annimmt, sie seien Angehörige des Mädchens. Diese Menschen – es sind schließlich etwa zwanzig Personen – wirken sehr aufgebracht, gestikulieren und scheinen zu diskutieren oder gar zu streiten. Mit dem Notarzt oder den übrigen Teammitgliedern nehmen sie allerdings keinen Kontakt auf, was diese sehr befremdlich finden. Durch die Menschenmenge und deren Emotionalität und Lautstärke entstehen jetzt zunehmend Unbehagen und ein Gefühl von Gefahr im Team. Daher sucht auch keines seiner Mitglieder aktiv – wie sonst üblich – den Kontakt zu den Angehörigen, sondern alle halten sich zurück und warten ab.

Die Situation endet schließlich damit, dass der Notarzt die Reanimation nicht vor Ort beendet. So umgeht er, den Angehörigen die Nachricht vom Tod des Kindes überbringen und dessen Umstände erläutern zu müssen. Stattdessen ordnet er, «zur weiteren Behandlung», den Transport in ein Krankenhaus an. Bereits auf dem Weg dorthin, im ‹sicheren› Rettungswagen, wird die aussichtslose Reanimation abgebrochen und das Kind für tot erklärt.

Später hatten einer der beteiligten Kollegen und ich die Gelegenheit, diesen Fall mit einer Kollegin aus Serbien zu besprechen. Es war erstaunlich, aber auch belastend, wie sehr sich ihre Interpretation des Verhaltens der Angehörigen von der des Rettungsteams unterschied. Sie vermutete als Grund dafür, dass die Angehörigen nicht aktiv Kontakt zum Team aufgenommen hatten, nicht etwa Feindseligkeit, sondern die besonders respektvolle Haltung ihrer Landsleute gegenüber medizinischem Personal («Man wartet, bis man angesprochen wird!»). Ebenso bewertete sie das beschriebene expressive Verhalten der Angehörigen als durchaus üblichen Ausdruck von emotionaler Anspannung und Trauer. Den Teammitgliedern waren diese kulturellen Eigenheiten nicht bekannt, und nach Auskunft des Kollegen verhinderte ihr diffuses Gefühl von Bedrohtsein eine Kontaktaufnahme und damit auch die Möglichkeit, dieses Wissensdefizit abzubauen.

Ein simples Missverständnis also – dessen Folgen hier allerdings tragisch waren: Die Angehörigen erhielten weder Unterstützung durch die Helfenden, noch konnten sie sich vor Ort von ihrem toten Kind verabschieden. Solche Umstände erschweren die Trauerarbeit der Angehörigen von Notfallopfern erheblich und können schwerwiegende psychische Folgen haben (Helmerichs und Saternus, 2004, S. 146). Aber auch bei dem beteiligten Kollegen des Rettungsdiensts war die zunächst empfundene Erleichterung, der Situation ‹entkommen› zu sein, schnell in Zweifel über die Richtigkeit des Vorgehens umgeschlagen. Dieser Fall lag schon Jahre zurück, und doch wirkte er bei dessen Schilderung noch immer sehr bedrückt.

Kommunikationsprobleme und Missverständnisse aufgrund kultureller Unterschiede können also ernst zu nehmende psychische Folgen haben. Aber auch auf der rein medizinisch-körperlichen Ebene können ihre Konsequenzen schwerwiegend sein.

Befragt nach Erfahrungen mit nicht-deutschen Notfall-Betroffenen, kommen MitarbeiterInnen des Rettungsdiensts nahezu immer auf «Südländer» zu sprechen und auf deren besonders expressiven Ausdruck negativer Gefühle. Lautes Klagen über Schmerzen oder mimik- und gestikreiches Mitteilen von Ängsten und Sorgen werden am häufigsten als Beispiele dafür genannt. Geläufige, spöttelnd-abfällige Begriffe für dieses Stereotyp[7] sind zum Beispiel «Transalpines Syndrom» oder «Morbus Mamma-mia». Diese Wortschöpfungen deuten darauf hin, dass es den MitarbeiterInnen mitunter schwer fällt, solches Verhalten ernst zu nehmen und ihm annehmend zu begegnen. Diese Ablehnung lässt sich verstehen als – vor allem emotionale – Reaktion darauf, mit einem Verhalten konfrontiert zu sein, welches ‹deutschen Sitten und Gepflogenheiten› zuwider läuft. Daraus kann, wie in Abbildung 4 dargestellt, ein kommunikativer Teufelskreis (nach Schulz von Thun: MR 2, S. 28 ff.) entstehen.

Teufelskreis zum Emotionsausdruck im Rettungsdienst

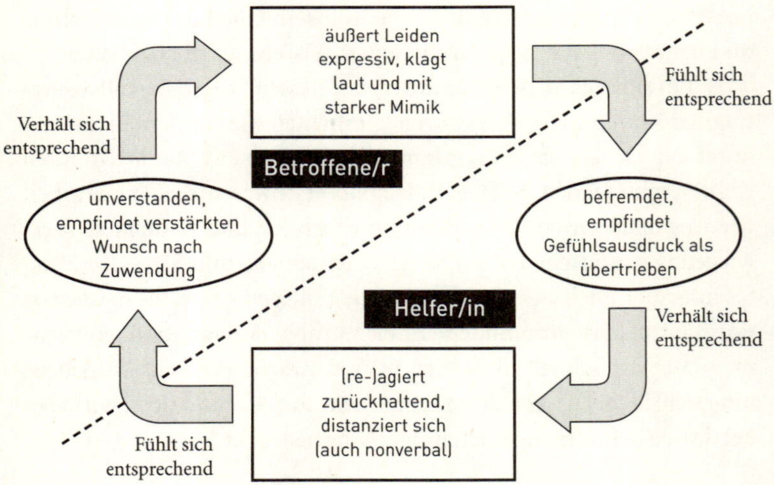

Dieser Teufelskreis entsteht, da Betroffene und Helfende unterschiedliche Vorstellungen von einem angemessenen Umgang mit körperlichen Schmerzen oder anderen unangenehmen Gefühlen haben (etwa: «Reiß dich zusammen!» vs. «Raus damit!»). In einer Notfallsituation kann das – eben auch medizinisch – fatale Folgen haben.

Es besteht zum einen die Gefahr, dass Leidensäußerungen Betroffener nicht ernst genommen und dadurch bedrohliche Umstände übersehen werden («Vielleicht hat der Betroffene eine noch unentdeckte Verletzung und klagt daher aus ‹gutem Grund›?»). Erschwerend kann hinzukommen, dass Betroffene manchmal aufgrund – bestehender oder vermuteter – kultureller Gebote nicht komplett untersucht werden (können). Das klassische Beispiel dafür ist das Verbot für streng muslimische Frauen, sich vor fremden Männern zu entblößen.

Zum anderen können massive Leidensäußerungen von Betroffenen NotärztInnen zu einer Überversorgung mit Schmerz- oder Beruhigungsmedikamenten verleiten. Die Nebenwirkungen dieser Medikamente (z. B. Bewusstseinstrübung oder Dämpfung des Atem- und Kreislaufsystems) können notfallbedingte körperliche Störungen verstärken. Im schlimmsten Fall machen sie selber sogar eine erweiterte Notfallbehandlung erforderlich (z. B. kreislauf-stimulierende Medikamente oder künstliche Beatmung). Solche Risiken minimieren sich, wenn medikamentöse Therapie *immer* mit adäquater kommunikativer Zuwendung verbunden wird und der Versuch unterbleibt, (kultur-)spezifisches Ausdrucksverhalten «wegzuspritzen».

Psychosoziale Kompetenz – inklusive interkultureller Kompetenz – ist also für eine erfolgreiche psychologische *und* medizinische Behandlung von Menschen in Notfallsituationen von enormer Bedeutung. Diese Bedeutung wird in Zukunft sogar noch zunehmen.

Statistiken zur Bevölkerungszusammensetzung in Deutschland zeigen, dass die ethnische und kulturelle Bandbreite der Gesellschaft immer größer wird. So lebten nach Auskunft des Statistischen Bundesamtes im Jahr 2004 in Deutschland Menschen aus nicht weniger als 51 Nationen – und jede/r Einzelne von ihnen kann ein Notfall-Betroffener werden. In diesem Zusammenhang ist aber auch zu erwarten, dass sich die oben beschriebenen Situationen zunehmend umkehren: Betroffene mit ausschließlich deutschem Hintergrund werden von Helfenden aus anderen kulturellen Kontexten versorgt. Grund dafür ist die Zunahme des Anteils älterer Menschen im Vergleich zu dem der Jüngeren bei Menschen mit nur deutschem Hintergrund (die viel zitierte «Überalterung der Deutschen»). Rettungsdienst-Organisationen wird also gar nichts anderes übrig bleiben, als zunehmend qualifizierte MitarbeiterInnen aus nicht oder nicht ausschließlich deutschen Kontexten in ihren Personalstamm zu integrieren. Aus dieser Tatsache ergibt sich die Notwendigkeit interkultureller Kompetenz auch innerhalb von Rettungsdienst-Organisationen, denn moderne ArbeitgeberInnen müssen die unterschiedlichen kulturellen Bedürfnisse und Vorstellungen besagter MitarbeiterInnen (er)kennen und in ihrer Organisationskultur berücksichtigen. Diesen Vorgang bezeichnet man neu-deutsch als «diversity-management»[8].

Ein weiterer Aspekt ist die zunehmende Anzahl von Rettungs- und Hilfs-Einsätzen im Rahmen internationaler Katastrophenhilfe. Aktuelle Beispiele dafür sind Entsendungen von Einsatzpersonal anlässlich der Tsunami-Katastrophe in Süd-Ost-Asien zur Jahreswende 2004/2005. Hier mussten Fachkräfte aus diversen Nationen und Fachrichtungen unter extrem belastenden Bedingungen zusammenarbeiten. Zudem sollten ihre Hilfeleistungen einerseits schnell und effizient sein, andererseits aber dem kulturellen Kontext des ‹Gast-Landes› entsprechen. Wie unerlässlich dabei auch interkulturelle Kompetenzen sind (oder sein sollten), ist offensichtlich.

3. Fazit

Über alle – wie immer gearteten – menschlichen Unterschiede hinweg kann die Angst um das eigene Leben, die Sorge um die eigene Gesundheit (und die von Bezugspersonen) sowie ein Bedürfnis nach Hilfe als universell, das heißt in allen kulturellen Kontexten vorhanden, gelten. Auch daher kommt es für ein *nachhaltig* positives Ergebnis einer Notfallbehandlung nicht nur darauf an, ob Betroffene rein *medizinisch korrekt versorgt* werden, sondern ebenso darauf, ob sie sich *menschlich gut behandelt* fühlen!

Darin liegt für Rettungsdienste und alle ihre MitarbeiterInnen eine enorme Herausforderung. Notfallsituationen sind oftmals Extremsituationen – aufgrund ihrer geschilderten Komplexität und Tragweite, des häufig bestehenden Zeitdrucks sowie der heftigen Gefühle, die bei allen Beteiligten mit ihnen verbunden sein können. Sie bieten somit vielfältige Anlässe für Missverständnisse und Kommunikationsprobleme. Wenn dazu noch kulturelle Fremdheit kommt, können sich diese Situationen weiter und erheblich komplizieren.

Dabei gilt: Missverständnisse und Konflikte entstehen nicht durch das *Vorhandensein* von Fremdheit und (kulturellen) Unterschieden, sondern durch deren *Wahrnehmung* (bzw. *Nicht-Wahrnehmung*), *Interpretation* und die damit *verbundenen Gefühle!* Daher ist es für eine interkulturelle Kompetenz wichtig, einerseits solche Unterschiede wahrnehmen zu können, sie andererseits aber auch nicht überzubewerten und die eigene emotionale Reaktion auf sie unter Kontrolle zu haben. Diese Kompetenz hat dann zum Beispiel Einfluss darauf, wie mit Humor und Körperkontakt im Rahmen einer Notfallsituation umgegangen wird. Beides sind Elemente, die sehr wohl auch im Umgang mit interkultureller Fremdheit heilsam wirken, bei Überdosierung aber eben auch heikel werden können.

Wie schon erwähnt, ist es für die Entwicklung kultureller Sensibilität ebenso von großer Bedeutung, den eigenen kulturellen Hintergrund wahrnehmen zu können und sich klar zu machen, wie wenig allgemeingültig sowohl das eigene Verständnis von Medizin, als auch die daraus entstehenden Rollenerwartungen an Helfende und Betroffene sind.

Schließlich gehört mitunter auch Wissen über spezifische kulturelle Kontexte zu den Anforderungen an interkulturelle Kompetenz. Dies ist dann der Fall, wenn der Kontakt zu einer bestimmten Gruppe regelmäßig zum Arbeitsalltag gehört, weil diese beispielsweise einen großen Bevölkerungsanteil im Einsatzgebiet ausmacht.

Aus meiner Sicht sollten also alle diese Punkte feste Bestandteile der Aus- und Fortbildung von Rettungsdienstpersonal sein. Oberstes Ziel wäre dann, die Tiefe und Breite des Themas (Medizin-)Kultur eng mit der alltäglichen Praxis zu verknüpfen. Nur dieser wechselseitige Bezug kann die Praxistauglichkeit der Ausbildungskonzepte und damit ihre Akzeptanz bei den MitarbeiterInnen gewährleisten. Ideal wäre dabei sicher nicht nur eine inter*disziplinäre* Zusammenarbeit (etwa von VertreterInnen aus Medizin, Rettungsdienst, Psychologie, Religions- und Kulturwissenschaften), sondern auch eine inter*kultu-*

relle Kooperation auf ExpertInnenniveau. Ob diese angesichts leerer öffentlicher Kassen zustande kommen kann, erscheint zweifelhaft – die Hoffnung aber stirbt (auch im Rettungsdienst) zuletzt!

Anmerkungen

1 Die Klinik in Südost-Sibirien gibt es allerdings tatsächlich. Ihre Behandelnden sind ausschließlich SchamanInnen, die Krankheit als Ausdruck von entweder Seelen(teil)verlust oder Geisterbefall begreifen und behandeln (ARTE-TV Bericht «Schamanenklinik in Tuwa», Web-Adresse dazu auf S. 247).

2 Der psychosozialen Situation von Helfenden nach belastenden Einsätzen wird (u. a. durch das ICE-Unglück von Eschede 1999 oder die Terrorakte vom 11. September 2001 in den USA) vermehrt Aufmerksamkeit zuteil. Weiterführende Publikationen zu diesem Thema sind z.B.: «Posttraumatische Belastungsstörung bei gefährdeten Berufsgruppen» (Teegen, 2003) oder «Hilfen für Helfer» (Lasogga & Karutz, 2005).

3 Vielleicht wussten Sie das (im Gegensatz zu vielen anderen) schon: Das ist ein Fachberuf mit zweijähriger Ausbildung, im Unterschied zum Rettungssanitäter, dessen Ausbildung lediglich drei Monate dauert.

4 Damit ist sprachbegleitendes Verhalten gemeint. Nonverbales Verhalten lässt sich noch aufteilen in nonvokales (die klassische ‹Körpersprache›) und vokales Verhalten (entspricht in etwa der hier erwähnten ‹Begleitmusik›, also Stimmklang, Pausen etc.).

5 Als «Syndrome» werden Symptomkomplexe, also Gruppen von gleichzeitig zusammen auftretenden Krankheitszeichen, bezeichnet (nach: Pschyrembel: Klinisches Wörterbuch, 256. Aufl.).

6 Die Ärztin könnte etwa einen zeitweiligen Entzug des Sorgerechts durch ein Gericht erwirken. Dafür werden die Grundrechte des Kindes (auf Leben und Gesundheit) gegen die der Eltern (auf freie Religionsausübung) abgewogen. Die gängige Rechtspraxis würde der Ärztin sogar erlauben, lebensnotwendige Behandlungen durchzuführen, ohne einen entsprechenden Gerichtsbescheid abzuwarten.

7 Das sind verallgemeinernde ungeprüfte Annahmen zu Eigenschaften und Verhaltensweisen, die Mitglieder einer sozialen Gruppe gegenüber einer anderen Gruppe haben.

8 «Diversity» (dt. ‹Diversität›) meint hier Unterschiedlichkeit zum Beispiel in geschlechtlicher, religiöser, ethnischer oder kultureller Hinsicht. «Diversity-management» ist folglich der betrieblich-organisationale Umgang mit Diversität – ein aktuelles Thema, nicht nur für ‹global-player›-Unternehmen.

Literatur

Bengel, J., Hannich, H.-J. (2004): *Notfallmedizin.* In: B. Strauß, U. Berger, J. von Troschke, E. Brähler (Hg.): Lehrbuch Medizinische Psychologie und Medizinische Soziologie. Göttingen., S. 481–492

Domenig, D. (2001): *Professionelle transkulturelle Pflege – Handbuch für Lehre und Praxis in Pflege und Geburtshilfe.* Bern

Greifeld, K. (2003): *Ritual und Heilung – Eine Einführung in die Medizinethnologie.* Berlin

Hannich, H.-J. (2004): *Psychologie der Notfallsituation.* In: J. Bengel (Hg.): Psychologie in Notfallmedizin und Rettungsdienst. Berlin, S. 1–11

Helmerichs, J., Saternus, K.-S. (2004): *Psychologische Betreuung von Eltern und Geschwistern nach plötzlichem Säuglingstod.* In: J. Bengel (Hg.): Psychologie in Notfallmedizin und Rettungsdienst. Berlin, S. 143–150

Lassogga, F., Frommberger, U. (2004): *Psychische Situation und Reaktionen von Notfallpatienten.* In: J. Bengel (Hg.): Psychologie in Notfallmedizin und Rettungsdienst. Berlin, S. 15–23

Lassogga, F., Gasch, A. (2002): *Notfallpsychologie.* Edewecht, S. 35–53

Payer, M. (2005): *Kommunikation mit Patienten aus anderen Kulturen.* In: M. Bastigkeit (Hg.): Können Sie mich verstehen? – Sicher kommunizieren im Rettungsdienst. Edewecht, S. 99–109

Straub, J. (2003): *Psychologie und die Kulturen in einer globalisierten Welt.* In: A. Thomas (Hg.): Kulturvergleichende Psychologie. Göttingen, S. 543–566

Web-Ressourcen

Zum Thema «Schamanenklinik in Tuwa»
http://www.arte-tv.com/de/search_results/791382.html
(Skriptum zum TV-Bericht auf ARTE vom 5. 3. 2005)

Zum Thema «Zeugen Jehovas und Bluttransfusionen»
http://www.medizin-forum.de/phpbb/viewtopic.php?t=4018&
(Diskussion auf der Seite «Deutsches Medizin Forum», u. a. über rechtliche Grundlagen, Abruf: 18. 8. 05)

Zum Thema «Bevölkerung in Deutschland»
Statistisches Bundesamt, Wiesbaden
http://www.destatis.de

Catarina Barrios

Interkulturelle Mediation in Teams mit multinationaler Belegschaft aus Deutschland und Lateinamerika

> «Streiten Kulturen? Nein! Menschen streiten.»
> (Mehta, Rückert, 2004)

Pedro González aus Spanien und Peter Müller aus Deutschland sind Geschäftspartner. Ihr Problem: Sie haben sehr unterschiedliche Vorstellungen über Besprechungsabläufe. Während Peter Müller Wert legt auf technisch perfekte, detailliierte Präsentationen und zielgerichtet und schnell Entscheidungen treffen möchte, sammelt Pedro Gonzales in den Konferenzen erst allgemeine Informationen und versucht anschließend, beim gemeinsamen, ausgedehnten Essen eine persönliche Beziehung zu seinem Geschäftspartner aufzubauen. Nach mehreren Treffen gibt es dann – meistens beim Essen – entscheidende Verhandlungen. Erst dann können Abschlüsse getätigt und mit einem guten Schluck besiegelt werden. Haben die beiden einen interkulturellen Konflikt?

Ein zweites Beispiel: Torsten Baumann, Filialleiter einer deutschen Bank, möchte im Rahmen eines Teamentwicklungstrainings einen Maßnahmenplan erstellen, um die Arbeitsabläufe zu optimieren. Zunächst fordert er von seinem Team ein Feedback zu seinem Führungsverhalten und zum Arbeitsklima ein. Alle Mitarbeiter geben umfangreiche und durchaus kritische Rückmeldungen, nur Mustafa Yildiz, in Deutschland aufgewachsener Türke der zweiten Generation, bleibt in seinen Äußerungen sehr vage: Es gibt seiner Meinung nach immer zwei Sichtweisen, entweder sage man sich, das Glas sei halb voll oder es sei halb leer, und über kleine Schwierigkeiten am Arbeitsplatz müsse sich kein Mensch aufregen, wenn er erst einmal eine Nacht darüber geschlafen habe. Torsten Baumann ärgert sich über das unspezifische Feedback. Doch Yildiz beteuert, er sehe wirklich keine großen Probleme in der Zusammenarbeit. Haben die beiden einen interkulturellen Konflikt?

Worum geht es in diesem Beitrag?

Interessenunterschiede, Missverständnisse und Konflikte sind im Geschäftsleben unvermeidbar. Kommen die handelnden Personen aus unterschiedlichen Kulturen, können zuweilen Welten aufeinander prallen. Meistens ist dies sehr offensichtlich («Andere Länder, andere Sitten»), zuweilen aber stoßen sich Angehörige zweier verschiedener Kulturen gegenseitig vor den Kopf, ohne es zu merken.

In diesem Beitrag geht es um Mediation, und zwar um die Vermittlung bei beruflichen Konflikten, die interkulturell bedingt sind. Behandelt werden schwerpunktmäßig die deutsche sowie die spanische und die lateinamerikanische Kultur.

Nach einer Einführung in das Thema «interkulturelle Konflikte» werde ich die wichtigsten Eckpunkte von Mediationsverfahren vorgestellen.

Ich werde dann anhand eines Beispiels eine interkulturelle Mediation beschreiben: Während eines privaten Aufenthalts in Lateinamerika wurde ich gebeten, eine Mediation zwischen drei Geschäftsleuten – zwei Kolumbianern und einem Deutschen – durchzuführen. Dabei musste ich meine in Deutschland erlernte Vorgehensweise, die sehr strukturiert und damit westeuropäisch geprägt ist, der lateinamerikanischen Kommunikationskultur anpassen. Mein Vorgehen war teils intuitiv, teils streng methodisch: Der Leser und die Leserin werden mich von der für deutsche Mediatoren sicherlich unorthodoxen Auftragsklärung bei einem Salsa-Festival bis zur eigentlichen Mediationssitzung begleiten und ein von mir entwickeltes Mediationsverfahren für die Vermittlung bei interkulturellen Konflikten kennen lernen.

Mein persönlicher und beruflicher Hintergrund

Als Organisationsberaterin, Coach, Mediatorin und Konfliktmoderatorin

- habe ich oft mit Teams zu tun, in denen deutsche und ausländische Kollegen zusammenarbeiten,
- berate ich immer häufiger Geschäftsleute, die mit Firmen in Spanien und Lateinamerika zusammenarbeiten oder dort für ihr deutsches Unternehmen tätig sind. Ein Schwerpunkt dieser Tätigkeit sind Teamentwicklungsmaßnahmen und Mediationen in multinationalen Teams.

Ziel meiner Tätigkeit ist es, unterschiedliche Menschen in ihrer Zusammenarbeit zu unterstützen und sie für die Stärken der jeweiligen kulturell bedingten Verhaltensmuster zu sensibilisieren. Dabei geht es mir in erster Linie um das Nutzen von Andersartigkeit. Egal, ob es sich um Kontakte zwischen zwei Firmen unterschiedlicher Länder oder um die Begegnung von zwei Menschen unterschiedlicher Kulturen handelt: Es geht immer um Verständnis und um die Fähigkeit, über Kulturgrenzen hinweg erfolgreich miteinander zu kommunizieren.

Ich bin in Deutschland als Tochter einer deutschen Mutter und eines kolumbianischen Vaters aufgewachsen. Ähnlich wie es der Film «My big fat greek wedding» sehr humorvoll darstellt (übrigens meiner Meinung nach ein «Pflichtfilm» für alle, die in ihrem Berufsalltag mit verschiedenen Kulturen zu tun haben), habe ich die Dynamik interkultureller Kommunikation am eigenen Leib erfahren – insbesondere zwischen meinem Vater und mir. Seine Werte und Kommunikationsmuster waren, je älter ich wurde, nicht immer unbedingt kompatibel mit meinen mehr deutsch geprägten Standards. Ich empfand mich oft als «zwischen zwei Welten» lebend, wobei ich mich in beiden gut auskannte.

Kolumbien und den dortigen «Latino-Teil» meiner Familie lernte ich erst richtig im Alter von 20 Jahren kennen. Trotz unserer gemeinsamen Wurzeln haben wir uns zunächst wechselseitig in so manches kulturelle Fettnäpfchen gesetzt! Inzwischen bin ich, auch dank der engen Freundschaft zu einer meiner Cousinen, geübt darin, zwischen der deutschen und der lateinamerikanischen (Kommunikations-)Kultur hin und her zu «switchen». Jedoch nicht, ohne zuweilen in Kolumbien als zu ernst und «deutsch» (negativ gemeint) und in Deutschland als zu emotional und temperamentvoll (ebenfalls negativ gemeint) zu gelten.

Andere Kulturunterschiede lernte ich in meinem Privatleben später noch kennen: Seit acht Jahren bin ich mit einem in Deutschland aufgewachsenen Türken verheiratet. Der Kontakt zu seiner Familie und seinen ebenfalls hier groß gewordenen Freunden machte mir die Unterschiede zwischen der lateinamerikanischen und der orientalischen Kultur deutlich, die größer sind, als ich vorher dachte.

Kultur und interkulturelle Konflikte

Auch wenn wir Deutschland nicht verlassen, finden interkulturelle Begegnungen in allen Lebensbereichen statt. Multinationale Zusammenarbeit in deutschen Unternehmen kommt nicht mehr nur bei Auslandseinsätzen vor.

Die Arbeit in virtuellen oder realen Teams mit Kollegen aus unterschiedlichen Erdteilen nimmt zu, häufig kommen die Mitarbeiter aus Tochterfirmen oder von assoziierten Unternehmen im Ausland.

Teams mit deutschen und ausländischen Kollegen sind durch die zunehmende Vielfalt unserer Bevölkerung («diversity») inzwischen eher Normalität statt Ausnahme. In den meisten Fällen handelt es sich um Spanier, Portugiesen, Italiener, Griechen und Türken der in Deutschland aufgewachsenen so genannten zweiten Generation. Zwar ist diese längst nicht mehr ausschließlich ihrer Ursprungskultur verschrieben, sondern verfügt meist über ein «multikulturelles Inneres Team». Trotzdem kann es besonders in schwierigen Situationen der Zusammenarbeit immer wieder zu kulturell bedingten Konflikten kommen, die meiner Erfahrung nach sowohl von den meist deutschen Beratern, Trainern und Mediatoren wie auch von den Beteiligten selbst unterschätzt werden.

Interkulturelle Kompetenz wird immer wichtiger für störungsfreie und zielführende Kommunikation. Dies gilt sowohl für die Führungskraft, die als «trouble shooter» ihres Unternehmens heute in Mexiko und morgen in Asien verhandeln muss, als auch für den deutschen «Normalbürger», der seine Lebensmittel mal im türkischen, mal im asiatischen Laden einkauft oder beim Spanier essen geht.

Und last but not least ist es nützlich für Berater und Mediatoren, damit zu rechnen, dass bei Konflikten im beruflichen Bereich auch immer interkulturelle Aspekte eine Rolle spielen können.

Mein Kultur-Begriff

Ich werde im Folgenden von *der* deutschen, *der* spanischen und *der* lateinamerikanischen Kultur sprechen, obwohl «Kultur» nicht mit Nationalität gleichzusetzen ist. Die Vermischung mehrerer Kulturen innerhalb ein und desselben Landes hat allerorten zunehmende Vielförmigkeit zur Folge. Die Unterschiede zwischen Menschen innerhalb einer Nationalität können größer sein als die zwischen Personen verschiedener Länder. Dieser Aspekt ist zentral für die interkulturelle Mediation: Die zeitgemäße Definition von Kultur sagt aus, dass es niemals möglich ist, verlässliche Voraussagen über Individuen zu machen, nur weil sie aus einer bestimmten Kultur stammen. (Vgl. dazu die Beiträge von Wiechelmann und Keding in diesem Band.)

Gleichzeitig ist es meiner Meinung nach für die Vermittlung bei interkulturellen Konflikten unerlässlich für den Mediator, die grundlegenden Werte, Verhaltensmuster und Gepflogenheiten der Länder, denen die Konfliktparteien angehören, zu kennen. Er sollte diese Kenntnis quasi als «Checkliste» im Gepäck zu haben, um gerüstet zu sein, wenn kulturelle Aspekte die Konflikte beeinflussen. Feinheiten, Subkulturen und Vermischungen lassen sich nur im direkten Kontakt mit den jeweils betroffenen Menschen klären.

Was sind «interkulturelle Konflikte?»

Wer sich mit interkultureller Konfliktforschung beschäftigt, lernt als Erstes, dass der Begriff «Konflikt» in verschiedenen Kulturen unterschiedliche Bedeutungen hat. Dieses Phänomen liegt an der Vielschichtigkeit von Kultur – die konkreten Verhaltensweisen sind nur eine Interpretation der darunter liegenden Werte. Und genau diese Unterschiede in den Werten, die für den oberflächlichen Betrachter nicht immer ersichtlich sind, können die Ursachen für interkulturelle Konflikte sein.

Was ist überhaupt ein Konflikt? Mit der westeuropäischen Brille gesehen sind so genannte interpersonale Konflikte (= Differenzen zwischen zwei und mehr Personen) «Unvereinbarkeiten im Denken, Wahrnehmen, Fühlen oder Wollen», die zumindest ein Beteiligter als beeinträchtigend erlebt. (Glasl, 1997)

Ab welchem Grad allerdings diese «Unvereinbarkeiten» als beeinträchtigend erlebt werden, ist meiner Erfahrung nach je nach kultureller Heimat sehr unterschiedlich.

Und was versteht man unter «interkulturellen Konflikten»? Ich schließe mich folgendem Definitionsversuch für interkulturelle interpersonale Konflikte an, der Glasls Konfliktdefinition fortführt:

Interkulturelle interpersonale Konflikte sind solche, «an denen nicht nur Vertreter unterschiedlicher kultureller Systeme beteiligt sind, sondern darüber hinaus Kultur eine Rolle spielt. Diese Systeme müssen aber nicht zwangsläufig nationale, sondern können auch regionale, organisationale, professionelle oder Subkulturen sein. Gegeben muss sein, dass kulturelle Unterschiede in den Werten die Wahrnehmung und die Interpretation von Verhalten beeinflusst. Dadurch wird in der Kommunikation eine zusätzliche Ebene eröffnet, auf der Bedeutungen ausgehandelt werden müssen, soll die interkulturelle Begegnung erfolgreich verlaufen.» (Verkürzt und frei zitiert nach C. Mattl in Mehta und Rückert, 2004.)

Es gibt zahlreiche Studien zum Konfliktverhalten in unterschiedlichen Kulturen. Für Konfliktforscher steht fest: Auch wenn Disposition und Persönlichkeitsfaktoren das Verhalten eines Menschen entscheidend beeinflussen, ist die Handhabung von Konflikten hauptsächlich bedingt durch die kulturellen Grundwerte des jeweiligen Landes. Typisch «westlich», wenn es in der Zusammenarbeit knirscht: kompetitives und kontrollierendes Konfliktverhalten. In beziehungsorientierten Kulturen ist integratives und kompromissorientiertes Verhalten vorherrschend. Grundsätzlich verhält man sich hier eher vermeidend und harmonisierend.

Problematisch in der interkulturellen Zusammenarbeit zwischen Deutschen und Spaniern sowie Lateinamerikanern ist die diametral entgegengesetzte Bewertung des jeweiligen Konfliktstils der «Gegenpartei»: unter «guter» und «konstruktiver» Konfliktlösung versteht der deutsche Geschäftsmann offensives und direktes, der spanische oder lateinamerikanische Partner hingegen indirektes Verhalten.

Die Folge: In der internationalen Zusammenarbeit, wenn also deutsche und südländische Geschäftsleute aufeinandertreffen, bleiben Konflikte oft unbemerkt (zumindest von einer Seite!), weil es die Etikette in beziehungsorientierten Ländern verbietet, seinen Gegenüber überhaupt darauf hinzuweisen, dass er mit seiner direkten Art ins Fettnäpfchen getreten ist.

In multikulturellen Teams in Deutschland tendieren viele (nicht alle!) ansonsten sehr «eingedeutschte» Ausländer der zweiten Generation eher zu dem in ihrer jeweiligen Ursprungskultur üblichen Konfliktverhalten: Sie sprechen in Andeutungen oder harmonisieren. Das ist durchaus psycho-logisch, findet doch erwiesenermaßen die «kulturelle Grundprogrammierung» bereits im Kleinkindalter quasi auf dem Schoß der Ursprungsfamilie statt. Bei bi-kulturell aufgewachsenen Menschen kommen dann zwar noch andere kulturelle (Verhaltens-)Prägungen durch das Leben in deutschen Gemeinschaften (Kindergarten, Schule, Sportverein) hinzu. Das «multikulturelle Innere Team» wird jedoch im akuten Konfliktfall meist nicht bewusst wahrgenommen, höchstens als innerlicher «Mischmasch» sich widerstreitender Strebungen.

Ob deutsch, ob spanisch, ob «bi-kulturell»: Den wenigsten Menschen ist «Kultur» als Steuerelement ihres Konfliktverhaltens bewusst; gehandelt wird automatisch.

Zurück zu den beiden Anfangsbeispielen

Einer der Schwerpunkte interkultureller Forschung ist der Versuch, kulturelle Unterschiede zu klassifizieren und in so genannten kulturellen Dimensionen zu beschreiben, denen dann jeweils die Gepflogenheiten unterschiedlicher Länder zugeordnet sind (vgl. z. B. Hofstede, 1991, und Trompenaars/Hampden-Turner, 1998; die von diesen entwickelten Dimensionen wurden zum Teil von anderen Autoren ergänzt).

Zunächst zu Pedro González und Peter Müller: Die beiden Geschäftspartner haben einen interkulturellen Konflikt. Ihre Schwierigkeiten befinden sich vorwiegend in der Kultur-Dimension Beziehungsorientierung und Sachorientierung.

Die «Business-Culture» von Deutschen und Spaniern ist grundlegend verschieden. In Spanien – und übrigens auch in Lateinamerika – entwickelt sich eine gute Geschäftsbeziehung nicht aus gemeinsamen Zielen, sondern aus gemeinsamen *Gefühlen.* Das Essen mit Geschäftspartnern dient weder nur der Nahrungsaufnahme, noch ist es gesellschaftliches Rahmenprogramm für den Gast. Vielmehr bietet es den Raum, zusammen das Fundament einer guten persönlichen Beziehung zu legen. Hier wird dem deutschen Gast quasi «zwischenmenschlich auf den Zahn gefühlt»: Ein guter Geschäftspartner ist ein solcher, dem man vertrauen kann – auch in kommenden schwierigen Situationen. Eine Geschäftsbeziehung ist eine *persönliche* Beziehung. Die Fachkompetenz des Geschäftspartners wird zunächst als Vorschuss-Lorbeere vorausgesetzt, schließlich wird er nicht ohne Grund in seine Position gekommen sein.

Für deutsche Geschäftsleute hingegen gilt: «Dienst ist Dienst, und Schnaps ist Schnaps.» Im Vordergrund der Kooperation steht der sachliche Austausch über Daten und Fakten, es wird Wert auf vollständige, aussagekräftige und korrekte Präsentationen gelegt, um sich möglichst schnell ein Bild über das fachliche Know-how und die Kompetenz des Geschäftspartners sowie über die Qualität der jeweiligen Produkte, um die es geht, machen zu können. Ein zu persönliches Miteinander wird als geschäftsgefährdend angesehen, weil man im Fall von harten Verhandlungen dann nicht mehr objektiv und «straight» genug sein kann. Eine persönliche Beziehung kann sich aus deutscher Sicht eher als *Folge* einer guten (sprich: *effizienten*) Zusammenarbeit entwickeln.

Ein weiteres Konfliktfeld von Herrn González und Herrn Müller ist der unterschiedliche Umgang mit Zeit. Diese kulturelle Dimension beschreibt einen so genannten polychronen im Gegensatz zu einen monochronen Zeitbegriff. (Vgl. Hall und Hall, 1989. Zum hier verborgenen Konfliktpotenzial vergleiche auch den Beitrag von Martinez Hernandez in diesem Band.)

Beziehungsorientierte Kulturen sind meist auch polychron: Der Umgang mit Zeit ist flexibel. In Spanien und Lateinamerika werden Aufgaben oftmals nicht Stück für Stück und nacheinander erledigt, sondern mehrere Prozesse können gleichzeitig stattfinden.

Geschäftszeit und private Zeit sind nicht strikt voneinander getrennt. Dies zeigt sich unter anderem darin, dass in Business-Meetings, aber durchaus auch bei den bereits erwähnten Essen viel über Dinge gesprochen wird, die mit dem eigentlichen Geschäft nichts zu tun haben. Der Begriff «Smalltalk» hat in beziehungsorientierten Ländern eine andere Bedeutung: «Smalltalk» ist hier nicht notgedrungener Pausenfüller, wenn zum Beispiel der Beamer mal wieder nicht funktioniert und man die Zeit überbrücken muss. Es gibt generell keine unwichtigen Themen. Konversation an sich dient der Verfestigung gegenseitigen Vertrauens und schafft eine Verbindlichkeit, die dann die Grundlage für spätere Verhandlungen bildet.

Auf geschäftlichen Fahrten kann es durchaus passieren, dass ein Lateinamerikaner einen Besuch bei einem entfernten Familienmitglied einschiebt und seinem deutschen Geschäftspartner beispielsweise eine nicht enden wollende (niedliche) Kinderschar sowie das Hängemattengeschäft einer Cousine dritten Grades vorstellt (natürlich gibt es dann ein besonders schönes Exemplar als Geschenk).

Verabredungen zu einem bestimmten Zeitpunkt werden in polychronen Gesellschaften nicht auf die Minute eingehalten, «un poco más tarde» («ein bisschen später») ist auch noch pünktlich. Auch wenn bei einem Sitzungstermin bereits alle Teilnehmer anwesend sind, geht es in Lateinamerika sehr «tranquilo», sehr ruhig zur Sache. Man ist ja bereits beieinander, zunächst werden noch andere Dinge erledigt, ein wenig geplaudert, Sekretärinnen reichen Handys mit wichtigen Anrufern herein.

In monochronen Kulturen wie in Deutschland ist alles genau umgekehrt. Das Geschäftsleben ist vorausschauend mit festen Zeitplänen organisiert, Termine werden genau eingehalten, Aufgaben nacheinander abgearbeitet. Nach dem Motto «Erst die Arbeit, dann das Vergnügen» wird der Privatsphäre ein großer Stellenwert eingeräumt. So mancher deutsche Geschäftsmann zieht es vor, lieber allein in einer fremdem Hotelbar seinen «Feierabend» zu verbringen, als noch abends mit den Geschäftspartnern zusammen zu sein. Private Telefonate während des dienstlichen Beisammenseins gelten als unprofessionell und werden höchstens entschuldigt, wenn zu Hause ein Notfall vorliegt.

Herr González und Herr Müller sollten über die Hintergründe ihrer kulturellen Unterschiede sprechen. Dabei wäre es wichtig, nicht in gegenseitige Vorwürfe zu verfallen. Ihr Ziel sollte nicht sein, nur «gute Miene zum bösen Spiel» des anderen zu machen. Vielmehr sollten beide über ihren kulturellen Tellerrand hinausschauend aufeinander zugehen und gemeinsam ein Geschäftsprozedere entwickeln, bei dem die Vorteile der unterschiedlichen «Welten» zum Zuge kommen.

Voraussetzung hierfür ist das, was in der Forschung «interkulturelle Kompetenz» genannt wird: Interkulturell kompetent ist eine Person dann, wenn sie bei der Zusammenarbeit mit Menschen aus ihr fremdem Kulturen deren spezifische Konzepte der Wahrnehmung, des Denkens, Fühlens und Handelns erfasst und begreift. Diese Definition möchte ich ergänzen um den Zusatz «*und sich ihrer eigenen kulturellen Konzepte bewusst ist*». Hinzu kommt die Bereitschaft und die Fähigkeit zur Meta-Kommunikation.

Nun zu Torsten Baumann und seinem Mitarbeiter Mustafa Yildiz. Hier könnte, muss es sich aber nicht um einen interkulturellen Konflikt handeln. Es könnte kulturell bedingte Unterschiede im Kommunikationsstil der beiden handelnden Personen geben. Yildiz, ein in Deutschland aufgewachsener Türke, stammt ursprünglich aus einer Kultur, in der ein großer Respekt vor Personen herrscht, die eine übergeordnete soziale Stellung inne haben und/oder älter sind als man selbst. Diese kulturelle Dimension wird in der Fachliteratur

«Respekt vor sozialer Distanz» genannt: Man äußert seinem Chef gegenüber auf keinen Fall direkte Kritik, auch wenn dieser ganz explizit nach Verbesserungsvorschlägen fragt.

Eine weitere erforschte Dimension könnte hier eine Rolle spielen, die in der Literatur unter den Begriffen «high-context-culture vs. low-context-culture» oder auch «direkte vs. indirekte Kommunikation» zu finden ist. Typisch für «high-context-cultures» sind mediterrane oder arabische Länder. Dort nimmt die non-verbale Kommunikation eine dominante Ebene ein, das Ungesagte ist oftmals wichtiger als das Gesagte: Ein Großteil der eigentlichen Kommunikation ergibt sich aus dem Kontext und dem impliziten Wissen der Beteiligten über kulturspezifische «Verschlüsselungscodes». Wer den jeweiligen Code nicht kennt, wird große Verständnisschwierigkeiten haben. Sowohl Türken und Araber als auch Spanier und Lateinamerikaner sind Meister einer «Sag-es-durch-die-Blume-Kommunikation»: Kritik wird in Andeutungen verpackt, es wird davon ausgegangen, dass der andere aus Tonfall, Mimik, Gestik oder Finessen in der Wortwahl schon heraushört, was gemeint ist. Der Gesichtswahrung wird ein hoher Stellenwert beigemessen, sowohl der eigenen wie auch der Gesichtswahrung des Gegenübers. Liegt der Fehler beim anderen, wird oft freundlich darüber hinweggesehen, der Fehler vielleicht heimlich ausgebügelt oder eine Anspielung gemacht. Ist man selbst im Zentrum der Kritik, wird eventuell der Auseinandersetzung ganz aus dem Weg gegangen, die Angelegenheit beschönigt oder auch manchmal die Wahrheit ein bisschen zu eigenen Gunsten verbogen. In «low-context-cultures» wie Deutschland oder USA ist es genau umgekehrt: Beim Gesprächspartner wird nur wenig gemeinsames Vorwissen vorausgesetzt, die Dinge, die man erreichen will oder auf die man sich bezieht, werden explizit formuliert und direkt kommuniziert. Besonders im Konfliktfall werden eher als in «high-context-cultures» Ross und Reiter benannt.

Herr Yildiz könnte nun

a) ursprungs-kulturelles Kommunikationsverhalten aus oben beschriebenen Gründen zeigen. Gleichwohl: Es gibt viele Türken, Spanier usw. der zweiten Generation, die einen sehr direkten Kommunikationsstil pflegen und Kritik ungeschminkt und klar äußern.

b) überhaupt und grundsätzlich ein Konfliktverhalten haben, welches eher durch Vermeidung als durch direkte Konfrontation gekennzeichnet ist, aber seine Wurzeln in der Persönlichkeit hat und nicht oder nur wenig in kulturell bedingten Werten. Möglicherweise befindet er sich im Riemann-Thomann-Kreuz auf den Polen «Nähe» und «Distanz» stark auf der Nähe-Seite. Menschen mit viel Nähe-Anteilen reagieren in Konflikten grundsätzlich eher mit konfliktvermeidendem Verhalten (mehr zum Thema Persönlichkeit vgl. Riemann, 1961, Thomann und Schulz von Thun, 2003, und Thomann, 2004).

c) tatsächlich keine Probleme in der Filiale sehen und mit seinem Chef zufrieden sein.

Für den Teamtrainer wäre es in diesem Fall günstig, Handwerkszeug parat zu haben, um einen Austausch zwischen Baumann und Yildiz zu moderieren, der diese drei Möglichkeiten berücksichtigt. Im Folgenden soll nun ein Modell zur Vermittlung und Auflösung von interkulturellen Konflikten im beruflichen Bereich vorgestellt werden.

Interkulturelle Mediation

Mediation bedeutet «Vermittlung im Konflikt». Es gibt unterschiedliche Mediationskonzepte, alle Verfahren haben jedoch das Ziel, die zentralen Problempunkte der Konfliktbeteiligten zu lösen. Ein Mediator als «neutraler Dritter» ohne Entscheidungsgewalt versucht, miteinander streitende Parteien dabei zu unterstützen, einen kooperativen Weg zur Einigung zu finden. Leitgedanke dabei ist die autonome Übereinkunft der Konfliktparteien: Der Mediator gibt Hilfe zur Selbsthilfe, die Lösungen erarbeiten die betroffenen Personen selbst.

Grundsätzlich lassen sich transformative und lösungsorientierte Ansätze unterscheiden. Transformative Mediationsverfahren stellen eher eine Bearbeitung und Veränderung der Konfliktdynamik in den Vordergrund. Die Vorstellung bei dieser Herangehensweise: Verständnis füreinander ist die Basis tragfähiger Lösungen. Wenn die Konfliktbeteiligten zum Perspektivwechsel – auf emotionaler Ebene – in der Lage sind, lassen sich sachliche Probleme meist leicht klären. Lösungsorientierte Ansätze dagegen konzentrieren sich bei der Konfliktklärung auf die Sachebene. In diesen Verfahren werden die Gefühle der Einzelnen und die Dynamik der Beteiligten weitgehend ausgeklammert, hier wird die Distanz zu emotionalen Verstrickungen als Hebel zur Problemlösung angesehen.

Das bedeutet, dass das jeweils angewendete Mediationsverfahren seine eigene Kultur hat. Möglicherweise kann es zwischen einem deutschen und einem spanischen Konfliktvermittler mehr Gemeinsamkeiten geben als zwischen zwei deutschen, die unterschiedliche Schulen vertreten.

Die Methode «Klärungshilfe»

Ich arbeite weitgehend nach der Methode «Klärungshilfe», entwickelt von Dr. Christoph Thomann, die den transformativen Verfahren zuzuordnen ist. (s. Thomann, 2004)

Klärungshilfe wurde für die Vermittlung bei Konflikten im beruflichem Bereich entwickelt. Die Methode eignet sich zur Vermittlung bei Konflikten zwischen einzelnen Mitarbeitern, bei Schwierigkeiten innerhalb eines Teams oder einer Abteilung und bei Mobbing. Weitere Einsatzfelder sind bereichsübergreifende Konflikte, zum Beispiel die Vermittlung zwischen verschiedenen Unternehmensbereichen oder zwischen Firmen und Kunden. Der Ansatz hebt sich in mehreren Punkten von den meisten anderen Mediationskonzepten ab:

- Die Grundannahme der Methode: Bei Konflikten spielen immer Emotionen eine Rolle. In der Mediation werden deshalb nicht nur die Hintergrundinteressen der Konfliktbeteiligten berücksichtigt, sondern auch ihre jeweiligen auf den Konflikt bezogenen Gefühle.
- Der Mediator fungiert nicht nur als Vermittler, sondern auch als «Lehrer» für Konfliktentstehung und -bewältigung. In der Endphase der Mediation erklärt der Mediator den Beteiligten die Ursachen und die Dynamik ihres Konflikts. Nach dem Mot-

to «give psychology away» werden Konzepte aus der humanistischen Kommmunikationspsychologie so erklärt, dass sie für jedermann verständlich sind (z. B. Wertequadrat, Teufelskreise, etc. Vgl. hierzu Schulz von Thun: MR 1–3, und Thomann). Zentral ist hierbei die so genannte systemische Sichtweise: Spannungen zwischen zwei und mehr Personen bedingen sich in der Regel gegenseitig und schaukeln sich oft auf. Sinnvoller als die Suche nach einem Anfang des Konflikts und nach «Schuldigen» ist die Suche nach Mechanismen, die die Probleme erhalten und verstärken.

- Quasi als «Nebenprodukt» erfüllt die Methode auch die Funktion eines Kommunikationstrainings. Zu beobachten ist der Effekt, dass die Konfliktparteien während der Mediation eine gemeinsame Sprache für den Umgang mit Konflikten erlernen. Dies wird entscheidend gefördert durch das Zur-Verfügung-Stellen der Erklärungsmodelle und kann so die Bewältigung eventueller zukünftiger Differenzen sehr begünstigen.
- Klärungshilfe wird in der Praxis außerdem in Teamentwicklungsmaßnahmen angewendet: In Teamtrainings geht es in erster Linie um die Optimierung der Zusammenarbeit sowohl auf sachlicher Ebene (Abläufe, Organisation, Strategie) als auch um den Teamzusammenhalt. Teamtrainer mit Mediationskompetenz sind in der Lage, Konfliktpotenzial aufzugreifen und professionell zu bearbeiten.

Ablauf einer Mediation nach der Methode «Klärungshilfe»
Mediation mit der Methode Klärungshilfe findet in sieben Phasen statt.

Vor der eigentlichem Mediation sammelt der Mediator in der Phase der Auftragsklärung und Vorbereitung Informationen über den Konflikt. Inhalt dieser Phase ist sowohl die Konflikt-Analyse wie eine Konfliktberatung der Beteiligten: Handelt es sich wirklich um einen Konflikt, und ist Mediation die richtige Form der Problemlösung? Wer muss mit wem zu welchen Thema mit welchem Ziel sprechen? Sind die Beteiligten bereit zur Auseinandersetzung? Der Ver-

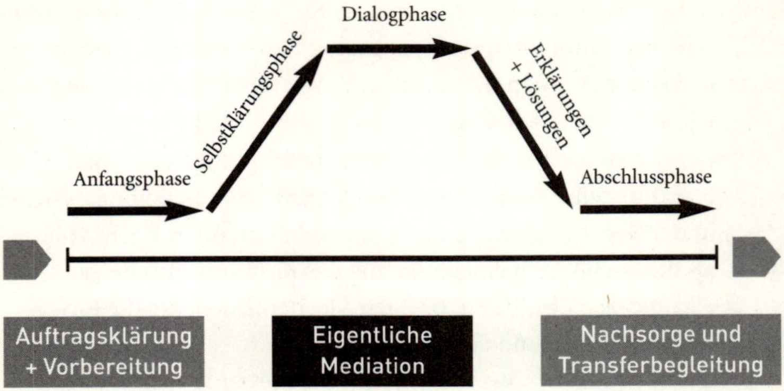

Phasen der Mediation: Die «Klärungshilfe-Treppe» zur Konfliktvermittlung

mittler klärt die Konditionen und stellt die Parteien für die eigentliche Mediation zusammen.

Zur Mediationssitzung kommen alle Konfliktbeteiligten zusammen. Die Anfangsphase dient der Kontaktaufnahme: Der Mediator stellt sich den Anwesenden vor, gibt Informationen über seine Arbeitsweise und spricht die Rahmenbedingungen mit allen Beteiligten ab.

Danach geht es in medias res: in der Selbstklärungsphase zunächst um die Sichtweisen der Konfliktparteien. Nach dem Prinzip der Allparteilichkeit verschafft sich der Klärungshelfer ein Bild über die Position jedes Einzelnen und über die zentralen Konfliktfelder. Ziel der Phase: den Konflikt aus der Perspektive jeder Person zu verstehen.

Im anschließend vom Mediator angeleiteten Dialog werden die hinter den einzelnen Positionen stehenden Interessen und Gefühle geklärt. Die Dialogphase ist das «Herzstück» der Klärungshilfe: Hier wird über die innerseelischen und zwischenmenschlichen Themen gesprochen. Dabei geht es sowohl um systematische «Vergangenheitsbewältigung» als auch um die gegenwärtige Zusammenarbeit. Nach dem Prinzip «Kontakt vor Kooperation» werden keine Vereinbarungen getroffen, ehe nicht *alle* Konfliktbeteiligten *alle* Themen geklärt haben.

Die Aufgabe des Klärungshelfers in dieser Phase besteht darin, das gegenseitige Verständnis der Konfliktparteien zu fördern: Dort, wo Fronten verhärtet sind, sollen die hinter den gegenseitigen Vorwürfen und Anschuldigungen liegenden Bedürfnisse deutlich gemacht werden. In Konflikten, in denen um den heißen Brei herumgeredet wird, verhilft der Mediator zu Klarheit.

Die Konfliktparteien werden darin unterstützt, eine «zwischenmenschliche Sprachbarriere» zu überwinden. Auch wenn man vielleicht auf der Sachebene unterschiedlicher Meinung ist, führt der Austausch über die dem Konflikt zugrunde liegenden Emotionen in der Regel zu gegenseitigem Einfühlungsvermögen und einer automatischen Solidarisierung der Kontrahenten.

Je günstiger ein Dialog zwischen den Konfliktparteien ausgeht, das heißt, je größer das Verständnis füreinander ist, desto leichter verläuft die nächste Phase Erklären und Lösen. Wie bereits erwähnt, liefert der Mediator zunächst Erklärungsmodelle zur Konfliktentstehung. Nach dem «Sturm im Wasserglas» des Konfliktes dient eine eher intellektuelle Nachbereitung dazu, wieder etwas Distanz zum Thema zu bekommen (weg von den «Bauchgefühlen»), um mit kühlem Kopf die Lösungsmöglichkeiten prüfen zu können.

Die Lösungen für die zentralen Problempunkte (er-)finden die Konfliktbeteiligten am Schluss dieser Phase allein. Der Mediator gibt keine Lösungen vor, sondern fungiert lediglich als Moderator. Ratgeber ist er nur bei Lösungsvorschlägen, die seiner Erfahrung nach wenig Chance auf Realisierung und Beständigkeit haben. Als gutes Ende dieser Phase wird nicht nur die Wiederannäherung der Kontrahenten verstanden. Vielmehr geht es um Klarheit, so kann sich auch herausstellen, dass keine Einigung möglich ist.

In der Abschlussphase werden Vereinbarungen getroffen, und die Kontrolle der Umsetzung wird festgelegt. Außerdem geht es darum, den Verlauf der Mediation zu reflektieren: Gibt es noch Restthemen, wie zufrieden oder unzufrieden sind die Beteiligten mit dem Klärungsprozess? Wie verbleiben sie mit dem Mediator im Hinblick auf die Evaluation und Nachkontrolle der Lösungen?

Nachsorge und Transferbegleitung können in Form von Beratung und/oder einer Folgeveranstaltung stattfinden. Zentral ist in beiden Fällen das Bilanzziehen: Wie hat sich die Mediation auf die Zusammenarbeit ausgewirkt? Sind die Vereinbarungen eingehalten worden? Wenn nein, welche Hindernisse müssen noch geklärt werden? In der Praxis zeigt sich, dass die Unterstützung durch den Mediator bei der Umsetzung der Lösungen ein wichtiger Faktor für nachhaltige Implementierung ist.

Auf dem Weg zur Entwicklung eines interkulturellen Mediationsansatzes

Die Methode «Klärungshilfe» hat wie die meisten heute im europäischen Raum gängigen Mediationsverfahren ihre Wurzeln in Nordamerika und Europa. Dem Ablaufmodell dieser Verfahren liegt ein monochron geprägtes Kulturverständnis im Umgang mit Themen und Zeit zu Grunde: Die Vorgespräche und die anschließende Mediation sind in feste Schritte unterteilt und terminiert. Der Klärungshelfer arbeitet zwar nach der Psycho-Logik der Themen, aber in der Regel wird eins nach dem anderen besprochen, eine feste Reihenfolge und ein Zeitplan für die einzelnen Phasen der Mediation eingehalten.

Auch bezogen auf die Kulturdimension «Direkte Kommunikation» vs. «Indirekte Kommunikation» vertritt die Methode Klärungshilfe implizit westliche Werte. Für den Umgang mit Konflikten gilt: Probleme anzusprechen und seine Interessen klar und bestimmt zu vertreten ist Zeichen von Reife und psychischer Gesundheit; allzu entgegenkommendes und Konflikt vermeidendes Verhalten ist kontraproduktiv für gute Zusammenarbeit. Der Klärungshelfer kommt sowohl in den Vorgesprächen wie in der Konfliktvermittlung sofort zu den zentralen Konfliktpunkten und versucht als Erstes die «heißesten Eisen» zu klären. Der Dialog über die Hintergründe und das Konflikterleben nimmt die meiste Zeit in Anspruch.

Die kulturelle Prägung, die dieser Methodik zugrunde liegt, ist weder «richtig» noch «falsch», allerdings im Umgang mit lateinamerikanischem Klientel wenig förderlich für eine erfolgreiche Mediation. Ich habe daher die Methode «Klärungshilfe» für den Einsatz bei interkulturellen Konflikten modifiziert. Zuerst bin ich mehr intuitiv vorgegangen und habe mit fortlaufender Erfahrung das Verfahren immer mehr angepasst. Dazu sei erwähnt, dass ich in das Arbeitsgebiet der interkulturellen Mediation durch Zufall «hineingerutscht» bin: Die Anfragen haben sich durch meine Aufenthalte in Südamerika ergeben. Der von mir entwickelte und hier im Folgenden an einem Beispiel vorgestellte Ansatz ist größtenteils durch «learning by doing» entstanden. Ich habe dabei Teile der Klärungshilfe mit Elementen aus interkulturellen Teamtrainings gemischt. Grundsätzlich ist das Vorgehen weniger linear und direkt als bei Mediationen im deutschen Raum.

Interkulturelle Mediation mit der Methode Klärungshilfe

Ein Beispiel: Konflikte in der Firma «office perfect»

Die deutsche Firma «office perfect» (Name geändert), ein mittelständisches Unternehmen, vertreibt Bürobedarf für Industrie, Handel und Gewerbe, zum Beispiel Papier, Büroeinrichtungen und Bürotechnik, und bietet Dienstleistungen und Wartungen an.

Der Vertriebsdirektor Dieter Westermann ist Leiter des Standorts Kolumbien und verantwortlich für den Aufbau des dortigen Vertriebs. Vor knapp einem Jahr hat «office perfect» ein kleines Unternehmen in einer Großstadt an der Karibikküste aufgekauft, die Kolumbianer Rubén García und Marta Vives sind die ehemaligen Geschäftsführer und nun die Vertriebsleiter vor Ort.

In Kolumbien müssen die drei neue Kunden akquirieren, gemeinsam Verkaufsverhandlungen führen sowie eine grundsätzliche Strategie der Marktplatzierung entwickeln. Herr Westermann ist in regelmäßigen Abständen jeweils zwei bis vier Wochen vor Ort, ansonsten von Deutschland aus tätig.

In der Zusammenarbeit kommt es immer häufiger zu Schwierigkeiten, die sich bisher nicht haben klären lassen und die kulturell bedingt sind. Herr Westermann schlägt eine Mediation für sich und die beiden Kollegen vor.

Auftragsklärung

Ich lerne Herrn Westermann und Herrn García über gemeinsame Bekannte bei einem Salsa-Festival in Kolumbien kennen, welches dort traditionell zwischen Weihnachten und Neujahr stattfindet. Bei tropischen Temperaturen geht man in der Gruppe durch die Stadt von Platz zu Platz, um den dort spielenden einheimischen Musikgruppen zuzuhören und natürlich, um zu tanzen und zu feiern. Das Festival zieht sich über mehrere Tage (und Nächte!), zwischendurch trifft man sich zur Cavalgata, einer Art Umzug mit Reitern durch das Zentrum. Herr Westermann macht eine Woche Urlaub und ist in Begleitung von Herrn García und dessen Familie in Kolumbien unterwegs, um andere Städte als den Firmenstandort kennen zu lernen. Er ist froh, durch Zufall auf eine Mediatorin getroffen zu sein. Er hat bereits in seiner deutschen Firma an Teamentwicklungsmaßnahmen teilgenommen. Für Herrn García und die beim Festival nicht anwesende Frau Vives ist das Gebiet der Mediation Neuland. Während Herr Westermann eine Teamklärung am liebsten so schnell wie möglich mit meiner Unterstützung «durchziehen» möchte, will Herr García mich erst einmal kennen lernen.

Normalerweise hat man als Mediator einen Katalog von Leitfragen, der in den Vorgesprächen abgearbeitet wird – unter anderem mit dem Ziel, herauszufinden, ob Mediation überhaupt die richtige Maßnahme ist oder ob andere Möglichkeiten zur Problemlösung nicht effektiver sein könnten. Dies ist auch bei interkulturellen Mediationen so. Allerdings finden hier die Gespräche keinesfalls strikt nach Fahrplan statt. Obwohl der in der Vorphase von Mediationen allgemein übliche direkte Zugang zu den zentralen Problempunkten als verfahrensneutral angesehen wird, würde ein zu schnelles Zur-Sache-Kommen in Lateinamerika als Unhöflichkeit bewertet werden. Die Vorgespräche finden deshalb auch nicht nur, wie in Deutschland, in offiziellem Rahmen (also zur Geschäftszeit, im Sitzungszimmer o. ä. im Unternehmen, fest terminiert etc.) statt, sondern auch «nebenbei» in informellem Rahmen.

In Deutschland hätte ich möglicherweise nur ein Vorgespräch mit der obersten Führungskraft (also Herrn Westermann) geführt, jedenfalls gehe ich bei größeren Teams in der Regel so vor. Der Leiter entscheidet dann über die Durchführung der Maßnahme. Das restliche Team und dessen Sicht der Dinge lerne ich erst während der eigentlichen Teamklärung kennen – und das Team mich. Ein derartiges

Vorgehen wäre in Lateinamerika undenkbar: Hier ist der persönliche Kontakt zur Mediatorin, *bevor* man sich überhaupt auf eine solche Maßnahme einlässt, unabdingbare Vorraussetzung für ein späteres Engagement am Klärungsprozess. Also lerne ich die Beteiligten erst einmal in «lockerer Atmosphäre» kennen.

Untermalt von ziemlichem Lärm und immer wieder unterbrochen von Gesprächen mit anderen Anwesenden, führe ich während des Festivals die Vorgespräche zur Auftragsklärung. Mit Herrn García finden diese Gespräche an drei aufeinanderfolgenden Nachmittagen größtenteils auf der Straße statt. Zwischendurch feiern und tanzen wir gemeinsam mit seinen und meinen Freunden. Mit Herrn Westermann setze ich mich eineinhalb Stunden in ein Restaurant in eine ruhige Ecke. Frau Vives treffe ich ein paar Tage später, ebenfalls bei einem Musikfest.

Sowohl die Vorgespräche mit den beiden Kolumbianern als auch die spätere eigentliche Mediation sind in diesem Fall angepasst an die typisch lateinamerikanische Art der Beziehungsgestaltung: Dem langsamen Einstieg ins Thema wird eine große Bedeutung beigemessen. Durch meine kolumbianischen Wurzeln beherrsche ich dieses Ritual intuitiv: Bevor Herr García, Frau Vives und ich in unseren Gesprächen zum «Eigentlichen» kommen, sprechen wir erst einmal über dies und das, beliebte Themen für diese Phase sind zum Beispiel Reisen, das Wetter in Deutschland und die Familie.

In einem zweiten Schritt «plaudern» wir über die zentralen Themen ebenso wie über andere, ein Springen zwischen verschiedenen Punkten ist normal und dient der Herstellung von Kontakt. Herr García und Frau Vives wollen wissen, wie ich mit meiner eigenen Bi-Kulturalität umgehe. Sie «testen» mich: Bin ich vertrauenswürdig? Bin ich europäisch-arrogant und sehe Lateinamerika als Entwicklungsland, oder habe ich die Kultur meines Vaters im Herzen? Wie sehe ich die Deutschen? Habe ich Humor? Insgesamt ist die Atmosphäre in diesen beiden Gesprächen eher privat.

Das Gespräch mit Herrn Westermann findet, sieht man einmal vom Rahmen ab, eher nach deutschen Regeln statt. Aber auch er «testet» mich: Was sind meine fachlichen Referenzen? Welche Lösungsmöglichkeiten und Erfolgschancen für eine effektive Zusammenarbeit sehe ich? Wie stehe ich zu Wirtschaftsunternehmen in Lateinamerika? Bin ich «deutsch» genug für diesen Auftrag? Wie ist mein Vorgehen? Die Atmosphäre in diesem Gespräch ist trotz des Musiklärms um uns herum hoch konzentriert.

Wie bereits erwähnt ist der Erstkontakt im Rahmen der Auftragsklärung immer auch eine erste Konflikt-*Beratung*. In diesem Fall erkläre ich allen Beteiligten u. a. einige Erkenntnisse der interkulturellen Konfliktforschung und Unterschiede zwischen deutscher und lateinamerikanischer Kultur. Außerdem stelle ich das Prinzip des Vorgehens bei interkulturellen Mediationen vor: Das Verfahren soll an beide «Welten» angepasst sein. Das wird für Herrn Westermann bedeuten, dass wir langsamer, als er es möglicherweise für richtig hält, auf die zentralen Punkte kommen, für Herrn García und Frau Vives wird es möglicherweise strukturierter zugehen, als sie es in anderen Zusammenhängen gewohnt sind.

In allen drei Vorgesprächen wurde viel gelacht. Es wurden – auf einer durchaus wertschätzenden Basis! – Witze über die Gegenpartei gemacht. Im Unterschied zu Mediationen in Deutschland habe auch ich meine eigenen persönlichen Erfahrungen eingebracht und bereits ein bisschen im Sinne eines «Unterhändlers» um Verständnis für die jeweilige Gegenpartei geworben. Alle drei Personen sind am Schluss der Vorgespräche bereit, sich meiner Moderation anzuvertrauen, wir vereinbaren, eineinhalb bis zwei Tage zusammenzuarbeiten.

Hier nun zunächst eine Zusammenfassung der Sichtweisen der drei Beteiligten nach den Vorgesprächen:

Sichtweise von Herrn Westermann: «Wir sind nicht effektiv genug!»

«Ich habe den Eindruck, dass Frau Vives und Herr García unsere gemeinsam festgesetzten Ziele nicht mit der nötigen Ernsthaftigkeit verfolgen: Mehrfach sind Deadlines, die wir drei gemeinsam für bestimmte Projekte festgesetzt hatten, nicht eingehalten worden. Wenn ich nachfrage, habe ich den Eindruck, dass die Kollegen es mit der Wahrheit nicht so genau nehmen, auf jeden Fall um wortreiche Ausreden nicht verlegen sind. Schuld sind immer dubiose Umstände, dass angeblich irgendein Lieferant auf einer Bergstraße steckengeblieben ist oder ähnliches. Wichtige Entscheidungen, die wir treffen müssen, haben sich schon oft tage- oder sogar wochenlang hinausgezögert, weil noch Teilinformationen besorgt werden mussten. Ich werde dann vertröstet (Morgen ganz bestimmt!), weiß aber eigentlich schon im Voraus, dass die Kollegen Zusagen machen, die sie nicht einhalten können.

Diskussionen unter uns dreien sind immer emotionsgeladen und ohne roten Faden – und leider häufig ohne konkretes Ergebnis! Es ist nicht möglich, sachlich und zielgerichtet zu diskutieren, ich kann oft nicht mal einen Satz zu Ende aussprechen, weil die beiden sehr temperamentvoll sind, nicht richtig zuhören und mir ständig ins Wort fallen!

Ich habe beide schon knallhart konfrontiert und auch versucht, mit ihnen gemeinsam Regeln der Zusammenarbeit zu entwickeln, aber weder die demokratische noch die harte Tour zeigt Wirkung: Höchstens betretenes Schweigen ist die Reaktion, vielleicht eine zu unterwürfige Entschuldigung (So sind wir nun mal hier, wir versuchen uns zu bessern!). Wenn ich frage, welche Vorstellungen die beiden zur Optimierung unserer Zusammenarbeit haben, kommen nur Bagatellisierungen.

Überhaupt habe ich große Schwierigkeiten mit der südamerikanischen Meeting-Kultur. Anberaumte Besprechungen mit Geschäftspartnern oder Kunden von office perfect sind eigentlich immer unplanbar: Häufig beginnen diese nicht pünktlich, viel Zeit wird mit der Diskussion von Themen verbracht, die nicht auf der Tagesordnung stehen. So kann es sein, dass plötzlich irgendjemand in den Sitzungsraum hereinplatzt, etwas angeblich furchtbar Dringendes mitteilt, was ich zum Teil auch trotz meiner sehr guten Spanischkenntnisse nicht verstehe, und diese Störung dann für die nächste Stunde die Diskussion beherrscht. Zuweilen sind das Themen aus dem Privatbereich, zum Beispiel, ob die Tochter von Herrn Garcías Bruder auf ein englischsprachiges Internat soll! Es ist also undenkbar, die Tagesordnung durchzuziehen.

Apropos privat: Wahrscheinlich ist es immer gut gemeint, aber ich habe, sobald ich kolumbianischen Boden betrete, eigentlich keine Sekunde (und ich sage Sekunde!) mehr Zeit für mich. Ich bin zwar in einem Hotel untergebracht, werde aber quasi jeden Abend entweder in die Familien meiner beiden Partner oder in ein Restaurant mitgenommen. Meist wird vorher gesagt, ich würde wichtigen Freunden vorgestellt, die uns mit ihren Verbindungen unterstützen könnten. Oft sind diese Freunde dann aber höchst entfernte Bekannte und untauglich als Hilfe beim Geschäft, weil hier alle ihre Verbindungen völlig überschätzen. Das merkt man aber erst am Ende eines langen Abends, denn die Essenssitten hierzulande sind komplett anders, als ich es kenne. Man sitzt zuerst unglaublich lange beieinander und trinkt, und zwar Hochprozentiges, Whiskey oder Rum. Geredet wird erst einmal über Gott und die Welt, über Familie und Kinder. Gegessen wird spät, meist bin ich dann schon über den Hunger hinweg. Und irgendwann kommt man auch mal aufs Geschäftliche zu sprechen …

Es gibt keine Möglichkeit, sich zu entziehen, zum Beispiel abends noch mal am Laptop zu arbeiten. Tue ich das doch mal, werde ich moralisch unter Druck gesetzt (Dir schmeckt wohl das kolumbianische Essen nicht! Es ist dir bei uns sicher zu primitiv!). Schon öfter wurde ich mit einem Überraschungsbesuch im Hotel beehrt und zu einem gemeinsamen Drink in die Bar gezwungen, damit ich mich nicht so allein in der Fremde fühle. Wenn ich dann mal auf die Uhr schaue, ist Herr García immer gleich beleidigt. Ich weiß wirklich nicht, wie ich sachlich rüberbringen soll, dass ich manchmal allein sein möchte und auch *tatsächlich* arbeiten muss, ohne gegen die hier heilige Etikette des Gruppenlebens zu verstoßen. Das Einzige, was akzeptiert wird, ist Krankheit, so habe ich schon das eine oder andere Mal ein kleines Zipperlein vorgeschoben … dass ich hier das Essen nicht vertragen habe oder ein altes Rückenleiden eben. Die einzige Möglichkeit, mal durchzuatmen!

Ich kenne bereits sämtliche Sehenswürdigkeiten der Umgebung, die wir mit Neukunden sogar mehrfach besichtigen. Wir könnten diese Zeit, die wir in der Gegend rumkutschieren, wirklich sinnvoller nutzen! Überhaupt habe ich immer das Gefühl, nichts zu schaffen, wenn ich hier in Kolumbien bin. Ich mache mir große Sorgen, dass es uns nicht gelingt, uns am kolumbianischen Markt zu platzieren, oder dass das jedenfalls viel zu lange dauert. *Wir sind nicht effektiv genug!* Natürlich kriege ich auch Druck von meinem Chef in Deutschland, der schnell gute Ergebnisse sehen will. Ich habe schon öfter versucht, meine Kritik bei Herrn García und Frau Vives an den Mann beziehungsweise an die Frau zu bringen. Mir wird dann sehr charmant gesagt, ich solle nicht so serio («ernst») sein. Ich habe mich zwar vorher ein bisschen mit der südamerikanischen Lebensart beschäftigt, bin aber doch erstaunt, wie extrem langsam hier alles läuft. Dabei hat doch Frau Vives in Europa studiert!

Mein Ziel für diese Mediation: Wir müssen unsere kleinen Nebenkriegsschauplätze in den Griff kriegen und schneller, professioneller und effektiver werden. Die Konkurrenz schläft nicht!»

Sichtweise von Herrn García: «Eigentlich wäre alles ganz wunderbar ...»

«Also, eigentlich weiß ich gar nicht so genau, was das Problem sein soll. Sicher, seit wir mit Herrn Westermann zusammenarbeiten, prallen hier schon manchmal Welten aufeinander: Die Deutschen nehmen halt alles supergenau! Aber es ist doch normal, dass jeder die Dinge etwas anders sieht, deswegen würde ich nicht gleich sagen, dass wir Konflikte haben.

Herr Westermann ist irgendwie überperfekt. Sie müssten mal dabei sein, wenn er potenziellen Neukunden unsere Produkte vorführt: Bis ins kleinste Detail geht er da, redet stundenlang, und man kann sich diese unwichtigen und trockenen Dinge sowieso nicht alle merken. Er merkt gar nicht, dass die Leute sich nicht so lange konzentrieren wollen. Manchmal ist er dann schon ein bisschen unhöflich und blockt nett gemeinte Auflockerungen ab, indem er sagt, er würde jetzt gern über Wichtigeres reden. Aber ich glaube, er meint es nicht so, auch wenn unsere Kunden des öfteren etwas vor den Kopf gestoßen sind durch diese direkte Art. Und das ist natürlich schädlich fürs Geschäft. Aber das müsste er eigentlich von sich aus merken! Ich glaube, er ist einfach ein bisschen zu steif, und das kommt dann als Desinteresse oder Arroganz rüber. Wir sind schließlich alle Verkäufer, auch er, und ich habe mehrere Verkaufstrainings in Europa absolviert. Da heißt es doch immer, dass die Beziehungspflege das A und O im Umgang mit dem Kunden ist! Das sollte er doch auch wissen. Trotzdem versucht er oft, sich vor Geschäftsessen zu drücken. Ich habe mich noch nicht getraut, es ihm zu sagen, aber das ist eigentlich für uns Kolumbianer eine Beleidigung!

Herr Westermann will immer alles sofort. Aber hier laufen die Uhren eben ein bisschen langsamer. Sie können mir glauben, dass es mich selbst auch manchmal nervt, wenn unser Versand mal wieder einen Termin vertrödelt hat, aber: Wir sind in Kolumbien! Und gerade im karibischen Teil unseres Landes gilt anders als vielleicht in der Hauptstadt: Morgen ist auch noch ein Tag!

Ich versuche immer, mich in das deutsche Denken einzufinden. In manchen Dingen hat Herr Westermann einfach Recht, aber er sollte ein bisschen diplomatischer sein! Die wichtigen Abschlüsse, die wir in letzter Zeit auf unserem Plan hatten, haben schließlich alle geklappt. Nicht zuletzt übrigens, weil ich öfters ein bisschen im Hintergrund die Fäden gezogen habe. Ich musste schon oft den etwas coolen Eindruck, den der deutsche Kollege hinterlassen hat, wieder glatt bügeln. Und gerade er mit seinem deutschen Auftreten verzögert oft das Geschäft, aber dann heißt es, *wir* wären so umständlich und langsam. Und ich muss dann abends mit den beleidigten Kunden Essen gehen, und vor allem einen trinken, natürlich!

Herr Westermann tut zuweilen so, als ob wir gar nicht arbeiten, sondern immer nur Fiesta machen würden. So ist es ja nun wieder auch nicht, ganz im Gegenteil! Gerade weil wir schließlich in der Welt immer noch als Entwicklungsland dastehen, müssen wir besser sein als die Europäer oder Nordamerikaner! Das ist manchmal ein ganz schöner Druck. Wir sitzen oft noch nachts oder ganz früh morgens um halb fünf, wenn es noch kühl ist, im Büro. Darüber macht man halt nicht so viele Worte, das ist doch selbstverständlich.

Herr Westermann möchte effektiver arbeiten. Das möchte ich auch. Ich bin mir aber nicht sicher, ob wir darunter das Gleiche verstehen. Ich habe viele gute Ideen in petto, wie wir noch stärker expandieren könnten. Ich bin mir nicht sicher, aber ich glaube, Herrn Westermann interessiert das alles nicht. Wenn ich versuche, ihm die Vorschläge zu unterbreiten, hört er jedenfalls nicht richtig zu und beharrt auf unserem Strategieplan, den wir letztes Jahr zusammen verabschiedet haben. Aber ich glaube, der war gar nicht angemessen für den kolumbianischen Markt. Obwohl ich unsere Vorgehensweise ja selbst mit entwickelt habe, würde ich gern noch mal Grundlegendes im Vorgehen ändern.

Ich hoffe sehr, dass diese Festival-Tage, die wir zusammen verbringen, unsere Beziehung verbessern. Ich bin richtig stolz, dass Herr Westermann sich entschieden hat, über Sylvester hier zu bleiben. Wir sind erstmals rein privat zusammen, und ich finde, er ist schon lockerer geworden. Er tanzt jetzt sogar auf der Straße! Vielleicht brauchen wir ja nun gar keine Mediation mehr? Aber ich würde andererseits schon gerne mal erfahren, wie so etwas läuft. Ich habe schon viel von Teambuilding-Maßnahmen gehört und lerne immer gern dazu.»

Sichtweise von Frau Vives: «Wir sind kompetenter, als er denkt ...!»
«Ich finde es gut, wenn wir jetzt zum Anfang des neuen Jahres zu dritt über unsere Zusammenarbeit sprechen. Ich glaube, wir drei haben kulturelle Barrieren, die wir überwinden müssen. Ich habe ja ein halbes Jahr in Deutschland studiert und kann mich noch genau an meinen Kulturschock erinnern: Alles ging dort so geordnet, kühl und perfekt zu. Und hektisch!! Wahrscheinlich ist unsere Arbeitsweise hier für Herrn Westermann auch manchmal ein Kulturschock, weil eben nicht alles exakt nach Plan und manchmal zugegebenermaßen sehr langsam läuft. Und weil wir alle immer sehr lustig und herzlich sind. Aber trotzdem: Die wichtigen Dinge werden immer irgendwann gemacht, sodass es am Schluss passt. Wir haben in den letzten Monaten wirklich Erfolg und sind auf dem aufsteigenden Ast!

Am Anfang unserer Zusammenarbeit passierten dummerweise ziemlich viele Peinlichkeiten: In dem Hotel, in dem Herr Westermann zuerst untergebracht war, lief das Wasser immer nur drei Stunden täglich, natürlich nicht zu den Zeiten, als er es brauchte. Und das Fax funktionierte auch nur manchmal. Dann sind ihm seine Papiere inklusive Flugtickets gestohlen worden, und er musste drei ganze Tage bei verschiedenen Behörden mit Warten verbringen, ohne dass sich irgendetwas tat oder er irgendwie Kontakt zum deutschen Konsul bekam, weil der gerade im Urwald bei seiner Tochter war, ohne Mobiltelefon natürlich. Wir sind hier ja solche Widrigkeiten gewohnt, aber er war stinksauer, glaube ich. Er hatte Angst, nicht mehr ausreisen zu können, zumal ihm ein Polizist geraten haben soll, hier zu heiraten und Kinder zu bekommen, da ohne Papiere für ihn hier sowieso nichts möglich sei! Wir haben uns totgelacht, aber er fand das Ganze gar nicht lustig. Bananenrepublik hat er uns genannt und gesagt, kein Wunder, dass hier nichts läuft, wenn die Mehrheit der Bevölkerung noch immer nicht lesen und schreiben kann! Nett war das nicht gerade, aber eigentlich hat er ja nicht ganz Unrecht … obwohl, die Mehrheit ist es nicht!

Ich finde es gut, dass office perfect unsere Firma aufgekauft hat. Wir haben jetzt durch den großen Apparat in Deutschland und die vielen Kontakte einfach bessere Möglichkeiten. Allerdings sind Herr García und ich nun einmal die Spezialisten für den kolumbianischen Markt und vor allen Dingen für die Art und Weise, wie hier Geschäfte gemacht werden. Herr Westermann verkennt das irgendwie und versteht nicht, dass er auf uns angewiesen ist. Bei uns läuft nun mal fast alles über gute Beziehungen.

Sicherlich haben nicht alle unsere Produkte hier die gleiche Qualität wie die deutschen, aber genau darum sind wir ja diese Kooperation auch eingegangen! Deswegen sind wir aber fachlich nicht schlechter als die Deutschen! Manchmal bin ich mir nicht sicher, ob Herr Westermann unsere Kompetenz überhaupt wahrnimmt. Auch glaube ich, dass er nicht einschätzen kann, was es für mich als Frau bedeutet, von Geschäftsleuten in Lateinamerika akzeptiert zu werden. Es ist leider vor allem in den kleineren Städten bei uns immer noch nicht selbstverständlich, als Frau im Job für voll genommen zu werden. Ich muss einerseits besser als die Männer sein, darf es diese aber nicht zu sehr merken lassen. Also bleibe ich ständig auf dem Laufenden, mache öfter als andere Fortbildungen und so weiter. Herr Westermann hat sich neulich darüber lustig gemacht, dass mein ganzes Büro mit Diplomen und Zertifikaten tapeziert sei. Das ist bei uns nun mal so Sitte, aber ob er auch zur Kenntnis genommen hat, wie umfangreich meine Fachkenntnisse sind?

Ich war sehr überrascht, dass Herr Westermann über die Feiertage in Kolumbien geblieben ist, noch dazu mit Herrn García und dessen Familie durchs Land reist. Er wirkte bisher immer sehr distanziert, und wir hatten das Gefühl, dass er mit uns privat nichts zu tun haben wollte, dass wir irgendwie nicht gut genug für ihn sind.»

Der Einsatz kommunikationspsychologischer Modelle in der interkulturellen Mediation

Verschiedene Kommunikationsmodelle laden dazu ein, sie auf interkulturelle Konflikte anzuwenden.

Ich möchte mich hier auf die Modelle «Inneres Team» und «Werte- und Entwicklungsquadrat» beschränken, welche zu meinem Standardrepertoire zur Vorbereitung interkultureller Konfliktvermittlung gehören.

Das Innere Team

Das Konzept des «Inneren Teams» ist in der Konfliktvermittlung ein hilfreiches Instrument zur Veranschaulichung der Hintergründe zwischenmenschlicher Konflikte (vgl. Redlich, 1997 und 2004).

Für interkulturelle Mediationen zwischen Deutschen und Lateinamerikanern habe ich je ein deutsches und ein südamerikanisches Inneres Team bezogen auf den Umgang mit interkulturellen Konflikten im beruflichen Bereich entwickelt. Dabei habe ich alle Kenntnisse, die mir aus meinen Kontakten mit den beiden Kulturen zur Verfügung stehen, zu Rate gezogen. Mir war wichtig, den Versuch eines *allgemeinen* Inneren Teams zu machen: *die* gängige deutsche oder *die* typisch lateinamerikanische innere Konfliktmannschaft existiert natürlich niemals in Reinkultur. Die Mannschaftsaufstellung ist immer persönlichkeits- und situationsabhängig. Einige der im Folgenden genannten Teammitglieder haben sich auch in den Vorgesprächen mit Herrn Westermann, Herrn García und Frau Vives gezeigt.

Interkulturelle Konflikte – das Innere Team von Lateinamerikanern

Allgemein kann man sagen, dass es im Inneren Team Gruppierungen gibt. Ich habe zwei «Abteilungen» unterschieden: Die «Abteilung Beziehungsmanagement» ist für den Kontakt verantwortlich, die «Fachabteilung» für die sachlichen Aspekte des Geschäfts. Sie steht in der zweiten Reihe.

Neben einem Teammitglied, welches für beide «Abteilungen» agiert, gibt es dann noch ungeliebte, verbannte Stimmen, die, je nach Person, mehr oder weniger bewusst sind.

Im Vordergrund, an der «Kontaktfront», finden sich folgende Teammitglieder:

Der ‹Beziehungsorientierte› (Die «alma latina», die Seele Lateinamerikas):

«Eine gutes Verhältnis ist die Basis zum Erfolg!» Dieses Teammitglied ist federführend im Kommunikations- und Konfliktverhalten. Es hat uralte historische Wurzeln. Im ursprünglich dünn besiedelten Land und unter der Herrschaft der spanischen Eroberer war man stark auf Kontakte angewiesen, sie konnten in Notsituationen zu einer Frage des Überlebens werden. Dieser ehemals lebenserhaltende Antrieb sorgt auch heute noch dafür, dass bei neuen Kontakten erst einmal ein Vertrauensvorschuss gegeben wird – ist dieser doch möglicherweise die Basis für eine gute Beziehung. Der ‹Beziehungsorientierte› nimmt den deutschen Geschäftspartner sofort bei dessen Ankunft in Beschlag, wenn das Geschäft in Lateinamerika stattfindet. Bevor es nach dessen Begriff zum eigentlichen Sinn und Zweck des Geschäftskontaktes kommt, hat dieses Teammitglied ein umfangreiches Rahmenprogramm arrangiert, wobei der Deutsche keine Gelegenheit bekommt, sich zu entziehen, und trotz Zeitumstellung und Jetlag Theatervorführungen, Tanzpräsentationen, Essengelagen usw. beiwohnen muss. Der ‹Beziehungsorientierte› meint es gut: Bevor man zur Sache kommt, muss das Fundament für die künftigen Verhandlungen gelegt werden. Mit sehr großer Herzlichkeit sorgt der ‹Beziehungsorientierte› für einen sofortigen lockeren Gesprächseinstieg – auch und besonders bei Fremden. Zentral und für den nichtlateinamerikanischen Gesprächspartner sofort spürbar: Der Wunsch, anderen zu gefallen.

Der Begriff «Freund» wird vom ‹Beziehungsorientierten› folgendermaßen definiert: Ein Freund ist jemand, zu dem man bereits Kontakt hat. Dieses Verhältnis kann aus deutscher Sicht äußerst oberflächlich sein. Der ‹Beziehungsorientierte› unterscheidet zwischen «einem Freund», «einem Freund der Familie», «einem guten Freund», «einem alten Freund».

Finden deutsch-lateinamerikanische Geschäftskontakte auf deutschem Boden statt, leidet der ‹Beziehungsorientierte› unter der Andersartigkeit der Deutschen, die er als gleichgültig und kühl empfindet, wenn er beispielsweise *nicht* vom Flughafen abgeholt, durch die Stadt geführt oder in der Familie des deutschen Geschäftspartners aufgenommen wird, wie es in seinem Land selbstverständlich ist. Er fühlt sich dann abgewiesen und allein gelassen.

Der ‹Beziehungsorientierte› im Inneren Team ist der Abteilungsleiter für Beziehungsmanagement und hat folgende «Mitarbeiter», die er in den «Außendienst» der Kommunikation schickt, wenn es zu Konflikten kommt:

Der ‹Gesichtswahrer›:

«Alles eine Frage der Ehre – und zwar deiner und meiner.» Südamerikaner haben einen Kommunikationsstil, der in vielen Punkten dem der Spanier gleicht und (s. o.) stark beziehungsorientiert ist. Trotz gleicher Sprache gibt es aber doch wesentliche Unterschiede zwischen den beiden Ländern. Zwar ist in Lateinamerika das Umfeld des internationalen Business europäisch orientiert, denn es wird heute stark von einer sozialen Schicht beeinflusst, die sich nach europäischen (und nordamerikanischen) Standards ausrichtet. Jedoch ist das Kommunikationsverhalten von Südamerikanern entscheidend geprägt von der Kulturgeschichte des Kontinents: Spanier und Portugiesen kamen als Eroberer ins Land und zwangen der dortigen Bevölkerung ihre kulturelle Prägung auf, besonders auch ihre herrschaftlichen Machtstrukturen. Das führte zur Entwicklung eines indirekten Kommunikationsstils, ursprünglich für die Einheimischen überlebenswichtig im Umgang mit den «Conquistadores». Dieser spiegelt sich bis heute nicht nur im Verhalten, sondern auch im Sprachgebrauch und in der Sprachmodulation wieder: Während es zum Beispiel in Spanien üblich ist, in einem Restaurant die Bestellung sehr bestimmt im Imperativ, also in der Befehlsform, aufzugeben («Bringen Sie ein Bier und die Karte!»), spricht der Lateinamerikaner «blumiger» («Hallo, wie geht's? O bitte, mein Lieber, würden Sie mir wohl eventuell zunächst ein kleines Bierchen bringen, wenn es keine größeren Umstände machen würde. Ein Weilchen später würde ich dann eventuell gern …»). Es ist typisch, auch Fremde mit «Mein Lieber» o. ä. anzusprechen, außerdem werden außerordentlich viele Konjunktive («*würden* Sie») und Diminutive («Bier*chen*») benutzt.

Im beruflichen Kontext gilt für dieses Teammitglied: Wenn etwas schief geht in der Zusammenarbeit, wird das eigene Gesicht genauso gewahrt wie das des Gegenübers. Wahrheit ist im Falle des Falles immer relativ. Der ‹Gesichtswahrer› ist ein Meister im *Umdeuten von Fakten*, selbst dem größten Dilemma kann er Positives abgewinnen.

Dieses Teammitglied ist sehr *hierarchiebewusst*. Jahrhundertelang musste er die Selbstachtung der Herrschenden bewahren, wenn diesen Fehler unterlaufen waren. Direkte Kritik, selbst wenn sie eingefordert wurde und berechtigt war, konnte unter Umständen schwer bestraft werden.

Historisch gesehen diente diese Fähigkeit auch dazu, bei selbst verschuldeten Fehlern die eigene Haut zu retten. Ausreden zu erfinden (und gemeinsam mit dem nächsten Teammitglied ‹Pepe Pepp› auszuschmücken) ist die Kernkompetenz des Gesichtswahrers.

Der ‹Gesichtswahrer› spricht Konflikte, wenn überhaupt, dann von hinten durch die Brust ins Auge an. Auch heute noch gehört es sich in Lateinamerika nicht, Ranghöheren und älteren Respektspersonen seine Meinung zu sagen. Aber auch unter gleichberechtigten Geschäftspartnern wirkt aus Sicht dieses Teammitgliedes zu viel Direktheit verletzend.

Wenn Spannungen oder Konflikte bereits offensichtlich sind und vom deutschen Geschäftspartner angesprochen werden, reagiert der ‹Gesichtswahrer› *harmonisierend* und *beschwichtigend*: «Ist doch alles halb so schlimm, beruhigen Sie sich!» Er fungiert als Integrator und versucht, Schärfe aus Diskussionen zu nehmen. Er beschönigt gerne verfahrene Situationen oder weicht aus: Das unspezifische «No te preocupes – mach dir keine Sorgen» ist ein geflügeltes Wort in Lateinamerika, wenn sich Schwierigkeiten anbahnen und der deutsche

Gegenüber eigentlich eine klare Stellungnahme erwartet (vgl. dazu den Artikel von Porschke).

Die eigenen Interessen stellt der ‹Gesichtswahrer› im Konfliktfall zurück, lieber lenkt er ein und macht Zugeständnisse «um des lieben Friedens willen». Er kehrt Differenzen unter den Teppich und betont im Übermaß das Verbindende der Kontrahenten, selbst wenn es kaum eine gemeinsame Basis gibt.

Dieses Teammitglied versucht, sich selbst und die anderen Konfliktbeteiligten zu beruhigen. Es spielt im Zweifelsfall gern auf Zeit: Ist der deutsche Geschäftspartner beispielsweise sauer wegen einer nicht pünktlichen Lieferung, wird er sich schon von selbst wieder «abregen», wenn dann morgen (oder übermorgen!) die Ware ankommt.

‹Pepe Pepp›, der Impulsive:

«Ich engagiere mich gern in hitzigen Gesprächen.» Temperament, Übertreibung und *emotionsgeladenes Diskutieren* sind typisch für den lateinamerikanischen Kommunikationsstil. Je flammender gesprochen wird, desto größer ist das Engagement. Das Unterbrechen des Gesprächspartners ist kein Zeichen von Respektlosigkeit, sondern steht vielmehr für eine vertrauensvolle Beziehung. Gesprochen wird, wenn man etwas zu sagen hat, und nicht, wenn man nach der Rednerliste an der Reihe ist. Könnte doch ein wichtiger Aspekt in der Diskussion verloren gehen! Wortgewandtheit hat einen hohen Stellenwert und steht für Intelligenz und Bildung, ein immer noch ungleich verteiltes Gut in Lateinamerika. In Konflikten kann ‹Pepe Pepp› äußerst charmant sein und mit Komplimenten, Witzen oder ungewöhnlichen Lösungsvorschlägen seine Kontrahenten aus dem Konzept bringen. Gern auch durch Ablenkungsmanöver wie zum Beispiel den Vorschlag, statt zu diskutieren lieber den ganzen «unnötigen Streit» bei einem schönen Glas kalter Cerveza zu vergessen.

Unterstützt wird diese «innere Beziehungsabteilung» von

‹Señor Mañana›:

«Morgen ist auch noch ein Tag!» Er steht für das *polychrone Zeitverständnis* in Lateinamerika. Geschäftliche «Deadlines» sind nicht unbedingt hundertprozentig verpflichtend, sondern mehr oder weniger verbindliche Richtlinien, die man *versucht* einzuhalten. ‹Señor Mañana› ist *flexibel*, wenn wichtigere Dinge zu erledigen sind, zum Beispiel Verpflichtungen in der Familie. Es ist für ihn üblich, mehrere Aufgaben gleichzeitig zu bearbeiten und Teilaufgaben nach einem für Deutsche undurchschaubaren Prinzip scheinbar planlos und oft plötzlich an Kollegen zu delegieren. Er verschätzt sich zuweilen mit den selbst gesetzten Zielen und hat Schwierigkeiten damit, Prioritäten festzulegen, verliert aber nicht den Überblick. Außerdem neigt er zu Unpünktlichkeit. Das alles sieht er tendenziell eher locker und verherrlicht auch schon einmal seine Unzuverlässigkeit. Außerdem ist er selbst ja oft auch nur Opfer des «Mañana-Syndroms» seiner Zulieferer und kann gar nichts für seine Unzulänglichkeit! «Así es la vida latina!» – «So ist nun mal das Leben in Lateinamerika!» «Man lebt nur einmal und sollte zwischendurch auch das Genießen nicht vergessen!», «Zu viel Stress schadet der Gesundheit», mit solchen Äußerungen prangert ‹Señor Mañana› manchmal die in seinen Augen übertriebene Eilfertigkeit des deutschen Gegenübers an.

Die «Fachabteilung» findet sich in der zweiten Reihe und ist im Konfliktfall besonders für den deutschen Partner nicht oder zumindest nicht sofort sichtbar.

Der ‹Fachmann›:

«Ich bin kompetent und weiß, wovon ich spreche.» Fast alle lateinamerikanischen Geschäftsleute sind besonders gut ausgebildet und Spezialisten auf ihrem jeweiligen Fachgebiet. Viele haben in Europa oder Nordamerika studiert. Die regelmäßige Teilnahme an Fortbildungen gewährleistet, dass das Know-how immer auf dem neuesten Stand ist. Der ‹Fachmann› ist extrem leistungsorientiert und nimmt nächtliche Studien, hohe Arbeitsbelastung und Komplikationen ohne große Worte auf sich. Um vor den Geschäftspartnern aus den «Ländern des Fortschritts» nicht als jemand dazustehen, der so viel Fleiß möglicherweise bitter nötig hat, um etwa eine rückständige Naivität auszugleichen, macht er in Geschäftsbeziehungen nicht viel

Aufhebens. Wohl aber im Kreise der Familie oder engerer Freunde, wo er gern ausführlich doziert. Nicht zuletzt auch, um mit Stolz zu beweisen, dass er mindestens genauso gut, wenn nicht sowieso viel besser als alle anderen Bescheid weiß! Zertifikate und Bescheinigungen, die, für alle sichtbar, an der Bürowand aufgehängt werden, zeugen vom Wissen des ‹Fachmanns›.

Vom deutschen Geschäftspartner wird stillschweigend angenommen, dass er kompetent ist. Erst bei fortgeschrittener Geschäftsbeziehung, wenn es darum geht, zu Abschlüssen zu gelangen, tritt der ‹Fachmann› nach vorn und kann ein *unnachgiebiger Verhandlungspartner* sein, der der jeweiligen Sache genau auf den Grund geht.

Der ‹Zielorientierte›:

«Das Ziel ist klar. Dafür setze ich mich ein!» Mit hoher *Verbindlichkeit* seinen Geschäftspartnern gegenüber gilt für den ‹Zielorientierten›: Was einmal vereinbart wurde, wird angestrebt und erreicht. Gleichwohl: Die Zielgerade ist aus Sicht des deutschen Gegenübers verschlungen oder gar nicht sichtbar. Dieses Teammitglied setzt, gemeinsam mit den Beziehungsmanagern, oft auf den Faktor Zeit oder arbeitet unsichtbar im Hintergrund (ein Gefallen für den Freund des Freundes eines potenziellen Kunden wirkt sich möglicherweise nicht gleich am nächsten Tag, aber doch mittelfristig aus!). Der ‹Zielorientierte› hat Geduld, Ausdauer und Improvisationstalent. Er kann warten, weiß er doch aus Erfahrung, dass gut Ding Weile haben will, alle Wege nach Rom führen und sich Geschäftserfolg eben auch auf Umwegen einstellt.

Der ‹Horizont-Erweiterer›:

«Ich bin neugierig auf alles Andere und Neue!» Dieses Teammitglied unterstützt den ‹Fachmann›, treibt ihn zuweilen geradezu an. Mit der inneren Haltung «Vielleicht kann ich es gut gebrauchen» ist der ‹Horizont-Erweiterer› nicht nur an Fachlichem, sondern *an allem interessiert, was in der Welt anders gehandhabt wird als in seiner eigenen Kultur*. Teils begeistert staunend, teils befremdet mit dem Kopf schüttelnd interessiert er sich im geschäftlichen Bereich vor allem für das «soziale Drumherum», zum Beispiel für Teamentwicklungsmaßnahmen oder Coachings. Dies sind Bereiche, die sich in Lateinamerika erst in letzter Zeit entwickeln. Der ‹Horizont-Erweiterer› erkundigt sich in den vielen Gesprächen, die er mit seinen Geschäftspartnern aus anderen Kulturen führt, auch nach deren sonstigen Landessitten und gesellschaftlichen Strömungen. Egal, ob es um den in Deutschland freieren Umgang in der Kindererziehung oder um Modefragen geht: Der ‹Horizont-Erweiterer› ist nachdenklich und stellt die eigenen kulturellen Gepflogenheiten in Frage.

In den Hintergrund verbannt finden sich zunächst folgende weitere Stimmen:

Der ‹In seinem Stolz Gekränkte›:

«Ich bin eingeschnappt!» Dieses Teammitglied ist höchst empfindlich und *sehr leicht kränkbar*. Irritiert über die Andersartigkeit des Deutschen empfindet es dessen Abgrenzungsbedürfnis als Ablehnung. Es kann als ‹beleidigte Leberwurst› auftreten: Dann hat es ein Elefantengedächtnis, merkt sich auch Kleinigkeiten und interpretiert, besonders wenn eine Arbeitsbeziehung ohnehin schon angespannt ist, in Äußerungen des Gegenübers Negatives hinein. Es zieht sich schmollend zurück und resigniert. Gemein, dass andere gar nicht merken, wie es ihm geht!

Wenn der ‹In seinem Stolz Gekränkte› zu lange ausgehalten hat, kann er sich zuweilen in einen ‹Stolzen Racheengel› verwandeln: «Du bist für mich gestorben!» *Zutiefst verletzt*, versucht er dieses traurige und unangenehme Gefühl mit blinder Wut zu kaschieren und «lässt es krachen», manchmal im wahrsten Sinne des Wortes.

Zum typischen Konfliktverhalten in beziehungsorientierten Kulturen gehört es, Ärger so lange zu schlucken, bis aus vielen an sich gar nicht so problematischen Punkten ein Berg aus Konflikten entstanden ist. In privaten Beziehungen springt dieses Teammitglied dann als ‹Stolzer Racheengel› plötzlich an die Kontaktfront, kann ausrasten und im Extremfall sogar handgreiflich werden. In interkulturellen Arbeitskonflikten allerdings arbeitet dieses Teammitglied eher heimlich, still und leise im Hintergrund und sorgt für *Kontakt-Ab-*

brüche: Die längst überfällige Auseinandersetzung mit dem Konfliktpartner wird nicht mehr geführt. Im Privatbereich wird fortan jegliche Zusammenkunft mit dem «Gegner» vermieden, dessen Name für immer aus dem Telefonbuch gelöscht oder dieser, wenn es nicht anders geht, demonstrativ ignoriert. Im beruflichen Kontext bleibt der innerlich vollzogene Trennungsakt hinter einem weiterhin freundlichen Beziehungs-Management verborgen. Oft wird allerdings die Zusammenarbeit *unterschwellig boykottiert*.

Im «Untergrund» des lateinamerikanischen Konfliktteams finden sich noch zwei Teammitglieder, die höchstens im Kontakt mit Geschäftspartnern der gleichen Kultur, nicht aber für das deutsche Gegenüber sichtbar werden. Manchmal sind sie den Beteiligten auch nur halb-bewusst, in der Zeichnung stehen sie deshalb auf der Treppe, die in den Keller des Unbewussten führt: der ‹Verkannte Ideenbringer› und der ‹Kulturelle Selbstzweifler›:

Der/Die ‹Verkannte Ideenbringer/Ideenbringer*in*›:

«Auf mich hört ja doch keiner!» Er steht ratlos zwischen den Beziehungsmanagern und den Fachleuten. Durch die Dynamik im inneren Team gelingt es ihm nicht, seine Ideen an den Mann zu bringen: ‹Pepe Pepp› ist einfach zu laut, der ‹Gesichtswahrer› zu indirekt und die «Fachleute» halten sich zurück. Der ‹Verkannte Ideenbringer› *fühlt sich ignoriert*: Keiner scheint seine Lösungsvorschläge hören zu wollen, obwohl doch er derjenige ist, der sich vor Ort am besten auskennt. Bei Geschäfts*frauen* hat dieses Teammitglied noch eine andere Komponente. Mehr als in westeuropäischen Ländern wird die ‹Verkannte Ideenbringer*in*› in Kolumbien aufgrund ihres Geschlechts nicht ernst genommen. Verzweifelt versucht sie, gleichzeitig weiblich und geschäftstüchtig zu sein und vor allem durch ihre Beiträge nicht den Selbstwert männlicher Geschäftspartner dadurch zu gefährden, dass sie möglicherweise kompetenter ist.

Der ‹Kulturelle Selbstzweifler›:

«Vielleicht sind wir ja doch nicht gut genug?» Dieses Teammitglied ist vielen Lateinamerikanern nur halb-bewusst, außerdem ist es in unterschiedlicher Ausprägung mal größer, mal kleiner vorhanden. Es glaubt, den Ansprüchen des deutschen Partners nicht genügen zu können. Sagt dieser nicht mit Recht, es ginge in den Meetings immer so chaotisch zu? Ist es nicht am Ende doch unprofessionell, mehr indirekt und im lockeren Rahmen statt klipp und klar mit fester Agenda am Konferenztisch zu verhandeln? Der ‹Kulturelle Selbstzweifler› sagt sich, dass er schließlich all sein Wissen den weiterentwickelten Ländern zu verdanken hat, zu denen auch die Heimat seines Geschäftspartners gehört. Viele Umstände in seiner Heimat (und in seinem eigenen Büro!) sind rückständig, die politische Situation ist desaströs. Ist er wirklich gut genug für eine Geschäftsbeziehung auf Augenhöhe?

Dieses Teammitglied hängt eng mit dem ‹Verkannten Ideenbringer› zusammen: Es «knebelt» diesen und hindert ihn am Reden.

Das letzte Teammitglied befindet sich im Keller des kollektiven Unbewussten:

Der ‹Unterjochte›:

«Ich leide seit Jahrhunderten unter den Conquistadores.» Das so genannte kollektive Unbewusste ist ein von C.G. Jung geprägter Begriff aus der Psychoanalyse. Es wird als die Lagerstätte des psychischen Erbes der Menschheitsgeschichte verstanden. Nach C. G. Jung hat jeder Mensch immer wiederkehrende psychische Grundmotive, so genannte Archetypen, gespeichert. Bewusst werden diese zum Beispiel in Gestalt von Ritualen oder Landessitten wahrgenommen und unterscheiden sich je nach kulturellem Ursprung. Unbewusst entwickeln sie eine bedeutende Kraft (Numinosum), der sich kein Individuum ganz entziehen kann.

Der ‹Unterjochte› begegnet dem Lateinamerika-Kundigen nicht nur im bereits erwähnten zuweilen recht demütigen Sprachgebrauch. Besonders bei der älteren Generation oder der ländlichen Bevölkerung zeigt er sich, bezogen auf zwischenmenschliche Konflikte, in einer Art Schicksalsergebenheit: Du kannst den Menschen nun mal nicht ändern, Punkt.

In Firmen erscheinen zuweilen die Sekretärinnen für den deutschen Geschmack zu unterwürfig, das Gleiche gilt für Service-Personal in Restaurants oder am Flughafen.

Der ‹Unterjochte› ist *resigniert*. Aus seiner Sicht wird es immer ein «Oben» und ein «Unten» geben, wobei ihm die Rolle des Unterlegenen zugewiesen ist. Der deutsche Geschäftspartner ist nur ein «Conquistador» mit neuem Gesicht, die Geschichte wiederholt sich, wieder sollen ihm andere Werte vermittelt werden. Seine Kultur gilt nichts, sein Land wird ausgebeutet und missbraucht, wie es aus seiner Sicht auch die Nordamerikaner tun.

Psychoanalytisch gesehen ist der ‹Unterjochte› also der heimliche Drahtzieher des Inneren Teams, zumindest der Beziehungsmanager.

Das Innere Team von Deutschen in beruflichen interkulturellen Konflikten

Auch in diesem Inneren Team gibt es zwei Hauptabteilungen. Die Aufstellung ist allerdings genau umgekehrt zum «Latinoteam»: die sachorientierten Teammitglieder stehen als «Fachabteilung» im Vordergrund und bestimmen an der Kontaktfront federführend die Kommunikation, die «Beziehungsmanager» sind im Hintergrund zu finden. Auch im deutschen Inneren Team finden sich verbannte und nicht bewusste Mitglieder.

Der ‹Sachorientierte›:

«Die Sache steht im Vordergrund, die Fakten zählen!» Nach dem Motto «Zeit ist Geld» kommt dieses Teammitglied in geschäftlichen Kontakten sofort zur Sache. Der ‹Sachorientierte› ist *ergebnisorientiert*. Er kommt perfekt vorbereitet zum ersten Geschäftskontakt und legt Wert auf hieb- und stichfestes Datenmaterial zum jeweiligen Produkt oder Aufgabengebiet. Um sicher zu sein, dass sein ausländischer Geschäftspartner wirklich kompetent ist, braucht er zu Beginn des Kontaktes von diesem ausführliche Informationen und Referenzen. Oft ist der ‹Sachorientierte› sehr *ehrgeizig*: Er will das schwierige Feld der interkulturellen Zusammenarbeit auf jeden Fall als erfolgreicher «Winner» verlassen.

Interkulturelle Konflikte – das Innere Team von Deutschen

Emotionen und Befindlichkeiten haben seiner Meinung nach in der Arbeitswelt nichts zu suchen. Ein zu persönlicher Kontakt zu Geschäftspartnern ist in seinen Augen unprofessionell und unvereinbar mit einer objektiven Einstellung zum Verhandlungsgegenstand. Deshalb ist der ‹Sachorientierte› irritiert und befremdet, wenn Zwischenmenschliches die Arbeitsatmosphäre und die Ergebnisfindung stört, oder er leugnet diese Einflüsse sogar. Konflikte versucht er mit kühlem Kopf zu versachlichen, auch wenn es nicht um die Sache geht, denn er ist ungeübt darin, über Gefühle zu sprechen.

Die südamerikanischen Gepflogenheiten zur Beziehungspflege ordnet er rational ein als notwendiges Übel zur Zielerreichung. Zwar macht er gute Miene zum fremden Spiel, möchte aber auch bei gemeinsamen Geschäftsessen nur über das Business reden, um den größtmöglichen Nutzen aus den Zusammenkünften zu ziehen. Bei diesen und anderen informellen Treffen schaut er häufig (heimlich) auf die Uhr: Seiner Meinung nach sollte man sie möglichst kurz gestalten, da sie wenig effizient sind. Insgesamt sorgt er für ein reserviertes Auftreten seines Oberhauptes.

Dem ‹Sachorientierten› zur Seite stehen folgende beiden Teammitglieder:

Der ‹Controller›:

«Die Zahlen müssen stimmen – gute Planung ist die Voraussetzung zum Erfolg!» Wenn dieses Teammitglied eine Sache anfasst, ist sie von A bis Z gut vorbereitet. Der ‹Controller› ist seelenverwandt mit dem ‹Zielorientierten› aus dem Inneren Team des südamerikanischen Geschäftspartners. Allerdings ist sein Instrumentarium komplett anders. Der ‹Controller› ist gründlich und *geht Aufgaben systematisch an*. Er ist ein Organisationstalent: Er kann gut strukturieren und entwickelt in Projekten kurz-, mittel- und langfristige Ziele sowie Messkriterien für deren Erreichung. Dabei ist er mit Wissen über die Anwendung von «balanced scorecard», Tages-Reporting und Zeitmanagement bestens ausgerüstet. Hat der ‹Controller› die Zuständigkeiten für ein Projekt ausgearbeitet, kann er gut delegieren. Im Eifer des Gefechts neigt er dabei allerdings manchmal zu einem herrschaftlichen Befehlston. Er hat nicht nur das zu erreichende Ziel im Auge, sondern auch genaue Vorstellungen davon, *wie* dieses Ziel zu erreichen ist. Deshalb gesteht er seinem Kollegen aus dem anderen Land wenig Handlungsspielraum zu.

Dieses Teammitglied ist *zuverlässig*. Es hat sämtliche Termine sowie den Aufwand, den es zur Einhaltung von Fristen benötigt, im Blick und im Griff, ordentlich im Laptop in Tabellen dokumentiert. Auch wenn eine Angelegenheit durch äußere Umstände bedingt einmal nicht programmgemäß läuft, hat der ‹Controller› in der Regel einen «Plan B» zur Hand, mit dem Termine eingehalten werden können.

Für ihn ist eine Geschäftsbeziehung dann gut, wenn geordnet miteinander umgegangen wird: Verantwortungsbereiche und Zuständigkeiten müssen klar eingehalten werden, Entscheidungsabläufe sollen transparent und nachvollziehbar sein.

Der ‹Controller› kontrolliert sowohl die Zahlen wie auch das Niveau und die Güte der Geschäfte. Kontrolle ist für ihn ein selbstverständliches Instrument zur Qualitätssicherung in der Zusammenarbeit und zwischen Geschäftspartnern üblich, und zwar wechselseitig. Am liebsten hat er alle Daten schwarz auf weiß, kontrollierbar und im Zweifelsfalle auch beweisbar.

Bei Schwierigkeiten führt der ‹Controller› eine *Analyse der Störfaktoren* durch: Dabei sucht er nach Ursachen, Schuld und Konsequenzen. Konflikte sind seiner Meinung nach unnötig und passieren nur, wenn sich jemand nicht an Absprachen und Vorgaben hält. Trotzdem definiert er auch Gefühle als Störfaktoren, denen im Zweifelsfalle auf den Grund gegangen werden muss, wenn es in der Zusammenarbeit knirscht. Lösungen sind dabei seiner Meinung nach in einer Verbesserung der Organisation zu suchen. Der ‹Controller› will zu jeder Zeit die *Effektivität* des gemeinsamen Tuns gewährleistet sehen. Auch wenn seine Vorschläge stets wohldurchdacht und gut gemeint sind, kann er in Konfliktsituationen rechthaberisch oder belehrend auf sein lateinamerikanisches Gegenüber wirken.

Der pflichtbewusste ‹Herr Korrekt›:

«Ohne Fleiß kein Preis!» Dieses deutsche Sprichwort steht für eine wichtige deutsche Tugend. Für den pflichtbewussten ‹Herrn Korrekt› ist es selbstverständlich, um der Sache willen andere Interessen zurückzustecken. Er arbeitet ihm zugeteilte Aufgaben ohne Murren ab und erwartet das auch von seinem Gegenüber. ‹Herr Korrekt› steht für *Präzision.* Seine Meinung: «Erfolg besteht zu einem Prozent aus Inspiration und zu 99 Prozent aus Transpiration.» Manchmal tut ‹Herr Korrekt› des Guten zu viel: Auch wenn es nichts zu tun gibt, sitzt er seine Arbeitszeit ab, ist aber unflexibel, wenn es darum geht, einmal außerhalb der offiziellen Geschäftszeiten spontan anzupacken. Als Gegenspieler von ‹Señor Mañana› kann er zum Moralapostel werden, wenn sich Tages-Pläne plötzlich ändern.

Insgesamt ist sein Verhalten allerdings tadellos. Das zeigt sich auch in einem einwandfreien Auftreten: Stets ordentlich gekleidet, verhält er sich schicklich im Sinn des deutschen «Knigge» – für lateinamerikanische Verhältnisse manchmal zu steif, wenn er zum Beispiel trotz brütender Hitze sein Jackett anbehält.

Außerhalb des «harten Kerns» der «Fachabteilung», aber noch innerhalb befindet sich:

Der ‹Visionär›:

«Ich bin kreativ und habe ungewöhnliche Ideen.» Der ‹Visionär› steht im Hintergrund und kommt im Inneren Team nur bedingt zum Zuge. Er ist innovativ und erfinderisch in schwierigen Situationen, musste sich allerdings oft genug vom ‹Sachorientierten› anhören, dass Visionen Zeit und Geld kosten und es in Lateinamerika schon «kreativ» (= chaotisch) genug zugehe. Heimlich bewundert der ‹Visionär› den Erfindungsgeist so mancher Aktion seines südländischen Gegenübers. Er tüftelt daran, wie man südliches Geschäftsgebaren am besten mit dem deutschen Stil verbinden kann, und hat schon einige Konzepte zur Unternehmensstrategie entwickelt. Allerdings hat der ‹Visionär› in Konfliktsituationen eher eine leise Stimme.

Die Abteilung «Beziehungsmanagement» zur Klärung von Konflikten in der Zusammenarbeit steht bei Deutschen in zweiter Reihe. Je nach Persönlichkeit gibt es unterschiedliche Varianten der Konfliktlösung:

‹Herr Klartext›:

«Ich sag's direkt: Hier ist der Wurm drin!» Seine Stärke: Mit messerscharfer Zunge und analytischem Geschick *bringt er blitzschnell Konfliktsituationen auf den Punkt.* Und zwar nicht nur sachlich! Gibt es atmosphärische Störungen, so spricht er auch die Beziehungsebene an. Für sein Latino-Gegenüber *zu* schnell und *zu* direkt. ‹Herr Klartext› hasst es, um den heißen Brei herumzureden, und liebt kontroverse Diskussionen. Wer nicht mithalten kann, ist seiner Meinung nach zu empfindlich und «zu weich für die Montage». ‹Herr Klartext› ist verwandt mit dem ‹Sachorientierten›: Auch für ihn gehören Gefühle nicht in eine Geschäftsbeziehung. Wenn sie aber doch da sind, muss man sich eben überwinden und eine pragmatische Lösung finden. Wenn ‹Herr Klartext› der Vorgesetzte eines Lateinamerikaners ist, löst er Probleme gern per «Chef-Ansage», um Zeit zu sparen. Dabei hat er eine durchaus wertschätzende Grundhaltung und meint, mit seinen Vorschlägen ins Schwarze zu treffen. In Geschäftsbeziehungen auf Augenhöhe appelliert er: «Wir sind doch alle erwachsen, lassen Sie uns Folgendes beschließen: ...» und kehrt dann das zuvor angesprochene Problem mit einer manchmal zu oberflächlichen «Schnellschuss-Patentlösung» wieder unter den Tisch. In beiden Fällen gehören Zuhören und das Verständnis für den Standpunkt des anderen nicht zu seinen Fähigkeiten.

Der ‹Brainstormer›:

«Lasst uns am runden Tisch eine Lösung suchen.» Dies ist eine zweite Möglichkeit der Problemlösung vieler deutscher Geschäftsleute. Der ‹Brainstormer› ist partnerschaftlicher eingestellt als ‹Herr Klartext›. Für ihn sind der Teamgedanke und das gemeinsame Lösen des Konfliktes zentral. Oft tritt er als Erster auf: Noch bevor es zu Schwierigkeiten in der Zusammenarbeit kommt, möchte er gemeinsam mit dem Geschäftspartner Notfallregeln vereinbaren. Diese Form der Konfliktprophylaxe hat er im Coaching oder in Team-Workshops in Deutschland als «Kleines Einmaleins für Führungskräfte» erlernt und verinnerlicht. Im akuten Konflikt ist der ‹Brainstormer› an der Sichtweise des Gegenübers interessiert: Wie schätzt dieser die Probleme ein, welche Wünsche und Lösungsideen gibt es? Er versucht, sich *integrativ* zu verhalten, und ist erstaunt, wenn sein Bemühen auf taube Ohren stößt oder die Rückmeldungen des Konfliktpartners vage und sparsam ausfallen.

Der ‹Brainstormer› kann durchaus im «Doppelpack» mit ‹Herrn Klartext› vorhanden sein: Scheitert er mit seinem partnerschaftlichen Ansatz, wird zu dessen direkter und ungeschminkter Konfrontation gewechselt.

Gelegentlich tritt auch – entweder allein oder in Kombination mit diesen beiden «Problemlösern» – eine weitere Variante auf den Plan:

‹Herr Hilflos›:

«Hilfe, es menschelt, was mache ich bloß?» Beileibe nicht jeder deutsche Geschäftsmann ist fähig zur rechtzeitigen und konstruktiven Kritik. ‹Herr Hilflos› merkt, dass seine anderen Teamkollegen im Kontakt mit dem lateinamerikanischen Partner nicht weiterkommen, womöglich alles nur noch schlimmer machen. Doch was tun? ‹Herr Hilflos› ist *sensibel* und spürt genau, dass die zwischenmenschliche Chemie gestört ist. Allein, ihm fehlen die Worte. Manchmal versucht er vorsichtig, die Schwierigkeiten anzusprechen und kollidiert dann mit den «Beziehungsmanagern» der Lateinamerikaner: Selbstverständlich sei alles in bester Ordnung, er solle sich bloß nicht sorgen. Fühle er sich etwa unwohl, kann man irgendetwas für ihn tun? ‹Herr Hilflos› leidet unter dem Arbeitskonflikt. Ihm schwant, dass es auf der Sachebene keine Lösung gibt. *Im Grunde wünscht er sich sowieso mehr Nähe* zu den Südamerikanern und bewundert, mit welch scheinbarer Leichtigkeit und Vertrautheit diese miteinander und mit ihm umgehen. Ein bisschen mehr Menschlichkeit täte doch auch den deutschen Geschäftsleuten gut! Aber wie bekommt man Kontakt? Etwas unbeholfen versucht er, die Beziehungsebene zu pflegen, indem er zum Beispiel unangemessen große Gastgeschenke macht, die die Latinos eher beschämen als freuen. Oder er bleibt bei informellen Treffen extra lange bei der Stange, ist übertrieben lustig oder trinkt zu viel.

Weit in den Hintergrund verbannt befindet sich:

Der ‹Genussmensch›:

«Ich möchte auch gern mal fünfe grade sein lassen!» Dieses Teammitglied hat *Sehnsucht*! Gern würde es, zumindest von Zeit zu Zeit, etwas unorthodoxer arbeiten, als sein Oberhaupt es zulässt. Von der «Fachabteilung» wird er ‹Bruder Leichtfuß› genannt und darf auf keinen Fall zum Zuge kommen. Er hat schon öfter die Erfahrung gemacht, dass seine guten Ideen nicht nur während der Bürozeit entstanden sind, sondern auf Waldspaziergängen, beim Kochen oder beim Liedchenträllern in der Badewanne. Der ‹Genussmensch› ist *gelassen und abenteuerlustig* zugleich: Fasziniert beobachtet er das Treiben von ‹Señor Mañana›. Gern würde auch er mal einen kleinen nervenkitzligen Wettlauf mit der Zeit inszenieren, indem er scheinbar unwichtige, aber dafür um so spaßigere Dinge zuerst erledigt. Oder warum nicht bei schönem Wetter im Café arbeiten? Effektiv ist er, wenn er mit Herz bei der Sache sein kann. Und das richtet sich bei ihm beileibe nicht immer nach der Dienstzeit! Und auch gelegentliches Schwänzen dient doch dem Krafttanken, oder?

Möglicherweise ist der ‹Genussmensch› sogar im einen oder anderen Fall verantwortlich für den Auslandseinsatz. Bei deutschen Geschäftsleuten, die sich freiwillig für das internationale Business entschieden haben, spielt oft die Hoffnung mit, in der Fremde etwas zu erleben und trotz Arbeit eine Art Urlaubserfahrung zu machen. Auf jeden Fall ist dieses Teammitglied offen für die andere Kultur: «Latino-Lebensart ist für mich die Entdeckung der Langsamkeit – davon können wir Deutschen uns öfter mal ein Scheibchen abschneiden!» Der ‹Genussmensch› genießt den großen Raum, den bei Lateinamerikanern das Informelle einnimmt, und findet, dass Geschäfte tatsächlich leichter gelingen, wenn die Beziehung zwischen den Geschäftspartnern stimmt.

Der ‹Genussmensch› wurde von einigen meiner Kunden «mein heimlicher innerer Latino» getauft, andere nennen ihn «die Intuition» oder die «emotionale Intelligenz», die leider im schnellen Tagesgeschäft unterdrückt werde.

Besonders in Konflikten, in denen es um unterschiedliche Vorstellungen von Zeitnutzung geht, wird der ‹Genussmensch› von der «Fachabteilung» am Reden gehindert.

Noch weiter im Hintergrund und auf der Treppe des Halbbewussten steht ein ziemlich großes Teammitglied vieler im Auslandsgeschäft tätiger deutscher Geschäftsleute:

Die ‹Angst›:

«Bekomme ich das Geschäft unter Dach und Fach?» Die ‹Angst› *befürchtet, im Auslandgeschäft zu scheitern.* Oft steht sie unter dem

Druck, beim heimatlichen Mutter-Unternehmen schnelle Erfolge vorweisen zu müssen. Möglicherweise ist die ‹Angst› nicht ganz freiwillig im internationalen Geschäft gelandet oder hat durch die zunehmend kritische wirtschaftliche Lage bereits grundsätzliche Sorge um ihren Arbeitsplatz. Die ‹Angst› ist bei vielen deutschen Geschäftsleuten ein nicht zu unterschätzender *Antreiber* der für den Latino-Geschmack manchmal zu sachlich wirkenden Fachabteilung. Allerdings wird sie im Tagesgeschäft oft verdrängt und schickt gern den ‹Controller› als Polizisten vor.

Das Bestreben dieses Teammitglieds: Konflikte gar nicht erst zum Thema werden zu lassen. Dies rührt aus der Befürchtung, dass «zu viel Beschäftigung mit sich selbst» wertvolle Zeit kostet, alles nur noch schlimmer machen könnte und dann letztlich das Geschäft platzt.

Auch im Inneren Team des Deutschen sitzt ein Teammitglied im Keller des kollektiven Unbewussten:

Der ‹Preußische Soldat›:

«Zähne zusammenbeißen und durch, auch wenn's wehtut!»

Viele von mir befragte deutsche Geschäftsleute bestätigen, diesen ‹guten deutschen Soldaten› in sich zu haben. Grundhaltung dieses Teammitgliedes: «Unmöglich gibt's nicht. Selbst wenn die Lage aussichtslos erscheint, halten wir durch und legen noch eine Schippe drauf!» (Zitat des Vorstands eines deutschen Großunternehmens)

Der ‹Preußische Soldat› wird vielfach als *Kraftquelle* angesehen, der für Unnachgiebigkeit im Handeln sorgt, motiviert und aufbaut. *Manchmal allerdings tut er des Guten zu viel.* Im Dienst der Sache geht er im Extremfall weit über seine eigenen Grenzen und erwartet dies auch von seinem Gegenüber. Selbst wenn es sinnvoll wäre, macht er keine Pausen und hat deswegen auch schlichtweg keine Zeit, sich um so unwichtige (memmenhafte?) Themen wie Arbeitsatmosphäre zu kümmern. Schließlich ist man nicht bei der Sache, um Spaß zu haben, sondern: Was muss, das muss, und wenn der Schuh drückt, laufen wir erst recht noch weiter!

Interkulturelle Beziehungsstörungen: Wenn unterschiedliche Mannschaften aufeinanderprallen

> «Denn es ist ja zum Teil dem seelischen Mechanismus der Projektion zu ‹verdanken›, dass wir auf der äußeren Lebensbühne fremdenfeindlich bekämpfen müssen, was wir auf der inneren Seelenbühne nur mühsam mundtot machen können, nach dem Motto ‹Wozu ich nicht recht stehen kann, das häng ich einem anderen an›.» (Schulz von Thun: MR 3, S. 224)

Komplementäre Polarisierung

Stellt man nun das deutsche und das lateinamerikanische Innere Team nebeneinander, ist unschwer zu erkennen:

- Beide Teams verfügen über eine «Beziehungs-» und eine «Fachabteilung», jedoch ist die Mannschaftsaufstellung komplementär.
- Die Gefahr einer Konflikteskalation im Sinn einer *so genannten*

komplementären Polarisierung ist deshalb groß: Die Konfliktpartner werfen einander genau diejenigen Einstellungen und Verhaltensweisen vor, die bei ihnen im Hintergrund nicht zum Zuge kommen oder die sie sich selbst gar verbieten. Die im eigenen Inneren Team Verbannten werden also beim anderen verteufelt, im Falle der komplementären Polarisierung geschieht dies wechselseitig und kann zu immer stärker eskalierenden Teufelskreisen und zunehmender Entfremdung führen. Kennzeichnend für diese Form von Konflikteskalation ist:

- Die Konfliktbeteiligten verallgemeinern den Kritikpunkt, der sich nur auf ein bis zwei Teammitglieder des Gegenübers bezieht, auf die Gesamtperson und werten diese ab. So wird zum Beispiel die starke Beziehungsorientierung des Lateinamerikaners von vielen Deutschen als oberflächlich angesehen, die dazugehörige «Rund-um-Abwertung»: inkompetenter Geschäftspartner. Umgekehrt beurteilen viele Latinos die vordergründig in den Geschäftskontakt eingebrachte große Sachorientierung der Deutschen als überkorrekt, das Bild: Man hat es hier mit einem eiskalten Profitgeier zu tun.
- Gelegentlich wird geradezu spürhundhaft beim Gegenüber nach den eigenen verbannten Teammitgliedern gesucht und ein für sich allein stehend eher unproblematisches Verhalten des Konfliktpartners überabgewertet und verallgemeinert. Die Psychoanalyse nennt diese innerseelische Konflikteskalation «Ambivalenzspaltung». Wie nach dem Sprichwort «Man sieht nicht so leicht das Brett vor dem eigenen Kopf – weil es ja so nah dran ist –, aber dafür den Splitter im Auge des anderen» wird der «innere Feind» von der eigenen Person abgespalten und beim anderen im übertriebenen Maße angeprangert (mehr zu diesem Thema s. Redlich, 1997 und 2004).

Die Arbeit mit dem Modell des Inneren Teams hat bei interkulturellen Mediationen für mich mehrfachen Nutzen:

- Leitfaden zur Konfliktanalyse: In den Vorgesprächen, in der Selbstklärungs- und Dialogphase dienen mir die beiden Team-

Aufstellungen als Checkliste: Welche Teammitglieder werden von den Beteiligten genannt? Welche fehlen meiner Meinung nach? Tauchen möglicherweise noch neue auf? Wie sehen die jeweils individuellen Mannschaftsaufstellungen aus?

- Gestaltung des Konfliktdialogs während der Mediation: Mit der Metapher des Inneren Teams gesehen ist ein Konflikt ein Zusammenprallen zweier innerer Mannschaften. Das Modell bietet die Möglichkeit, Gemeinsamkeiten und Unterschiede zu verdeutlichen und scheinbar gegensätzlich erscheinende Werte zu entpolarisieren. Der Mediator kann sich im Vorfeld überlegen: Welche Teammitglieder fördern die oben beschriebenen «unheiligen Allianzen» einer Konflikteskalation? Welche Teammitglieder sollten sich wechselseitig besser kennen lernen, um die einseitige Sichtweise des Konfliktpartners zu korrigieren? Was ist förderlich für das Finden konstruktiver Lösungen?
- Erklären des Konfliktes: Besonders bei interkulturellen Mediationen ist die Phase der Erklärungen von Konfliktursachen wichtig. Das Innere Team hat sich bewährt als eine Methode, mit der die Kontrahenten oft fast spielerisch eine gemeinsame Ebene finden.

Das Werte- und Entwicklungsquadrat

In interkulturellen Arbeitskonflikten treffen unterschiedliche Werte aufeinander, die kulturell bedingt sind. Die inneren Teamaufstellungen und die Handlungsweisen der Beteiligten sind Ausdruck dieser Werte.

Ein weiteres wichtiges Instrument in interkulturellen Mediationen ist für mich deshalb das Werte- und Entwicklungsquadrat, welches ich als interkulturelles Beziehungsmodell nutze. Für sämtliche in der interkulturellen Forschung entwickelten kulturellen Dimensionen lassen sich Wertequadrate bilden. Im Vorfeld einer interkulturellen Konfliktvermittlung prüfe ich zunächst, um welche Dimensionen es im konkreten Fall hauptsächlich zu gehen scheint.

Interkulturelle Beziehungsstörungen: Wenn Werte aufeinander prallen

Am Beispiel der Dimension «Beziehungsorientierung vs. Sachorientierung» lässt sich die Gefahr der Polarisierung in der interkulturellen Zusammenarbeit zwischen Vertretern der deutschen und der lateinamerikanischen Kultur sehr anschaulich verdeutlichen:

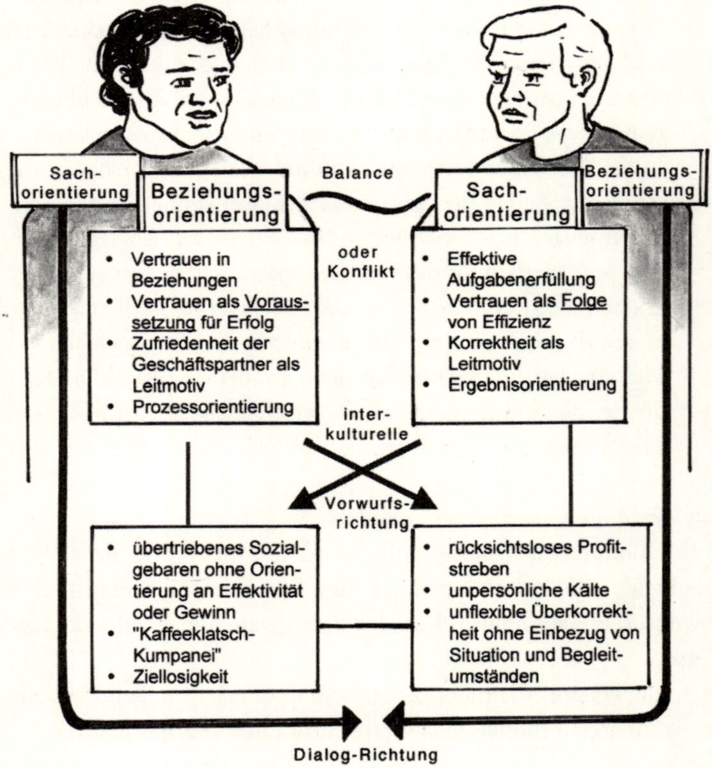

Beziehungs- und Sachorientierung im Wertequadrat

Jede Nationalität sieht sich selbst als Vertreter des jeweils im eigenen Land im Vordergrund stehenden Wertes, die andere Seite wird als Stellvertreter des gegensätzlichen Unwertes wahrgenommen und – bei zunehmender Konflikteskalation – verteufelt.

Auch das Werte- und Entwicklungsquadrat bietet im Rahmen interkultureller Konfliktbearbeitung mehrfachen Nutzen:

- Leitfaden zur Konflikt-Analyse: In der Vorphase und während der eigentlichen Mediation bieten die kulturellen Dimensionen die Möglichkeit zur Konflikt-»Diagnose«: Welches sind die hauptsächlichen Spannungsfelder und Konfliktthemen? Welche Entwicklungsrichtung lässt sich für die einzelnen Konfliktparteien und für die Gestaltung einer fruchtbaren und effektiven Zusammenarbeit ableiten?
- Erklären des Konfliktes: Das Vorstellen der für die jeweilige Mediation relevantesten Kulturdimensionen sowie der dazugehörigen Werte- und Entwicklungsquadrate ist eine meiner Standard-Interventionen zur Erklärung von Spannungsfeldern in der interkulturellen Zusammenarbeit. Wichtig für gegenseitiges Verständnis ist der wissenschaftliche Ursprung der kulturellen Dimensionen («Aha, wir haben nicht nur ein persönliches, sondern ein globales Problem!») sowie die Aspekte der wechselseitigen Polarisierung und des Entwicklungspotenzials.
- Förderung des Dialogs: Das Modell bietet die Möglichkeit, die Konfliktparteien zur gemeinsamen Entwicklung von Wertequadraten anzuleiten und auf diesem Wege die Bewusstheit für kulturell verwurzeltes Konfliktpotenzial zu schärfen.

Ablauf der Mediation bei «office perfect»

Was für die Vorgespräche dieser Mediation galt, gilt nun auch für die folgende eigentliche Konfliktvermittlung: Mein Vorgehen ist langsamer und weniger direkt strukturiert als bei der Arbeit in deutschen Teams. Trotzdem ist das Ziel, nämlich der vertiefte Dialog über die Hintergründe der Konflikte und das Erarbeiten von Lösungen, klar und im Vorfeld mit allen Beteiligten abgesprochen worden. In Anlehnung an das in der interkulturellen Mediationsforschung als zirkuläres Modell beschriebene Verfahren von Lederach (vgl. Lederach, 1996, der seine Vorgehensweise auch anhand von Mediationen in Lateinamerika entwickelt hat) habe ich die ursprüngliche «Klärungshilfetreppe» in eine aufwärts strebende Spirale verwandelt: In interkulturellen Mediationen zwischen Deutschen und Lateinamerikanern werden die Kernthemen der Konfliktparteien immer mehr eingekreist. Anders als beim linearen Vorgehen der «klassischen» Klärungshilfe kann auf mehreren Ebenen gleichzeitig gearbeitet werden.

Je nach Anzahl der Teilnehmer und Komplexität der Themen ist für eine interkulturelle Mediation ein zeitlicher Rahmen von einigen Stunden bis zu mehreren Tagen vorgesehen. Auch wenn nicht in einer Kompakttagung, sondern in mehreren Sitzungen gearbeitet wird, durchläuft jede Mediation alle im Folgenden beschriebenen Schritte.

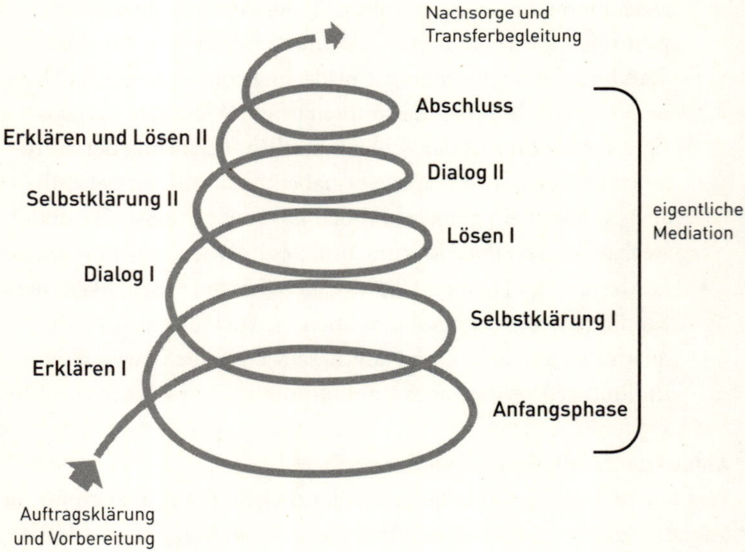

Phasen der interkulturellen Mediation: die «Klärungshilfe-Spirale»

Die *Auftragsklärung und Vorbereitung* findet grundsätzlich mit allen Konfliktbeteiligten statt und dient nicht nur der Planung der Mediation, sondern auch dem Aufbau von Vertrauen mir und der Methode gegenüber. In Einzel- oder Gruppengesprächen je nach Teamgröße und Art des Konfliktes stelle ich mich und mein Vorgehen vor und beantworte Fragen. Ein Großteil dieser Gespräche findet, wie ja bereits ausführlich beschrieben, in informellem Rahmen statt und ist nicht explizit als «Auftragsklärung» etikettiert. Möglich ist ebenfalls, bereits jetzt – quasi als Unterhändler – zwischen den einzelnen Parteien zu vermitteln, oft auf der kognitiven Ebene, indem die Werte und Sitten der beiden Kulturen erklärt werden. Nebenbei bemerkt: In beziehungsorientierten Kulturen ist das Hinzuziehen von Dritten als Mittler bei Konflikten eine traditionsreiche Form der Konfliktlösung. Als Unterhändler fungieren oftmals (ältere) Respektspersonen.

Da ich selbst beide Kulturen in mir habe, kann ich außerdem in dieser Phase auf eigene Erfahrungen hinweisen. Insgesamt nimmt diese Vorarbeit mehr zeitlichen Raum ein als in deutschen Mediationen.

Auch in die eigentliche Mediation gibt es insgesamt einen «sanfteren» Einstieg. Die *Anfangsphase* findet häufig in einem informelleren Rahmen statt – oft gezwungenermaßen, da im Gegensatz zu Veranstaltungen in Deutschland in Lateinamerika die Tagungsräume fast immer noch nicht oder nur sehr unzureichend vorbereitet sind. Es ist normal, dass Dinge fehlen und alle, auch der Mediator, mit anfassen. Dabei wird natürlich lebhaft über die bevorstehende Mediation gesprochen.

Im Fall von «office perfect» habe ich nach einer herzlichen Begrüßung in den Räumlichkeiten der Firma, einem Kaffeetrinken und dem gemeinsamen Warten auf das georderte Moderationsmaterial zunächst das Unternehmen besichtigt, die übrigen Mitarbeiter kennen gelernt und den Tagungsraum gemeinsam mit den drei Beteiligten für die Konfliktmoderation umgebaut. Zwischen Tür und Angel, also nicht in einer moderierten Anfangsrunde, fand der erste Austausch darüber statt, welche Erwartungen die Beteiligten an die Mediation haben. Nachdem dann alle Modalitäten und Bedingungen (äußerliche und innerliche) geklärt waren und die Teilnehmer auch noch andere Dinge erledigt hatten, konnten wir richtig starten. Erst dann wurden Handys ausgeschaltet und keine Störungen von außen mehr zugelassen.

Der eigentliche Beginn der Mediation ist die Phase *Erklären I – Modelle*: Um sowohl dem lateinamerikanischen Bedürfnis nach einem langsamen Herantasten an die eigentlichen Themen wie dem deutschen Bedürfnis nach Effektivität gerecht zu werden, beginne ich vor der Sichtweisenklärung mit einer Phase der Informationsvermittlung. Ein Teil der «Erklärungsphase», die in deutschen Mediationen erst *nach* der Klärung aller strittigen Themen stattfindet, geht also der eigentlichen Mediation voraus: Auf einer Ebene, die zunächst noch gesichtswahrend ist, weil nicht direkt auf die zentralen Themen bezogen, werden Modelle interkultureller Kommunikation und Grundzüge interkultureller Teamentwicklung bezogen auf den Berufsalltag vermittelt.

Die Phase *Selbstklärung I – Workshop zur Konfliktdiagnose* ist der nächste Schritt im Vorgehen: Mittels Übungen aus interkulturellen Trainings übertragen die Konfliktparteien nun die für ihre Situation passenden Modelle auf ihre Umstände. Beispielsweise vervollständigen sie Werte- und Entwicklungsquadrate der für sie relevantesten Kulturdimensionen mit auf ihre Situation bezogenen Handlungsweisen.

Auch eher erlebnisorientierte Methoden wie das szenische Spiegeln der «anderen Welt» oder Arbeit mit dem Inneren Team sind ergiebig. In dieser Phase gibt es oft Aha-Erlebnisse, Erleichterung und erste spontane Klärungen (s. nächste Phase). Die scheinbar individuellen Probleme können mit Hilfe der Modelle auf eine Meta-Ebene gehoben und benannt werden. Das Vorgehen hat den Vorteil, dass die Konfliktparteien recht früh eine gemeinsame Basis und eine gemeinsame Sprache für ihre Schwierigkeiten erhalten und eigenständig eine Konflikt-Diagnose vornehmen.

Dieses Vorgehen unterscheidet sich sehr vom klassischen Klärungshilfe-Procedere: In deutschen Mediationen ist in dieser Phase *kein* Dialog zwischen den Beteiligten vorgesehen, ja sogar unerwünscht. So soll ermöglicht werden, dass jeder in Ruhe seine Sichtweise darstellen kann. In interkulturellen Mediationen hat sich der Workshop-Charakter in dieser Phase bewährt: Durch das gemeinsame Erarbeiten genereller und spezieller kultureller Unterschiede bestimmen die Beteiligten zusammen den für den Moment angemessenen Grad der Offenheit. In der Regel entsteht eine konzentrierte Seminar-Atmosphäre mit Diskussionen und hohem Interesse für die unterschiedlichen Standpunkte.

Insgesamt sind diese Phasen weniger voneinander getrennt als bei rein deutschen Mediationen, ein fließender Übergang in die nächste Phase *Dialog I* ist üblich. Aber auch während der vorherigen *Workshop-Phase* (Selbstklärung I) finden bereits Dialoge und erste Klärungen statt, dies wird durch die Teamtraining-Elemente angeregt. Der Grad der Tiefe der Auseinandersetzung zu diesem Zeitpunkt der Mediation hängt ab von den jeweiligen Personen und der Stufe der Konflikteskalation.

Aufgabe des Mediators im *Dialog I*: das Bewusstwerden der eigenen und der anderen kulturellen Werte unterstützen und festhalten, trennende Aspekte hervorheben und deren Konfliktpotenzial bezogen auf den konkreten Anlass der Mediation verdeutlichen.

Nur wenn es sich ergibt, komme ich bereits jetzt auf die «heißen» Themen zu sprechen. Ansonsten gilt *nicht*, wie bei der «klassischen» Klärungshilfe: «Das Wichtigste zuerst – direkt in den heißen Brei hinein». Vielmehr versuche ich in dieser Phase nur die Themen, die genannt werden, aufzugreifen. Für das, was noch zurückgehalten wird, ist eine spätere Phase vorgesehen.

Lösen I – «Prinzipien-Check»: Auch beim spiralförmigen Vorgehen soll *vor* endgültigen Vereinbarungen ein vertiefender Dialog über die wesentlichen Konfliktpunkte stattgefunden haben. Trotzdem gibt es in interkulturellen Mediationen mehr als in deutschen das Phänomen, dass die Konfliktparteien bereits jetzt neue Prinzipien für ihre künftige Zusammenarbeit entwickeln, die beiden Kulturen gerecht werden. Dies findet übrigens oft beim Essen oder abends beim geselligen Beisammensein statt. Dabei geht es häufig sehr kreativ und lustig zu. Fast immer greife ich diesen natürlichen Prozess auf, da ich sowieso auch beim informellen Teil dabei bin. Ohnehin wird in der interkulturellen Mediation mit Lateinamerikanern zwischen offizieller Tagungszeit und Pause nicht scharf getrennt. In Anlehnung an die «U-Prozedur» von Glasl (vgl. Glasl und Houssaye, 1975) lasse ich die Teilnehmer in einem «Prinzipien-Check» prüfen, welche ungeschriebenen Regeln bisher die gemeinsame Zusammenarbeit bestimmt haben, welche davon übernommen und was verändert werden sollte. So manches Strategiepapier wird auf der Rückseite von Speisekarten konzipiert!

Bei «office perfect» habe ich zu Beginn *(Phase Erklären I)* schwerpunktmäßig die Dynamik interkultureller Konflikte anhand des Werte- und Entwicklungsquadrates und des Inneren Teams aufgezeigt: Nur wenige, für beide Parteien «gesichtswahrende» Teammitglieder wurden vorgestellt! In diesem Fall bin ich auf folgende kulturelle Dimensionen eingegangen: Beziehungsorientierung vs. Sachorientierung, polychroner vs. monochroner Zeitbegriff, indirekte vs. direkte Kommunikation.

Reaktion aller drei Beteiligten: sofort «großes Hallo» und Bestätigung, auch Erleichterung!

Danach haben alle drei Personen zunächst die ersten beiden Werte- und Entwicklungsquadrate mit konkreten Handlungen der eigenen und der der «Gegenpartei» versehen und bewertet *(Phase Selbstklärung I und Dialog I)*. Unter angeleiteter Moderation entstand ein reger Austausch: Welche Ausprägungen unserer eigenen Kulturdimension sehen wir als gut, welche als «Unwert» an? Wo wünschen wir uns mehr Verständnis? Was können wir bei der Gegenpartei (noch) tolerieren, weil wir jetzt den kulturellen Hintergrund besser verstehen? Was können wir sogar übernehmen, weil es eine Bereicherung unseres bisherigen Vorgehens ist? Wo ist bei uns «Ende der Fahnenstange»?

Meine Aufgabe während dieser Phasen der Mediation war die Moderation und Unterstützung durch Visualisierung sowie die Verlangsamung des Dialogs. Ab und zu musste ich eine sich entwickelnde «Schüleraustauschstimmung» bremsen: Herr Westermann und Herr García idealisierten das vorher am anderen kritisierte Verhalten plötzlich (O-Ton Herr Westermann: «Hahaha, von Ihnen kann man doch viel ‹savoir-vivre› lernen!»). Sie schüttelten sich wiederholt die Hände und wollten sich fast kumpelhaft und mit zu viel Optimismus generelle Toleranz bei allen künftig auftretenden Schwierigkeiten im Tagesgeschäft versprechen. Von mir konfrontiert mit diesen unrealistischen Beteuerungen, wurde dann die Stimmung wieder ernster und sorgfältiger.

Beim Abendessen am Ende des ersten Tages bestätigen *beide Parteien*: Es sei schwer und ungewohnt, gleichzeitig aber sehr erleichternd, sich über die Unterschiede bezogen auf den Grad der Beziehungsorientierung und des Zeitverständnisses auszutauschen, man wisse ja schon lange, in welchen Punkten man sich gegenseitig «nerve», habe sich aber bisher noch nie getraut, «das Kind beim Namen zu nennen». Ebenfalls während des Essens wurde über die Dimension «Indirekte vs. direkte Kommunikation» gesprochen, welche bisher noch nicht bearbeitet war. Die Kolumbianer erklärten Herrn Westermann Hintergründe dieser kulturellen Dimension anhand von Beispielen aus dem eigenen Familienleben. Herr Westermann wiederum erzählte, dass auch er zur indirekten Kommunikation erzogen wurde und eigentlich gar nicht so große Unterschiede zwischen deutschem und südländischem Kommunikationsverhalten bezogen auf diese Kulturdimension sieht. Als er lachendes Feedback, bezogen auf seine ungeschminkte Direktheit, erntete, relativierte er: Es gebe wohl doch Unterschiede, aber im privaten Bereich sei er eher ein «vorsichtiger Typ».

Quasi nebenbei wird die Vereinbarung getroffen, dass künftig während der Besprechungen Mobiltelefone und sonstige Störfaktoren ausgeschaltet werden. Auf diese Vereinbarung wird zum Schluss des Abends mit einem Schnaps angestoßen.

Bei «office perfect» ging es am zweiten Mediationstag in die nächsten Phasen.

Selbstklärung II – Kernthemen: Diese Phase wird nun ähnlich gestaltet wie beim herkömmlichen Vorgehen. Die Fragestellung an die Beteiligten: Welche (besonders schwierigen) Themen, Irritationen, Missverständnisse, Konflikte sind bisher noch nicht genannt worden und müssten besprochen werden? Meine Erfahrung: Jetzt sind beide Kulturen, besonders auch die Lateinamerikaner, bereit, «auszupacken», in der Regel wird nun der Hauptkonflikt benannt.

Nur mit besonders verhärteten Konfliktparteien steige ich früher in diese Phase ein. Vorausgegangen ist dann allerdings eine Reihe von Einzelgesprächen im Sinne einer «Pendel-Diplomatie».

Dialog II: In der «klassischen» Klärungshilfe wird die Dialogphase auch «Dialog der Wahrheit» genannt. Mit Unterstützung des Klärungshelfers kommen nun die aufgestauten negativen Gefühle der Konfliktparteien und die dahinter liegenden Verletzungen ans Tageslicht. Noch mehr als bei rein deutschen Mediationen erlebe ich bei interkulturellen Konfliktparteien in dieser Phase gegenseitiges Verständnis und Neugierde auf die Innenwelt des Vertreters der Gegen-Kultur, oft begleitet von der Erkenntnis, dass die inneren Reaktionen in Konflikten in *beiden* Welten sehr ähnlich sind.

Erklären und Lösen II: Diese Phase dient zur Ergänzung und Überprüfung der bereits vorangegangenen Erklärungen und Lösungen. Erklärungsmodelle, die herangezogen werden, sind eher kulturübergreifend gültige psychologische oder konfliktdynamische Gesetzmäßigkeiten (z. B. Teufelskreis-Modell). Die bisher schon getätigten Vereinbarungen werden noch einmal einer Kontrolle unterzogen: Sind sie wirklich realisierbar? Was muss darüber hinaus abgesprochen werden?

Am zweiten Tag würdigten alle drei Beteiligten in einer morgendlichen Zwischenbilanz zunächst die Ergebnisse des vorherigen Tages: Grundsätzlich sei jetzt eigentlich schon das Ziel der Mediation erreicht: Man habe das Gefühl, eine tragfähige Brücke für künftige gute Zusammenarbeit gebaut zu haben. Eigentlich müssten jetzt nur noch ein paar Absprachen organisiert werden. Möglicherweise, so besonders Herr García, könnten wir die Zusammenkunft ja auch eher als geplant beenden.

Nach einem von mir angeleiteten Themen-Check (s. oben, Beschreibung der Phase *Selbstklärung II – Kernthemen*) spricht Frau Vives den «heißesten» Konfliktpunkt an. Bezogen auf ein aktuelles und mit großem finanziellem Risiko behafteten Projekt stellt sie Herrn Westermann die «Vertrauensfrage»: Sie glaube, dass dieser sie und Herrn García für inkompetent halte, für «fachlich unterentwickelt», und frage sich sogar, ob «office perfect» demnächst ihre und Herrn Garcías Position ebenfalls mit Deutschen besetzen wolle. Herr García, sichtlich erleichtert, dass dieses Thema nun auf dem Tisch ist, teilt die Zweifel von Frau Vives.

Im nun sich anschließenden «Dialog der Wahrheit» geht es um den Austausch über die hinter dem sichtbaren Konfliktpotenzial steckenden Gefühle der drei Beteiligten. Im Bild des Inneren Teams gesprochen kommen mit meiner Unterstützung jetzt Stück für Stück die im Hinter- und Untergrund stehenden Teammitglieder zu Wort: bei den Kolumbianern neben dem ‹Fachmann› vor allem der ‹Zielorientierte›, der ‹Verkannte Ideenbringer› und der ‹Kulturelle Selbstzweifler›. Herr Westermann lässt den ‹Hilflosen›, den ‹Genussmenschen› und die ‹Angst› sprechen.

Es stellt sich heraus, dass sowohl er als auch die beiden Lateinamerikaner unter einem enormen Erfolgsdruck stehen. Herr Westermann ist erstaunt und beschämt, als sich herausstellt, wie viel García und Vives arbeiten, ohne das er es bisher mitbekommen hat. Die beiden wiederum waren sich nicht bewusst, dass Herr Westermann zu einem großen Teil das kolumbianische «Geschäftsprinzip Langsamkeit» sogar bewundert, es ihn gleichzeitig aber stark am Erfolg der Projekte zweifeln lässt.

Insgesamt findet ca. zweieinhalb Stunden lang ein «guter Dialog über Schlechtes» (Thomann) statt. Das Fazit der drei Beteiligten: Viele «kulturelle» Vorurteile haben zu einem jeweils falschen Bild der «Gegenpartei» geführt. Man sehe jetzt den Menschen hinter dem manchmal befremdlichen Verhalten. Und vor allem: Auf beiden Seiten seien der Respekt und die Akzeptanz durch die Aussprache gestiegen. Herr Westermann sagt glaubwürdig, dass er wirklich nicht an der grundsätzlichen Kompetenz seiner Gegenüber gezweifelt habe, nur der Weg, den diese «nach Rom» nehmen, sei ihm eben «gegen die Hutschnur» gegangen. Keinesfalls habe er die beiden «rauskicken» wollen.

Beim Mittagessen beginnen die drei, ihre bisherige Marketingstrategie zu überdenken. Nach der Pause kommt Herr García mit einer angefangenen Liste «Dreamteam Alemania-Colombia» in die Mediation und regt an, zusammenzustellen, was man aus beiden Kulturen in das künftige Miteinander aufnehmen solle.

Anhand dieser Liste werden Vereinbarungen für die Zusammenarbeit untereinander und mit Kunden getroffen, deutsche und südländische Gepflogenheiten werden integriert.

Der Abschluss: Diese Phase läuft im Wesentlichen genauso ab wie beim klassischen Vorgehen: Vereinbarungen werden getroffen und die Kontrolle der Umsetzung festgelegt. Danach gibt es noch Feedback zum Mediationsprozess und Verabredung einer eventuellen Nachsorge.

Am Ende äußern alle drei Beteiligten, dass sie die Mediation als sehr bereichernd empfunden haben und glauben, in Zukunft sensibler mit den kulturellen Unterschieden umgehen zu können.

Nachsorge und Transferbegleitung habe ich bei interkulturellen Mediationen im Ausland bisher vorwiegend per E-mail und per Konferenzschaltung vorgenommen. Bei Konfliktvermittlungen, die in Deutschland stattfinden, sind Präsenzveranstaltungen zum Bilanzziehen üblich.

In einem Nachsorge-Telefonat mit Herrn Westermann zwei Monate später berichtet er, die Zusammenarbeit zwischen ihm und den beiden Kolumbianern habe sich enorm verbessert, man würde sich wirklich gut ergänzen. Allerdings sei er selbst auch wesentlich lockerer geworden. Unpünktlichkeit oder chaotische Besprechungen seien kein Thema mehr, auch könne er sich jetzt ab und zu mal abgrenzen, ohne in Fettnäpfchen zu treten. Geschäftlich sei «office perfect» sehr erfolgreich.

Fazit

Diese Mediation ist fast wie im Bilderbuch ausgegangen. Nicht zuletzt, weil alle drei Konfliktbeteiligten klärungsbereit waren – eigentlich die wichtigste Voraussetzung zur Konfliktbearbeitung.

Ich bin überzeugt, dass die ausführliche Vertrauensarbeit im Vorfeld sowie die langsam die zentralen Konfliktpunkte einkreisende Vorgehensweise der «Klärungshilfe-Spirale» während der eigentlichen Mediation die entscheidenden Erfolgsfaktoren interkultureller Mediation mit Konfliktbeteiligten aus beziehungsorientierten Ländern sind. Aus meiner Sicht ist es außerdem förderlich für die Klärung von interkulturellen Beziehungsstörungen, den Beteiligten so früh wie möglich eine gemeinsame Konfliktsprache und ein gemeinsames Konfliktverständnis zu geben. Die theoretischen Inputs zur interkulturellen Kommunikation am Anfang einer Mediation zwischen Lateinamerikanern und Deutschen sind für beide Kulturen «Türöffner» zur Klärung: Bei Deutschen wird der gewohnte kognitive Weg angesprochen, es geht zunächst «zur Sache». Latinos haben die Möglichkeit, sich gesichtswahrend zu äußern, da ein Großteil der Konfliktpotenziale als generelle und wissenschaftlich abgesicherte Gesetzmäßigkeiten und nicht als Tabus oder persönliche Defizite gesehen werden können. Durch das gemeinsame Erarbeiten der kulturellen Unterschiede in der aus interkulturellen Trainings entliehenen Workshop-Phase entsteht ein solidarisches Gefühl gemeinsamer Betroffenheit bei den Angehörigen *beider* Kulturen. Besonders für die stark beziehungsorientierten Lateinamerikaner wird durch diesen Teil der Mediation der Vertrauensboden für die eigentliche Konfliktklärung bereitet. Last but not least braucht der interkulturelle Mediator die Bereitschaft zu zeitaufwendiger informeller Tätigkeit. Diese hat einen Vorteil: Es gibt immer gutes Essen!

Literatur

Glasl, F., Houssaye, L. de la (Hg.) (1975): *Organisationsentwicklung. Bern*, Stuttgart

Hall, E., Hall, M. (1989): *Understanding Cultural Differences: Germans, French and Americans.* Yarmouth Minn.

Hofstede,G. (1991): *Cultures and Organizations.* New York

Lederach, J. P. (1996): *Preparing for peace. Conflict transformation across cultures.* Syracuse New York

Mehta, G., Rückert, K. (Hg.) (2004): *Streiten Kulturen.* Wien, New York

Redlich, A. (1997): *Konfliktmoderation.* Hamburg

Redlich, A. (2004): *Vom Nutzen des Inneren Teams in der Konfliktvermittlung.* In: F. Schulz von Thun, W. Stegemann (Hg.): Das innere Team in Aktion. Reinbek

Riemann, F. (1961): *Grundformen der Angst.* München, Basel

Thomann, Ch. (2002): *Zur Rolle der Emotionen in der Konfliktklärungshilfe* (Vortrag). Hamburg

Thomann, Ch., Schulz von Thun, F. (2003): *Klärungshilfe 1. Handbuch für Therapeuten, Gesprächshelfer und Moderatoren in schwierigen Gesprächen.* Reinbek

Thomann, Ch. (2004): *Klärungshilfe 2. Konflikte im Beruf.* Reinbek

Trompenaars, F., Hampden-Turner, C. (1998): *Riding the Waves of Culture.* New York

Gesche Keding

Mein Mann geht ins Ausland!

Einzelcoaching für mit ausreisende Partnerinnen

Internationale Verflechtungen nehmen auch weiterhin rasant zu. Mitarbeiter der verschiedensten Branchen werden von ihren Firmen aufgefordert, im Ausland zu arbeiten. Als so genannte Expatriates gehen sie nach Indien, China oder auch nach Frankreich oder Polen. Zu 80 Prozent sind sie verheiratet und haben Kinder (Gross, 1994, S. 140). Großenteils reisen die Familien mit aus. Nicht selten muss die Entscheidung für oder gegen eine Ausreise schnell getroffen werden. Die Partnerin[1] und die Kinder müssen sich natürlich auch entscheiden. Aber welchen Spielraum haben mit ausreisende Partnerinnen wirklich, wenn es für den Mann um die Karriere geht? Für sie ist diese Entscheidung wahrscheinlich schwerer, weil der Impuls nicht von ihnen ausgeht, aber jemand, der ihnen nahe steht, von ihrer Entscheidung abhängt und sie ihm keine Steine in den Weg legen möchten. Wie viel innere Unabhängigkeit ist in so einer Situation möglich? Für eine so nachhaltige Entscheidung bietet sich eine Ratsversammlung des Inneren Teams mit Klärungshelfer oder Klärungshelferin an.

«Ich gehe!» – «Ich gehe nicht!» Entscheidungsfindung mit Hilfe des Inneren Teams

Jeder Millimeter Weltgewandtheit und Selbstsicherheit, von den Stiefeletten über die Bügelfalten des Hosenanzugs bis zum gut sitzenden Haarschnitt. Nur um die Mundwinkel das etwas Eingefrorene und eine kleine Verlorenheit in den Augen zeigen, was ich durch ein vorangegangenes Telefonat schon weiß: Natalie Clausen (so will ich sie hier jedenfalls nennen) tut sich mit der anstehenden Entscheidung, ins Ausland zu gehen, nicht so leicht. Dabei ist es nicht das erste Mal, dass ihr Mann von der Fluggesellschaft, für die er arbeitet, zu einer Dependance ins Ausland gesandt wird. Dieses Mal fällt es Frau Clausen schwer, und darum nimmt sie das Beratungsangebot, von dem sie zufällig gehört hat, in Anspruch und trifft nun verabredungsgemäß ein. Sie möchte nicht einfach mitgehen, sondern sich über ihre eigenen Wünsche und Ziele klar werden und die Entscheidung auch für sich selbst treffen.

Eine Entscheidung setzt eine mehr oder weniger intensive Diskussion mit sich selbst in Gang. Nicht immer sind dabei einzelne «Diskussionspartner» erkennbar. Vielmehr spürt die betreffende Person ein ungutes Gefühl, «Bauchschmerzen». Mit anderen Worten, die inneren Gesprächsteilnehmer reden ziemlich durcheinander. Die eigentlich wichtigen Hinweise aus dieser Debatte gehen darin verloren und können für die Person in ihrer Ratlosigkeit keine Hilfe sein. Bei wichtigen Entscheidungen kann die «intrapsychische Kommunikation» mit Hilfe des Inneren Teams verbessert werden. Ein beruflicher Weg ins Ausland ist eine solche wichtige Entscheidung.

Es steht für die Partnerin viel auf dem Spiel:

- Sie wird für längere Zeit in einer kulturellen Umgebung leben, deren Signale in der ersten Zeit mühsam entziffert werden müssen. Zu Hause überlegt man nicht bewusst, wie man mit einer Einladung, einer Begrüßung, einer Ablehnung umgeht, was es bedeutet, wenn jemand laut redet. Man reagiert automatisch. Im Ausland kostet das zunächst zusätzlich Energie und erfordert Toleranz im Umgang mit Anderen und sich selbst.
- Der soziale Kontext mit Eltern, Geschwistern, Freunden und Nachbarn reist nicht mit aus, und damit fällt unter Umständen wichtige emotionale und faktische Unterstützung im Alltag, zum Beispiel bei der Kindererziehung, zunächst weg. Nicht wenige werden an Einsamkeit leiden. Die mit ausreisende Partnerin muss sich ein neues Umfeld erst aufbauen. Umgekehrt kann sie sich an eventuell nötiger Unterstützung anderer, zum Beispiel alternder Familienmitglieder ihrer Herkunftsfamilie, kaum noch beteiligen.
- In den allermeisten Fällen ist eine eigene Erwerbstätigkeit für die Frau im Ausland nicht möglich, weil die Arbeitserlaubnis oder das entsprechende Visum fehlt oder eine passende Stelle

nicht zur Verfügung steht. Damit ist die eigene Karriere zumindest unterbrochen. Die Gruppe der Frauen, die auch im Ausland ebenfalls arbeiten möchten, wird sich vermutlich weiter erhöhen. Es gibt bereits einige Studien zu den so genannten DCC's, den «double career couples» im Zusammenhang mit Entsendung (u. a. Punett, 1997). Für viele Menschen spielt der Beruf eine wichtige, sinnstiftende Rolle und fehlt, wenn Erwerbstätigkeit nicht möglich ist. Und bei Scheidungsraten von über 50 Prozent[2] ist auch die eigene soziale Absicherung ein Argument, das bedacht sein will. In den meisten Berufen wirkt sich eine längere Pause negativ auf die Chancen aus, nach der Rückkehr wieder eingestellt zu werden.
- Die Entscheidung wird in der Regel für mehrere Jahre getroffen.

Es ist für das Wohlbefinden und auch für die Lebensbewältigung vor Ort ein Unterschied, ob eine Partnerin nur mitgeht und sich eher in ihr Schicksal fügt oder ob sie selbst eine eigene Entscheidung trifft und sich so ihre eigene «Pro-Aktivität»[3], ihr Gefühl, das eigene Leben selbst zu steuern, erhält.

In der Literatur zu diesem Thema werden Ehefrau und Familie von Entsandten immer wieder als eine wichtige Unterstützung angegeben. Deren Unzufriedenheit ist häufig ein Grund für den Abbruch des Aufenthaltes (Weber, Festing, Dowling und Schuler, 1998, S. 136). So ist es also auch aus Sicht des Entsandten und des Unternehmens ratsam, die mit ausreisende Ehefrau oder Partnerin bei Entscheidung und Vorbereitung zu unterstützen.

Ein selbstbestimmter Schritt ist eine nicht zu unterschätzende Basis für einen befriedigenden und gelingenden Auslandsaufenthalt. Die Partnerin ist meist mehr auf alltäglichen Kontakt mit Menschen des Gastlandes in der Landessprache angewiesen als der Entsandte, der sein soziales Netz unter Kollegen und Mitarbeitern schneller knüpfen kann. Und eine Fremdsprache zu lernen fordert eine Motivation, die sicherlich nur bei voller Zustimmung zu diesem Schritt aufgebracht wird (Punett, 1997, S. 251).

Somit ist eine wichtige, nachhaltige Entscheidung zu treffen.

Frau sollte sich Zeit und Raum nehmen, ihre eigenen Stimmen dazu zu hören. Es ist für niemanden gut, halbherzig der Karriere des Mannes den Vortritt zu lassen und dann halbherzig oder gar unglücklich dort zu leben, wo es sie hin verschlägt.

Aber es geht nicht nur um die Entscheidung zwischen «Ja» und «Nein». Es geht nicht darum, die inneren Stimmen zur Sprache zu bringen und sie dann, wie in einer Demokratie, auszuzählen. Es geht um das genaue Hinhören auf das, was die einzelnen Stimmen sagen. Daraus ergibt sich nämlich etwas ganz anderes. Durch die Einzelberatung mit dem Inneren Team, durch eine «innere Ratsversammlung nach den Regeln der Kunst» (Schulz von Thun: MR 3, S. 90 ff.) werden aus den globalen Alternativen «Ich gehe» und «Ich gehe nicht» differenzierte Abwägungen, die vielleicht ein qualifiziertes «Ja» ermöglichen, wo es sonst ein ängstliches «Nein» gegeben hätte. Oder auch ein klares «Nein», wo zuvor ein resigniertes, verärgertes «Na gut, wenn es denn unbedingt sein muss …» gestanden hätte. So wird die Entscheidungssituation zur Grundlage der Gestaltung des Bleibens oder Gehens.

Da man zu sich selbst im Normalfall nicht distanziert ist und vielleicht zum Beispiel nicht allen «Verbannungen» und «inneren Klumpatschbildungen» (Schulz von Thun: MR 3, 2001, S. 146 und S. 205) auf die Schliche kommt, kann es hilfreich sein, dem eigenen Oberhaupt eine externe Klärungshelferin an die Seite zu stellen. Mit Einfühlungsvermögen, allparteilicher Wertschätzung und «Hebammen»-Fragen unterstützt sie den Prozess, alle Stimmen, auch leise und verbannte, zu Wort kommen zu lassen und zu würdigen.

Beratung mit doppelter Blickrichtung – der systemische Kontext

Zunächst erläutere ich Frau Clausen die Methode des Inneren Teams. Ich weise auch darauf hin, dass es Teamglieder geben kann, die häufig präsent sind und sich laut zu Wort melden, und ganz leise, von denen man vielleicht noch gar nicht wirklich weiß, dass es sie überhaupt gibt.

Sodann beginnen wir damit, «den äußeren Kontext» zu erkunden (Schulz von Thun: MR 3, S.322). Ich stehe am Flip-Chart und visualisiere, was sie mir darüber berichtet: Die Versetzung kam aus heiterem Himmel. Aus heiterem Himmel kam sie auch wörtlich, denn aus der Wärme Marokkos müssen sie in den Winter Norwegens. Die klimatische Umstellung wird also extrem sein. Ein zweites Kind ist unterwegs und wird zum Zeitpunkt des Umzugs etwa sechs Wochen alt sein. Der Umzug muss in der letzten Phase der Schwangerschaft vorbereitet werden. In der Zeit des Einlebens ist das Baby noch sehr klein und der Große eventuell noch nicht an sein Geschwister gewöhnt.

Blick auf den systemischen Kontext

Da der Sohn noch klein ist, ist Frau Clausen gegenwärtig nicht berufstätig.

Die Firma unterstützt sie, indem sie den Umzug organisiert und vor Ort eine neue Wohnung oder ein Haus suchen hilft. Auch in rechtlichen und behördlichen Dingen kann man von der Personalabteilung bei Bedarf Hilfe bekommen. Ebenso stellt sie Informationen über das Land zur Verfügung und vermittelt Kontakte zu anderen Deutschen in Norwegen. Man hat das Recht auf einen Sprachkurs.

Gerade in Hinblick auf den Umzug in ein anderes Land kann der äußere Kontext entscheidend sein. Wie ist das Klima? Wie ist das politische Klima? Sind schulische und ärztliche Versorgung gegeben oder irgendwie organisierbar? Welche Sprachen sind zur Verständigung nötig? Besonders wichtig: Ist Berufstätigkeit möglich, wenn sie erwünscht ist? Wie ist der Wiedereinstieg bei der Rückkehr in das Unternehmen des Mitarbeiters geplant und gesichert? Wie ist die familiäre Situation daheim in der Herkunftsfamilie? Nicht zuletzt: Wie ist die Rolle der Frau in der Gesellschaft des Gastlandes? Und ähnliche Fragen mehr. Die Situation übersichtlich auf einem Flip-Chart vor sich zu sehen, wirkt in der Regel schon klärend.

Vom Unbehagen zur Podiumsdiskussion: Der Blick nach innen

Frau Clausen erzählt von ihrem Unbehagen, das zu Gereiztheit und auch der einen oder anderen schlaflosen Nacht führt. Gemeinsam und mit Hilfe von viel Papier und dicken Stiften wollen wir das allgemeine Geraune im Hintergrund in eine gut hörbare Podiumsdiskussion verwandeln, bei der sich im Schutzraum des Beratungszimmers keine Stimme verstecken muss. Als erstes berichtet Frau Clausen von einem inneren Widerstand, schon wieder umziehen zu sollen. Sie hat schon zwei Male das Land gewechselt und jeweils nur für wenige Jahre. Wir entscheiden uns, dieses Mitglied des Inneren Teams die ‹Veränderungsmüde› zu nennen, und zeichnen sie mit dem Satz «Ich möchte Wurzeln schlagen dürfen.» ein. Im Gefolge taucht gleich das

Gefühl der Überforderung auf. Frau Clausen hat den letzten Umzug allzu gut in Erinnerung. Mit einem Seufzer schildert sie, wie die Vorstellung, in der letzten Phase der Schwangerschaft den Umzug vorzubereiten und ihn dann mit einem Neugeborenen bewältigen zu müssen, ihr jetzt schon zu schaffen macht. «Der Umzug wird mir jetzt zu viel», ist der Satz dieser Stimme. Der Reihe nach erscheinen auf dem großen Bogen also eine ‹Überforderte› und auch eine ‹Besorgte Mutter›, die sich für ihre Kinder Geborgenheit und Ruhe wünscht. Aber dann kommt auch die ‹Loyale Partnerin› zum Vorschein, die ihren Mann schätzt und in ihrer Beziehung zu ihm glücklich ist. Sie freut sich mit ihm über berufliche Erfolge. Eine alte Liebe zu Skandinavien taucht ebenfalls auf. Sie erinnert sich an schöne Urlaube in der Kindheit. Mit dieser Erinnerung kommen weitere: Sie schildert sich als jemanden, die viel gereist ist. Grundsätzlich lebt sie gern im Ausland und mag die Herausforderung, sich auf fremde Menschen einzustellen. Eine, die vor dem Leben in einer fremden Kultur Angst hat, gibt es in Frau Clausens Team nicht, da dies ihr dritter Auslandsaufenthalt werden würde. Normalerweise wäre dieser Anteil in einer solchen Teamerhebung zu erwarten. Zur ‹Skandinavienfreundin› gesellt sich noch ein Teammitglied, das sich auf Sommer freut, deren Hitze nicht so kräftezehrend ist. Im Lauf dieses Prozesses, sich mit den einzelnen Stimmen zu dieser Entscheidung zu beschäftigen, vertieft sich auf der Metaebene auch die Erlaubnis, überhaupt so widersprüchliche Voten haben und äußern zu dürfen. So traut sich schließlich auch die sorgfältig von der ‹Loyalen Partnerin› im Hintergrund gehaltene ‹Wütende› heraus. Sie hat es satt, für die Karriere des Mannes immer wieder aufs Neue den Lebensraum wechseln zu müssen und ihre eigene berufliche Zukunft nicht weiter verfolgen zu können. Ihr ordnet Frau Clausen folgenden Satz zu: «Ich will endlich auch eine berufliche Zukunft und nicht immer hinter den Plänen meines Mannes zurückstehen.» Eine ‹Resignierte›, die nicht glaubt, dass es Zweck hat, sich eigene Gedanken über diesen Weg zu machen, kommt auch hervor. – Statt des inneren Durcheinanders in Kopf und Herz entsteht auf dem Flip ein Bild der inneren Anteile und ihrer Anliegen.

Inneres Team von Frau Clausen

In einem weiteren Schritt wenden wir uns den einzelnen Stimmen jeweils gesondert zu, um herauszufinden, was genau sie auf dem Herzen haben. Relativ einfach finden sich mögliche Lösungen für die Anliegen der ‹Besorgten Mutter› und der ‹Überforderten›. Erstere möchte ihrem kleinen Sohn den Umzugsrummel nicht zumuten und das neue Kind in Ruhe und Geborgenheit zur Welt bringen. Die ‹Überforderte› fühlt sich selbst dem Wechsel kurz vor der Geburt eines zweiten Kindes nicht gewachsen. Die Interessen dieser beiden gehen in eine ähnliche Richtung. Sie tun sich zusammen und überlegen, den Umzug dem Unternehmen und dem Gatten zu überlassen. Das Risiko, dass der dann nicht ganz so läuft, wie sie es selbst gern hätte, würde Frau Clausen in Kauf nehmen. Bei ihren Eltern in Deutschland ist genug Platz, und sie fühlt sich dort wohl. Bis zur Geburt und für die erste Zeit danach könnte sie sich dort einquartieren. Das verschafft ihr eine Zeit der Ruhe für sich und die Kinder. Nicht ganz so leicht ist es für die ‹Wütende›, einen Weg zu finden, ihr Interesse umzusetzen. Sie möchte ihre berufliche Zukunft nicht aus den Augen verlieren. Es scheint in dieser Situation so gar nicht möglich zu sein, sich wieder auf eine Stelle zu bewerben. Die ‹Besorgte Mutter› kann hier etwas beitragen. Sie möchte im ersten Jahr nach der Geburt des zweiten Kindes noch ganz für die beiden da sein. Im weiteren Gespräch ergibt sich, dass Frau Clausen sich gern beruflich weiterentwickeln würde. Es zeichnet sich ein Kompromiss ab, den Frau Clausen befriedigend findet. Sie gibt sich ein Versprechen: Innerhalb der nächsten zwei Jahre will sie konkrete Schritte für die eigene Karriere unternehmen. Bald nach der Geburt wird sie beginnen, Fortbildungsmöglichkeiten per Fernstudium zu recherchieren. Die schwerste «Verhandlung» ist sicherlich die zwischen der ‹Loyalen Partnerin› und der ‹Veränderungsmüden›. Erstere steht hinter ihrem Partner und möchte ihm keine Steine in den Weg legen, während Letztere eigentlich überhaupt nicht mehr umziehen möchte. Schließlich einigen sie sich darauf, diesen Schritt mit zu gehen, aber bereits jetzt das Gespräch mit dem Ehepartner über ein künftiges Leben in Deutschland zu suchen. Zum Schluss wendet sich unsere Aufmerksamkeit der ‹Resignierten› zu. Sie hat auf dem Bild des Inneren Teams die Sätze: «Wozu soll ich mir Gedanken machen? Ich muss mich ja doch nach der Decke strecken.» Frau Clausen kennt diese Stimme auch aus anderen Situationen, wenn es um wichtige Dinge ging. Sie überlegt, dass der Satz sich eigentlich erübrigt hat. Sie ist erstaunt über ihre Handlungsmöglichkeiten. Gereiztheit und Unbehagen haben sich in konkrete und umsetzbar klingende Bedingungen verwandelt. Nun kommt sogar Vorfreude auf den neuen Abschnitt auf.

Eine endgültige Entscheidung wird Frau Clausen natürlich nicht mit mir treffen, sondern in Gesprächen mit ihrem Mann. Aber sie kennt jetzt ihr eigenes Für und Wider. Und sie weiß, was sie im Falle einer Ausreise für sich selbst möchte, und hat erste Schritte überlegt. Die Visualisierungen auf dem Flippapier sowohl ihrer äußeren Situation als auch der inneren Stimmen nimmt sie mit, als sie am Ende das Beratungszimmer mit entspannteren Gesichtszügen verlässt.

Eine Frau kann ihr «Nein» oder ihr unglückliches «Ja» in ein an Bedingungen geknüpftes, aber dafür ungeteiltes «Ja» zur Ausreise umwandeln, wenn sie durch das Innere Team weiß, wo genau der Schuh drückt. So wusste eine Frau genau, dass sie selbst auch arbeiten wollte. Sie hat sich mit dieser Bedingung beim Arbeitgeber des Mannes zwar für die Zeit der Verhandlung nicht gerade beliebt gemacht, aber heute ist das längst vergessen, und sie hat ihr Ziel erreicht. Sie wurde Mitarbeiterin in einem Projekt in der Nähe des Einsatzortes des Mannes. Beide sind zufrieden und tun ihre Arbeit mit Überzeugung.

Dieses Erforschen der inneren Stimmen kann selbstverständlich auch zu einem «Nein» und damit zu einer schwer lösbaren Situation zwischen Frau und Mann führen. Sollte sich der Auslandsaufenthalt für die Partnerin als inakzeptabel herausstellen, kann eine neue Beratungssituation, an der beide beteiligt sind, angeraten sein. Aber auch ein «Nein» kann ein heilsamer Beitrag zur Entscheidung sein, da es den Partner mit der Wirklichkeit konfrontiert, dass nicht nur eine berufliche, sondern eine das ganze Leben betreffende Entscheidung ansteht. Es kann geradezu die Aufgabe der Partnerin sein, den Mann vor dem Resultat «Karrieresprung gelungen – Familie unglücklich» zu bewahren. Häufig finden sich gemeinsam und mit Phantasie auch für eine solche Situation individuelle und lebbare Kompromisse. So gibt es heute neben dem klassischen Modell des Auslandsentsandten auch die so genannte virtuelle Entsendung[4] und Pendler. Beide Modelle erlauben es der Familie, zu Hause zu bleiben. Der Arbeitnehmer selbst erledigt seine Arbeit mit Hilfe der modernen Datenübertragung und durch Reisen.

Auch hier gilt: Wenn durch die Erhebung des Inneren Teams das globale «Nein» oder das halbherzige «Ja» zu einem qualifizierten «Nein» geworden ist, sind durch die Erhebung meist auch erste Schritte und Umsetzungsmöglichkeiten deutlich geworden. Oder anders gesagt, das «Nein» musste sich in der Beratung allen anderen Stimmen und deren Forderungen und Bedenken stellen.

Was für Problemlösungen oder kreative Prozesse in Teams gilt, nämlich ein Brainstorming, bei dem ohne Zensur zunächst alle gehört werden, ist auch hier Grundlage. Nur wer weiß, was seine inneren Mitspielern zu einem längeren Aufenthalt in Polen, Indien oder China sagen, wer die dahinter liegenden Interessen kennt und berücksichtigt, hat sie bei der Entscheidung und den konkreten Schritten dann auch hinter sich. Wessen innere Kommunikation klar ist, der kann auch nach außen in Übereinstimmung mit sich selbst kommunizieren.

In einem weiteren Schritt oder auch unabhängig von einer Beratung zur Entscheidungsfindung kann das Innere Team in einem Coaching sinnvoll Anwendung finden, bei dem es darum geht, sich auf die Zeit im Ausland vorzubereiten. Wie Menschen mit Situationen umgehen, hängt entscheidend von ihren Ressourcen ab. Das Innere Team als Methode individueller Beratung hat den Vorteil, der Klientin ihre Stärken deutlich zu machen. Indem auch Anteile der Persönlichkeit, die vielleicht zunächst als negativ empfunden werden, beachtet und gewürdigt werden, können sie integriert werden. Im Fall von Frau Clausen könnte das zum Beispiel so aussehen: Die Stimme beziehungsweise der Anteil der ‹Resignierten› meldet sich anscheinend in der Regel, wenn es um Wichtiges geht. Mit Hilfe des Inneren Teams kann Frau Clausen diese Stimme als genau das wertschätzen lernen, als ein Signal «Hoppla, es steht etwas auf dem Spiel, ich muss mir Gedanken darüber machen, was ich will». Der ‹Resignierten› käme gewissermaßen die nützliche Rolle zu, die Bedeutung einer Situation zu verdeutlichen. Die antriebshemmende Emotion, die mit dieser Stimme einhergeht, würde wahrscheinlich durch diese Umbewertung nicht mehr nachhaltig wirksam werden und mit der Zeit sogar verschwinden.

In der kulturellen Überschneidungssituation, die durch das Leben im Ausland entsteht, ist frau/man mehr als sonst auf sich selbst angewiesen, weil soziale Unterstützung nicht in gleichem Maß zur Verfügung steht wie in der Heimat. Die Beratung mit dem Inneren Team hilft, eine Entscheidung zu treffen, die von allen Gliedern der inneren Mannschaft getragen wird, und sie hilft die eigenen Stärken zu kennen und zur Verfügung zu haben.

Anmerkungen

1 Es gibt auch einige Fälle männlicher Partner, deren Ehefrauen die Entsandten sind. Der Einfachheit halber verwenden wir dennoch nur die weibliche Form.

2 Die viel zitierten 30 Prozent sind längst überholt. Für 2003 gab das Statistische Bundesamt eine Scheidungsrate von 56 Prozent an.

3 Das Konzept Pro-Aktivität kommt von Viktor Frankl und meint, dass man/frau ihre Handlungsspielräume ausnutzt, selbstbestimmt und nicht fremdbestimmt handelt.

4 Fortschritte in der Kommunikations- und Informationstechnologie ermöglichen so genannte virtuelle Entsendungen (Weber, Festing, Dowling und Schuler, 2001, S. 172): Der Zuständigkeitsbereich des entsandten Mitarbeiters liegt zwar im Ausland, sein Wohnsitz bleibt aber in der Heimat. Er nimmt seine Verantwortung per Internet und durch Reisen war. Es wird erwartet, dass der Anteil virtueller Entsendungen steigt, weil einerseits Mitarbeiter lieber in der Heimat bleiben und andererseits die Unternehmen auf diese Weise Kosten sparen.

Literatur

Gross, P. (1994): *Die Integration der Familie beim Auslandseinsatz von Führungskräften. Möglichkeiten und Grenzen international tätiger Unternehmen.* Dissertation der Hochschule St. Gallen

Punett, B. J. (1997): *Towards effective Management of Expatriate Spouses.* In: Journal of World Business, 32(3), S. 243–257

Weber, W., Festing, M., Dowling, P. J., Schuler, R. S. (1998): *Internationales Personalmanagement.* Lehrbuch. Wiesbaden

Sarah Wiechelmann

War das nun ein interkulturelles Missverständnis?

Von der Gefahr, vor lauter Kultur die Person aus dem Blick zu verlieren

Kultur hat einen maßgeblichen Einfluss darauf, wie wir eine Situation wahrnehmen und wie wir uns in ihr verhalten. Würden wir diesen Einfluss bei der Betrachtung interkultureller Kommunikation nicht beachten, so würden wir der «Wahrheit der Situation» (Schulz von Thun: MR 3, S. 285) nicht gerecht. Dennoch sind Menschen keine «kulturellen Maschinen» (Layes, 2003) und dürfen nicht auf ihren kulturellen Hintergrund reduziert werden.

Das Wertequadrat ist geeignet, die Balance zwischen diesen beiden Polen darzustellen. Es zeigt die Entwicklungsrichtungen hin zu einer Position zwischen den Extremen der Überbetonung und der Nichtbeachtung kultureller Einflüsse.

Das folgende Beispiel soll die Problematik dieser Positionsbestimmung veranschaulichen.

Das Telefon klingelt. Es ist eine Freundin aus der Uni. Wir unterhalten uns über das vergangene Wochenende, und sie erwähnt, dass sie nun endlich die Grobplanung für ihre bevorstehende Diplomarbeit gemacht habe. Interessiert bitte ich sie, mir mehr darüber zu erzählen, denn ich bin selbst gerade mit meiner Abschlussarbeit beschäftigt. Es folgt eine angeregte Unterhaltung über die verschiedenen Probleme und Aspekte, die bei einer empirischen Untersuchung zu beachten sind. Mir fällt nach einer Weile auf, dass sie auf mehrere meiner Rückfragen zu ihrem Vorhaben antwortet, sie habe erst die Grobplanung gemacht und habe sich über diese

Fragen noch keine Gedanken gemacht. Ich bekomme langsam den Eindruck, dass ihre Grobplanung noch auf sehr wackeligen Beinen steht, und bin etwas irritiert über ihre abweisende Haltung, wenn ich einzelne wichtige Aspekte anspreche.

Was war geschehen? Irgendwie hatte sich das, was auf beiden Seiten als angeregter Austausch begonnen hatte, gewandelt und war in einer leichten Missstimmung geendet.

Einige Tage später sprach ich meine Kommilitonin auf unsere Unterhaltung an und fragte sie nach ihrem Eindruck. Wie ich hatte auch sie die Missstimmung bemerkt und schilderte mir, wie sie unser Gespräch erlebt hatte: Sie war sehr zufrieden gewesen, nun endlich mit ihrem Diplomarbeitsvorhaben vorangekommen zu sein. Sie hatte mir sehr gerne davon erzählt, jedoch hätte ich immer wieder nach Details gefragt, die ihrer Meinung nach zu diesem Zeitpunkt noch überhaupt nicht wichtig seien. Das hätte sie mir mit dem Hinweis zu verstehen zu geben versucht, dass sie ja erst die G-r-o-b-planung fertig hatte.

Wir kamen gemeinsam zu dem Schluss, dass sich zwischen uns ein Missverständnis ereignet hatte, dessen Ausgangspunkt in dem Begriff Grobplanung zu suchen sei. Aber warum scheinen wir so unterschiedliche Dinge unter einem groben Plan zu verstehen?

Meine Kommilitonin stammt aus Russland. Sie lebt und studiert jedoch schon seit mehreren Jahren in Deutschland, so dass ein rein sprachliches Missverständnis nicht in Betracht kam. Aber vielleicht handelte es sich um ein interkulturelles Missverständnis?

Durch die Bezeichnung einer Kommunikation als *interkulturell* wird der Einfluss von Kultur auf die Interaktion zwischen Angehörigen unterschiedlicher Kulturen thematisiert. Gleichzeitig wird die Notwendigkeit ausgedrückt, sich auf etwas Unbekanntes und schwer Fassbares, nämlich eine andere Kultur, einzulassen.

Worin zeigt sich nun aber der (problematische) Einfluss der Kultur in der Kommunikation? Und in welcher Form könnte er sich im Gespräch über die Grobplanung einer Diplomarbeit geäußert haben?

Kultur ist überall, aber nicht unbedingt wird sie bewusst

Menschen sind sich der Kulturbedingtheit ihres Wahrnehmens, Interpretierens und Handelns im eigenkulturellen Umfeld selten bewusst. Meist fällt uns erst im Ausland auf, wie sehr die Kultur unser Denken und Handeln prägt. Spürbar werden Unterschiede zwischen den Kulturen, wenn sie zu Störungen oder Missverständnissen führen, doch selbst dann bleiben sie für die Beteiligten schwer fassbar.

Indem ich das Gespräch mit meiner russischen Kommilitonin als interkulturelle Kommunikation verstand, erweiterte sich das Feld für die Suche nach der Ursache für unser Missverständnis um die kulturelle Dimension. Hinsichtlich des hier betrachteten Gesprächsbeispiels erschien mir besonders ein russisch-deutscher Kulturunterschied relevant: Der Unterschied zwischen dem deutschen und dem russischen Planungsverständnis.

In Russland wird weniger detailliert und vorausschauend geplant als in Deutschland. Man beschäftigt sich nicht schon im Vorwege mit möglichen Problemen, sondern lässt die Dinge auf sich zukommen und versucht, Schwierigkeiten aus dem Weg zu räumen, wenn sie entstehen (Lyskov-Strewe und Schroll-Machl, 2003).

Die Deutschen planen sehr detailliert und vergleichsweise langfristig. Sie versuchen, Hindernisse frühzeitig zu antizipieren, zu eliminieren und Alternativen zu entwickeln, noch bevor ein Problem akut wird. Dies dient nicht nur der Risikominimierung, sondern auch der möglichst effektiven Nutzung von Zeit, denn Zeit ist für die Deutschen kostbar und sollte nicht verschwendet werden (Schroll-Machl, 2003).

Als Russin hatte meine Kommilitonin im Vergleich zu mir demnach ein anderes Planungs- und Zeitverständnis: Ihre Diplomarbeitsplanung war entsprechend weniger detailliert. Sie hatte sich im Vorweg noch kaum mit möglichen Problemen ihres Vorhabens beschäftigt, weil dies in der russischen Kultur nicht üblich ist. Für mich als Deutsche wäre die Beschäftigung mit potenziellen Schwierigkeiten dagegen wichtiger Planungsbestandteil, auch bei einer Grobplanung. Erst recht, wenn, so wie in ihrem Fall, der Beginn der Untersuchung schon kurz bevorsteht.

Vor dem Hintergrund des russischen und des deutschen Planungsverständnisses ist die zunehmende Irritation auf beiden Seiten verständlich: Während unseres Gesprächs hatten sich mehrere meiner Rückfragen auf mögliche Problembereiche bezogen – nach meiner Ansicht wichtige Vorüberlegungen. Ihr dagegen erschienen sie zu diesem Zeitpunkt unangebracht, und sie wies sie mit dem Hinweis zurück, sie habe ja erst die Grobplanung gemacht. Ich verstand diese Botschaft jedoch nicht, da ich die Berücksichtigung möglicher Schwierigkeiten als wichtigen Bestandteil einer Grobplanung ansah. Ich fragte also weiter. Schließlich interpretierte ich ihre Haltung als mangelnde Auskunftsbereitschaft und als Ablehnung, weiter mit mir über dieses Thema zu reden. Für mich war ihr Verhalten unverständlich und kränkend: *Sie* hatte mir doch schließlich von ihrem Plan erzählen wollen. Aber als ich Interesse zeigte, wurde sie abweisend!

Von meiner Kommilitonin gesendete Botschaft

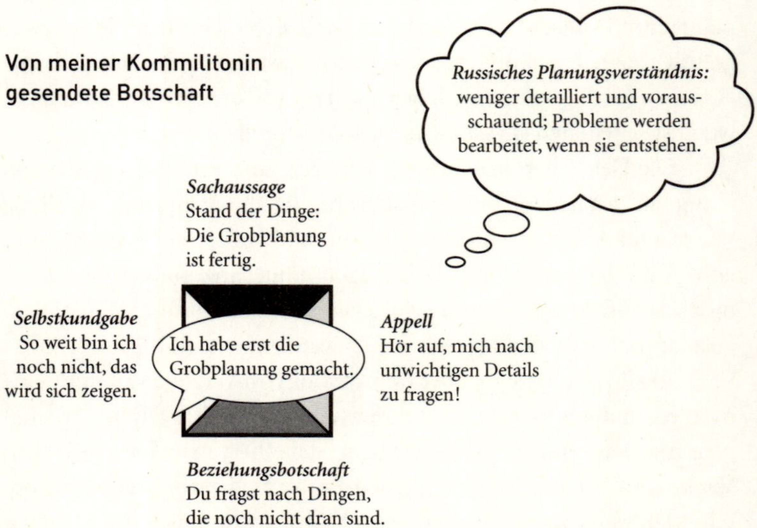

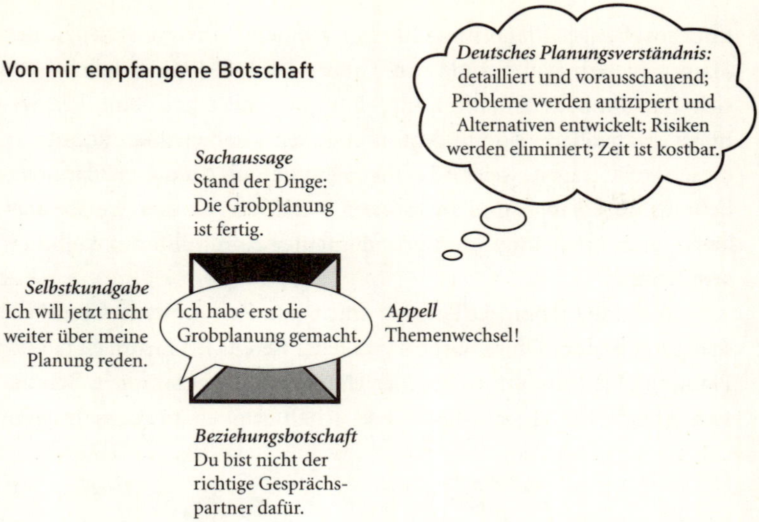

Die Kommunikationsquadrate zur wiederholten Äußerung meiner Kommilitonin: «Ich habe erst die Grobplanung gemacht.»

Würde die Analyse an dieser Stelle enden, käme man zu dem Schluss, dass die Wurzel des Missverständnisses in der kulturbedingt unterschiedlichen Vorstellung lag, was unter einer Grobplanung zu verstehen sei.

Aber in unserem Gespräch waren nicht nur zwei Kulturen in Kontakt miteinander gekommen, sondern auch zwei Menschen!

Betrachten wir die Gesprächssituation genauer und sehen die beteiligten Personen nicht ausschließlich als Vertreter ihrer Kultur, so lassen sich individuelle Eigenheiten und Situationsbedingungen finden, die zum Missverständnis beigetragen haben.

Der Blick auf die Mikroebene zwischenmenschlicher Kommunikation

Ich vermute, dass ich auch für deutsche Verhältnisse ein sehr planender Mensch bin und meine Grobplanungen einen tendenziell höheren Detailliertheitsgrad aufweisen als die vieler anderer Menschen.

Eine sorgfältige ‹Planerin› gehört in meinem Inneren Team zu den Stammspielern (vgl. Schulz von Thun: MR 3, S. 184). Folglich hätte sich eine ähnliche Situation durchaus auch mit einer deutschen weniger «planvollen» Kommilitonin ereignen können. Man könnte an dieser Stelle fragen, welche Erfahrungen bei mir zu dieser Planungsliebe geführt haben und in welcher Weise sie mit dem Persönlichkeits- und Erfahrungshintergrund meiner Kommilitonin kollidiert sein könnte.

Außerdem beschäftigte ich mich zur Zeit unseres Gesprächs selbst mit meiner Diplomarbeit und hatte bereits Erfahrungen bei der Planung und Durchführung einer Untersuchung gesammelt. Bei diesem Thema fühlte sich die ‹Wissenschaftlerin› in meinem Inneren

Die beteiligten Inneren Teams

Team angesprochen. Im Laufe der Unterhaltung kamen der ‹Planerin› jedoch Bedenken, was die Untersuchungsplanung der Kommilitonin betraf. Ihr schienen einige wichtige Aspekte nicht bedacht worden zu sein. Auftritt der ‹Hilfsbereiten›. Gemeinsam mit der ‹Wissenschaftlerin› und der ‹Planerin› erarbeitete sie einen Fragenkatalog, der einige der wichtigen Punkte enthielt und der freundlichen Kommilitonin weitere Anregungen für die Ausgestaltung ihres Planes geben sollte.

Die «Helfende Hand», die sich meiner Kommilitonin aus meinem Inneren Team entgegenstreckte, stieß bei ihr jedoch auf eine ‹Grenzwächterin›. Was sich hinter ihr abspielte, welche Teammitglieder sie schützte oder zurückhielt oder welche inneren Konflikte sich dahinter möglicherweise abspielten, blieb im Verborgenen.

Von mir gesendete Botschaft

Von meiner Kommilitonin empfangene Botschaft

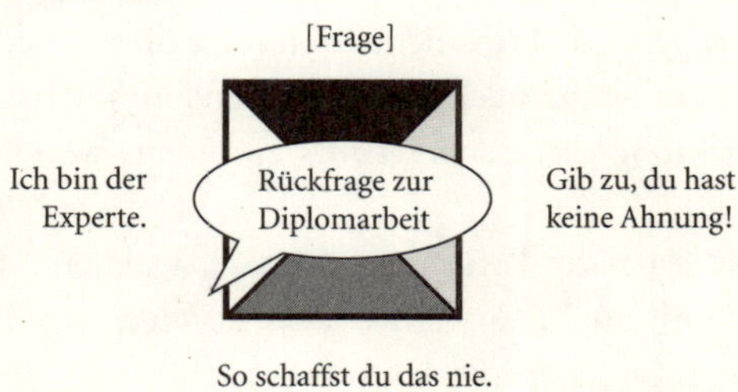

Die Kommunikationsquadrate zu meinen Rückfragen

Bei einer Analyse unseres Gespräches mithilfe des Kommunikationsquadrates (vgl. Abbildung S. 329) könnte man zu dem Schluss gelangen, dass sich zwischen uns eine Störung auf der Beziehungsseite ereignet hatte. Vielleicht empfand meine Kommilitonin meine interessierten Rückfragen als nicht beziehungsgemäß. Vielleicht entstand bei ihr der Eindruck, dass ich mich als Expertin aufspielte und sie als unfähig darstellte. Damit hätte ich in ihren Augen den Versuch unternommen, mich ihr gegenüber von einer Kommilitoninnen- auf eine Expertinnen-Ebene zu erheben. Ihre Ablehnung wäre somit gegen die veränderte Beziehungsdefinition gerichtet gewesen, weniger gegen die inhaltlichen Erwägungen, die ich in meinen Fragen ansprach.

Auch bei alleiniger Betrachtung der Beteiligten und des Gesprächskontextes unter Vernachlässigung des kulturellen Hintergrundes finden sich verschiedene plausible Erklärungsansätze für das Zustandekommen des Missverständnisses und den Verlauf des Gesprächs.

Das Wertequadrat interkultureller Kommunikation

Die Analyse des Gesprächs zwischen mir und meiner Kommilitonin endet hier. Sie sollte verdeutlichen, welche Konsequenzen es haben kann, ob man eine Konfliktsituation als interkulturell definiert oder nicht. Zunächst wurde eine Hypothese aufgestellt, die den kulturellen Hintergrund als maßgeblichen Einflussfaktor herausstellte. Und tatsächlich wurden wir bei der Suche nach kulturellen Unterschieden fündig. Anschließend wurde der Fokus auf die beteiligten Interaktionspartner gelegt. Und auch hier fanden wir mühelos personenbezogene Erklärungen. Die künstliche Trennung dieser beiden Aspekte zeigte, dass bei der Suche nach den Ursachen eines Missverständnisses die Such*richtung* das Such*ergebnis* zu einem wesentlichen Teil mitbestimmt.

Das Paradigma[1] des Forschers ist ausschlaggebend dafür, *wie* er forscht, und damit auch, zu welchen *Schlussfolgerungen* er kommt, denn in der Regel findet er nur das, was er sucht.

Ein dem biologischen Paradigma verhafteter Psychologe wird als Grundlage einer Depression physiologische Auffälligkeiten finden,

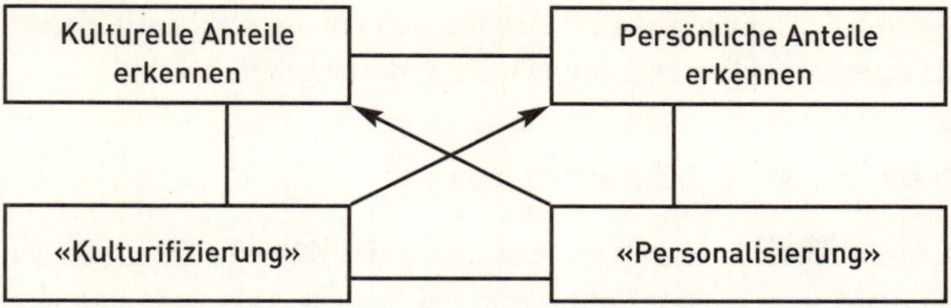

Das Wertequadrat interkultureller Kommunikation

genauso wie ein kognitiv orientierter Psychologe bei Depressiven wiederkehrende und stereotype negative Gedanken nachweisen kann. Aber keine physiologische Untersuchung kann die Bedeutung der Kognitionen und kein Fragebogen die Wirkungsweise der Neurotransmitter für die Entstehung und Aufrechterhaltung einer Depression erkennen. Ähnlich verhält es sich mit der Kultur: Wenn ich nach ihrem Einfluss auf das Kommunikationsgeschehen suche, werde ich fündig. Doch auch wenn ich unter Vernachlässigung interkultureller Aspekte einen personenzentrierten Ansatz wähle, werde ich zutreffende Aussagen machen können. Eine umfassende Sichtweise entsteht jedoch erst bei der Beachtung beider Aspekte, die untrennbar miteinander verbunden sind. Eine eindeutige Grenzziehung zwischen Kultur und Persönlichkeit ist kaum möglich. Das Wertequadrat veranschaulicht den Zusammenhang.

Die Bezeichnung einer Kommunikation als «interkulturell» sollte unsere Aufmerksamkeit lediglich auf eine weitere Betrachtungsebene lenken, die uns hilft, Menschen nicht losgelöst von ihrem Umfeld zu betrachten, sondern als Teil einer Gruppe, einer Gesellschaft und einer Kultur, die sie prägt. Sie sollte aber nicht dazu verführen, unser Gegenüber auf eine vermeintlich seinem kulturellen Hintergrund entsprechenden Position festzunageln («Kulturifizierung»).

In Bezug auf uns selber nehmen wir die individuelle Variationsbreite unseres Verhaltens als etwas ganz Selbstverständliches wahr: Wir verhalten uns nicht in jeder Situation gleich. Wir lernen aus Erfahrungen und verfügen über ein breites Spektrum an Verhaltensweisen, die wir in Abhängigkeit von den Anforderungen der Situation zeigen. Die Fähigkeit, dieses auch bei anderen anzuerkennen, darf in der interkulturellen Begegnung nicht verloren gehen.

Gefahren einer «Kulturifizierung»

Bei ausschließlicher Betrachtung durch die Kulturbrille erscheinen die Angehörigen einer Kultur sehr viel ähnlicher, als sie es in Wahrheit sind. Aus dem Blick gerät, dass jede Kultur aus Individuen mit unterschiedlichen Persönlichkeiten und Erfahrungshintergründen besteht. Zugleich übertreibt die Kulturbrille die Unterschiede zwischen den Kulturen und unterschlägt die vielen Ähnlichkeiten.

Worin bestehen nun aber die konkreten Gefahren einer Überbetonung kultureller Einflüsse?

Die Vorstellungen, die wir uns von einer Person *allein* auf der Basis unserer Kenntnis ihres kulturellen Hintergrundes machen, sind kommunikationspsychologisch im Bereich der Phantasien anzusiedeln (vgl. dazu Schulz von Thun: MR 1, S. 75 ff.). Sie können als solche richtig oder falsch sein. Auch unser Gegenüber hat solche Vorstellungen von uns. Hinterfragen wir sie nicht, werden sie zu einem Käfig aus Vorurteilen.

Bei einer einseitigen kulturellen Deutung hätte ich ohne Rücksprache mit meiner Kommilitonin den für uns beide unerfreulichen Gesprächsverlauf dem Einfluss eines Kulturunterschiedes im Planungsverständnis zugeschrieben. Andere Konfliktursachen wären gar nicht zur Sprache gekommen. Eine Störung auf der Beziehungsseite würde als Kulturkonflikt missverstanden und bliebe unter dem Deckmantel des Kulturunterschiedes verborgen und ungelöst. Die Beziehungsstörung würde im Verborgenen fortwirken und sich vermutlich an anderer Stelle und in Form weiterer Konflikte zwischen uns erneut entladen.

Die Gefahr einseitiger kultureller Erklärungsmuster liegt jedoch nicht nur darin, dass sie personale Konfliktursachen verdecken, sondern sie sind zudem dynamisch. Denn, werden kulturelle Fehlinterpretationen nicht überprüft und korrigiert, bieten sie sich als nunmehr bewährte Deutungsschlüssel auch für zukünftige Konflikte an.

Nachdem sich meine Kommilitonin in ihrem Planungsverhalten als «echt russisch» erwiesen hat, läge es nahe, auch zukünftig Meinungsverschiedenheiten zwischen uns auf kulturelle Einflüsse zurückzuführen. Auf diese Weise würden Kulturunterschiede als Konfliktursache stets aufs Neue bestätigt und zementiert. Statt über kulturelle Sensibilität zu einem besseren gegenseitigen Verständnis zu gelangen, würden wir uns so immer weiter voneinander entfernen.

Zum Umgang mit interkulturellen Missverständnissen und Konflikten

Hilfreich wird das Wissen über andere Kulturen, wenn wir es als Kontaktbrücke nutzen. Im Gespräch mit meiner Kommilitonin über Kulturunterschiede im Planungsverständnis hatten wir die Gelegenheit, unsere persönliche Position in Bezug auf die «typischen» russischen und deutschen Planungsgewohnheiten zu verdeutlichen. So haben wir das Wissen über einen Kulturunterschied genutzt, um uns gegenseitig besser kennen zu lernen und unsere individuellen Standpunkte herauszustellen. Dabei kamen auch persönliche Erfahrungen zur Sprache, und wir konnten uns über personenbezogene Seiten unseres Missverständnisses austauschen. Wir sind uns näher gekommen, statt uns weiter voneinander zu entfernen.

Sucht man den kulturellen Einfluss in einer konflikthaften interkulturellen Kommunikationssituation, so begibt man sich auf eine Metaebene. Manchmal kann, wie im Fall meiner Kommilitonin und mir, ein expliziter Hinweis auf kulturelle Unterschiede beide Kommunikationspartner auf diese Ebene führen, von der aus sie nun gemeinsam auf das Problem schauen können. Auf diesem «Feldherrenhügel» der Metakommunikation und in sicherer Entfernung vom «Getümmel» (vgl. Schulz von Thun: MR 1, S. 91f.) kann so ein Freiraum entstehen, der eine erneute gegenseitige Annäherung ermöglicht und in dem auch persönlichere Konfliktursachen angesprochen werden können. Dem Gebrauch der Metakommunikation als Königsweg zur Konfliktlösung sind in der interkulturellen Kommunikation jedoch Grenzen gesetzt, denn kulturelle Regeln bestimmen auch hier, ob und in welcher Form bzw. Situation es möglich ist, Konflikte, Meinungsverschiedenheiten und Gefühle anzusprechen.

Stellt sich heraus, dass Kulturunterschiede im Denken, Fühlen und Handeln der Interaktionspartner maßgeblich am Zustandekommen eines Konfliktes beteiligt sind, so kann die Lösung des Konfliktes trotzdem auf einer anderen Ebene liegen. Selbst wenn ich erkenne, dass meine emotionale Reaktion in einer gegebenen Situation kulturbedingt ist, gibt es für mich aufgrund der Automatik meiner Reaktion möglicherweise gar keine bewusst steuerbare Alternative.

Beispielsweise fühle ich mich unwohl, wenn ein Gesprächspartner mir während einer Unterhaltung nicht in die Augen sieht. Mein Unwohlsein bleibt bestehen, auch wenn ich weiß, dass sein Blickverhalten eine kulturspezifisch andere Bedeutung hat.

Entsprechend würde ich mich bei einer gemeinsamen Studienarbeit mit meiner russischen Kommilitonin durch ihre Arbeitsweise irritiert fühlen, auch wenn sich in einem Gespräch herausstellte, dass die Ursache dafür in einem kulturbedingt unterschiedlichen Planungsverständnis liegt. Trotz des Wissens um den kulturellen Einfluss bliebe meine Irritation bestehen. Der Unterschied läge für mich nun aber darin, dass ich mit diesem Wissen anders handeln kann! Ich werde weniger geneigt sein, meiner russischen Kommilitonin Nachlässigkeit oder Unvermögen vorzuwerfen, und kann mich stattdessen darauf konzentrieren, mit ihr gemeinsam eine Form der Zusammenarbeit zu finden, die sowohl ihr als auch mir und den Bedürfnissen meiner inneren ‹Planerin› entgegenkommt.

Auf diese Weise hilft die Verbindung der kulturellen Perspektive mit der individuellen Betrachtung, neue und der Situation angemessene Handlungsmöglichkeiten zu erschließen.

Anmerkungen

1 Kuhn (1962, zitiert nach Davison, Neale und Hautzinger, 2002, S. 9) definiert ein Paradigma als «ein System grundlegender Annahmen, die eine bestimmte Gesamtheit wissenschaftlicher Fragestellungen beschreiben und dabei sowohl die Art der Konzepte festlegen, die als legitim angesehen werden, als auch die Methoden, die zur Erhebung und Interpretation von Daten herangezogen werden können».

Literatur

Davison, G. C., Neale, J. M., Hautzinger, M. (2002): *Klinische Psychologie.* Weinheim

Layes, G. (2003): *Kulturdimensionen.* In: A. Thomas, E. Kinast, S. Schroll-Machl (Hg.): Handbuch Interkultureller Kommunikation und Kooperation. Band 1: Grundlagen und Praxisfelder. Göttingen, S. 32–43

Lyskov-Strewe, V., Schroll-Machl, S. (2003): *Russland.* In: A. Thomas, S. Kammhuber, S. Schroll-Machl (Hg.): Handbuch Interkultureller Kommunikation und Kooperation. Band 2: Länder, Kulturen und interkulturelle Berufstätigkeit. Göttingen, S. 103–119

Schroll-Machl, S. (2003): *Deutschland.* In: A. Thomas, S. Kammhuber, S. Schroll-Machl (Hg.): Handbuch Interkultureller Kommunikation und Kooperation. Band 2: Länder, Kulturen und interkulturelle Berufstätigkeit. Göttingen, S. 72–89

Gesche Keding

Der falsche Wohnort …

Zur Bedeutung von Macht und Struktur in der interkulturellen Begegnung

Dass Kommunikation und Zusammenarbeit an kulturellen Unterschieden scheitern können, war eine hilfreiche Entdeckung. Daran knüpfte sich die Hoffnung, dass Verständigung, Zusammenarbeit und gemeinsames Leben gelingt, wenn man die Kulturstandards aller Beteiligten kennt und sich auf sie einstellt. Aber nicht alles, was kulturell bedingt anmutet, ist auch kulturell bedingt! Auch interkulturelle Kommunikation findet in einem Kontext statt, und die Beachtung dieses Gesamtkontextes kann die Augen für ganz andere Faktoren öffnen, nämlich zum Beispiel für die wirtschaftliche Lage des Landes oder die der betroffenen Personen. Wo Menschen wohnen, spielt eine Rolle, wie im Folgenden noch deutlich wird. Der Status, den eine Person in einem Land oder gegenüber einer anderen Person hat, ist nicht unerheblich. Und wie ist es um die allgemeine Sicherheit bestellt, wie hoch ist die Kriminalität?

Der erste Schritt und die Grundlage der Kommunikationsberatung ist daher auch und gerade im interkulturellen Zusammenhang die Exploration der systemischen Zusammenhänge und Strukturen, in denen interkulturelle Kommunikation stattfindet oder stattfinden soll (Schulz von Thun: MR 3, S. 292, und Clement und Nemeczek, 2002, S. 64). Es scheint paradox: Wenn das wirtschaftliche, strukturelle und politische Umfeld nicht beachtet wird, kann die Mühe um interkulturelle Kommunikation zur Verfestigung von Vorurteilen führen. An einem Beispiel aus der Praxis der Auslandsentsendung soll stellvertretend gezeigt werden, wie der Blick auf den Kontext die Kommunikation über Kulturgrenzen hinweg verbessern kann.

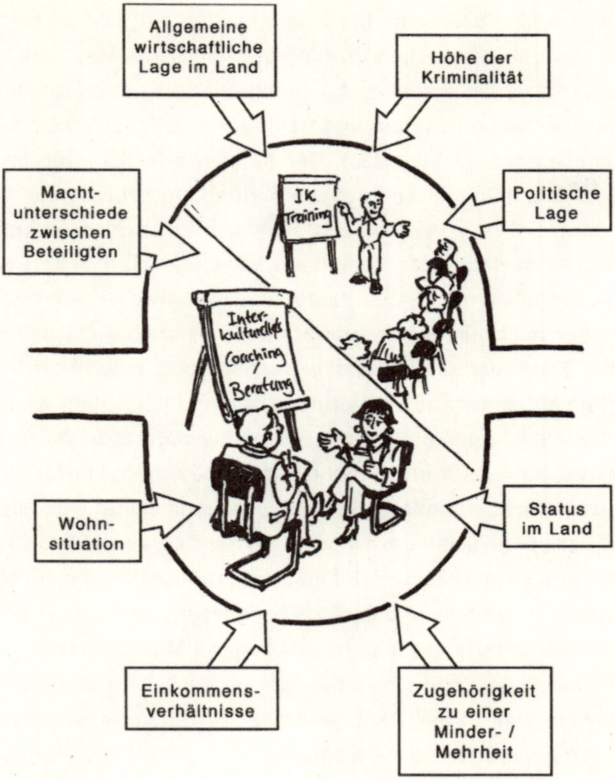

Das systemische Umfeld interkultureller Kommunikationsberatung

Interkulturelle Trainings – eine feine Sache

Herr Seifert* ist noch neu in Johannesburg. Die Stadt gleicht in vieler Hinsicht anderen Städten, die er kennt. Es gibt Hochhäuser, mehrspurige Straßen, Imbisse, Eile, Zeitungen von überall und eine einigermaßen brummende Industrie. Wegen der lebt und arbeitet Herr Seifert neuerdings hier. Einiges ist für Herrn Seifert allerdings zunächst ungewohnt. In der Innenstadt sind die Bürgersteige so

* Das Beispiel wurde anonymisiert und verfremdet.

voller Menschen, wie er es noch nie gesehen hat, und es wird in diesem Gewühl in manchen Straßen alles verkauft, was man sich vorstellen kann wie auf einer Art Dauer-Wochen- und Flohmarkt. Zwischen Tomaten, Orangen und Kohl gibt es offensichtlich sogar Telefongespräche zu erwerben. Der Mangel erfordert Improvisation: Eines der Telefone wird auf einem Bügelbrett zur Nutzung geboten. Um die Stadt herum erstreckt sich ein schier unendlich scheinender Gürtel wilder Siedlungen, von denen Herr Seifert zwar weiß, weil man sie von der Stadtautobahn aus teilweise sehen kann, die er aber noch nie betreten hat und die er auch nicht betreten möchte. Diese Siedlungen sind gewachsen und gewachsen, weil Menschen auf dem Land die Hoffnung hatten, in der Stadt ein besseres Leben zu finden. Dort gibt es nur wenige funktionierende Strukturen, aber dafür umso mehr Armut und Kriminalität.

Noch anderes ist anders. So auch, dass eine seiner wichtigsten Mitarbeiterinnen, diejenige, die seine Termine verwaltet und so geschickt darin ist, nicht alle Telefonate zu ihm durchzulassen, ohne je unhöflich zu werden, und deren Blusen weißer und besser gebügelt sind, als er es je gesehen hat, dass diese Mitarbeiterin braune Hautfarbe hat. Die Zeiten, in denen braune Haut mehr bedeutet als andere Pigmente in der Haut, sind aber in Herrn Seiferts Augen längst Vergangenheit. Deshalb denkt er an solche Dinge überhaupt nicht. Er ist ein moderner, aufgeklärter und fairer Chef. Er empfindet Mabel Hadebe gegenüber nicht mehr als die wortlose Dankbarkeit einer Führungskraft für kompetente und insgesamt reibungslose Zusammenarbeit.

Eines stört ihn jedoch. Frau Hadebe kommt gelegentlich zu spät. Da sie dann aber jedes Mal länger bleibt und alles eifrig nachholt und er auch nicht als kleinlicher Chef erscheinen möchte, sagt er dazu nichts. Gleichzeitig nervt es ihn zunehmend. Aber wie gesagt, Herr Seifert hat den Anspruch an sich selbst, ein freundlicher Chef zu sein, auch und gerade in dieser neuen Situation außerhalb Europas in einer anderen Kultur. Er besinnt sich auf das interkulturelle Training vor seiner Ausreise. Wie war das noch mit der Zeit? – Er holt die Aufzeichnungen aus der Schublade: Polychrones versus monochrones Verhältnis zur Zeit ... in polychronem Zeitverständnis ist Pünktlichkeit weniger wichtig ... vieles kann gleichzeitig stattfinden, ohne dass Verunsicherung entsteht ... die Zeit, die man einer Person zur Verfügung stellt, drückt Wertschätzung aus ... Er liest alles nach, erinnert sich. Eigentlich auch nicht schlecht. Er kann das nachvollziehen. Vielleicht eine Bereicherung. Das Training war eine feine Sache. Er will Frau Hadebe neu akzeptieren.

Das Thema der interkulturellen Verständigung ist noch jung. In der zweiten Hälfte des 20. Jahrhunderts werden die Folgen größerer wirtschaftlicher Verflechtung deutlich. In den 1960er und 1970er Jahren erscheinen die ersten Veröffentlichungen zu diesem Themenkomplex. Verkehrsmittel und Medien schaffen mehr und schnellere globale Vernetzung. Der Weltmarkt wird einheitlicher, die sozialen und kulturellen Unterschiede werden deutlicher. Man hoffte, ja auch mit Berechtigung, durch interkulturelles Lernen und die Berücksichtigung der Kultur sowohl auf Konfliktvermeidung als auch auf Bereicherung. Es gibt dazu einen Boom an Literatur, Forschung und Schulungsangeboten, die voller Euphorie das Instrumentarium der Kommunikationsverbesserung durch interkulturelle Trainings aufgreifen. Im genannten Beispiel ist es das Verdienst interkultureller Sensibilität, dass Herr Seifert Zu-spät-Kommen nicht als Desinteresse wertet, sondern darin kulturbedingte Werthaltungen erkennt.

Nicht alle Schwierigkeiten haben ihre Wurzel in der Kultur

Über die Wochen und Monate jedoch kommt die überwunden geglaubte Unzufriedenheit mit der morgendlichen Unpünktlichkeit Frau Hadebes wieder hoch und wächst. Ohne dass Herr Seifert es sich selbst so richtig eingesteht, wächst auch eine leise, aber allgemeine und nachhaltige Verachtung für die Menschen seiner neuen Umgebung: «Weshalb können sie sich nicht ein wenig an neue Zeiten anpassen? ... Wenn sie den Anschluss an die westliche Welt schaffen wollen, müssen sie einfach ein anderes Verhältnis zur Zeit bekommen ... Kein Wunder, dass hier so vieles nicht klappt!» In seinem unterdrückten Ärger wird er ungerecht. Da er jedoch weiterhin auch die Stimme in seinem Inneren Team hat, die tolerant sein will, entsteht nur eine innere Gereiztheit.

Aber eines Tages nimmt das Ganze eine unvermutete Wendung. Als eine Sitzung nicht pünktlich beginnen kann, weil ein Teilnehmer noch nicht eingetroffen ist, platzt ihm, wenn auch nur geraunt, der ärgerliche Satz heraus: «Dass die Schwarzen einfach nicht pünktlich sein können!» Er ist selbst erschrocken über seine abwertende und vorurteilsbehaftete Redeweise. Sein Sitznachbar hat es aber

Der systemische Kontext für die Kommunikation von Herrn Seifert und Frau Hadebe

doch gehört. Er schaut ihn erstaunt an: Ob er denn gar nichts wisse von der Verkehrssituation zwischen der Innenstadt und den Vorortsiedlungen? Doch, er hatte davon gehört. Aber heute erfährt er zum ersten Mal ausführlich von den Kriegen zwischen verschiedenen Betreibern von Großraumtaxis, einem beliebten Transportmittel, und von den Zuständen in den Vorortzügen. Und von den lebensbedrohlichen Situationen, welche daraus für die Fahrgäste entstehen. Während des Gesprächs dämmert Herrn Seifert, dass dies auch der Grund für Frau Hadebes morgendliche Verspätungen sein könnte. «Aber warum hat sie nichts gesagt?», fragt er sein Gegenüber, der schon länger im Land ist. «Du bist ihr Vorgesetzter», antwortet dieser. «Sie hat sicherlich Angst, dass du sie entlässt und jemanden aus einem einfacher zu erreichenden Wohnviertel einstellst.»

Der Blick auf den Kontext

Frau Hadebes spätes Erscheinen hatte tatsächlich nichts mit Kultur zu tun, wie ein Gespräch mit ihr bestätigte, sondern mit ihren Lebensumständen, mit der sozioökonomischen Situation. Die Erklärung, die Herr Seifert sich mit Hilfe des interkulturellen Trainings zurechtgelegt hatte, war nicht nur nicht korrekt, sondern hat unter der Hand Stereotypisierung gefördert. In diesem Fall hat also das Training die Kommunikation nicht verbessert, sondern eher verhindert, weil der systemische Kontext nicht im Blick war.

In den 1980er Jahren entwickelte sich in der Ausländerpädagogik eine Kontroverse: Verdeckt nicht der Blick auf Kultur als Quelle der Missverständnisse und Missverhältnisse die eigentlichen Probleme (Auernheimer, 2003, S. 40)? Unter Kultur wird in diesem Zusammenhang kulturelle Differenz verstanden. Indem kulturelle Differenzen fokussiert werden, werden andere Unterschiede potenziell übersehen oder sogar als kulturelle Differenzen gelesen. Rechtliche und/oder ökonomische Ungleichheit wird dann also nicht als solche erkannt, sondern als kulturelle Differenz fehlinterpretiert. Auf diese Weise werden die Unterschiede eher betont als überwunden. Weil Frau Hadebe die Ressource gesicherten Transportes nicht hatte, begann Herr Seifert auf dem Hintergrund kultureller Unterschiede in ihr eine Schwarze mit einem anachronistischen Zeitverständnis zu sehen. In einem vergleichbaren Fall in Deutschland kam ein Roma-Junge beständig zu spät zur Schule. Nichts half. Schließlich stellte sich bei einem Hausbesuch heraus, dass er im Wohnheim sein Zimmer neben der Haustür hatte, die die ganze Nacht über laut ins Schloss fiel, und er daher zu wenig Schlaf fand.

Bis heute gibt es im weiten Bereich der interkulturellen Pädagogik, in Trainings und Beratungen zwei Pole. Auf der einen Seite muss noch Überzeugungsarbeit geleistet werden, dass Kultur eine Dimension ist, die gravierende Missverständnisse, Kulturschocks und handfeste Konflikte erzeugen kann[1]. Am anderen Extrem wird Kultur der Einfachheit halber für zu vieles als Erklärung herangezogen. So werden Individuen mehr als Glieder ihrer Kultur wahrgenommen denn als Personen, die ja nie total von ihrer Kultur bestimmt werden (vgl. dazu den Beitrag von Wiechelmann in diesem Band). Oder strukturelle und politische Missstände werden übersehen beziehungsweise den kulturellen Unterschieden zugerechnet – mit manchmal dramatischen Folgen. So hat es beispielsweise nach den Erfahrungen einer Beraterin für Migranten einen erheblichen Einfluss auf die Zeugnisse und damit auf die späteren Berufschancen von Migrantenkindern, ob sie aus einem «gettoisierten» Stadtteil mit sehr hohem Ausländeranteil kommen oder aus einem Stadtteil mit vielen unterschiedlichen Bevölkerungsgruppen und Bildungsschichten. Die Zeugnisse der Kinder aus einer Wohngegend mit einer guten Durchmischung sind besser als die der Kinder aus rein «ausländischen» Stadtgebieten. Eine Ursache für schlechtere Zeugnisse ist, dass ausländischen Kindern in Kindergärten einige Jahre lang untersagt war, sich in ihrer eigenen Sprache zu unterhalten. Damit verband sich die Hoffnung, sie würden dann besser Deutsch lernen. Es gab aber in diesen Stadtteilen nur wenige deutsche Kinder in den Kindergärten, von denen sie es hätten lernen können. Hinzu kam: Da die Eltern häufig aus einfachen Verhältnissen stammten und die häusliche Sprache sich eben nur auf die häusliche Lebenswelt bezieht, lernten sie auch die eigene Sprache nur ungenügend und waren damit doppelt benachteiligt.

Menschen gehören folglich nicht nur unterschiedlichen Kulturen an, sie haben auch unterschiedliche sozioökonomische Kontexte, und sie werden zudem von strukturellen Verhältnissen, zum Beispiel durch Machtunterschiede und Hierachien, beeinflusst.

Hierarchien und Machtunterschiede[2]

In der Regel wird Machtungleichheit im Zusammenhang mit interkultureller Kommunikation nicht oder selten thematisiert. Dennoch entfaltet diese als einer der entscheidenden Kontextfaktoren eine Wirkung, die nicht unterschätzt werden sollte. So sieht es auch die Unternehmensberaterin Ute Clement (Clement und Nemeczek, 2000, S. 63): «... außen vor bleibt die Frage über den spezifischen Machtkontext, in dem sich die Teilnehmer in der jeweiligen Organisation oder Projektarchitektur bewegen: Wer will was von wem? Und wer ist mit welcher Macht und Kompetenz ausgestattet?». Es wird einen Unterschied in der Kommunikation zwischen Mitarbeitern aus den USA und Deutschland machen, ob die Zusammenarbeit auf einer Fusion oder einer Übernahme basiert. Ist die Beziehung symmetrisch? Können alle Beteiligten die Beziehung aushandeln (Schulz von Thun: MR 1, S. 182 ff.)? Wenn zwei Mitarbeiter eines Projektteams aus unterschiedlichen Ländern zu einer effektiven Zusammenarbeit kommen müssen, ist die Beziehung sicher eher symmetrisch. Beide können zur Definition der Beziehung beitragen. Zwischen Teammitglied und Projektleiter kann das schon ganz anders aussehen. Auernheimer (2003) zitiert ein Beispiel aus dem Schulalltag: Ein nicht deutschstämmiger Vater, der mit einem Lehrer über die Hauptschulempfehlung seiner Tochter verhandeln möchte, wird darauf hingewiesen, dass er das deutsche System akzeptieren müsse. Der Lehrer mit seiner beruflichen Autorität und der Vater mit seinem Status als Ausländer sind Gesprächspartner mit ungleichem Gewicht. Auch das Verhältnis zwischen Herrn Seifert und Frau Hadebe ist nicht symmetrisch. Aus diesem Abhängigkeitsverhältnis heraus und aus Sorge vor der Beendigung des Arbeitsverhältnisses hatte Frau Hadebe nicht den Mut, die Ursachen ihres Zu-spät-Kommens offen zu erklären.

Der Ausweg

Interpretieren hilft die Wirklichkeit zu verstehen (Schulz von Thun: MR 1, S. 72). Wenn man interpretiert, versieht man das Wahrgenommene mit einer Bedeutung. Nach einem interkulturellen Training sind die Interpretationen meiner Wahrnehmungen vielleicht treffsicherer. Aber Interpretieren, ohne sich darüber im Klaren zu sein, erzeugt ein Ungleichgewicht: Ich sage dir, wie du bist, wer du bist, warum du was tust. Oder schlimmer: Ich sage es nicht, mache aber in der Beratung oder der Zusammenarbeit, ohne böse Absicht, meine Interpretation möglicherweise zur Handlungsgrundlage. Genau genommen übe ich Macht aus, ohne dass dies transparent wird. Es ist eine Vereinnahmung. Auch Herr Seifert hat interpretiert. Als Folge konnte sich ein Vorurteil einnisten. Der Blick auf den Kontext hat geholfen, seine *Deutung* von Frau Hadebes Unpünktlichkeit als *seine* Deutung zu entlarven. Die Einsicht in das Ungleichgewicht der Ressourcen zwischen ihm und seiner Mitarbeiterin und ihren täglichen Konflikt mit aversiven Umständen haben das Vorurteil in Verständnis verwandelt.

Allgemeiner formuliert: Genau wie das Individuelle einer Situation müssen Lebensumstände und Strukturen jedesmal erkundet werden. Zu dieser Exploration können beide Kommunikationsbeteiligte einen Beitrag leisten. Das für diese Kommunikationssituation nötige Wissen wird in diesem Fall gemeinsam zusammengetragen. Wenn das Vorwissen über eine Kultur das im Dialog gemeinsam erzeugte «Wissen» ersetzt, findet keine Kommunikation mehr statt. Die eigene Interpretation – die man auf jeden Fall entwickeln wird – als solche zu erkennen und in der Begegnung vorsichtig zu thematisieren bringt die Kommunikation wieder zum Fließen. Auf diese Weise können Vorwissen und Interpretationen Kontakt herstellen, zur «Kontaktbrücke» werden (Schulz von Thun: MR 1, S. 77). Aber auch ein einzelner Kommunikationsbeteiligter kann für sich allein seine spontane Interpretation auf ihren Wirklichkeitsgehalt hin überprüfen. Er kann dies gewissermaßen dreifach tun: vor dem Hintergrund des Wissens um kulturelle, individuelle und strukturelle Unterschiede.

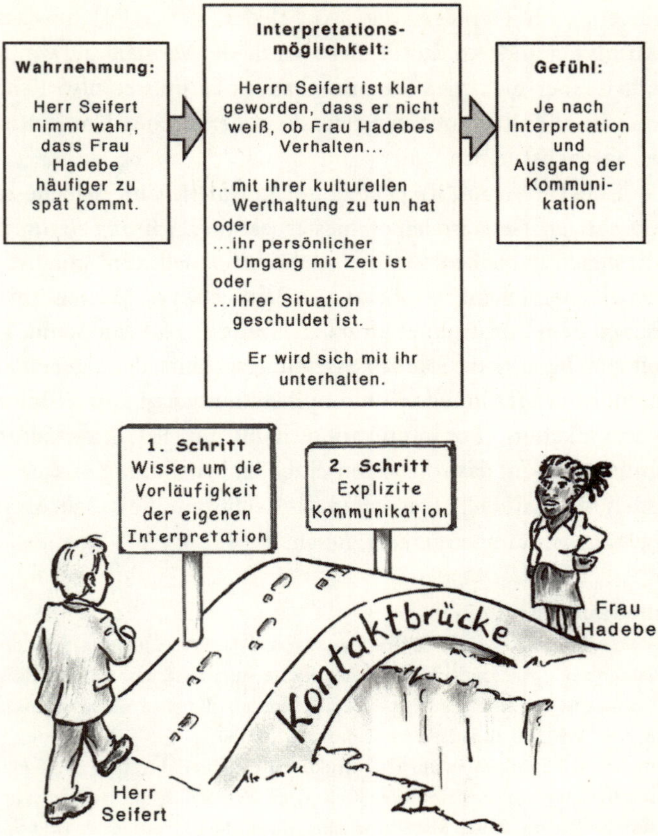

Interkulturelle Kompetenz als «Kontaktbrücke»

Paul Mecheril (2002) nennt das «Kompetenzlosigkeitskompetenz». Ich interpretiere das so: In interkultureller Kommunikation benötige ich die Einsicht, dass ich mich immer wieder aufs Neue orientieren muss, mein Handeln auf Menschen und Umstände abstimmen muss. Die Kompetenz besteht darin, ohne Kompetenz auskommen zu können. Das Wissen über die anderen und ihre Kultur legt den anderen fest auf das Bild, das ich mir durch irgendeinen Lernprozess gemacht habe und von dem aus ich deute. Kommunikation dagegen gibt dem

Anderen, dem Fremden, die Möglichkeit, sich selbst auszusagen. Kenntnis der anderen Kultur dient häufig der Vermeidung von Unsicherheit, aber nicht der Kommunikation. Es müssen also Kenntnis der anderen Kultur und das Bewusstsein der eigenen Unkenntnis im Gleichgewicht bleiben.[3]

Es hat etwas mit Respekt zu tun, kulturelle Unterschiede zu berücksichtigen. Genauso hat es mit Respekt und Achtung zu tun, dabei nicht stehen zu bleiben, sondern auch kontextuelle und situative Faktoren einzubeziehen. Das Ziel dieses Beitrags ist es, Vorsicht im Umgang mit dem Konstrukt «Kultur» zu erzeugen. Nur mit Achtung und einer ständigen Reflexion des eigenen Verhaltens, der eigenen Sichtweisen, ist interkulturelle Kommunikation auch gute interkulturelle Kommunikation. Kommunikation heißt im Fall interkultureller Kommunikation, dass die gegenseitige Wahrnehmung ausgehandelt werden kann, also alle Beteiligten das Recht und die Möglichkeit haben, Wahrnehmungen zu korrigieren.

Anmerkungen

1 «Nicht die kulturellen Unterschiede an sich sind das Problem internationaler Zusammenarbeit, sondern die weit verbreitete Auffassung, dass diese gar nicht existieren». sagt André Laurant, ein Forscher interkulturellen Managements in Krewer, 1994, zitiert nach Auernheimer, 2002, S. 160

2 In diesem Beitrag geht es um Machstrukturen, die unterschiedliche Bedingungen schaffen. Aber im interkulturellen Kontext spielt zusätzlich eine Rolle, dass in verschiedenen Kulturen Macht eine unterschiedliche Bedeutung hat, das heißt die Machtdistanz unterschiedlich ist. Während in einer Kultur Autorität und Führung positiv besetzt sind, haben Hierarchien in einer anderen eher pragmatische Funktion.

3 Die Fähigkeit, mit unsicheren und neuen Situationen, mit unverständlichen Signalen und Informationen umzugehen, die so genannte Ambiguitätstoleranz, kann man mit dem Inneren Team in Hinblick auf konkrete Situationen im Rahmen eines interkulturellen Coachings trainieren.

Literatur:

Auernheimer, G. (2003): *Einführung in die Interkulturelle Pädagogik.* Darmstadt

Auernheimer, G. (Hg.) (2002): *Interkulturelle Kompetenz und pädagogische Professionalität.* Opladen

Clement, U., Nemeczek, B. (2000): *Mythos Kultur. Erfahrungen in einer transnationalen Projektberatung.* In: OrganisationsEntwicklung, 4, 2004, S. 62–69

Mecheril, P. (2002): *«Kompetenzlosigkeitskompetenz». Pädagogisches Handeln unter Einwanderungsbedingungen.* In: Interkulturelle Kompetenz und pädagogische Professionalität. Opladen

Die Autorinnen und Autoren

Catarina Barrios, Jahrgang 1958, Diplom-Psychologin. Ausbildung in Klärungshilfe bei Dr. Christoph Thomann, Schweiz; Ausbildung als Systemische Organistionsberaterin. Nach dem Studium zunächst Psychotherapeutin. Langjährige Tätigkeit als selbständige Beraterin, Trainerin und Coach in Unternehmen, im Sozialbereich und im öffentlichen Dienst. Spezialisierung auf den Bereich Konfliktmanagement. Arbeitsschwerpunkte: Begleitung von Change-Prozessen, Teamentwicklung, sowie Konfliktberatung und Mediation in deutschen und internationalen Organisationen. Ausbildung von MediatorInnen. Website: www.barrios-consulting.de

Christian Hannig, Jahrgang 1968, studiert in Hamburg Psychologie und Ethnologie. Seine Vorberufe sind Fachkrankenpfleger für Intensivpflege und Rettungsassistent. Für seine Diplomarbeit plant er ein Interkulturelles Training für Rettungsdienstpersonal. Weitere Interessenschwerpunkte sind Medizinische Psychologie, Stressforschung und Psychotraumatologie. Er ist verheiratet und Vater von zwei Söhnen.

Annekatrin Hoppe, Jahrgang 1979, Dipl.-Psych. Studium der Psychologie und der internationalen Politik an der Universität Hamburg und der Università di Padova. Ausbildung zur Problem- und Konfliktberaterin, Weiterbildung im Bereich E-Learning. Mehrjährige Auslandserfahrung (USA, Italien, Indien), Mitarbeit in Projekten der International Labour Organisation (UNO). Seit 2004 wissenschaftliche Mitarbeiterin an der Universität Hamburg. Arbeitsschwerpunkt in Forschung und Lehre sind interkulturelle Aspekte der Arbeits- und Organisationspsychologie. Freiberuflich tätig als Trainerin mit den Schwerpunkten Interkulturelle Trainings und Kommunikation.

Peer Kaeding, Diplom-Psychologe. Stellvertretender Leiter der Beratungsstelle Gewaltprävention (Landesinstitut für Lehrerbildung und Schulentwicklung in Hamburg). Beratung und Unterstützung von

Schulen bei der Arbeit mit gewaltbereiten Jugendlichen. Ansprechpartner für Schulen bei der Verankerung von Streitschlichterprojekten in Hamburg.

Gesche Keding, Jahrgang 1957, Diplompsychologin. 2005 Diplom an der Universität Hamburg mit den Schwerpunkten Arbeits- und Umweltpsychologie und «Beratung und Training». Im Anschluss an langjährige Auslandserfahrung im südlichen Afrika und paralell zum Studium tätig als Trainerin bei interkulturellen Vorbereitungsseminaren und als Redakteurin. Weiterbildungen in Projektmanagement und Hypnose nach Milton Erickson.

Reiko Kobayashi-Weinsziehr, Jahrgang 1965, Magister der Familiensoziologie an der Ochanomizu-Universität, Tokyo; Bachelor der Japanologie an der Musashi-University, Tokyo; Promotionsstudium in Empirischer Kulturwissenschaft und Interkultureller Kommunikation an der Universität München. Forschungen zu Konfliktpotenzialen in der deutsch-japanischen Kommunikation. Seit 1997 Trainerin für interkulturelles Management und deutsch-japanische Geschäftskommunikation, Gründerin des JapanSeminars München. Lehrbeauftragte an der Universität Eichstätt und an der Fachhochschule München.

Nicole Kollermann, Jahrgang 1978, Diplom-Psychologin (Universität Hamburg), Masters of Science (University of Canterbury, Neuseeland). Parallel zum Studium ehrenamtliche Tätigkeit in einem Beratungszentrum in Hamburg. Trainerausbildung in London. 2004 arbeitete sie in einem Entwicklungshilfeprojekt in Guatemala und ist seit 2005 als Software- und Kommunikationstrainerin in London beschäftigt. Anfang 2006 Entwicklungshilfeprojekt in Uganda (Weiterbildung von IT-Trainern im Bereich Learner-Focused-Training).

Monika Kraemer, Jahrgang 1961, Dr. phil., Diplom-Volkswirtin. Promotionsstudium in Empirischer Kulturwissenschaft, Psychologie und Kunstgeschichte in München, Freiburg und Paris. An der Universität München Wissenschaftliche Assistentin, seit 1998 freie Mitarbeiterin am Institut für Sozialpsychologie und Trainerin und Beraterin für Organisations- und Personalentwicklung, Interkulturelle Kommunikation und Qualitätsmanagement. Derzeit JSPS-Research Fellow zur Expatriates-Forschung in Japan und Lehrbeauftragte für Interkulturelle Kommunikation an der Keio-University, Tokyo.

Dagmar Kumbier, s. S. 2

Natalie Martinez Hernandez, Jahrgang 1977, Dipl.-Psych., studierte in Oldenburg, Los Angeles und Hamburg und widmet sich gerade der Erziehung ihrer Tochter. Parallel zum Studium Mentorin für straffällige Jugendliche in Los Angeles, Beforschung ethnischer Minderheiten im Friedensforschungsinstitut Hamburg sowie Erstellung einer Dokumentation über die Situation ausländischer Studierender an der Universität Hamburg. Nach Beendigung ihres Studiums Tätigkeit in der Tourismusbranche in Mexiko.

Ingrid Oske, Jahrgang 1940, gelernte Großhandels-Kauffrau, drei eigene Kinder, 1983 bis 1997 Pflegemutter von vier vietnamesischen Pflegekindern. Während der Familienphase 15 Jahre lang Elternratsvorsitzende. Seit 1989 Übungsleiterin bei der Rheuma-Liga, seit 1994 Yoga-Lehrerin.

Alexander Porschke, geb. 1954, Dipl. Ing., Senator a. D., freiberuflicher Consultant. Seit jungen Jahren gesellschaftlich engagiert u. a. in Initiativen, Gewerkschaften und bei den «Grünen». Ab 1993 Abgeordneter in der Hamburgischen Bürgerschaft, von 1997 bis 2001 Umweltsenator in Hamburg. Ab 2002 Zusatzausbildung Kommunikationspsychologie. Seit 2004 im Rahmen der Entwicklungszusammenarbeit in Lima, Peru.

Helmut Rez, Jahrgang 1960, Master of Arts in Economics, Aufbau- und Promotionsstudien sowie Forschungsaufenthalte in internationaler Ökonomie, Sozialpsychologie und Politologie in München, Los

Angeles, Kiel und Washington, D. C. Lehrbeauftragter University of Southern California und University of Maryland. Publikationen und Vortragsreihen zur kognitiven Dynamik der nationalsozialistischen Gesellschaft und zur Psychologie von NS-Tätern. Seit 1998 freier Mitarbeiter am Institut für Sozialpsychologie der Universität München, Managementtrainer und Berater für Organisationsentwicklung.

Friedemann Schulz von Thun, s. S. 2

Larissa Stierlin Doctor, Jahrgang 1966, Dipl.-Psych. Zunächst Ausbildung an einer Theaterschule in der Schweiz (Dimitrischule). Danach Tätigkeit als darstellende Bühnenkünstlerin. Psychologiestudium in Hamburg. Anschließend wiss. Mitarbeiterin von Friedemann Schulz von Thun an der Universität Hamburg. Seit 1998 freiberufliche Trainerin und Beraterin. Lehrbeauftragte an der Universität Hamburg. Schwerpunkt: Arbeit mit dem Modell des Inneren Teams. Weiterbildungen in Systemischer Therapie mit der inneren Familie und Hypnotherapie.

Faruk Süren, Vorsitzender des Vereins «Gefangene helfen Jugendlichen e. V.». Mitarbeiter der Beratungsstelle Gewaltprävention (Landesinstitut für Lehrerbildung und Schulentwicklung in Hamburg). Einzelarbeit mit kriminell gefährdeten Jugendlichen sowie Unterricht für Schulklassen und Jugendgruppen.

Lei Wang, geb. 1970 in Tianjin, China. Studium der Pädagogik und Mittelschullehrerin in Tianjin. Anschließend Leiterin der Abteilung Personaltraining bei der TingHsin International Group (Lebensmittelindustrie). Tätigkeit als Kursdozentin, Arbeitserfahrung in Entwicklung und Durchführung des Trainingsprogramms für Führungskräfte und Angestellte in einem großen Unternehmen. Seit 2002 Studium der Pädagogik, Psychologie und Soziologie an der Universität zu Köln, Studienschwerpunkt Interkulturelle Kommunikation und Bildung.

Sarah Wiechelmann, Jahrgang 1973, Dipl.-Kffr. (Schwerpunkt: Internationales Management) und Dipl.-Psych. 2005 Diplom an der Universität Hamburg, während des Studiums Arbeit als akademische Tutorin in der Betreuung ausländischer Stipendiaten und im Tutorenprogramm für ausländische Studierende. Seit 2001 Betreuung und Vorbereitung von Auslandspraktikanten an einer privaten Bildungseinrichtung. Mehrmonatige Auslandsaufenthalte in GB, USA und Indien.